Christian Klicpera, Paul Innerhofer

Die Welt des frühkindlichen Autismus

Unter Mitarbeit von Barbara Gasteiger-Klicpera

3. Auflage

Mit 10 Tabellen

Ernst Reinhardt Verlag München Basel

Prof. Dr. med. Dr. phil. *Christian Klicpera*, Institut für Psychologie an der Universität Wien.

Prof. Dr. phil. *Paul Innerhofer*, ehemals Institut für Psychologie an der Universität Wien

Titelbild: Zeichnung eines sechsjährigen autistischen Kindes

Deutsche Bibliothek – CIP-Einheitsaufnahme

Klicpera, Christian:
Die Welt des frühkindlichen Autismus : mit 10 Tabellen / Christian Klicpera ; Paul Innerhofer. Unter Mitarb. von Barbara Gasteiger-Klicpera. – 3. Aufl. – München ; Basel : E. Reinhardt, 2002
   1. Aufl. u.d.T.: Innerhofer, Paul: Die Welt des frühkindlichen Autismus
   ISBN 3-497-01614-4

© 2002 by Ernst Reinhardt, GmbH & Co KG, Verlag, München

Dieses Werk, einschließlich aller seiner Teile, ist urheberrechtlich geschützt. Jede Verwertung außerhalb der engen Grenzen des Urheberrechtsgesetzes ist ohne schriftliche Zustimmung der Ernst Reinhardt, GmbH & Co KG, München, unzulässig und strafbar. Das gilt insbesondere für Vervielfältigungen, Übersetzungen in andere Sprachen, Mikroverfilmungen und für die Einspeicherung und Verarbeitung in elektronischen Systemen.

Printed in Germany
Reihenkonzeption: Oliver Linke, Augsburg

Ernst Reinhardt Verlag, Postfach 38 02 80, D-80615 München
Net: www.reinhardt-verlag.de   Mail: info@reinhardt-verlag.de

Inhalt

Vorwort zur zweiten Auflage 11

1   Einleitung 13

2   **Theoretische Überlegungen** 26
2.1   Vom Wert einer Theorie 26
2.2   Theoretische Anliegen in der Auseinandersetzung mit der autistischen Störung 27
2.3   Das Konzept des Lebenszusammenhangs als Ansatz zum Verstehen der Störung 28

3   **Empirische Befunde: Darstellung und Interpretation** .. 30
3.1   Ein Denken wie aus dem Zusammenhang gerissen 30
3.1.1   Intelligenz und Intelligenzprofile 30
3.1.2   Spezielle kognitive Fähigkeiten 35
3.1.3   Die kognitive Entwicklung autistischer Kinder nach dem Piaget'schen Modell 37
3.1.4   Gedächtnisleistungen autistischer Kinder 42
3.1.5   Sensorische Defizite und Aufmerksamkeitsstörungen bei autistischen Kindern 47
3.1.6   Auffälligkeiten bei der Reizverarbeitung – mangelnde zentrale Kohärenz 52
3.1.7   Entwicklung planvollen Handelns (Ausbildung exekutiver Funktionen) 55
3.1.8   Spielverhalten 58
3.2   Kommunikation mit spärlichem Hintergrundverständnis 64
3.2.1   Die präverbale Phase und die Anfänge der Sprachentwicklung 65
3.2.2   Phonologie und Artikulation 66
3.2.3   Syntax 67
3.2.4   Semantik 69
3.2.5   Intonation 77
3.2.6   Kommunikation 78

3.2.7	Echolalien	83
3.2.8	Interpretation der Befunde zur Sprachentwicklung autistischer Kinder	88
3.3	Ein Sozialverhalten ohne Bild vom Anderen	95
3.3.1	Frühe Auffälligkeiten im Sozialverhalten	95
3.3.2	Eltern-Kind-Interaktion und Bindungsverhalten der Kinder	96
3.3.3	Verhalten gegenüber anderen Kindern	99
3.3.4	Subtypen autistischer Kinder nach der Art des Sozialverhaltens	100
3.3.5	Nonverbale Kommunikation	102
3.3.5.1	Mangelnder gemeinsamer Bezug auf die Umgebung (joint attention)	102
3.3.5.2	Blickkontakt	104
3.3.5.3	Distanzverhalten	106
3.3.5.4	Gestische Kommunikation	108
3.3.6	Gesichter und Emotionen erkennen – affektiver Ausdruck	112
3.3.7	Soziales Verständnis	122
3.3.8	Welchen Stellenwert haben die Probleme im Sozialverhalten für das Störungsbild des frühkindlichen Autismus?	137
3.4	Auffälligkeiten im Verhalten	144
3.4.1	Stereotypien	144
3.4.2	Selbstverletzendes Verhalten	149
3.4.3	Der Drang zum Aufrechterhalten von Gleichheit und Unverändertheit in der Umgebung: Ritualisierte und zwanghafte Verhaltenselemente	152
3.5	Entwicklungsverlauf der autistischen Störung	157
3.5.1	Die Entwicklung der sozialen Kontaktfähigkeit	161
3.5.2	Die Entwicklung der Sprache	164
3.5.3	Die Entwicklung kognitiver Fähigkeiten	166
3.5.4	Die Entwicklung ritualisierten und zwanghaften Verhaltens	167
3.5.5	Die Entwicklung aggressiven und selbstverletzenden Verhaltens	168
3.5.6	Affektive Entwicklung	168
3.5.7	Sexualität und sexuelle Schwierigkeiten	169
3.6	Somatische Faktoren in der Genese des frühkindlichen Autismus	173
3.6.1	Genetische Faktoren	173
3.6.2	Prä- und perinatale Risikofaktoren	175

3.6.3	Frühkindlicher Autismus im Rahmen spezifischer Erkrankungen	176
3.6.4	Strukturelle Veränderungen des Zentralnervensystems	180
3.6.5	Neurophysiologische Befunde	182
3.6.6	Neurochemische Hypothesen und Befunde	184
3.6.7	Neuropsychologische Hypothesen	186
3.7	Die Eltern autistischer Kinder	189
3.7.1	Beziehung der Eltern zu ihren autistischen Kindern	191
3.7.2	Auffälligkeiten der Eltern-Kind-Interaktionen	191
3.7.3	Was ist für die Eltern belastend?	192
3.7.4	Folgen für die Familien	194
3.7.5	Besonderheiten der Eltern autistischer Kinder	197
3.7.6	Wie können wir den Eltern wirksam helfen?	200
3.8	Epidemiologie des frühkindlichen Autismus	202
4	**Intuitive Informationsverarbeitung – die „Alinguismus"-Theorie**	**204**
4.1	Psychologische Theorien über die autistische Störung	204
4.2	Die Alinguismustheorie zur Erklärung des frühkindlichen Autismus	209
5	**Diagnostik**	**219**
5.1	Die Klassifikationsdiagnostik bei autistischen Kindern	220
5.1.1	Diagnostische Kriterien für das Syndrom des frühkindlichen Autismus	220
5.1.1.1	Die Defintion von Kernsymptomen	221
5.1.1.2	Die Erstellung von diagnostischen Instrumenten zur Erfassung der Kernsymptome	223
5.1.1.3	Die Diagnose der autistischen Störung in den ersten beiden Lebensjahren	226
5.1.2	Der differentialdiagnostische Ansatz	227
5.1.2.1	Differenzierungen innerhalb umfassender Entwicklungsstörungen	228
5.1.2.2	Unterschiede und Gemeinsamkeiten zwischen dem frühkindlichen und dem Asperger'schen Autismus	228
5.1.2.3	Unterschiede und Gemeinsamkeiten zwischen geistig behinderten und normal intelligenten autistischen Kindern	237
5.1.2.4	Unterschiede und Gemeinsamkeiten zwischen geistig behinderten Kindern mit bzw. ohne autistische Störung	239

5.1.2.5	Unterschiede und Gemeinsamkeiten zwischen autistischen und dysphatischen Kindern	242
5.1.2.6	Unterschiede und Gemeinsamkeiten zwischen frühkindlichem Autismus und Schizophrenie	246
5.1.2.7	Unterschiede zwischen frühkindlichem Autismus und desintegrativer Psychose (Heller'sche Demenz)	249
5.1.2.8	Unterschiede zwischen frühkindlichem Autismus und dem Rett-Syndrom	251
5.2	Therapievorbereitende und -begleitende Diagnostik	253
5.2.1	Detaillierte Analyse der Grundlagen von Sprache, Kommunikation und Sozialverhalten	255
5.2.2	Anregungen aus dem theoretischen Verständnis der autistischen Störung für die therapiebegleitende Diagnostik	258
6	**Behandlung: Erziehung und Therapie**	**263**
6.1	Hinweise zur Gewinnung von Therapiezielen	263
6.2	Gestaltung des Alltags in Zusammenarbeit mit den Eltern	264
6.2.1	Lernen, mit autistischen Kindern zu leben	267
6.2.2	Beschützende Lebenshilfe für das Kind	268
6.2.3	Gestaltung der Umgebung unter der Rücksicht der Lernerleichterung	269
6.3	Spezielle therapeutische Förderung	271
6.3.1	Aufbau lebenspraktischer Fertigkeiten	272
6.3.2	Aufbau sozialer Verhaltensmuster	273
6.3.3	Aufbau von Kommunikation	283
6.3.3.1	Klassische verhaltenstherapeutische Sprachaufbauprogramme	283
6.3.3.2	Psycholinguistisch orientierte Sprachaufbauprogramme	288
6.3.3.3	Aufbau komplexer Interaktions- und Kommunikationsstrukturen	296
6.3.3.4	Die Berücksichtigung besonderer Merkmale autistischer Kinder in der Sprachtherapie	297
6.3.3.5	Der Einsatz alternativer Kommunikationsformen	300
6.3.4	Abbau störender Verhaltensweisen	302
6.3.4.1	Behandlung von Stereotypien	303
6.3.4.2	Medikamentöse Behandlung	308
6.4	Förderung von Integration	310
6.5	Einbeziehung der Eltern in die Therapie der autistischen Kinder	314

6.6	Umstrittene Therapieansätze	317
6.6.1	Die Festhaltetherapie	318
6.6.2	Fazilitierte Kommunikation	319

Abschließende Reflexionen 324

Literatur 326

Namenregister 354

Sachregister 359

Vorwort zur zweiten Auflage

Die vergangenen zehn Jahre seit der ersten Auflage des Buches waren von einer beträchtlichen Steigerung der Forschungsbemühungen zur Aufklärung des Rätsels des frühkindlichen Autismus gekennzeichnet. Sowohl auf dem Gebiet der biologischen Grundlagen dieser Störung als auch im Bereich der psychologischen Auseinandersetzung mit den Schwierigkeiten von Personen mit einer autistischen Störung und in der pädagogisch-therapeutischen Förderung wurden deutliche Fortschritte erzielt.

Wir haben uns bemüht, diesen Fortschritten in der Überarbeitung des Buches Rechnung zu tragen. Dabei haben sich Christian Klicpera und Barbara Gasteiger-Klicpera in erster Linie um die Aufarbeitung der äußerst umfangreichen Forschungsliteratur bemüht, während Paul Innerhofer vor allem für die Weiterentwicklung des eigenen Interpretationsansatzes verantwortlich ist, der aus der Theorie der logischen Formen zur Alinguismustheorie verändert wurde. Unser gemeinsames Anliegen ist die Suche nach einem besseren Verständnis autistischer Menschen und das Bemühen um eine optimale therapeutische Unterstützung dieser Menschen und ihrer Familien.

Wien im August 1998   Christian Klicpera
                                                     Paul Innerhofer
                                           Barbara Gasteiger-Klicpera

1 Einleitung

1943 beschrieb der Kinderpsychiater Kanner elf behinderte Kinder und gab ihrer Störung den Namen „frühkindlicher Autismus". Als besonderes Merkmal dieser Kinder bezeichnete er ein völliges „In-sich-zurückgezogen-sein". Viele dieser Kinder fallen als besonders hübsch auf, sie erscheinen manchmal wie Traumwandler infolge ihrer sozialen Zurückgezogenheit. Ihre abnorme Beziehung zu Gegenständen, zu Menschen und zu sich selber, bei anscheinend normaler Intelligenz, legt Forschern die Frage nahe, ob hier die Natur nicht einen Spalt öffnet, um in das Wirkungsgefüge der frühkindlichen Sozialisation hineinschauen zu können. Eltern und Therapeuten verbinden damit die Hoffnung, diesen Kindern näherzukommen und ihnen ein normales Leben ermöglichen zu können. Die werdende Persönlichkeit eines Kindes im Zusammenspiel von Begabung und Erziehung ist uns immer noch weitgehend unbekannt. Die Bedingungen sind zu vielfältig und wenig dauerhaft und vollziehen sich in zu raschem Wandel, um diese Wirkungsprozesse in ihrer Komplexität verstehen zu können.

Heute, mehr als 50 Jahre nach Kanners erster Publikation, hat sich unser Bild vom frühkindlichen Autismus etwas modifiziert. An die Stelle vage formulierter Hoffnungen sind differenzierte Kenntnisse getreten, eine Fülle von Einzelbefunden, die aber noch immer kein einheitliches Bild ergeben und teilweise widersprüchlich erscheinen. Diese Befunde in ein Gesamtbild zu integrieren, die Widersprüche zu überwinden, erscheint daher schwierig. Dennoch werden wir diese Fragen aufwerfen und versuchen, sie zu beantworten.

Zunächst wollen wir drei autistische Kinder vorstellen: Donald, Elisa und Felix.

Als Einzelfälle zeigen sie zugleich das Typische, aber auch die Spanne der individuellen Unterschiede in der Ausprägung dieses Störungsbildes.

Drei Fallbeispiele

Donald

Donald gehört zu jener Gruppe autistischer Kinder, deren Intelligenz im Normalbereich liegt, und die doch die typisch autistischen Verhaltensweisen zeigen: Vermeidung sozialer Interaktionen, bizarre Interessen, Streben nach einer gleichförmigen Umwelt usw. Wir bringen hier einen Auszug aus der Falldarstellung von Kanner (1943):

Donald ist fünf Jahre alt, als er dem Psychiater vorgestellt wird. Bevor der Vater mit ihm in die Klinik kam, schickte er einen 33 Seiten langen Bericht über Donalds Biographie.

Er fiel früh auf durch ungewöhnliche Gedächtnisleistungen. Donald konnte schon mit einem Jahr Lieder singen. Er hatte mit zwei Jahren ein ausgeprägtes Gedächtnis für Gesichter und kannte eine große Zahl von Häusern. Er lernte den 23. Psalm auswendig und 25 Fragen und Antworten des Presbyterianischen Katechismus. Er fand an Bildern Interesse und hatte keine Mühe, diese schnell aus einer großen Zahl wiederzuerkennen. Er lernte auch schnell das Alphabet vor- und rückwärts zu sprechen und bis 100 zu zählen.

Schon früh wurde beobachtet, daß er alleine am glücklichsten war. Er schien sich selbst zu genügen. Er bat die Mutter nie, ihn irgendwohin mitzunehmen. Das Heimkommen des Vaters schien er nicht zu bemerken. Er registrierte überhaupt nicht, ob jemand kam oder ging, und er zeigte nie Freude, den Vater, die Mutter oder einen Spielkameraden wiederzusehen. Die Eltern brachten einmal einen gleichaltrigen Waisenjungen mit nach Hause. Doch Donald ging ihm aus dem Weg, er stellte keine Fragen und beantwortete keine. Einmal gingen die Eltern mit ihm auf einen Spielplatz. Er weigerte sich, am Rutschen teilzunehmen. Als am nächsten Morgen keine Kinder am Spielplatz waren, ging er zum Rutschbrett, um zu rutschen. Er rutschte immer nur, wenn keine Kinder anwesend waren, die ihn hätten anschubsen können. Er zog sich auch sonst oft zurück und schien die Umwelt nicht wahrzunehmen – als ob er dauernd denken würde. Es war eine Wand zwischen ihm und der Umwelt. Er lebte völlig zurückgezogen wie in einer Muschel.

Seine Gefühle waren für die Eltern oft nicht nachvollziehbar und ebenso auffällig waren seine Interessen. Donald war immer heiter und geschäftig, doch immer mit sich alleine. Wurde er gestört, bekam er einen Wutanfall und wurde destruktiv. Mit drei Jahren zeigte er eine große Angst vor Dreirädern.

Mit zwei Jahren entwickelte er eine Manie, Gegenstände zu kreiseln. Er brachte alle möglichen Gegenstände zum Kreiseln und sprang dann ekstatisch auf, wenn er sie kreiseln sah. Während eines Klinikaufenthaltes gewöhnte er sich das Schaukeln an. Er zeigte auch Stereotypien mit den Fingern. Der Großteil seiner Bewegungen bestand in Wiederholungen. So z. B. fädelte er Knöpfe immer in derselben Weise auf, wie es ihm sein Vater einmal gezeigt hatte.

Viele Begriffe hatten für ihn eine eingeschränkte Bedeutung. Er äußerte viele verbale Rituale während des gesamten Tages. Wollte er hinuntergehen, sagte er: „Boo (Name der Mutter) sagt: Don, willst du hinuntergehen?" Er sprach Wörter und Phrasen vor sich her: „Dalia, Chrysanthemen, durch dunkle Wolken scheinen". Wörter hatten für ihn eine starre Bedeutung. Er schien unfähig zu generalisieren. „Ja" bedeutete lange Zeit, der Vater solle ihn auf den Rücken nehmen (der Vater hatte einmal versucht, ihm „ja" und „nein" an diesem Beispiel beizubringen). Zustimmung zu einer Frage zeigte er dadurch, daß er die Frage wiederholte. Er stellte kaum Fragen und wenn, dann nur in Einwortsätzen. Er gab auch keine Antworten.

Nach Angaben der Eltern begannen die Auffälligkeiten im zweiten Lebensjahr. Seine Entwicklung war zunächst völlig unauffällig. Schwangerschaft und Geburt verliefen ohne Komplikationen. Mit dreizehn Monaten ging Donald. Mit zwei Jahren zeigte er, wie bereits beschrieben, ungewöhnliche Leistungen und die ersten Auffälligkeiten. Sein Spielen war stereotyp, wurde aber mit der Entwicklung variationsreicher. Doch es blieb ritualistisch. Aufmerksamkeit und Konzentration wurden zunehmend besser, und manchmal nahm er auch spontan Kontakt zu Personen auf. Er zeigte auch Freude, wenn er gelobt wurde. Mit viel Mühe wurde er dazu gebracht, einfache Verhaltensformen zu übernehmen und Gegenstände sinnvoll zu gebrauchen. Mit neun Jahren stellte er Fragen korrekt, aber in zwanghafter Weise. Auch war er unerschöpflich in der Variation bestimmter Fragen: „Wie viele Tage hat eine Woche?" „Wie viele Tage hat ein Monat?" „Wie viele Tage hat eine halbe Woche?" usw.

Elisa
Elisa ist ein autistisches Mädchen mit einer autistischen Störung sowie einer geistigen Behinderung. Als es im Vorschulalter in Behandlung kam, zeigte es kein Sprachverständnis und keine kommunikative Verwendung von Sprache. Ein Auszug aus der Krankengeschichte:

„Elisa hat in der beobachteten Stunde von sich aus keinen Kontakt mit den anderen Kindern aufgenommen. Einmal ging Martin zu ihr hin und nahm ihr von den Legosteinen, mit denen sie spielte, einen weg. Sie wehrte sich durch Kratzen, ließ die Steine aber dann liegen und ging einige Schritte weg. Mehr an sozialem Geschehen konnte nicht beobachtet werden. Als ich in das Zimmer trat, begrüßte mich die Erzieherin und die Kinder kamen her oder schauten zu mir. Nur Elisa sah nicht auf und es war nicht zu erkennen, ob sie mich nicht bemerkte, oder ob sie auf mein Erscheinen nicht reagieren wollte."

Zusammenfassung des Ergebnisses der Sprachtestung: Elisa hat keinen Sprachgebrauch und auch kein Sprachverständnis. Ihr Lautrepertoire besteht aus Schreien, Weinen, Quietschen. Die häufigste spontane Vokalisation, die beobachtet wurde, ist „ge-ge-ge". Gelegentlich wurde aber auch Echolalieren beobachtet. Das Sprachverständnis wurde zunächst mit Hilfe des Peabody Picture Vocabulary Tests zu erfassen versucht. Dies gelang aber nicht, weil Elisa bereits auf die Testinstruktionen nicht reagierte. Beobachtungen in der Gruppe ergaben, daß Elisa keine Aufforderungen, außer „Elisa, komm Essen" befolgte.

Dazu war jedoch wegen der begleitenden Umstände (Essenswagen, gedeckter Tisch usw.) kein Sprachverständnis notwendig. Auf Grund längerer Beobachtung kann angenommen werden, daß Elisa kein Sprachverständnis hatte. Auch Hinweise auf ein latentes Sprachverständnis fehlten.

Protokoll einer Therapiestunde zum Aufbau einfacher Interaktionsregeln:
1. Schritt: Der Therapeut rollt den Ball zu Elisa und sie lernt, ihn wieder zurückzurollen. Nach dem 34sten Versuch macht sie keine Fehler mehr.
2. Schritt: Elisa bekommt den Ball und soll lernen, auf ein Signal des Therapeuten den Ball zum Therapeuten zu rollen, der ihn zu Elisa wieder zurückrollt. Nach zwölf Minuten wird der Versuch abgebrochen. Der Schritt ist zu groß gewählt. Elisa muß erst lernen, auf ein Signal des Therapeuten zu achten.

Nach zwanzig Minuten wird Elisa zurück in die Gruppe gebracht. Die Therapiestunde ist für diesen Tag zu Ende. Nur in ganz kleinen Schritten ist es geistig behinderten, autistischen Kindern möglich, einfache Verhaltensmuster zu erwerben.

Felix
Felix ist ein zwanzigjähriger Autist, der den Sprung zu einer selbständigen beruflichen Tätigkeit geschafft hat. Mit seiner Mutter führten wir folgendes Gespräch:

M(utter): Ich möchte mich vorstellen. Ich heiße Marianne H., bin seit 25 Jahren verheiratet, habe einen 20 Jahre alten Sohn, ein autistisches Kind. Von ihm möchte ich Ihnen erzählen. Es war eine anonyme Adoption und ich bekam ihn mit dreizehn Tagen. Als ich ihn das erste Mal gesehen habe, war ich erschrocken, da er so ein häßliches Kind war. Er wog bei der Geburt 2,70 kg und war 43 cm lang. Heute ist er 1,74 m groß und wiegt 62 kg.
P(sychologe): Frau H., haben sie dem Felix gesagt, daß sie zu uns kommen werden, um mit uns über sich und Felix zu reden?
M: Ja. Er weiß, daß er ein Autist ist. Ich habe ihm gesagt, daß ich zu Studenten gehe, die über Autismus lernen und daß ich erzählen werde, was wir erlebt haben. Ich habe ein leichtes Unbehagen, über ihn zu sprechen, aber vielleicht kann man in Zukunft anderen eher helfen. Man muß Erfahrungen austauschen.
P: Wann ist Ihnen zum ersten Mal aufgefallen, daß Ihr Kind anders ist als andere Kinder?
M: Mir ist aufgefallen, daß er als Dreijähriger in der Nacht nicht geschlafen, sondern nur gewackelt hat. Untertags ist er zusammengebrochen und hat seinen Schalf nachgeholt. Ich würde meinen, er ist dann aus Erschöpfung eingeschlafen, beruhigt hat er sich nicht. Ich habe ihn manchmal zu mir in mein Bett geholt, wenn er so laut geschrien hat und habe zu summen begonnen.

Das hat ihn öfters beruhigt. Wenn er nicht schlafen konnte, zeigte sich eine Tendenz zur Selbstverstümmelung. Er ist mit dem Kopf gegen die Gitterstäbe seines Bettes gestoßen und das stundenlang, bis er eine Beule hatte.

P: Wie ist es Ihnen ergangen, als Sie das erste Mal merkten, daß Ihr Kind anders ist?

M: Man merkt, daß etwas nicht stimmt. Meine Reaktion war, daß da etwas geschehen muß und ich habe Hilfe gesucht.

P: Bekamen Sie die notwendige Hilfe?

M: Wie er drei Jahre alt war, bin ich mit ihm zum Arzt gegangen. Der konnte nichts feststellen. Felix hatte panische Angst vor Ärzten, er hat gezittert und geschrien. Im Wartezimmer stellten die Patienten immer dieselben Fragen. „Was hat er denn?" Ich habe innerlich gezittert, vielleicht hat es sich auf das Kind übertragen. Die Angst ist geblieben. Wir hatten Schwierigkeiten mit dem Hausarzt und dem Zahnarzt. Sie waren nicht bereit, ihn zu behandeln. Später bekam ich Hilfe.

P: Können Sie uns etwas über die frühe Kindheit erzählen?

M: Er war als Säugling sehr kränklich, hatte Hüftschalen und Hautkrankheiten und hat viel geschrien. Er wollte keinen Kontakt zu anderen Kindern, hat sich an mich angeklammert, ist unter meinen Rock gekrochen. Er hat immer Angst gehabt.

P: Können Sie sich an die Zeit, als Felix noch ein Baby war, erinnern?

M: Zur Zeit, wie wir das Baby bekamen, haben wir in einer Wohnung mit dünnen Wänden gewohnt. Ich war die Einzige im Haus, die ein Baby hatte. Niemand konnte verstehen, wie man sich so etwas freiwillig antun kann. Da er als Baby sehr kränklich war, hat er sehr viel geschrien und war nicht zu beruhigen. Wenn ich mit dem Kind spazieren fuhr, habe ich im Stiegenhaus die Welle der Mißgunst und den Haß gespürt. Ich war verunsichert und wußte nicht, wo ich hingehen sollte, damit sich niemand aufregt. Wenn wir auf Urlaub fuhren, hat er während der ganzen Fahrt gebrüllt. Die Leute haben uns gedroht, weil sie glaubten, wir mißhandeln das Kind. Ich konnte mich nicht mit anderen Müttern im Park unterhalten. Er hat es nicht zugelassen, ich war isoliert. Er hat gebrüllt, an mir gezerrt. Die anderen Mütter meinten, daß man ihm den Hintern vollhauen sollte, dann würde er sich schon beruhigen. Ich wußte mir nicht mehr zu helfen. Schläge haben nichts geholfen; dann habe ich es mir abgewöhnt, in den Park zu gehen und bin mit dem Auto in den Wald gefahren. Mit vier Jahren war er schon stiller und kam in den Kindergarten, damit ich vormittags noch etwas machen konnte. Man hat mir dann nahegelegt, den Felix wieder abzuholen, da er nicht wie andere Kinder die Ruhepause eingehalten hat, sondern herumgegangen ist. Die Kindergärtnerin hat gesagt: „Er ist anders als die anderen".

P: Wie war es mit der Einschulung?

M: Als er begonnen hatte, in die Schule zu gehen, war er noch nicht reif dazu. Keiner hat es uns aber gesagt. In der 2. Klasse bekam er einen Nachhilfelehrer in Rechnen. Ihm ist einiges aufgefallen. Er hatte mehr Erfahrung, da er in einer Sonderschule unterrichtet hatte. Wir sind dann zum Kinderpsychiater gegangen und er hat mir erklärt, daß mein Kind ein Autist ist. Ich konnte mir darunter nichts vorstellen und wollte wissen, wie lange es dauert, bis er wieder gesund wird. Seine Antwort war: „Ein Leben lang", und versprach mir eine gute Therapeutin. Nun ist der Felix zwölf Jahre in der Therapie.

P: War die Schulzeit schwer für ihn?

M: Im Klassenverband ist er sich verloren vorgekommen. Er wurde unter der Bank getreten, aber er hat sich nie beklagt und sich auch nicht gewehrt. Er hatte Angst vor der Schule, Angst vor den Menschen.

P: Er hat in der Klasse nicht gestört?

M: Er war äußerst brav, zu brav. Er hatte Schwierigkeiten im Rechnen, war aber gut in Deutsch. Auffällig war, daß er alles über sich ergehen ließ. Er hat sich ein Winkerl gesucht, wo er sich aufhalten konnte. Er hat sehr gelitten, wenn man ihn gezwungen hat, im Mittelpunkt zu stehen, z. B. bei Theateraufführungen. Er hat schlecht gesehen, aber trotzdem haben die Schulärzte nichts unternommen. Ich bin mit ihm dann zum Augenarzt gegangen und der hat ihm eine Brille verschrieben. Man hat ihn sekkiert, ihm die Brille weggenommen usw. Kinder sind grausam, man kann ihnen dafür keinen Vorwurf machen, aber der Lehrer stand dabei und hat nichts unternommen. Ich habe es zufällig gesehen, als ich in der Pause in das Klassenzimmer kam. Auf meine Frage: „Sehen Sie nicht, was da vorgeht?" antwortete er: „Ich sag ihm ja immer, daß er sich wehren soll."

P: Hatte er Kontakte zu anderen Kindern?

M: Es ging nie von ihm aus. Es gab Kinder im Kindergarten und in der Schule, die ihn ganz gern hatten. Ich habe immer versucht, ihn mit Kindern zusammenzubringen, etwa indem ich die ganze Klasse in den Garten eingeladen habe. Alle haben sich sehr gut mit mir unterhalten, aber nicht mit ihm. Er ist allein in einem Eck gesessen.

P: War Felix schwer zu lenken?

M: Er hat immer das Gegenteil von dem, was man von ihm verlangt hat, gemacht. So habe ich immer das Gegenteil gesagt, damit er doch das macht, was ich will. Wenn wir irgendwohin gingen, blieb er ohne Grund stehen und war nicht zum Weitergehen zu bewegen. Man mußte ihn dann tragen. Einmal ging sein Vater mit ihm spazieren. Er kam nach zehn Minuten mit dem Kind geschultert wieder zurück. Während der Schuljahre hatte er einen Kassettenrekorder, da hat er ein Band aufgenommen. Es ist voll mit den schlimmsten Schimpfwörtern über seine Lehrer. Ich kann's Ihnen nicht beschreiben. Diese Kassette hörte er sich stundenlang an und lachte. Eine Zeit lang hat er Menschen an einem Galgen baumelnd gezeichnet. Es waren seine Lehrer. Sie können sich vorstellen, wie die sich gefreut haben. Auch seine Ängste haben sich natürlich ausgewirkt. Vor allem in den ersten Jahren. Er hatte lange Zeit Angst vor dem Baden. Es gab beim Waschen immer einen Kampf. Er hat überhaupt viele Dinge abgelehnt, z. B. beim Essen. Ich habe ihn monatelang nur mit Käsebröckerln gefüttert.

P: Hatte er besondere Interessen?

M: Ja, z. B. hat er, obwohl er viel Spielzeug gehabt hat, eine zeitlang immer mit Töpfen gespielt. Dabei ist er in der Küche auf dem Boden gesessen und hat mit ihnen Lärm gemacht, stundenlang. Plötzlich hat es ihn nicht mehr interessiert, wie alle Dinge, die er so intensiv durchgeführt hat, bis man nicht mehr durchblicken konnte.

P: Hat er auch Gegenstände gesammelt?

M: Er hat immer Dinge gesammelt, wie Türklinken, Autohebel usw. Gebrauchte Türklinken gibt es nicht zu kaufen. Er hat sich diese Sachen aber zu Weihnachten gewünscht. Mein Mann ist auf den Schrottplatz gefahren und hat Schalthebel aus Wracks herausmontiert. Er sammelt diese Dinge, um sie anzuschauen.

P: Welche Reaktion hat er gezeigt, als er die Dinge bekommen hat?

M: Er war selig. Er hat sie auf sein Zimmer getragen. Sie durften nicht weggeworfen werden. Er wollte auch Dinge haben, die er bei anderen Leuten gesehen hat. Das haben sich aber die Leute nicht gefallen lassen. Als er drei bis vier Jahre alt war, ging er einmal im Park zu den Leuten hin und wollte ihre Schuhe haben. Die ihn kannten, gaben ihm ihre Schuhe; dann ist er vor einem riesigen Berg von Schuhen gesessen und war glücklich. Seine Wünsche, sein Tun und Wollen liegen leider oft abseits der Realität.

P: Bevorzugt er bestimmte Kleidungsstücke?

M: Er trägt seine Kleidungsstücke so lange bis sie „herunterfaulen". Er mag keine neuen Sachen. Früher war seine Zusammenstellung von Kleidern auch ungewöhnlich. So zog er abgerissene Jeans an und dazu ein schönes Sakko.

P: Reist er gerne?

M: Er reist gerne. Wir waren vor drei Jahren zusammen in Israel. Er möchte immer dort hin, wo er schon war. Aber nicht aus dem Grund, weil es ihm dort besonders gut gefallen hat, sondern weil er Dinge wiedersehen will. Er ist sehr penetrant in seinen Forderungen.

P: Felix ist heute zwanzig Jahre alt, was macht er nun?

M: Er arbeitet seit zwei Jahren in einem Zeitungsarchiv als Zeitungsarchivar. Er hat sich Wissen angeeignet über Geographie und Geschichte, das aber abgegrenzt ist; z. B. interessiert ihn deutsche Politik. Zu gleichaltrigen Arbeitskollegen hat er keinen Kontakt. Er mag eher sehr ruhige, stille Menschen. Dabei habe ich mir immer einen Buben gewünscht, der Fußball spielen geht. Ich wollte ihn auch anlernen, sich zu wehren. Aber das hat wenig gebracht.

P: Fährt er allein zur Arbeit?

M: Nein. Er fährt mit seinem Vater. Vor einem Jahr erst hat er begonnen alleine wegzugehen; früher mußten immer entweder mein Mann oder ich mit ihm fortgehen.

P: Hat er ein Verhältnis zu dem Geld, das er verdient?

M: Er bekommt ein Gehalt, legt etwas von seinem Geld in eine sogenannte „eiserne Kassa", legt es auch auf die Bank und zahlt mir Wirtschaftsgeld. Das ist für ihn ein Erfolgserlebnis, macht ihn stolz. Er ist zu etwas nütze. Er scheint den für ihn passenden Rahmen gefunden zu haben, einen Beruf und

daneben Arbeit in einer Pfarre. Vielleicht lernt er in ein paar Jahren Maschinschreiben und verbessert sein Englisch.
P: Macht er sich Gedanken über die Zukunft?
M: Sein Beruf gefällt ihm. Ich weiß nicht, wie weit er sich sonst Gedanken über die Zukunft macht. Seine Therapeutin hat ihm gesagt, daß er nie heiraten wird, keine Partnerin in dem Sinne haben wird.
P: Versuchen Sie, ihn mit jungen Menschen zusammenzubringen?
M: Ich gebe sehr viele Einladungen, es sind alles mehr oder weniger Bekannte. Es ist noch gar nicht so lange her, daß er überhaupt alleine fortgeht. Das ist schon eine positive Entwicklung.
P: Geht er auch alleine zu Unterhaltungen weg?
M: Er war in der Tanzschule, da er eine Saison geschenkt bekommen hat. Er hat immer gerne Musik gehört und in den Urlaubsorten hat er auch die Damen zum Tanzen geholt, aber erst solche ab 60 Jahren aufwärts. Wir haben ihm dann einen Anzug und weiße Handschuhe gekauft. Als er nach Hause kam, war natürlich meine erste Frage: „Na, wie war's?" und er: „Naja, es kam ein rotes Kleid auf mich zugestiegen". Dann wußte ich schon, wie es war. Er ging nicht lange hin. Es war ihm zu laut. Man hat ihn sicher verspottet.
P: Hat er keine Kontakte zum anderen Geschlecht?
M: Er hat keinen Kontakt. In der Pfarre ist ein sehr hübsches Mädchen mit langen blonden Haaren, zwölf Jahre alt. Er hat vor einem Jahr begonnen, Briefe an sie zu schreiben, die er aber nicht abgeschickt hat. Er schiebt diese Briefe unter seiner Türe durch. Ich habe sie gefunden und ungelesen wieder zurück gegeben. Er würde diese Briefe dem Mädchen nie geben. Er ist glücklich, wenn er sie nur anschauen kann.
P: Hat er andere Kontakte?
M: Er schreibt Briefe an Verlage, Magazine. Ich frage nie, was er schreibt, und würde es auch nie lesen.
P: Schickt er die Briefe an die Verlage ab?
M: Natürlich, da die Verlage unpersönlich sind. Bei persönlichen Kontakten hat er noch immer viel Angst.
P: Überwindet er die Angst manchmal?
M: Er arbeitet heute in der Pfarre mit, wo er früher Ministrant war. Er traut sich auch schon die Fürbitten sagen. Früher hat er sich nicht alleine auf das Podium getraut. Ich muß aber immer in der ersten Reihe sitzen.
P: Hängt er an Ihnen?
M: Das weiß ich nicht so genau.
P: Wenn sie zu ihm zärtlich sind, was macht er dann?
M: Er lehnt es ab. Er wehrt sich. Ich darf ihn nur hin und wieder am Kopf kraulen. Wenn die Kinder von der Schule herauskamen, wurden sie von ihrer Mutter geküßt, ich hätte es nie gewagt. Er hat mir nie Zuneigung gezeigt, vielleicht kann er es nicht. Wenn ich sage: „Magst Du mich denn überhaupt nicht?" sagt er: „Aber ja".
P: Vielleicht haben Sie es aufgegeben, ihn zu liebkosen?
M: Das ist gegen mein Naturell. Sie kennen mich nicht.

P: Spürten Sie Zuneigung von ihm?
M: Er konnte keine Zuneigung zeigen. Ich war neidisch auf die anderen Mütter, die ihr Kind liebkost haben und von ihm auch Zärtlichkeit wieder zurückbekommen haben; bei mir war das nicht so.
P: Wenn er etwas von Ihnen braucht, was sagt er dann?
M: Wenn er etwas zum Putzen hat, gibt er es mir und sagt „bitte" und „danke", aber sonst nichts.
P: Hat er Ihnen schon einmal ein Geschenk gemacht?
M: Ein einziges Geschenk habe ich von ihm bekommen. Er hat in Grinzing in einer Konditorei eine Marzipanfigur, einen Kaktus gekauft. Ich habe mich wahnsinnig gefreut, aber es ist fürchterlich kitschig. Wenn er kommt, stelle ich es auf den Tisch. Ich bekomme immer etwas zum Muttertag, aber das hat mein Mann gekauft, nicht Felix.
P: Lehnt er sich auch manchmal gegen Sie auf?
M: Er zeigte früher fast keine Reaktion. Seit kurzem ist es anders. Vor ungefähr einem dreiviertel Jahr war mir einmal nicht gut und er mußte sich selbst ein Stück Brot schneiden, wobei er nur den Anfang und das Ende des Brotes ißt. Er war endlos lange in der Küche. Ich bin aufgestanden und schaute von außen in die Küche und habe gesehen, wie er mit der Papierschere das Brot schneiden wollte. Er hatte früher nie Brot geschnitten und konnte es einfach nicht. Ich ging hinein und sagte zu ihm: „So blöd kann doch kein Mensch sein." Da ist es aus ihm herausgebrochen. Er schrie mich an: „Ich bin nicht blöd, mir ist ganz egal, wie man das Brot schneidet." Er zeigte eine Reaktion und ich war froh darüber.
P: Gibt es jetzt häufiger Gelegenheiten, wo er sich auflehnt?
M: Er ist manchmal gar nicht gut auf seinen Vater zu sprechen. Sie streiten furchtbar.
P: Wie sieht das aus?
M: Wie in anderen Familien auch.
P: Gibt es zwischen Ihnen und Felix auch gelegentlich Streit?
M: Er bestraft mich immer, wenn ich von einer Reise zurückkomme. Ich muß beruflich viel reisen. Er nimmt mich dann fast gar nicht wahr. Er fragt mich, ob ich ihm ein Geschenk mitgebracht habe. Das letzte Mal hat er mich zwei Wochen lang nicht wahrgenommen.
P: Das heißt, daß er Sie nicht anspricht?
M: Ja.
P: Wenn er sich in der Arbeit geärgert hat, erzählt er es Ihnen?
M: Ja, schon, aber wahrscheinlich nie am gleichen Tag. Wenn er etwas erzählt, dann nur beiläufig und nur nach einigen Tagen. Unterhaltungen in diesem Sinne gibt es nicht und das bedaure ich natürlich sehr.
P: Können Sie uns einmal ein Wochenende schildern?
M: Am Samstag stehen wir um halb sieben auf. Mein Mann macht das Frühstück und wir essen gemeinsam. Felix bekommt sein Frühstück ans Bett, was mir nicht behagt. Ich möchte dies abbauen. Dann hört er Platten und fährt um neun Uhr zum Kahlenberg, um dort spazieren zu gehen. Er geht dann nach Grinzing und kauft sich eine Zeitung, entweder die „Züricher"

oder die „Welt". Dann kommt er nach Hause, setzt sich in den Garten und liest seine Zeitung. Wir essen dann zu Mittag. Nach dem Essen macht jeder, was er will.

P: Hilft er beim Aufdecken oder Abdecken?
M: Nein, aber wer macht das schon.
P: Was machen Sie am Nachmittag?
M: Entweder wir sind eingeladen, oder es kommen Gäste. Er sieht fern. Er hat in seinem Zimmer einen Apparat. Wenn Leute kommen, die ihn nicht interessieren, geht er schon weg. Es sind kaum Leute, die er nicht kennt, da wir ihn immer in unseren Freundeskreis einbezogen haben.
P: Geht er mit, wenn Sie am Samstag weggehen?
M: Meistens.
P: Weil Sie es wollen?
M: Er kann machen, was er will. Er hat sich lange nicht getraut, allein zu bleiben. Wenn wir weggingen, war immer jemand bei ihm. Er konnte nicht sagen, wovor er Angst hatte.
P: Leiden Sie darunter, daß er sich oft in sich zurückzieht?
M: Ich frage mich, ob ein solcher Mensch glücklich ist oder nicht. Mir tut am meisten weh, daß ich nicht weiß, ob er glücklich ist oder nicht. Er zieht sich nach wie vor gerne zurück. Er hört gerne Musik, von den Gregorianischen Chorälen bis zu den „Kasamandln". Er liest gerne. Er kann stundenlang mit sich allein in seinem Zimmer sein.
P: Ist es für Sie schwer, ihn so anzunehmen, wie er ist?
M: Wir wollten ein Kind, konnten aber keines bekommen. Für mich hat es nie einen Unterschied gemacht. Ich habe alles für das Kind getan. Da ich ihn nicht stillen konnte, habe ich Milch aus der Semmelweißklinik gekauft. Ich habe wie jede Mutter das Kind gewickelt und hatte am Anfang Angst dabei.
P: Was macht Ihnen die meisten Sorgen?
M: Meine größte Sorge ist, wer für ihn da ist nach unserem Tod. Ich wäre dankbar, wenn dieser junge Mann jemanden findet, der ihn versteht. Erzwingen kann man es natürlich nicht.

Standortbestimmung

Die Berichte über die drei Fälle bringen uns gleichsam in Bildern diesen Menschen und ihrem Leben näher. Es sind aber auch Berichte, die unsere Neugier wecken, die interessant sind wie Geschichten. Sie verleiten uns, autistische Kinder wie Menschen einer fremden Welt zu betrachten. Oder sie verärgern uns, weil die Kinder alleingelassen wurden und zu spät Unterstützung und Hilfe erhielten.

Diese Erfahrung stellt uns vor die Frage, wieweit wir berechtigt sind, die Familien und ihr Leiden zu analysieren und zu beschreiben, bzw. wie wir unsere Aufgabe wahrnehmen müssen, damit Eltern und ihre Kinder Solidarität und Verständnis erfahren und unsere Hilfe annehmen können.

Die Mutter von Felix sagt dazu in einem Gespräch „Niemand hat uns verstanden", und sie klagt, daß sie darum auch nicht die Hilfe habe bekommen können, die sie gesucht hat. Die Familie von Felix lebt mitten unter uns wie andere Familien autistischer Kinder: als Nachbarn, Bekannte, Freunde. Als Therapeut, Lehrer, Erzieher können wir sie nur unterstützen, wenn wir uns auch als Betroffene verstehen und empfinden. Es besteht darum kein Grund, sich in die Anonymität des objektiven Forschers zurückzuziehen. Was bei autistischen Menschen ins Abnorme gesteigert ist, hat in manchen Situationen, in mancher sozialen Beziehung oder im Verhältnis zu manchen Gegenständen und Ereignissen für jeden Menschen Gültigkeit.

Die Auseinandersetzung mit den eigenen autistischen Zügen steht in unserem Bericht nicht im Vordergrund. Trotzdem kann sie dazu dienen, uns selbst und andere Menschen besser zu verstehen, um verstehend Anteil nehmen zu können. Persönliches Verstehen, das Solidarität erleichtert, soll die distanzierte Betrachtung ergänzen und korrigieren. Fachliche Hilfe wird erst durch die persönliche Anteilnahme für die Familie annehmbar. Wir möchten diesen Gedanken noch etwas vertiefen, indem wir uns mit der Situation der Eltern autistischer Kinder auseinandersetzen.

Erfahren die Eltern, daß ihr Kind autistisch ist, so beginnt für sie ein langer Leidensweg. Die Familie eines solchen Kindes lebt in der Regel ein bis zwei Jahre im Glauben, ein gesundes, normales Kind zu haben. Wenn allmählich das Ausmaß der Störungen bekannt wird, müssen die Eltern die lange gehegten Hoffnungen aufgeben. Noch ein weiterer Umstand bedeutet für sie, auf die „Folter" von Hoffen und Bangen gespannt zu werden: Viele der autistischen Kinder zeigen in der praemorbiden Phase (vor dem Auffälligwerden), aber auch später noch „inselhafte" Sonderleistungen. So äußern Eltern nicht selten, ihr autistisches Kind sei „ein ganz besonders begabtes Kind". Voll verzweifeltem Unglauben erzählt eine Mutter: „Aber er hat mit einem Jahr schon deutlich sprechen können?!" Auf diese Frage der Mutter wissen wir keine Antwort, Fachleute und Eltern müssen mit dieser Frage leben.

Autistische Kinder zeigen eine Tendenz zur Besserung ihres Verhaltens im späteren Vorschulalter und im Schulalter. Es ist dieser Umstand, der Eltern autistischer Kinder ihr Schicksal leichter ertragen läßt und sie zu besonderen Anstrengungen ermuntert. Er führt aber zugleich immer wieder zu neuen Enttäuschungen und läßt die Eltern von einer Institution zur anderen laufen, weil es ja sein könnte, daß es doch noch eine vollständige Heilung für ihr Kind gibt. Daß hiermit auch die Geduld der sogenannten „Fachleute" immer wieder auf eine harte Probe gestellt wird, haben viele von uns bereits selbst erfahren müssen.

Ein besonderes Problem für die Eltern stellt das scheinbar gleichgültige oder sozial abweisende Verhalten der Kinder dar. Sie verhalten sich anderen Personen gegenüber, als ob sie Gegenstände wären. Eltern sind betroffen, daß ihr Kind nicht nur keine besondere Beziehung zu ihnen aufzubauen scheint, sondern daß es sich oft so verhält, als würde es die Eltern gar nicht wahrnehmen.

Eltern autistischer Kinder klagen immer wieder: „Wenn wir es doch wenigstens verstehen könnten!" Sie haben das Gefühl, alles falsch zu machen, und bekommen Schuldgefühle. Diese Schuldgefühle werden dadurch noch genährt und verstärkt, daß es ihnen auch selbst kaum gelingt, eine sichere, stabile Beziehung zu dem Kind aufzubauen. Sie blicken dann auf andere Familien und glauben, dem Kind gegenüber versagt zu haben. Hinzu kommt, daß diese Störung leider noch immer von einem Teil der Therapeuten als durch Erziehungsfehler verursacht gedeutet wird. Es wird oft von therapeutischer Seite erwartet, daß die Familien autistischer Kinder auffällig sind. Doch nach allem, was wir heute über die Familien autistischer Kinder wissen, sind es oft völlig normale Familien; nur die Sorge für ein autistisches Kind macht ihre Situation auffällig.

Für die Erzieher und Therapeuten wird Annehmen und Helfen dadurch besonders erschwert, daß das sozial abweisende Verhalten des Kindes in keiner Weise zum Helfen ermuntert. So bleiben diese Kinder auch dem engagierten Erzieher in einer Weise fremd, die den Aufbau einer personalen Beziehung kaum gelingen läßt. Aber sie erleben auch Fortschritte beim Kind und hoffen auf Heilung; eine Hoffnung, die immer wieder neue Erlebnisse von Mißerfolgen in sich birgt, da vollständige Heilung nicht erreicht wird.

Die Fragen und Sorgen dieser Eltern, ihre außerordentliche seelische und physische Belastung können wir unmittelbar nachempfinden. Was in den Kindern selbst vorgeht, können wir nur ahnen. Das Verhalten autistischer Kinder weicht in einer Vielzahl von Elementen von dem anderer Kinder ab: Sie nehmen selten Blickkontakt auf; sie reagieren mit großer Angst schon auf geringfügige Veränderungen ihrer vertrauten Umgebung; sie haben Probleme mit der richtigen Verwendung der Pronomina; sie können Witze, die ein Situationsverständnis voraussetzen, nicht verstehen; sie zeigen wenig Gesten usw. Dies sind Elemente, die in Bezug auf Lernort, Lernbedingungen, Verwendungszweck usw. recht verschieden sind.

Das ist die Ausgangslage unserer Auseinandersetzung mit dem Störungsbild des frühkindlichen Autismus. Sie steht vor der Aufgabe, die Phänomene und die Befunde von Untersuchungen zu sichten und ein Ordnungsgerüst zu entwickeln, das verständlich macht, weshalb diese heterogenen Elemente beim frühkindlichen Autismus miteinander auftreten. Die tiefere Einsicht, die sich daraus ergibt, soll uns helfen, verständnisvoller miteinander umgehen und die autistischen Kinder und ihre Familien angemessener unterstützen zu können.

2 Theoretische Überlegungen

In der Beschreibung der Störung konnten in den zurückliegenden Jahren große Fortschritte gemacht werden. Immer differenzierter werden die Phänomene erörtert. Auch wurde versucht, nicht bei der Beschreibung stehen zu bleiben, sondern eine theoretische Erklärung für die Schwierigkeiten von Menschen mit einer autistischen Störung zu finden. Die Theoriebildung zeigt sich als Bemühen, entweder eine bereits in anderen Bereichen erfolgreiche Theorie auf das Phänomen des Autismus anzuwenden oder die empirischen Befunde zu sichten und eine Erklärung zu finden, die möglichst vielen dieser Befunde gerecht zu werden vermag.

Von Beginn an werden auch wir uns die Frage stellen, welche Verbindungen zwischen den auffälligen Phänomenen bestehen, und wir werden versuchen, Ergebnisse von verschiedenen Standpunkten aus zu betrachten, um allmählich jenen Überblick zu gewinnen, der uns gestattet, das Einzelne als Teil eines Ganzen zu verstehen. Mit dem Kapitel „Theoretische Überlegungen" wollen wir diese Auseinandersetzung beginnen. Wir werden nach größeren Abschnitten Fragen der Interpretation erörtern und am Ende in einem zusammenfassenden Kapitel verschiedene Erklärungsansätze des frühkindlichen Autismus nochmals kurz darstellen und unseren eigenen Erklärungsansatz – die Alinguismustheorie – näher erläutern. So kann der Leser einen Weg der theoretischen Auseinandersetzung verfolgen, ohne daß er gezwungen wird, von Anfang an die Störung durch eine bestimmte Brille zu betrachten.

2.1 Vom Wert einer Theorie

Theorien sind logische Konstruktionen, die dazu dienen, Dinge, Ereignisse, Eigenschaften zu ordnen und damit in einen Zusammenhang zu bringen. Theorien fördern nicht neue Tatsachen zutage. Sie verändern vielmehr die Betrachtungsweise bekannter Phänomene. Es kann allerdings vorkommen, daß man erst in der neuen Sichtweise über ein Phänomen reden kann, das man an sich immer schon kannte, oder Aspekte entdeckt, die noch unklar sind. Eine Theorie erlaubt uns also auch, neue Fragen zu stellen, und damit hilft sie uns, zu neuen Fakten zu gelangen.

Von der theoretischen Durchdringung des reichen Datenmaterials können wir uns ein ganzheitliches Verständnis des autistischen Menschen erwarten. Stehen wir vielfach noch vor diesem Phänomen wie vor einem Rätsel, so soll die Einsicht in die Zusammenhänge an seine Stelle treten. Diese Einsicht wird uns helfen, natürlicher und zugleich einfühlsamer mit autistischen Menschen umzugehen, sie wird uns helfen, angemessenere Formen der Unterstützung zu entwickeln, und es wird den Betroffenen, Eltern wie Kindern erleichtert, ihr Schicksal anzunehmen.

Wir erwarten uns darüber hinaus einen Zuwachs an Verständnis für die allgemeinpsychologische Fragestellung über den Zusammenhang von Kognition und Sozialverhalten, bzw. von Kognition und Emotionalität und vielleicht auch eine etwas veränderte Sicht des Phänomens der „sozialen Intelligenz".

2.2 Theoretische Anliegen in der Auseinandersetzung mit der autistischen Störung

In der Auseinandersetzung mit dem frühkindlichen Autismus geht es zunächst darum, die verschiedenen Auffälligkeiten, die Personen mit dieser Störung zeigen, möglichst zuverlässig zu beschreiben und ihre Abhängigkeit vom Alter bzw. Entwicklungsstand, aber auch von den situativen Anforderungen zu analysieren. Es wird dabei zu zeigen sein, daß sich manche Auffälligkeiten zwar mit dem Entwicklungsstand der Kinder ändern, daß sie jedoch nie gänzlich verschwinden und ein recht spezifisches Profil ergeben. Diese Auffälligkeiten betreffen sowohl das Denken bzw. die Funktionen der Informationsaufnahme, -speicherung und -verarbeitung wie die sprachliche und nicht-sprachliche Kommunikation, die Gestaltung von Beziehungen zu anderen Menschen und manche allgemeinere Verhaltensweisen (wie etwa das Spielverhalten, die Flexibilität des Verhaltens mit einem Hang zur Ausbildung von Stereotypien).

Zu berücksichtigen ist dabei auch, daß der kognitive Entwicklungsstand von Personen mit einer autistischen Störung bei gleichem Alter sehr unterschiedlich sein kann. Während sich zwei Drittel auf dem Niveau leichter bis schwerer geistiger Behinderung befinden, ist ein Drittel lernbehindert bis normalintelligent.

Das zentrale Anliegen in der Auseinandersetzung mit dem frühkindlichen Autismus gilt jedoch der Frage, wie zunächst zusammenhanglos scheinende Phänomene, z. B. umschriebene Gedächtnisprobleme, der Hang zur Ausbildung spezifischer Interessen und schwere Störungen des Sozialverhaltens, zusammengehören können.

Die theoretischen Ansätze lassen sich in zwei Gruppen teilen je nachdem, ob sie die ursprüngliche Störung im Sozialverhalten sehen und die intellektuellen Abweichungen als Folge daraus, oder umgekehrt.

Der erste der beiden Erklärungsansätze geht also von den kognitiven Defiziten aus und versucht, in der anormalen Informationsverarbeitung die Ursache der Störung zu finden. Die letzten Jahre haben hier eine Reihe recht plausibler Ansätze gebracht, die von Einzelphänomenen ausgehend manche der Auffälligkeiten autistischer Kinder in einen sinnvollen Zusammenhang stellen können (dies gilt etwa für den später noch darzustellenden Theory-of-mind-Ansatz, aber auch für das Modell eines Mangels an speziellen exekutiven Funktionen). Wie wir sehen werden, ist es allerdings gegenwärtig recht schwer, mit einem Ansatz alle Auffälligkeiten autistischer Kinder zu erklären. Umgekehrt werden von einigen Autoren (etwa Hobson 1993) die sozialen Beziehungsprobleme als primär betrachtet und auch diese Betrachtungsweise kann manche Einsichten in die Probleme autistischer Kinder eröffnen, selbst wenn es diesem Ansatz schwer fällt, die kognitiven und sprachlichen Auffälligkeiten als Folge der sozialen zu erklären.

2.3 Das Konzept des Lebenszusammenhangs als Ansatz zum Verstehen der Störung

Das theoretische Bemühen, die verschiedenen Phänomene auf einige wenige Prinzipien oder Wirkfaktoren zurückzuführen, erscheint uns eine wichtige Aufgabe. Ergänzend hierzu mag es notwendig sein, den Lebensstil zu erfassen, der sich bei den autistischen Kindern durch ihre Störung und durch den Umgang der Umgebung damit allmählich herausbildet. Zu fragen ist dabei nach erschwerenden Faktoren, nach subjektiven Interpretationen, nach Kompensationswerten und nach der Lebensart. Wir beginnen auf diese Weise, das Verhalten des autistischen Menschen, das uns auffällig erscheint, als Teil einer eigenen Lebenswelt zu verstehen. Als solche hat sie es mit Bedürfnissen zu tun und mit einem Repertoire an Instrumenten, Verhaltensweisen, Ritualen, diese Bedürfnisse zu befriedigen. Die Auseinandersetzung mit der autistischen Störung sollte für uns mehr sein als der Versuch, möglichst viele Phänomene unter ein gemeinsames Prinzip zu fassen, wie es die Naturwissenschaften erfolgreich versuchen. Es kann der ganzheitliche Versuch sein, Menschen zu verstehen, die aufgrund einer Schädigung ihr Leben anders führen und anders führen müssen als wir. Dieser Versuch muß verschiedene Erklärungen zulassen und möglichst offen darin bleiben, was nun Ursache und was Folge der einen oder anderen Auffälligkeit bzw. des einen oder anderen postulierten Funktionsdefizits ist.

Das Anliegen dieses Ansatzes läßt sich an der Art, wie Fragen gestellt werden, verdeutlichen. Am Beispiel des sozialen Rückzugs etwa: Wir wissen, daß das autistische Kind auffällig oft wenig Interesse an sozialen Interaktionen zeigt. Im naturwissenschaftlichen Paradigma fragen wir: „Was ist ein hinreichender Grund für dieses Verhalten?"

Können wir davon ausgehen, daß das autistische Kind soziale Bedürfnisse hat wie das normale Kind auch, daß es aber – aufgrund der autistischen Störung – diese Bedürfnisse anders leben muß? Oder müssen wir davon ausgehen, daß die Bedürfnisstruktur selbst verändert ist, daß es sich dabei also nicht um die Folge eines Funktionsdefizits handelt, sondern um eine Folge geringer bzw. veränderter sozialer Motivation? Hier erscheint es uns sinnvoll, die Frage nach einem isolierten Grund für das auffällige Verhalten zurückzustellen und die Frage einmal anders herum zu betrachten. Wir fragen deshalb: „Wie ist die Lebenswelt des autistischen Menschen, daß das autistische Verhalten ein sinnvolles Verhalten darstellt?" Wir gehen davon aus, daß sich das autistische Kind normal verhält, daß aber die Störung eine Ausgangssituation schafft, die das Leben insgesamt verändert, daß das autistische Kind sozusagen in einer anderen, in einer autistischen Lebenswelt lebt.

Wir versuchen in diesem Zusammenhang das auffällige Verhalten als ein verständliches und damit quasi normales Verhalten in einer anormalen Lebenssituation zu begreifen.

3 Empirische Befunde: Darstellung und Interpretation

Unser Anliegen ist, das Weltbild des autistischen Kindes in Umrissen nachzuzeichnen und zu reflektieren, um dadurch zu einem ganzheitlichen Verständnis des autistischen Menschen zu gelangen. Die Befunde, die wir zusammengetragen haben, bilden ein Mosaik mit mehr oder weniger großen Lücken.

Wir nehmen in die Darstellung auch die Interpretationen der Autoren auf, die die Experimente durchgeführt haben, teils um verschiedene Sichtweisen aufzuzeigen und das Gesamtbild anzureichern, teils um deutlich zu machen, wo der Unterschied liegt zwischen einer Interpretation von Einzelphänomenen und einem ganzheitlichen Verständnis.

Die Autismusforschung hat in den fünfzig Jahren seit der erstmaligen Beschreibung dieser Störung einen beträchtlichen Umfang angenommen. Wir haben uns bemüht, die gesamte Literatur zu sichten und die unserer Ansicht nach wesentlichsten Befunde darzustellen, auch dann, wenn sie nach dem derzeitigen Wissensstand noch widersprüchlich erscheinen.

3.1 Ein Denken wie aus dem Zusammenhang gerissen

Wir beginnen unsere Darstellung der empirischen Befunde mit den Untersuchungen zu den kognitiven Funktionen. Dies entspricht unserer Einschätzung, daß die Defizite in diesem Bereich grundlegend sind für alle weiteren Störungen.

3.1.1 Intelligenz und Intelligenzprofile

Die Mehrzahl autistischer Kinder hat sowohl nach den Leistungen bei verbalen wie bei nonverbalen Intelligenztests einen Intelligenzquotienten, der sie als geistig behindert ausweist. In relativ großen Stichproben klinischer Einrichtungen (Chung et al. 1990; DeMyer et al. 1973; 1974; Lord & Schopler 1988) hat etwa ein Viertel der autistischen Kinder einen Intelligenzquotienten (IQ) über 70, ist also intellektuell annähernd normal begabt und nicht geistig behindert, etwa die Hälfte weist einen Intelligenzquotient zwischen 50 und 70 auf, was sie als leicht geistig behindert charakterisiert hat. Das restliche Viertel ist mit einem IQ unter 50 mittel bis schwerst geistig behindert. Allerdings gibt es zwischen den Kindern, die in verschiedenen Einrichtungen betreut werden, beträchtliche Unterschiede. Epidemiologische Untersuchungen, die sich auf Angaben von Kinderärzten sowie Einrichtungen für behinderte Kinder stützen, fanden zumeist einen etwas oder sogar wesentlich größeren Anteil an Kindern mit schwerer geistiger Behinderung. So hatte in der bisher größten epidemiologischen Untersuchung in den USA (Ritvo et al. 1989) zwar ein Drittel der identifizierten autistischen Personen einen IQ über 70, 41 % waren jedoch mittel bis schwerst geistig behindert (siehe Tab. 1).

Trotz mancher Schwierigkeiten bei der Durchführung von Intelligenztests bei autistischen Kindern ist der ermittelte Intelligenzquotient ein recht stabiles und zuverlässiges Maß für die intellektuellen Begabung dieser Kinder. Langfristig zeigt die Überprüfung der Intelligenz durch wiederholt vorgegebene Tests keine größeren Schwankungen als bei normalen Kindern. Die Korrelation der Intelligenzeinstufung über mehr als fünf Jahre hinweg weist auf eine hohe Stabilität des allgemeinen Begabungsniveaus hin (Lockyer & Rutter 1970; DeMyer et al. 1973; Lord & Schopler 1988; Freeman et al. 1991; Eaves & Ho 1996). Der Anteil der Kinder, deren allgemeines Leistungspotential sich über diese relativ lange Zeitperiode hinweg deutlich verbessert hat (etwa 15–20 %), hält sich in etwa die Waage mit dem Anteil jener Kinder, deren Leistungspotential sich verschlechterte. Veränderungen, vor allem deutliche Verbesserungen, werden eher bei jüngeren Kindern gefunden. Dies hängt zum Teil damit zusammen, daß bei jüngeren Kindern die verwendeten Tests mitunter recht unterschiedliche Aufgaben enthalten. Zum Teil treten solche Verbesserungen jedoch auch dann auf, wenn die Kinder deutlichere Fortschritte im Sprachverständnis machen, was bei jüngeren Kindern manchmal der Fall ist, bei älteren Kindern und Jugendlichen jedoch recht selten (Lord & Schopler 1988).

Tab. 1: Verteilung der testmäßig erfaßten Intelligenz bei Personen mit einer autistischen Störung (N = 235) nach Ritvo et al. (1989)

IQ	>90	89–80	79–70	69–50	49–35	34–20	<20
%	12.0	10.2	11.9	25.1	22.1	15.3	3.4

Viele autistische Kinder bleiben bereits frühzeitig in der Entwicklung zurück. Die ersten Meilensteine sowohl der motorischen wie der sprachlichen Entwicklung erreichen sie verspätet. Vor allem die sprachliche Entwicklung erfolgt bei den Autisten in der Mehrzahl der Fälle verzögert (Lockyer & Rutter 1970; Ornitz et al. 1977)

Eltern haben öfters den Eindruck, daß die Entwicklung der Kinder unregelmäßiger erfolgt und häufiger für längere Zeit stillsteht, um dann in plötzlichen Spurts wieder rasch zuzunehmen, als dies bei normalen Kindern der Fall ist (Fish 1959, 1961). Dieser Eindruck läßt sich allerdings, wie Ornitz et al. (1977) rückblickend für die Angaben der Eltern über die Meilensteine in der motorischen Entwicklung berichten, nicht als typisch für die gesamte Entwicklung autistischer Kinder bestätigen. Diese Unregelmäßigkeit der Entwicklung zeigt sich nur in der Entwicklung von Sprache und Kommunikation, wo es vor allem bei autistischen Kindern mit geistiger Behinderung häufiger zu Rückschritten und dem Verlust früherer Fähigkeiten kommt als bei nicht-autistischen Kindern (Burack & Volkmar 1992). Bei etwas älteren Kindern sowohl im Vorschulalter wie im Schulalter läßt sich dieser unregelmäßige Verlauf der Entwicklung jedoch nicht nachweisen (Snow et al. 1987a; Waterhouse & Fein 1984).

Kanner (1943) berichtet, daß autistische Kinder in manchen Bereichen deutlicher behindert sind, während sie in anderen eine nahezu normale oder sogar überdurchschnittliche Begabung erkennen lassen. Auch Eltern berichten oft, daß sich ihre autistischen Kinder in manchen Situationen sehr intelligent verhalten. Eine Überprüfung solcher Aussagen hat ergeben, daß es sich nur bei der Hälfte um Handlungen handelt, die altersentsprechend sind oder gar darüber liegen (DeMyer 1979). Ähnliche Aussagen von Eltern über den Entwicklungsstand normaler Kinder entsprechen jedoch alle dem vom Alter zu erwartenden Entwicklungsstand oder liegen darüber. Zudem unterscheidet sich auch die Art dieser Handlungen bei normalen und bei autistischen Kindern. Für normale Kinder werden oft Handlungen berichtet, in denen sie verbal ein besonderes Verständnis oder eine bemerkenswerte Fähigkeit zur Abstraktion zum Ausdruck gebracht haben. Bei autistischen Kindern sind dies oft Handlungen, die Ausdruck eines besonders guten Gedächtnisses sind, wie das Wiedererkennen und Sich-Zurechtfinden in einer Gegend, wo sie nur ein paar Mal waren, oder das Behalten von Werbesprüchen. Bei einer relativ großen Zahl autistischer Kinder lassen sich im Vorschulalter inselhafte Begabungsschwerpunkte nachweisen, die signifikant über ihrem allgemeinen Leistungsstand und ihrer allgemeinen intellektuellen Begabung liegen. Nach DeMyer (1979) trifft dies für etwa 60 % der autistischen

Kinder zu. Im Schulalter hingegen ist dies bedeutend seltener der Fall.

Es sind einige Fälle beschrieben worden, wo im Vorschulalter beobachtete außergewöhnliche Begabungen sich allmählich wieder rückgebildet haben. Der wahrscheinlich eindrücklichste Bericht betrifft ein autistisches Mädchen, Nadja, das im Alter von drei bis fünf Jahren eine außergewöhnliche zeichnerische Begabung zeigte, während sie noch nicht sprechen konnte und schwere Verhaltensauffälligkeiten hatte. Als sie mit großer Mühe durch besondere Anstrengungen der Eltern und Lehrer sprechen lernte, wurden ihre Zeichnungen deutlich einfacher, ihr Wunsch zu zeichnen nahm ab und nach einigen Jahren war das besondere Talent dieses Mädchens nicht mehr zu beobachten. Die Zeichnungen entsprachen nun ihrem niedrigen allgemeinen geistigen Entwicklungsstand (Selfe 1977).

Die nicht so seltenen Teilbegabungen autistischer Kinder dürften eine wesentliche Ursache dafür sein, daß die Eltern die allgemeine Begabung der Kinder häufig überschätzen. Auch in der klassischen Literatur bestand lange Zeit Unsicherheit darüber, ob die Teilbegabungen nicht ein Hinweis auf das wahre Begabungsniveau dieser Kinder sind und daher bei der Bestimmung des kognitiven Entwicklungsstandes und des Intelligenzniveaus bevorzugt berücksichtigt werden sollten. Nachuntersuchungen einer größeren Zahl autistischer Kinder haben jedoch gezeigt, daß die später erreichte kognitive Entwicklung und die den Kindern erreichbare soziale Anpassung nicht wesentlich von solchen Teilbegabungen abhängt, hingegen bereits im Vorschulalter recht gut durch Intelligenztests vorhergesagt werden kann (DeMyer et al. 1973; DeMyer 1979). Teilbegabungen sagen also über das allgemeine Intelligenzniveau eines autistischen Kindes nichts aus.

Das Begabungsprofil der intelligenteren autistischen Kinder weist einige auffallende Gemeinsamkeiten auf. Es unterscheidet sich von jenem normaler Kinder sowie zum Teil auch von jenem sprachgestörter Kinder und jenem anderer Kinder, die sich in psychiatrischer Behandlung befinden. Beim Wechsler-Intelligenztest finden sich etwa bei den autistischen Kindern häufig deutlich geringere Leistungen im Verbal- als im Handlungsteil (Lockyer & Rutter 1970; Lincoln et al. 1988; Rühl et al. 1995). Die Diskrepanz zwischen dem Verbal- und dem Handlungsteil ist bei ihnen sogar größer als bei nichtautistischen Kindern mit Sprachverständnisschwierigkeiten (Bartak et al. 1975). Intelligente autistische Kinder erzielen sowohl bei den Untertests des Verbal- wie des Handlungsteils diskrepante Leistungen. Im Verbalteil ist ihre gute bis überdurchschnittliche Zahlenspanne auffällig, während die Leistungen beim Untertest Allgemeinverständnis, bei dem das Verständnis für Vorgänge des alltäglichen praktischen Lebens geprüft wird, besonders gering sind. Im Handlungsteil erzielen sie gute Leistungen im Mosaiktest und im Figurenlegen; schlechte Leistungen hingegen beim Zahlen-Symbol-Test. Das Profil der Untertests der intelligenten autistischen Kinder unterscheidet sich somit deutlich von jenem sprachentwicklungsgestörter Kinder, die oft nur eine geringe Zahlenspanne haben und auch im Mosaiktest schlechtere Leistungen als die autistischen Kinder erzielen, während ihr Allgemeinverständnis recht gut ist (Bartak et al. 1975). Auch in anderen Intelligenztests, die aus mehreren Untertests zusammengesetzt sind, zeigen sich bei autistischen Kindern stärkere Unterschiede in den Ergebnissen der Untertests, als dies in anderen Gruppen, etwa bei geistig behinderten Kindern der Fall ist. So erzielen autistische Kinder auf dem nonverbalen Leitertest (Leiter International Performance Test) gute Leistungen auf jenen Untertests, in denen konkrete, anschauliche Aufgaben zu lösen sind, schlechte dagegen in den Untertests, in denen abstrakte, formale Operationen verlangt sind und vom sinnlich Gegebenen abstrahiert werden muß, etwa wenn Merkmale von Gegenständen miteinander verglichen werden müssen (Maltz 1981). Auf der Kaufman Testbatterie für Kinder gibt es gleichfalls bei autistischen Kindern größere Schwankungen in den Untertests, wobei sie eher bei Untertests, die die simultane, gestalthafte Verarbeitung erfassen sollen, Probleme haben als bei den Untertests, die die Verarbeitung sequentieller Informationen überprüfen (Stavrou & French 1992).

Zusammenfassung und Interpretation

Fassen wir kurz die wichtigsten Abweichungen in der kognitiven Entwicklung autistischer Kinder zusammen: Etwa drei Viertel der autistischen Kinder haben einen IQ unter 70 und sind somit als geistig behindert einzustufen, nur 10 % erreichen normale Werte. Die Schwankungen in der kognitiven Entwicklung sind in der Regel nicht größer als bei normalen, ca. 20 %, die sich in ihren Intelligenztestergebnissen über einen längeren Zeitraum hinweg deutlich verbessern, steht ein etwa ebenso großer Anteil gegenüber, die sich verschlechtern.

Die großen Rückstände vieler autistischer Kinder in den Intelligenzleistungen lassen sich wohl nur dadurch erklären, daß zusätzlich zur autistischen Störung eine allgemeine Beeinträchtigung der kognitiven Entwicklung angenommen werden muß. Auf diese Frage wird bei der Auseinandersetzung mit den Ursachen der autistischen

Störung noch näher eingegangen. Jedenfalls deutet manches darauf hin, daß neben einer genetischen Belastung häufiger auch erkennbare Krankheiten und Schädigungen des Gehirns diese allgemeine Beeinträchtigung der intellektuellen Funktionen verursacht haben.

Die Zahl der Kinder, deren Intelligenzniveau in Teilbereichen wesentlich über dem Allgemeinniveau liegt, wird auf 60 % geschätzt. Diese Diskrepanz im Intelligenzprofil ist in der frühen Kindheit am stärksten und nimmt im Schulalter ab. Die Teilbegabungen sind kein Hinweis auf die wahre Begabung dieser Kinder. Die später erreichte kognitive Entwicklung und die soziale Anpassung sind nicht wesentlich von solchen Teilbegabungen abhängig. Die spezifisch autistische Störung ist von den Teilbegabungen unabhängig. Die Bedeutung der Teilbegabungen liegt lediglich darin, daß sie kompensatorisch eingesetzt werden können. Dies ist jedoch nur bei einigen Teilbegabungen möglich und setzt bereits einen relativ hohen Entwicklungsstand voraus, der nur von wenigen autistischen Kindern erreicht wird. Werden Teilbegabungen nicht von anderen Fähigkeiten gestützt, so verkümmern sie. Deshalb sind auffallende Teilbegabungen eher bei jüngeren autistischen Kindern anzutreffen.

Hervorstechend ist das Ausmaß der Streuung, das von Normalität bis zu schwerer geistiger Behinderung reicht. Es läge nun nahe, parallel zum Ausmaß der geistigen Behinderung die Tiefe der autistischen Störung anzunehmen. Diese Interpretation entspricht jedoch nicht dem Umstand, daß die autistischen Verhaltensstörungen in veränderter Form bei den intelligenten Autisten genauso bestehen wie bei den geistig behinderten. Am Begabungsprofil ist auffällig, daß Autisten häufig Teilbegabungen haben, die deutlich über ihrem Durchschnittsniveau liegen.

3.1.2 Spezielle kognitive Fähigkeiten

Musikalische Begabung: Unter den besonderen Begabungen autistischer Kinder wurde oft ein außerordentlicher Sinn für Musik hervorgehoben. Rimland (1964) meinte sogar, daß alle autistischen Kinder eine besondere musikalische Begabung aufweisen würden. Cain (1969) fand Hinweise für eine solche Begabung wenigstens bei einigen Kindern. In der Tat hört der überwiegende Teil der autistischen Kinder gerne Musik, auch wenn sich die Vorliebe oft nur auf wenige Musikstücke beschränkt und weniger vielfältig ist als bei normalen Kindern (DeMyer 1979). Die Wiedergabe bestimmter Tonqualitäten scheint Autisten leichter zu fallen als musikalisch begabten normalen Kindern. Hingegen kann die Mehrzahl von ihnen Melodien kaum nachsummen und ihre rhythmischen Fähigkeiten sind ebenfalls eher schlecht (Simmons & Baltaxe 1975; DeMyer 1979). Es scheint zudem seltener zum gleichzeitigen Beherrschen verschiedener musikalischer Bereiche zu kommen, was DeMyer (1979) so interpretiert, daß bei autistischen Kindern die Integration musikalischer Fähigkeiten nur selten vorkommt. Die Fähigkeit zur Wiedergabe eines Rhythmus zeigt bei Autisten, ähnlich wie dies auch für sprachgestörte Kinder beschrieben ist, einen deutlichen Zusammenhang mit dem Stand der sprachlichen Begabung (Simmons & Baltaxe 1975).

Andere außergewöhnliche Fähigkeiten: In den vergangenen Jahren sind eine größere Anzahl autistischer Personen beschrieben worden, die in verschiedenen Teilbereichen ungewöhnliche Begabungen aufweisen. Die Art ihrer Begabung wurde näher analysiert. Bei diesen Fähigkeiten handelte es sich neben der bereits erwähnten musikalischen Begabung (z. B. einem ungewöhnlichen musikalischen Gedächtnis – Sloboda et al. 1985), vor allem um ungewöhnliche zeichnerische Begabungen (z. B. Pring & Hermelin 1993; Hermelin et al. 1994; Pring et al. 1995), wobei die zeichnerische Produktion zum Teil recht spezialisiert ist (etwa auf Gebäude – Mottron & Belleville 1995). Manche Autisten konnten für lange Zeiträume sehr rasch den Wochentag angeben können, auf den ein bestimmtes Datum fällt (z. B. O'Connor & Hermelin 1984). Eine weitere häufig beschriebene Fertigkeit ist eine frühe außerordentliche mündliche Lesefertigkeit, die im Kontrast zu dem relativ geringen Leseverständnis steht („Hyperlexie", siehe Klicpera & Gasteiger-Klicpera 1995). Die Analyse hat zumeist ergeben, daß ähnliche Fertigkeiten in diese Begabung eingehen wie bei nicht-autistischen Menschen, die ebenfalls eine besondere Begabung in diesen Bereichen aufweisen. Diese Leistungen bauen also auf den gewöhnlich für solche Leistungen erforderlichen Fertigkeiten auf (z. B. das Zeichnen von Gebäuden auf einem sehr guten räumlichen Vorstellungsvermögen), stehen aber bei autistischen Menschen in besonderer Diskrepanz zu ihrem sonstigen kognitiven Entwicklungsstand. Hinzu kommt bei allen diesen ungewöhnlichen Leistungen bei autistischen Menschen die Ausschließlichkeit, mit der sie sich diesem Teilbereich zuwenden (O'Connor & Hermelin 1991).

3.1.3 Die kognitive Entwicklung autistischer Kinder nach dem Piaget'schen Modell

Die kognitive Entwicklung autistischer Kinder wurde häufig mit Aufgaben untersucht, zu deren Lösung Fähigkeiten erforderlich sind, die nach dem Piaget'schen Modell stufenweise erworben werden. Dies erscheint bei autistischen Kindern aus mehreren Gründen sinnvoll. Zum einen können mit diesen Aufgaben die ersten Stadien der kognitiven Entwicklung analysiert werden. In diesen Stadien müßten sich – bedenkt man den frühzeitigen Beginn der Störung – die besonderen Schwierigkeiten autistischer Kinder bereits deutlich abzeichnen. Zum anderen werden im Piaget'schen Modell Annahmen darüber gemacht, welche Fähigkeiten sich gleichzeitig entwickeln sollten, so daß durch Abweichungen Aufschluß über die Eigenart der speziellen Schwierigkeiten autistischer Kinder gewonnen werden kann. Praktisch relevant ist diese Art der Untersuchung, weil sie auch bei autistischen Kindern möglich ist, die nicht sprechen.

Die Entwicklung der sensomotorischen Fähigkeiten, wie sie mit Piaget'schen Aufgaben ermittelt wird, deutet insgesamt auf die auch mit anderen Entwicklungs- und Intelligenztests nachgewiesene Verzögerung der Ausbildung kognitiver Fähigkeiten hin (Sigman & Ungerer 1981). Bei autistischen Kindern ist jedoch die Dissoziation zwischen verschiedenen Fähigkeiten, deren Ausbildung von Piaget dem gleichen Stadium der kognitiven Entwicklung zugerechnet wird, größer als bei normalen Kindern. Auch im Vergleich zu anderen geistig retardierten Kindern weist ihr Entwicklungsprofil eine größere Streuung auf (Sigman & Ungerer 1981).

Von den sensomotorischen Leistungen, die Piaget beschrieben hat, entspricht die Entwicklung der Konzepte über die Gegenstände der Umgebung in etwa der von der Gesamtentwicklung her zu erwartenden Entwicklungsdynamik. Die autistischen Kinder lernen also etwa zu den gleichen Zeitpunkten wie nicht-autistische geistig behinderte Kinder Gegenstände voneinander zu unterscheiden und auch das Konzept der Objektpermanenz wird in etwa zum gleichen Zeitpunkt ausgebildet wie bei geistig behinderten Kindern. Sowohl Curcio (1978) wie Sigman und Ungerer (1981) beobachteten, daß jüngere autistische Kinder kaum Schwierigkeiten haben, einen verborgenen Gegenstand an der richtigen Stelle aufzusuchen, wenn dieser Gegenstand für sie attraktiv ist. Das Konzept der Objektpermanenz scheint jedoch bei autistischen Kindern nicht stabil bzw. nicht voll ausgebildet zu sein. Hammes und Langdell (1981) demonstrierten dies in einem Experiment unter Verwendung des Tunneleffekt-Paradigmas.

Dabei schauen die Kinder zu, wie ein Gegenstand in einem Tunnel verschwindet und, wie erwartet, nach einiger Zeit wieder auftaucht. Einige Male sehen jedoch die Kinder, wie etwas Ungewöhnliches passiert; zuerst taucht der Gegenstand gleich, nachdem er verschwunden ist, auf der anderen Seite wieder auf oder statt des verschwundenen erscheint ein anderer Gegenstand. Die Erwartung der Kinder über das Wiederauftauchen des Gegenstandes am Ende des Tunnels läßt sich sowohl an den Augenbewegungen feststellen als auch durch die Registrierung der Herzrate und der normalerweise zu beobachtenden antizipatorischen Dezeleration sowie letztlich durch Beobachtung des Verhaltens der Kinder bei jenen Versuchen, bei denen etwas Anormales geschieht. Bei diesem Experiment unterscheiden sich autistische Kinder von geistig behinderten Kindern gleichen Alters und gleicher nichtverbaler Intelligenz zwar nicht in ihrem Verhalten. Beide Gruppen schienen erstaunt. Die autistischen Kinder blickten auch gelegentlich zum Ausgang des Tunnels, wenn der Gegenstand verschwunden war, sie taten dies jedoch weniger konsistent. Die Autisten zeigten auch nicht die antizipatorische Herzratendezeleration vor dem zu erwartenden Wiederauftauchen des Gegenstandes. Sie hatten sich also wohl eine gewisse Vorstellung von dem Gegenstand gebildet, aber dies hatte nicht zur Entwicklung fester Erwartungen geführt.

Hammes und Langdell (1981) interpretieren dies als Hinweis darauf, daß die innere Vorstellung, die Autisten von dem Gegenstand entwickeln, die Form eines starren Bildes hat, das relativ reizgebunden und keine selbstgeformte, manipulierbare Repräsentation ist.

Das Verständnis der Mittel-Zweck-Relation und der Kausalität läßt den deutlichsten Zusammenhang mit der Fähigkeit erkennen, mit anderen Personen Kontakt aufzunehmen, um etwas zu erreichen (Sigman & Ungerer 1981). Auch mit der Existenz bzw. der Verwendung von nonverbaler Kommunikation – etwa beim Grüßen oder der Mitteilung von Bedürfnissen durch Kopfschütteln und ähnlichem – besteht ein Zusammenhang. Das Verständnis der Kausalität und der Mittel-Zweck-Relation scheint bei autistischen Kindern Voraussetzung dafür zu sein, daß sie die Notwendigkeit sozialer Kommunikation zur Erfüllung ihrer Bedürfnisse begreifen, daß sie also verstehen, daß andere Personen ihnen bei der Erfüllung der eigenen Bedürfnisse behilflich sein können.

Besonderes Forschungsinteresse haben auch die Schwierigkeiten autistischer Kinder bei der Imitation gefunden, da Piaget der Fähigkeit zur Imitation unter den sensomotorischen Vorstufen der Sprachentwicklung entscheidende Bedeutung zumißt. Eine detaillierte Untersuchung hierzu haben Hammes und Langdell (1981) durchgeführt.

Autistische und geistig behinderte Kinder sollten die Handlungen anderer Kinder nachmachen. Die Modellkinder führten die Handlungen mit verschiedenen Gegenständen (z. B. Einschenken von Tee) entweder direkt mit den entsprechenden Gegenständen aus oder aber mit Gegenständen, die den Handlungen nicht entsprachen, bzw. rein pantomimisch. Bei anderen Aufgaben sollten die Kinder die Handlung nicht selbst machen, sondern eine Puppe diese Handlungen ausführen lassen.

Autistische Kinder konnten die vorgezeigten Handlungen ausführen, solange sie dabei die „richtigen" Gegenstände benutzen konnten. Sobald die Gegenstände teilweise bzw. schließlich dann ganz durch andere unpassende ersetzt wurden, hatten sie deutlich mehr Schwierigkeiten als die geistig behinderten Kinder. Sie verwendeten dabei die Gegenstände nicht, als ob sie für die Handlung geeignet wären, sondern in einer der tatsächlichen Funktion der Gegenstände entsprechenden Art und Weise. Auch bei rein pantomimischer Darstellung der Handlung hatten autistische Kinder Schwierigkeiten. Sie waren also nur auf einem sehr niedrigen Entwicklungsniveau fähig zu imitieren.

Die Fähigkeit, vertraute Handlungen pantomimisch darzustellen, bzw. eine solche pantomime Darstellung zu imitieren, wurde auch von Curcio und Piserchia (1978) bei älteren autistischen Kindern mit wenigstens minimaler Sprache untersucht. Die autistischen Kinder hatten immer noch deutliche Schwierigkeiten, solche Pantomimen völlig adäquat auszuführen. Sie verwendeten meist einen Teil ihres eigenen Körpers, um den fehlenden Gegenstand bei der Ausführung der Handlung zu ersetzen, ein auch bei normalen Kindern zu beobachtendes Stadium der Entwicklung, das dem vollen Erwerb der gestischen Repräsentation vorausgeht. Das Vorzeigen der Pantomime durch den Untersucher verbesserte die Qualität der Darstellung nur bei einigen Kindern, und zwar bei jenen, die sich auch in ihrem Spiel durch eine größere Fähigkeit zu symbolischem Spielverhalten auszeichneten. Bei den meisten autistischen Kindern blieb jedoch auch nach dem Vorführen der Pantomime ihre eigene Darstellung konkret. Es ist offensichtlich eine gewisse Fähigkeit zur abstrakten inneren Repräsentation der Handlungen nötig, die bei diesen Kindern nicht vorhanden war. Überdies fand sich ein klarer Zusammenhang zwischen der Ausführung der Pantomime und dem Sprachentwicklungsstand der Kinder. Kinder, deren Sprache zu einem großen Teil aus Echolalien bestand, waren nicht in der Lage, eine pantomimische Darstellung der Handlungen zu geben.

Seit diesen frühen Untersuchungen sind die besonderen Schwierigkeiten von Personen mit einer autistischen Störung bei der Imitation und der pantomimischen Darstellung von Handlungen wiederholt bestätigt worden (Smith & Bryson 1994). Dabei wurde allerdings nur selten Sorge getragen, durch den Vergleich verschiedener Aufgabenstellungen die Ursache dieser Schwierigkeiten näher einzugrenzen. Deshalb sind die von Rogers et al. (1996) berichteten Untersuchungen von besonderer Bedeutung. Rogers et al. (1996) konnten zeigen, daß für ältere autistische Kinder und Jugendliche ähnlich wie bei nicht-autistischen Kindern des gleichen kognitiven Entwicklungsstands die Imitation von Handlungen leichter wird, wenn diese sinnvoll sind, einem gewohnten Schema entsprechen und damit verbalisierbar sind. Die Schwierigkeiten bei der Imitation hängen also nicht mit Problemen der Orientierung an symbolischen Repräsentationen zusammen, sondern dürften Problemen bei der Orientierung an einem Handlungsplan entspringen, da sie besonders dann deutlich werden, wenn eine längere Sequenz von Bewegungen imitiert werden muß, unabhängig davon, ob es sich um neue, bedeutungslose Bewegungen oder um bedeutungsvolle Gesten handelt. Darüber hinaus konnten Rogers et al. (1996) wahrscheinlich machen, daß diese Schwierigkeiten nicht auf Probleme bei der Ausführung bestimmter Bewegungen oder auf Probleme beim Behalten der Bewegungsfolge zurückzuführen sind, da die autistischen Kinder und Jugendlichen keine besonderen Schwierigkeiten hatten, die richtige Bewegungsfolge wiederzuerkennen und von anderen zu unterscheiden. Von diesen Schwierigkeiten bei der Imitation sind praktisch alle autistischen Personen betroffen, nicht nur ein Teil mit besonderer motorischer Ungeschicklichkeit, so daß sie zu dem Kern der autistischen Störung gerechnet werden können.

Erst in den letzten Jahren fand auch die kognitive Entwicklung im Stadium der konkreten Operationen nach Piaget bei autistischen Kindern, die intellektuell gut begabt sind, Beachtung. Auch hier zeichnet sich eine größere Unausgewogenheit ihrer kognitiven Entwicklung ab. So wurde gezeigt, daß autistische Kinder im Vergleich zu normalen Kindern des gleichen kognitiven Entwicklungsstands größere Probleme bei der Erfassung der Invarianz (von Volumen, Gewicht etc.) (Yirmiya et al. 1992), nicht jedoch bei Seriationsaufgaben (dem Bilden von geordneten Reihen) haben (Yirmiya et al. 1994). Besondere Probleme bereiten ihnen auch komplexere Aufgaben der visuellen Perspektiveneinnahme, in denen sie nicht nur einen Gegenstand, sondern eine ganze Szene mit mehreren Gegenständen aus der Perspektive eines anderen Betrachters nachstellen sollen. Yirmiya et al. (1994) erklären die besonderen Schwierigkeiten bei diesen Aufgaben damit, daß autistische Kinder sowohl bei Invarianz-Aufgaben als auch bei der Perspektiveneinnahme von der eigenen Perspektive absehen und damit einen Teil der ihnen zugänglichen Informationen ignorieren, aber auch Einzelinformationen zu einem neuen kohärenten Gesamtbild zusammenfügen müssen.

Interpretation

Greifen wir zunächst das Hauptergebnis dieser Untersuchungen heraus. Die Ausbildung der Objektpermanenz, der Imitation von Gesten, des Einsatzes von Hilfsmitteln und der Kausalität ordnet Piaget dem gleichen Stadium der kognitiven Entwicklung zu. Beim autistischen Kind erfolgt die Ausbildung dieser sensomotorischen Fähigkeiten nicht nur in einem größeren zeitlichen Abstand, die größere Streuung läßt auch eine Systematik erkennen: Die Objektpermanenz wird am ehesten ausgebildet, es folgt der Einsatz von Hilfsmitteln und die Kausalität und zum Schluß erst wird die Imitation von Gesten entwickelt. Es wird also die Objektpermanenz zuerst und die Imitation von Gesten zum Schluß gelernt.

Wir folgern aus diesen Befunden, daß für autistische Kinder die Imitation von Gesten weniger attraktiv oder weniger bedeutsam oder schwieriger ist als für normale Kinder. Dies stimmt mit anderen Befunden überein. An sozialen Interaktionen beteiligen sich Autisten insgesamt weniger als normale.

Uns ergibt sich aus diesem Befund die Frage: Wie erlebt das autistische Kind den Umgang mit anderen Kindern, daß es scheinbar wenig Interesse entwickelt, sie nachzuahmen und sich mit ihnen auseinanderzusetzen?

Verschiedene Antworten sind denkbar: Daß sie andere Kinder schlecht verstehen, oder daß die anderen Kinder sie wenig verstehen, oder daß es ihnen zu viel Mühe bereitet, sich in die anderen Kinder hineinzuversetzen, usw. Sicher ist, daß die soziale Lebenswelt des autistischen Kindes anders ist, als die des normalen Kindes und daß es daher erhebliche Verständnisprobleme gibt.

Das Verstehen des anderen ist eine Grundlage für ein befriedigendes Zusammenleben. Ein wesentlicher Zugang zum Verständnis anderer Menschen besteht darin, eigene Erfahrungen und die Verarbeitung eigener Erfahrungen auf andere Menschen übertragen zu können etwa nach dem Analogieschluß: ‚Sie sind genau wie ich'. Gelingt dieser Prozeß nicht, so ist das Verhalten der Spielpartner nicht mehr vorhersehbar und das „Sich aufeinander Einstellen" wird schwierig, der Umgang mit anderen Menschen verliert an Attraktivität. So müssen wir uns wohl die Zusammenhänge vorstellen.

Noch wissen wir nicht, wie wir diese Unterschiede interpretieren müssen, dazu sind weitere Ergebnisse notwendig.

3.1.4 Gedächtnisleistungen autistischer Kinder

In der klinischen Literatur wird oft auf eine besonders gute Erinnerungsfähigkeit autistischer Kinder als eine Spezialbegabung hingewiesen. Bereits Kanner (1943) hat berichtet, daß sich autistische Kinder beim Auswendiglernen besonders leicht tun. Auswendiggelerntes, das sie nicht verstehen, können autistische Kinder erstaunlich gut wiedergeben. Auch ihre mechanische Lesefähigkeit, die ja gleichfalls ein gutes Gedächtnis erfordert, ist bedeutend größer als ihr Leseverständnis (Frith & Snowling 1983).

So berichtet eine Mutter, daß ihr autistischer Junge schon mit zweieinhalb Jahren alle Strophen des Liedes „Stille Nacht, heilige Nacht" auswendig konnte.

Über Donald – der in unserem ersten Fallbericht beschrieben wird – berichteten die Eltern, daß er mit zwei Jahren ein ungewöhnliches Gedächtnis für Gesichter hatte und eine große Zahl von Häusern kannte. Er lernte den 23. Psalm auswendig und 25 Fragen und Antworten des Presbyterianischen Katechismus (Kanner 1943).

Solche Einzelleistungen scheinen jedoch nicht repräsentativ für das allgemeine Erinnerungsvermögen autistischer Kinder zu sein. Ihre Leistungen bei verschiedenen Gedächtnisaufgaben fallen vielmehr sehr unterschiedlich aus und sie haben im allgemeinen wegen ihrer Aufmerksamkeitsprobleme (übergroße Selektivität der Aufmerksamkeitszuwendung, geringere Motivierbarkeit) und der Schwierigkeiten beim Erfassen bedeutungsvoller Strukturen Probleme, Informationen aufzunehmen und zu speichern.

Der Eindruck besonders guter Gedächtnisleistungen autistischer Kinder im Vergleich zu ihrer sonstigen Begabung rührt wahrscheinlich daher, daß die Wiedergabe unmittelbar zuvor aufgenommener Informationen bei autistischen Kindern nicht beeinträchtigt ist. Die sensorische Speicherung im akustischen Bereich, das sogenannte Echogedächtnis, ist bei diesen Kindern ähnlich gut wie bei normalen Kindern. Allerdings scheint das Echogedächtnis auch nicht überdurchschnittlich gut zu sein. Die relativ große Zahlenspanne (Anzahl an Zahlen, die unmittelbar reproduziert werden kann) autistischer Kinder ist nicht repräsentativ für ihre Leistungen bei anderen Gedächtnisspannenaufgaben. Der Unterschied zwischen der Zahlenspanne und etwa der Wiedergabe von Wörtern ist bei autistischen Kindern größer. Eine Ursache dafür mag ihre besondere Vorliebe für Zahlen sein. Wenn die Anzahl der zu behaltenden Reize die unmittelbare Gedächtnisspanne übersteigt, fällt bei normalen ebenso wie bei autistischen Kindern das Behalten aller Informationen außer den zuletzt aufgenommenen deutlich ab (Hermelin & O'Connor 1967). Wegen des relativ guten Echogedächtnisses können die autistischen Kinder aber einen Teil der Schwierigkeiten bei der Wiedergabe von Informationen kompensieren. Bei gleicher Gedächtnisspanne ist deshalb die Anzahl der noch aus dem unmittelbaren Gedächtnis reproduzierbaren Information (Rezenzeffekt) bei Autisten deutlich größer als bei normalen und nicht-autistischen geistig behinderten Kindern (Boucher 1978, 1981b; Hermelin & O'Connor 1967).

Schwierigkeiten autistischer Kinder zeigen sich vor allem bei der freien Wiedergabe längerer Wortfolgen, die die Gedächtnisspanne übersteigen. Normale Kinder können beim Behalten längerer Wortfolgen die Tatsache ausnutzen, daß die Zusammensetzung der Wortliste aus Wörtern einiger vertrauter semantischer Kategorien (Farben, Zahlen, Eßutensilien) die Wortfolge teilweise vorhersagbar macht, bei autistischen Kindern wird das Behalten von Wörtern dagegen unter diesen Bedingungen weniger verbessert (Hermelin & O'Connor 1967; Tager-Flusberg 1991). Autistische Kinder stellen die Wörter bei der Wiedergabe auch kaum zu Gruppen mit ähnlicher Bedeutung zusammen, während dies sowohl bei jüngeren als auch bei geistig behinderten Kindern der Fall ist. Werden hingegen Wörter in einer Liste nicht durch Bedeutung gegliedert, sondern wird die Liste durch besondere Betonung einzelner Wörter strukturiert, so führt dies auch bei Autisten zu einer gewissen Verbesserung des Behaltens der hervorgehobenen Wörter. Dieser Einfluß ist bei autistischen Kindern ähnlich groß wie bei jüngeren normalen und geistig behinderten Kindern (Frith 1969).

Die Schwierigkeiten autistischer Kinder beim Ausnutzen der semantischen Gliederung einer Wortliste in der freien Wiedergabe dürften nicht auf Probleme bei der Bildung semantischer Kategorien zurückzuführen sein, da diese Kinder ähnlich gute Leistungen wie normale und geistig behinderte Kinder des gleichen Entwicklungsstands erzielen, wenn statt der freien Wiedergabe die Wiedergabe der Wörter nach dem Nennen der dazugehörigen Oberbegriffe geprüft wird (Tager-Flusberg 1991).

Die Gedächtnisschwierigkeiten autistischer Kinder werden vor allem dann deutlich, wenn zwischen dem Einprägen des Materials und der späteren Prüfung des Behaltenen ein größeres Intervall liegt, in dem die Kinder mit einer anderen Aufgabe beschäftigt sind. Dann zeigt sich, daß ihnen sowohl die freie Wiedergabe als auch das Wiedererkennen der vorgegebenen Informationen schwerfällt (Boucher & Warrington 1976). Die Wiedergabe gelingt jedoch ganz gut, wenn den Kindern Hinweise und Hilfen gegeben werden, unabhängig davon, ob diese Hinweise sich auf die Bedeutung oder auf sensorische Informationen beziehen, also semantischer und phonologischer Art sind. Ähnlich wie bei den Amnesien der Erwachsenen scheint also autistischen Kindern der Abruf und die Suche bzw. die Identifikation gespeicherten Materials schwer zu fallen, obwohl eine Speicherung stattgefunden zu haben scheint. Diese Schwierigkeiten sind nicht modalitätsabhängig und zeigen sich sowohl bei akustischer wie bei visueller Vorgabe (Boucher & Warrington 1976).

Hinweise auf Probleme bei der Aktivierung von Suchprozessen im Gedächtnis zeigen sich auch bei der Aufgabe, möglichst viele Wörter zu nennen. Wenn diese Aufgabe nicht näher eingeschränkt wird, dann erzielen autistische Kinder deutlich schlechtere Leistungen als andere Kinder mit einem ähnlichen sprachlichen Entwicklungsstand. Wenn den Kindern jedoch spezielle Kategorien vorgegeben werden, sie also Farb-, Tiernamen etc. anführen sollen, dann sind ihre Leistungen jenen der Vergleichsgruppe absolut vergleichbar (Boucher 1988). Dies belegt, daß mit dem frühkindlichen Autismus Probleme beim Initiieren von Abrufprozessen aus dem Gedächtnis verbunden sind, wenn den Kindern nicht spezifische Hinweise gegeben werden.

Neben Schwierigkeiten beim Abruf und beim systematischen Einprägen von Informationen, die die Gedächtnisspanne übersteigen, dürften autistische Personen selbst bei guter verbaler Begabung Probleme dabei haben, gleichzeitig Informationen aufzunehmen bzw. zu bearbeiten und andere Informationen im Gedächtnis zu behalten (Bennetto et al. 1996). Diese Einschränkung des sogenannten Arbeitsgedächtnisses zeigt sich sowohl beim Behalten von Wörtern aus Sätzen, die gleichzeitig ergänzt werden müssen, als auch bei einfachen Zählvorgaben. Zudem konnten Bennetto et al. (1996) nachweisen, daß autistische Personen besondere Schwierigkeiten haben, die Reihenfolge sowohl von Wörtern als auch von Bildern zu behalten, selbst wenn sie erkennen, daß sie die Bilder bereits gesehen haben. Sie haben auch Mühe, die Quelle ihrer Informationen zu behalten, wodurch relativ viele Fehler entstehen, wenn verschiedene Informationen für unterschiedliche Lernaufgaben zu behalten sind.

Die Gedächtnisschwierigkeiten autistischer Kinder dürften auch klinisch relevant sein. So wird allgemein berichtet, daß autistische Kinder kaum über weiter zurückliegende Ereignisse berichten, ohne dazu besonders aufgefordert zu werden und Hinweise zu erhalten. Boucher (1981a) und Boucher und Lewis (1989, Exp. 3) konnten zeigen, daß sich diese Schwierigkeit, zurückliegende Ereignisse zu berichten, auch experimentell nachweisen läßt. Selbst autistische Kinder mit guter sprachlicher Begabung können nur wenige Aufgaben aufzählen, die sie zuvor ausgeführt haben. Erst wenn sie Hinweise auf diese Aufgaben erhalten, gelingt es ihnen, sich daran zu erinnern. Auch die Auffälligkeiten autistischer Kinder im Gesprächsverhalten, vor allem die ständige Wiederholung der gleichen Fragen und damit der stereotype Charakter von Gesprächen (siehe Kapitel 3.2), dürften zum Teil auf ihre Gedächtnisprobleme zurückzuführen sein. So konnten Boucher und Lewis (1989, Exp. 2) zeigen, daß autistische Kinder Probleme beim Behalten jener Fragen haben, die sie (in einem Ratespiel) bereits gestellt haben, wenn sie nicht durch spezielle Hinweise bzw. Markierungen darauf aufmerksam gemacht werden. Schließlich dürften auch die Probleme im Sprachverständnis und bei der Imitation von Handlungen zum Teil auf Gedächtnisproblemen beruhen, da solche Aufgaben (von etwas älteren autistischen Kindern, die bereits lesen können) besser gelöst werden, wenn Aufforderungen schriftlich gestellt werden, die Kinder also nicht auf ihr Gedächtnis angewiesen sind (Boucher & Lewis 1989, Exp. 1).

Zusammenfassung und Interpretation

Der Eindruck aus klinischen Untersuchungen, wonach autistische Kinder besonders gute Gedächtnisleistungen im Vergleich zu ihrer sonstigen Begabung aufweisen, läßt sich nicht halten. Zwar ist die Gedächtnisspanne und damit die Wiedergabe einiger weniger, unmittelbar zuvor aufgenommener Informationen bei autistischen Kindern nicht beeinträchtigt, der Abruf von Informationen, die die Gedächtnisspanne übersteigen, bereitet ihnen jedoch Schwierigkeiten. Diese Beeinträchtigung ist größer, wenn zwischen dem Einprägen des Materials und der späteren Prüfung des Behaltens ein größeres Intervall liegt, in dem die Kinder mit einer anderen Aufgabe beschäftigt sind. Auch zurückliegende Ereignisse in ihrer Biographie werden schlechter erinnert, können jedoch abgerufen werden, wenn die Kinder konkrete Hinweise erhalten.

Wir nehmen an, daß die Grundlage der Probleme autistischer Kinder eine unzureichende Verarbeitung von Informationen ist. Es werden weniger übergreifende Schemata ausgebildet, die es erlauben, Einzelmerkmale zu einer Sinnstruktur zusammenzufassen, die dann miteinander aufgerufen werden können. Diese Schemata begünstigen das Behalten von größeren Informationsmengen. Auch das Phänomen, daß Informationen ebenso wie zurückliegende Ereignisse von autistischen Kindern erst dann erinnert werden, wenn sie konkret darauf angesprochen werden, wenn also Hinweise gegeben werden, könnte damit erklärt werden, daß die dargebotenen Inhalte von ihnen logisch nur bedingt weiterverarbeitet werden und daß mithin eine Systematisierung des Gedächtnismaterials fehlt, die das spontane Abrufen zusammengehörender Inhalte erleichtern sollte. Das Defizit bei der Ausbildung von übergreifenden Schemata, die den Lebenszusammenhang repräsentieren und damit Einzelinformationen in einen funktionalen Sinnzusammenhang bringen, dürfte auch die Ausbildung und den Einsatz von Eselsbrücken und von Gedächtnisstrategien erschweren. Autistische Kinder sind somit weitgehend auf das unmittelbare Behalten angewiesen.

Wir können annehmen, daß ein autistisches Kind, so wie es einen Begriff aufnimmt, ohne ihn in einen umgreifenden Sprach- oder Sinnzusammenhang (Lebenszusammenhang) einzubeziehen, auch Gegenstände bzw. Handlungen aufnimmt oder unmittelbar speichert, ohne sie in einen Sinnzusammenhang zu bringen. Die Informationen über Gegenstände oder Sprache bleiben auch nach der Speicherung Einzelinformationen. Es fehlt der Lebenszusammenhang, der sie erst in eine Beziehung zueinander bringt. Die Welt des Autisten – so müssen wir sie uns wohl vorstellen – ist eine Welt von Einzelereignissen, von Einzelobjekten, und sie ist viel weniger eine Welt der Zusammenhänge, eine Welt, in der Teile zu Ganzheiten und Gestalten verbunden sind. Daß diese elementare Welterfahrung die Befindlichkeit und das Verhalten des Kindes bestimmt und beeinflußt, liegt auf der Hand.

Neben der Erklärung aufgrund von mangelnden Repräsentationsmöglichkeiten sind jedoch auch spezielle Gedächtnisprobleme vermutet worden, die von den anderen Problemen autistischer Kinder unabhängig sind und die durch eine Beeinträchtigung bestimmter Hirnstrukturen zustande kommen. So wurde etwa von Boucher und Warrington (1976) angenommen, daß bei autistischen Kindern aufgrund einer Beeinträchtigung basaler Hirnstrukturen (vor allem der Amygdala und des Hippocampus) speziell der Abruf von Informationen aus dem Langzeitgedächtnis betroffen ist.

Eine andere Erklärungsmöglichkeit, die sich speziell auf den Unterschied zwischen freier Wiedergabe und jener nach Hinweisen bezieht, sieht in den Schwierigkeiten einen Hinweis darauf, daß die autistischen Kinder zu wenig über den Zustand ihres Wissens reflektieren, weil sie das Konzept, daß sie als Menschen ein inneres Wissen haben, das sich von der Realität unterscheidet, nur schwer ausbilden können (Tager-Flusberg 1991; siehe auch die Ausführungen in Kap. 3.3.6). Damit würden sich notwendigerweise Probleme beim episodischen Gedächtnis (also dem Wissen, was man zu einem bestimmten Zeitpunkt gelernt und erfahren hat) ergeben, die sich in geringeren Leistungen bei der freien Wiedergabe widerspiegeln. Außerdem würde sich die geringe Reflexion auf den eigenen Wissensstand in einer unzureichenden Anwendung von Gedächtnisstrategien auswirken.

Warum aber wird von Autisten das Gedächtnismaterial wenig weiterverarbeitet, obwohl sie dazu in der Lage sind? Warum reflektieren sie den Zustand ihres Wissens kaum?

3.1.5 Sensorische Defizite und Aufmerksamkeitsstörungen bei autistischen Kindern

Eine Reihe an Verhaltensauffälligkeiten deuten darauf hin, daß autistische Kinder Probleme bei der Verarbeitung von Sinnesreizen haben bzw. daß ihre Wahrnehmungsfähigkeit anders entwickelt ist als bei normalen Kindern (Ornitz 1974). Autistische Kinder zeigen eine auffällige Kombination von Hypo- und Hypersensibilität gegenüber Sinnesreizen. Im akustischen Bereich wird beschrieben, daß autistische Kinder bereits frühzeitig ein geringeres Orientierungsverhalten zeigen, daß sie sich als Kleinkinder weniger hinwenden, wenn ein Geräusch in der Umgebung zu hören ist, daß auch auf laute Geräusche hin keine Reaktion erfolgt, vor allem jedoch, daß sie Aufforderungen und an sie gerichtete verbale Äußerungen ignorieren. Dies geht bei einigen Kindern soweit, daß sie für taub gehalten werden.

„Wir (die Autoren) besuchten eine Gruppe im Kindergarten, in der Stefan, ein autistischer Junge, ist. Die Kindergärtnerin stellt mich vor: ‚Schaut her Kinder, wir haben Besuch bekommen!' Die Kinder schauen her, nur Stefan ignoriert die Aufforderung völlig und hantiert weiter an einem Steckspiel herum. Die Kindergärtnerin läßt ihren Schlüsselbund klirrend fallen, die Kinder lachen, einige schauen zu Stefan; er rührt sich nicht. Er hantiert weiter an seinem Spielgerät, als ob er nichts gehört hätte, oder als ob ihn das Ganze nichts anginge."

Auf der anderen Seite zeigen autistische Kinder oft auch eine extreme Sensibilität akustischen Reizen gegenüber. Manchmal geraten sie bei lauten Geräuschen, aber auch beim Geräusch von Staubsaugern, rinnendem Wasser usw. in Panik und es ist bei jüngeren autistischen Kindern oft zu beobachten, daß sie sich die Ohren zuhalten.

Auch im visuellen Bereich fällt auf, daß diese Kinder Reize ignorieren, sodaß der Eindruck entsteht, sie würden sie nicht wahrnehmen. Die Kinder weichen nicht rechtzeitig aus und laufen in Hindernisse. Andererseits zeigt sich auch hier eine zum Teil erhöhte Sensibilität. Autistische Kinder bemerken kleine Änderungen in ihrer vertrauten Umgebung und reagieren darauf sehr aufgeregt.

Eine Mutter berichtet: „Als wir einmal für das Eßzimmer einen neuen Teppich kauften, starrte er zuerst mit offenen Augen auf den Teppich, lief dann wie verrückt um den Teppich herum, als ob er da etwas ganz Besonderes entdeckt hätte."

Dieselbe Mutter: „Am Abend ging ich mit meinem Mann ins Theater und, nachdem ich mich umgezogen hatte, wollte ich Andi noch ein Gute-Nacht-Bussi geben. Als er mich sah, fing er jedoch an zu schreien, es war, als ob er mich nicht mehr erkannt hätte."

Manche autistischen Kinder reagieren auch sehr furchtsam auf Änderungen in der Beleuchtung.

Ein besonderes, häufig beschriebenes Symptom ist das visuelle Explorieren von Gegenständen mit dem peripheren Gesichtsfeld.

Michael nimmt einen Gegenstand in die Hand und führt ihn mehrmals seitlich an den Augen vorbei, ohne ihn zu fixieren, wobei man den Eindruck gewinnt, daß er den Gegenstand auf diese Weise mustert.

Im taktilen Bereich wird ebenfalls beschrieben, daß autistische Kinder öfters Gegenstände, die ihnen in die Hände gelegt werden, fallen lassen.

Auch schmerzhafte Reize lösen bei diesen Kindern manchmal keine Reaktion aus. Auf der anderen Seite gibt es auch hier Hinweise auf eine erhöhte Sensibilität. Sie scheinen die Beschaffenheit mancher Stoffe nicht zu vertragen, etwa von Wolldecken, und sie bevorzugen glatte Oberflächen. Auf der anderen Seite scheinen sie auch eine besondere Freude an taktilen Stimulationen zu haben – Kratzen an Mauern, am Lack, Drehen von Fäden.

Das Phänomen der „Overselectivity" (übermäßige Reizselektion)

Aus Therapieversuchen ist ein Phänomen bekannt, das Lovaas (Lovaas et al. 1979) als „Overselectivity" bezeichnet hat. Er versteht darunter die Neigung autistischer Kinder, bei der Begriffsbildung nicht den gesamten Inhalt zu abstrahieren, sondern ihn auf ein oder wenige ausgewählte Merkmale festzulegen. „Overselectivity" bezeichnet somit die Tendenz, bei der Verarbeitung von Informationen nur wenige Merkmale zu berücksichtigen.

Ein Kind etwa, das die Aufforderung gelernt hat „Bring mir den Ball!" bringt nur Bälle, wenn sie rot sind, weil der Ball, an dem es die Aufforderung gelernt hat, rot war. Autistischen Kindern bereitet es große Mühe, mehrere Reize gleichzeitig zu beachten. Sie neigen dazu, sich statt dessen ausschließlich einem Reiz zuzuwenden und die anderen zu ignorieren. Besonders auffällig ist dies, wenn Reize in verschiedenen Sinnesmodalitäten auftreten und die autistischen Kinder nur die Informationen einer Sinnesmodalität behalten.

Die übermäßige Selektivität der Aufmerksamkeit führt nicht nur zum Ausblenden von Sinnesreizen, sondern betrifft auch die Verarbeitung von Reizmerkmalen. Autistische Kinder neigen ganz allgemein dazu, sich einzelnen Aspekten selektiv zuzuwenden und alle anderen Merkmale zu vernachlässigen. Dieses Defizit läßt sich vor allem durch bestimmte experimentelle Lernparadigmen nachweisen (Lovaas et al. 1979).

Diese Selektivität autistischer Kinder ist am deutlichsten, wenn gleichzeitig Reize in verschiedenen Sinnesmodalitäten zu beachten sind, sie läßt sich aber auch feststellen, wenn in einer Sinnesmodalität ein komplexer, in sich gegliederter Reiz zu verarbeiten und zu behalten ist, sowie auch dann, wenn ein Reiz verschiedene Merkmale aufweist, also in der visuellen Modalität etwa Merkmale wie Form, Farbe und Größe. Je komplexer ein Reiz bzw. eine Reizkonfiguration ist, desto stärker ist die Tendenz zu einer übergroßen Selektivität.

Die übergroße Selektivität ist aber kein unveränderliches Merkmal autistischer Kinder. Haben sie die Erfahrung gewonnen, daß es notwendig ist, möglichst viele Eigenschaften eines Reizes zu behalten, so geben sie allmählich die Tendenz zur übergroßen Selektivität auf. Allerdings dauert dies sehr lange und tritt wohl nur ein, wenn sie über längere Zeit unmittelbar nacheinander beobachten können, welche Reaktion der Lösung einer Aufgabe angemessen ist und welche nicht. Können autistische Kinder auf diese Weise mehrmals hintereinander bei einer Reihe von Aufgaben feststellen, daß sie mehr Informationen aufnehmen müssen, dann ändern sie wenigstens bei der entsprechenden Art von Aufgabe ihre Strategie.

Diese Störung ist nicht auf autistische Kinder beschränkt, sondern tritt auch bei anderen Kindern mit kognitiven Defiziten auf, also vor allem bei geistig behinderten Kindern.

Eine andere Aufmerksamkeitsstörung hingegen, die bei Kindern mit Schulschwierigkeiten häufig zu sehen ist, kommt bei autistischen Kindern nicht vor: Sie besteht in einer zu breiten Aufnahme von Informationen, also einer zu geringen Selektivität, und einer erhöhten

Ablenkbarkeit. Wir können die Abnormität autistischer Kinder im sensorischen Bereich zusammenfassen:

1. Autistische Kinder tendieren in allen Reizmodalitäten dazu, einzelne Reize auszublenden und nicht zu verarbeiten.
2. Sie tendieren dazu, einzelne Reize als störend zu empfinden.
3. Es werden einzelne Reize überakzentuiert wahrgenommen und verarbeitet.

Mangelnde Flexibilität der Aufmerksamkeit

In den letzten Jahren ist ein Phänomen beschrieben worden, das in erster Linie in besonderen Versuchsanordnungen sichtbar wird und auf Grund seiner Nähe zu möglichen neurophysiologischen Störungen Beachtung verdient. Courchesne und Mitarbeiter (zusammenfassend in Courchesne et al. 1994) haben zeigen können, daß autistische Kinder besondere Probleme dabei haben, ihre Aufmerksamkeit rasch von einer Modalität zu einer anderen zu verschieben. Wenn sie auf das Vorkommen eines Reizes achten und bei seinem Auftreten rasch eine einfache motorische Reaktion setzen sollen, dann fällt die Reaktionszeit immer dann besonders lang aus, wenn zuvor ein Wechsel der Sinnesmodalität, in der ein Reiz beachtet werden soll, angezeigt wurde. Dies ist zusätzlich auch bemerkbar, wenn nicht die Modalität, sondern die Art der zu beachtenden Merkmale geändert wird (also z. B. von der Form auf die Farbe).

Ähnliche Auffälligkeiten im Aufmerksamkeitsverhalten zeigen sich auch bei Patienten mit einer Schädigung des Kleinhirns sowie des Parietallappens und beide stellen Regionen dar, in denen häufiger neuroanatomische Auffälligkeiten bei autistischen Kindern beobachtet wurden. Courchesne et al. (1994) konnten nun nicht nur insgesamt häufiger Auffälligkeiten im Aufmerksamkeitsverhalten bei autistischen Kindern nachweisen, sondern auch belegen, daß diese bei jenen Kindern besonders groß sind, die bei einer Untersuchung des Gehirns (mit bildgebenden Verfahren) Auffälligkeiten in diesen Regionen zeigen.

Interpretation

Wir betrachten diesen Bereich als einen sehr zentralen der autistischen Störung und können daher die Frage nach der Welterfahrung autistischer Menschen schon recht konkret stellen. Unserer Ansicht nach hängen alle drei Teilergebnisse zusammen, nämlich die Tendenz

– bestimmte Reize auszublenden,
– einzelne Reize als Störung zu erleben und
– andere Reize überakzentuiert wahrzunehmen.

Die Anforderungen, die diese Aufgaben stellen, betreffen die logische Verarbeitung von Wahrnehmungen und Reizen. Einen Reiz logisch zu verarbeiten bedeutet, ihn in Beziehung zu setzen zu anderen Reizen: z. B. Schienen, Waggons, Häuser, Lokomotive als Eisenbahnspiel zu verstehen. Einen neuen Reiz logisch zu verarbeiten bedeutet, ihn in das bestehende Bild, in die bestehende Ordnung zu integrieren. Die Vorstellung vom Gesamtbild ist hierfür die Grundlage. Ist sie nicht hinreichend verfügbar bzw. ist sie nicht offen dafür, kann der neue Reiz nicht integriert werden, und wird daher als Störreiz wahrgenommen. Er erweitert nämlich die bestehende Ordnung nicht, sondern bringt sie ins Wanken. Wir müssen also annehmen, daß autistische Kinder – ihr Defizit kompensierend – gelernt haben, Reize, die stören, nicht wahrzunehmen. Ihre Irritierbarkeit ist eine ganz andere als die der hyperaktiven Kinder. Haben diese Schwierigkeiten, sich auf einen Reiz zu konzentrieren und sich nicht von einem anderen ablenken zu lassen, so haben Autisten Probleme, einen neuen Reiz in eine Handlung aktiv einzubeziehen, und ihre Fähigkeit zur Konzentration hilft ihnen, Reize zu ignorieren. Das Ausblenden vieler Reize ist für sie notwendig, um die Ordnung nicht zu verlieren.

Das Beharren auf bestimmten anderen Reizen bzw. das Verwenden weniger Merkmale bei der Begriffsbildung ist die Umkehrung dieses Phänomens. Sind sie gezwungen, störende Reize einfach auszublenden, weil sie sie in die bestehende Ordnung nicht einbeziehen können, so sind sie andererseits auch gezwungen, sich auf die Reize zu fixieren, mit denen sie sich gerade beschäftigen. Dies könnte auch die Ursache der mangelnden Flexibilität der Aufmerksamkeit, also der Schwierigkeiten des Wechselns von einer Sinnesmodalität bzw. einer Reizdimension auf eine andere, sein.

Demnach stellt Überselektivität bereits eine Kompensation dar: Die Gegenstandsschemata werden vereinfacht und enthalten nur wenige seiner Eigenschaften. Damit kommt es zu einem undifferenzierteren Wahrnehmen. Es ist der Versuch, eine bestehende Komplexität, mit der man überfordert ist, auf ein noch handhabbares Maß zu reduzieren. Dies bedeutet zugleich eine reduzierte Möglichkeit, sich von anderen Reizen ablenken zu lassen, und so erklären wir die übermäßige Selektivität der Aufmerksamkeit bei autistischen Kindern, aber auch die gleichfalls beobachtete Hypersensibilität mancher Reizen gegenüber.

52 Empirische Befunde

Daß sie die Selektivität auch aufgeben können, wenn eine Aufgabe es erfordert und sie genügend Zeit zum Lernen bekommen, weist darauf hin, daß es nicht die Fähigkeit zur logischen Verarbeitung von Reizen ist, und daß die Schwierigkeiten schon früher beginnen müssen.

Die speziellen Aufmerksamkeitsprobleme der autistischen Kinder sind allerdings in den letzten Jahren erneut als umfassende Ursache aller Schwierigkeiten autistischer Kinder interpretiert worden. So wurde postuliert, daß die großen Probleme dieser Kinder in der sozialen Interaktion und bei der Ausbildung kognitiver Schemata deshalb entstehen, weil sie Probleme beim Wechsel in der Aufmerksamkeit haben (Courchesne et al. 1994).

„Probleme beim Wechseln der Aufmerksamkeit" beschreibt das Problem nur, es erklärt nicht, worin diese Probleme bestehen und weshalb sie auftreten. Ein Wechsel der Aufmerksamkeit wird motiviert und geleitet durch das übergeordnete Verständnis einer Handlung. Es erweitert den Horizont und gibt damit den Blick frei für weitere Informationen. Daß das Gesamtbild präzisiert werden kann, gibt die nötige Motivation dazu.

3.1.6 Auffälligkeiten bei der Reizverarbeitung – mangelnde zentrale Kohärenz

In einer beispielhaften Serie von Experimenten haben sich Hermelin und O'Connor in den 60er Jahren mit der Wahrnehmung und der Reizverarbeitung von autistischen Kindern sehr differenziert auseinandergesetzt (zusammenfassend in Hermelin & O'Connor 1970 sowie O'Connor & Hermelin 1978). Durch den Vergleich mit geistig behinderten und jüngeren normalen Kindern konnten sie eine Reihe an Auffälligkeiten der Reizverarbeitung bei autistischen Kindern nachweisen, etwa daß Informationen aus den proximalen Rezeptoren (taktile und kinästhetische Informationen) jenen aus den distalen Rezeptoren (visuelle und akustische Informationen) vorgezogen werden, daß Reize in der Modalität kodiert werden, in der sie aufgenommen werden, und Informationen aus verschiedenen Sinnesgebieten nur schwer miteinander in Beziehung gebracht werden können, wobei dies zum Teil auf einen Mangel in der Entwicklung übergreifender Raum- und Zeitschemata zurückgeführt werden kann.

Der Ansatz von Hermelin und O'Connor ist von Frith und Happé weitergeführt worden. Auch sie nehmen an, daß die Verarbeitung von Wahrnehmungen bei autistischen Kindern beeinträchtigt ist. Sie postulieren ein Dominieren der Tendenz zur Beachtung von Einzelmerkmalen bei gleichzeitig geringem Einfügen dieser Informationen in eine Gesamtauffassung des Wahrgenommenen. Frith (1989) nannte dies eine mangelnde Tendenz zu zentraler Kohärenz. Diese Annahme kann sich auf eine Reihe von Befunden stützen:

- Es wurde bereits darauf hingewiesen, daß autistische Personen erstaunlich gute Leistungen auf dem Mosaiktest erzielen. Dieser wiederholt bestätigte Befund wurde von Shah und Frith (1993) näher analysiert, indem sie die Aufgaben erweiterten und die Vorlagen einmal in üblicher Anordnung als ganze Muster vorgaben, das andere Mal segmentiert, so daß jene Teile des Musters, die den einzelnen Blöcken zugeordnet waren, leichter erkannt werden konnten. Es zeigte sich, daß autistische Kindern bereits ohne diese Segmentierung den Mosaiktest recht gut ausführen konnten und im Unterschied zu normalen, aber auch zu lernbehinderten Kindern nur mehr wenig zusätzliche Hilfe durch die Segmentierung erhielten. Dies legt nahe, daß die Aufgliederung eines Musters autistischen Kindern relativ leichter fällt als anderen Kindern des gleichen kognitven Entwicklungsstands.
- Deutlich bessere Leistungen, als ihr kognitiver Enwicklungsstand erwarten läßt, erzielen autistische Kinder auch beim Erkennen eingebetteter Figuren, bei denen die Kinder das Vorkommen einfacher Formen (z. B. eines Dreiecks oder eines Fünfecks) in Zeichnungen von Gegenständen erkennen sollen (Shah & Frith 1983). Autistischen Kindern springen solche Komponenten sehr rasch ins Auge und sie erzielen hierbei bessere Leistungen als andere Kinder des gleichen kognitiven Entwicklungsstandes. (Dieser Befund wurde von Jolliffe und Baron-Cohen (1997) bei Erwachsenen repliziert, konnte allerdings von Brian und Bryson (1996) bei älteren autistischen Jugendlichen trotz Verwendung sehr ähnlichen Aufgabenmaterials nicht bestätigt werden. Es dürfte diesbezüglich eine größere Variabilität in den Leistungen von autistischen Personen geben.)
- Autistische Kinder unterliegen weniger visuellen Illusionen (wie z. B. der Müller-Lyer-Täuschung, bei der die Länge von zwei Linien verglichen werden soll, die einmal von nach innen, einmal von nach außen gerichteten Pfeilen begrenzt werden) als andere Kinder des gleichen Entwicklungsstands (Happé 1996).
- Wenn Punkte einmal als Muster, das andere Mal in zufälliger Anordnung dargeboten werden, dann profitieren autistische Kinder weniger von dem Vorhandensein eines Musters. Es ist, als ob

sie immer die Tendenz hätten, die Einzelreize zu zählen, und das Muster, das die Einzelreize ergeben, wenig beachten würden (Jarrold & Russell 1997).

Neben diesen Merkmalen der visuellen Wahrnehmung werden auch andere Verhaltensweisen autistischer Kinder als Hinweise auf eine Tendenz zur geringen Bildung kohärenter Schemata interpretiert. So die Schwierigkeiten bei der Verwendung einer sinnvollen Struktur bei Gedächtnisaufgaben oder die Beobachtung, daß autistische Kinder die richtige Aussprache von homographischen (also gleichgeschriebenen) Wörtern – was im Englischen recht häufig vorkommt – weniger durch Heranziehen des Satzkontexts entschlüsseln können als andere Kinder des gleichen Leseentwicklungsstands (Frith & Happé 1994).

Interpretation

Frith (1989) interpretiert die Befunde dahingehend, daß autistische Kinder weniger die Tendenz zur Einheitsbildung, zur Orientierung an der umfassenden Gestalt aufweisen. Sie sieht die Ursache jedoch in einem Wahrnehmungsstil, bei dem diese Kinder von den Details ausgehen, welche ihre Interpretation der wahrgenommenen Reize dominieren. Sie betont dabei einen möglichen Zusammenhang mit der Feldabhängigkeit und hebt hervor, daß auch bei feldabhängigen Kindern eine Zurückhaltung in den sozialen Kontakten und gewisse soziale Anpassungsschwierigkeiten beschrieben wurden.

Autistische Kinder sind – ihrem allgemeinen kognitiven Entwicklungsstand entsprechend – durchaus in der Lage, Wahrnehmungen (Sachverhalte) in verfügbare Ordnungsschemata einzureihen und entsprechende Konzepte bzw. logische Formen in der Auseinandersetzung mit den Gegenständen selbst zu entwickeln oder von der sozialen Umwelt über die sprachliche Kommunikation zu übernehmen. Probleme haben sie dann, wenn ein übergeordnetes Schema gebildet werden soll, um das Einzelereignis in einen größeren Zusammenhang stellen zu können. Das ist aber notwendig, weil erst durch diese weitergehende Verarbeitung des Reizmaterials Gegenstände in eine erkennbare Beziehung zueinander treten, und erst dadurch aus einer Menge von Elementen das Verständnis einer Handlung oder eines Sachverhaltes entsteht.

Plaisted et al. (1998a, b) sind dem Phänomen der ausgezeichneten Diskriminationsleistungen von Personen mit einer autistischen Störung vom Standpunkt des perzeptuellen Lernens aus nachgegangen. Ihre Untersuchungen legen nahe, daß autistische Kinder Merkmale, die spezifisch für eine Reizkonfiguration sind, gut behalten können, aber Probleme haben, Gemeinsamkeiten mit anderen Reizen zu erkennen. Dabei könnte es sich um eine Kompensation der Schwierigkeiten beim Einordnen in übergreifende Schemata handeln. Es ist jedoch auch möglich und für Plaisted et al. die naheliegendere Interpretation, daß automatische Prozesse der Merkmalsextraktion bei Menschen mit einer autistischen Störung anders funktionieren.

3.1.7 Entwicklung planvollen Handelns (Ausbildung exekutiver Funktionen)

Die Tatsache, daß der frühkindliche Autismus weder mit einer auffälligen Beeinträchtigung der einfachen sensorischen Wahrnehmung noch der Motorik bzw. Handlungsausführung einhergeht und auch die Intelligenz nur bei einem Teil der Kinder beeinträchtigt ist, hat zu Überlegungen geführt, welche der zwischen Wahrnehmung und Handlungsausführung eingeschalteten Prozesse betroffen sein könnten. Große Bedeutung haben in den letzten Jahren Studien erlangt, die sich in der Suche nach diesen Prozessen an einer neuropsychologischen Analyse, also an dem Vergleich der Defizite und erhaltenen Fähigkeiten mit jenen von Patienten mit einer umschriebenen Hirnfunktionsstörung orientieren. Diese Analysen haben darauf hingewiesen, daß die Schwierigkeiten autistischer Personen in gewisser Weise jenen ähneln, die nach einer Schädigung des Frontalhirns auftreten. Die Funktionen, die dabei betroffen sind, werden auch exekutive Funktionen genannt und beinhalten die Fähigkeit, eine angemessene Problemlösungsstrategie für das Erreichen eines künftigen Ziels durchzuhalten und dabei naheliegende Lösungen bzw. Reaktionen zu hemmen oder aufzuschieben, eine planvolle Abfolge von Handlungsschritten zu initiieren und sich eine Vorstellung von der Aufgabe und dem zu erreichenden Ziel zu bilden und diese Vorstellung im Gedächtnis festzuhalten (Pennington & Ozonoff 1996).

Mit einer Reihe an Aufgaben aus der neuropsychologischen Untersuchungstechnik können Schwierigkeiten autistischer Personen im Einsatz exekutiver Funktionen nachgewiesen werden. Die häufigste dabei verwendete Aufgabe ist der Wisconsin Card Sorting Test (WCST), bei dem den Kindern auf einzelnen Karten jeweils einfache Symbole gezeigt werden, die sich in drei Merkmalen unterscheiden, in der Farbe, der Form (Dreieck, Stern, Rechteck) und der Anzahl der abgebildeten Symbole. Die Testpersonen müssen dabei herausfinden, welches Merkmal gerade relevant ist, erfahren jedoch nur, ob ihre Wahl richtig oder falsch war. Jeweils nach zehn Karten wird das

Merkmal, das entscheidend ist, geändert. Die Aufgabe erfordert also ein großes Maß an Systematik bei der Suche nach dem kritischen Merkmal, das Erinnern früherer Antworten und ihres Erfolgs sowie beträchtliche Flexibilität und wiederholte Änderung der Lösungen. Autistische Kinder bzw. Jugendliche und junge Erwachsene fallen dabei nicht nur durch eine geringere Anzahl an richtigen Lösungen, sondern vor allem in dem für die Beurteilung der Testergebnisse entscheidenden Merkmal der größeren Anzahl perseverativer Antworten auf. Darunter wird das Festhalten an Lösungen verstanden, die früher richtig waren, nach dem Wechsel des Entscheidungsmerkmals jedoch falsch geworden sind. Wie einer Übersicht von Pennington und Ozonoff (1996) zu entnehmen ist, wurden in sechs von acht Vergleichen autistischer und nicht-autistischer Personen signifikante Unterschiede zwischen den Gruppen in der Anzahl der perseverativen Fehler festgestellt.

Ein verwandter Test, bei dem autistische Kinder im Vergleich zu nicht-autistischen Kindern noch größere Probleme haben (Ozonoff et al. 1991a), ist der Turm-von-Hanoi-Test, bei dem es darum geht, Ringe verschiedener Größe durch Umstecken auf einen von drei Stäben (ohne daß ein größerer auf einen kleineren gelegt wird) in die richtige Reihenfolge zu bringen. Hier geht es im Besonderen darum, eine Folge von Problemlösungsschritten zu entwerfen und umzusetzen. Bei dieser Aufgabe haben – selbst wenn sie in eine Geschichte eingekleidet und damit anschaulicher wird – auch intelligente autistische Kinder größere Probleme als normale Kinder der gleichen kognitiven Entwicklungsstufe.

Einfachere Aufgaben können die Ausbildung exekutiver Funktionen auch im Vorschulalter, also bei Kindern mit einem geringen kognitiven Entwicklungsstand, überprüfen, etwa einfache Wahlaufgaben (z. B. die Aufgabe zu erraten, unter welcher von zwei Tassen etwas verborgen ist). Damit kann nachgewiesen werden, daß autistische Kinder bereits im Vorschulalter Probleme durch die Perseveration von einmal richtigen Entscheidungen haben und daß diese Schwierigkeiten eine recht enge Übereinstimmung mit den sozialen Fertigkeiten von Kindern aufweisen (McEvoy et al. 1993).

Recht große Probleme haben autistische Kinder auch bei exekutiven Aufgaben, die besondere Anforderungen an das Arbeitsgedächtnis stellen. Dabei sollen die Kinder gleichzeitig eine bestimmte Aufgabe ausführen und die anfallenden Informationen im Gedächtnis behalten. Es sind jedoch verschiedene Aufgaben entwickelt worden, die die Kapazität des Arbeitsgedächtnisses überprüfen, ohne gleichzeitig Anforderungen an das Planen einer Problemlösungsstrategie zu stellen. Autistische Kinder haben bei solchen Aufgaben größere Probleme als nicht autistische Kinder (Russell et al. 1996; Bennetto et al. 1996), worauf bereits bei der Darstellung der Gedächtnisschwierigkeiten eingegangen wurde.

Autistische Kinder haben jedoch nicht bei allen Aspekten der Handlungsplanung bzw. des Handlungsentwurfs Schwierigkeiten. So wurde gezeigt, daß sie relativ wenig Probleme bei der Hemmung einer inkompatiblen Reaktion haben, jedenfalls solange die Alternative sichtbar bleibt (Ozonoff & Strayer 1997; Hughes 1996). Es ergibt sich somit ein spezifisches Profil der exekutiven Fertigkeiten autistischer Kinder, das sie von anderen Kindern, die gleichfalls Probleme mit exekutiven Funktionen haben (z. B. Kinder mit dissozialen Störungen sowie mit einem hyperkinetischen Syndrom) unterscheidet (für eine Übersicht über die Ergebnisse kontrollierter Studien siehe Pennington & Ozonoff 1996).

Interpretation

Der Mangel in der Ausbildung exekutiver Funktionen bedingt eine größere Starrheit und Reizgebundenheit im Verhalten von Menschen mit einer autistischen Störung. Sie tendieren dazu, an der naheliegendsten Lösung festzuhalten und bringen nicht die Flexibiliät auf, andere Lösungen zu suchen.

Die Tatsache, daß solche Schwierigkeiten auch nach einer Hirnschädigung des Frontallappens zu beobachten sind, legt die Interpretation nahe, daß es sich dabei um eine Störung handelt, die durch eine Beeinträchtigung der Gehirnentwicklung bedingt ist. Diese Interpretation wird zusätzlich durch die Beobachtung gestützt, daß die Schwierigkeiten beim Beschreiten alternativer Lösungswege mit einer Einschränkung der Kapazität des Arbeitsgedächtnisses verbunden sind.

Diese Schwierigkeiten könnten allerdings auch mit den Problemen bei der Ausbildung von Handlungsschemata zu tun haben. Die Handlungsplanung ist ein komplexer Vorgang, bei dem die bekannten Schwierigkeiten der Autisten im Umgang mit Ambiguität und mit der Integration von Einzelereignissen in einen Gesamtzusammenhang zum Tragen kommen.

Eine Handlung wächst aus dem Spannungsfeld von wahrgenommenem Bedürfnis und erkanntem Handlungsspielraum. Eine als unbefriedigend wahrgenommene Ausgangssituation wird durch eben diese Beurteilung zum Handlungsmotiv, dem durch eine weitere Beurteilung ein befriedigender Endzustand als Handlungsziel entgegengesetzt wird. Die Schritte zwischen Motiv und Ziel sind die Maßnahmen der Zielrealisierung (Weg).

Das Besondere daran: Die Planung der Zielrealisierung erfolgt nicht in der Reihenfolge der Ausführung, sondern von hinten nach vorn, also in der umgekehrten Reihenfolge zur Ausführung. Wer z. B. ins Kino gehen will, beginnt seine Planung nicht mit der Frage: „Wie komme ich zum Bus?", sondern: „In welchem Kino wird der gewünschte Film gespielt, wann sind die Spielzeiten, welche Linie fährt da vorbei? ..." Die Planung erfolgt also in umgekehrter Reihenfolge zur Ausführung. Ein Handlungsschritt kann deshalb nur sinnvoll vor dem Hintergrund des Gesamtkonzeptes der Handlung geplant werden.

Erschwert wird die Handlungsplanung noch dadurch, daß die Ereignisse und Handlungen im Zeitschema zu ordnen sind. Dies fällt Autisten, wie bereits ausgeführt, besonders schwer. Die Schwierigkeiten mit dem Zeitschema bestehen zusätzlich noch darin, daß schon bei der Ausbildung einfacher Ordnungen nur ein Teil der Informationen unmittelbar gegeben ist und ein anderer Teil konstruiert, entworfen werden muß.

3.1.8 Spielverhalten

Intuition als Verständnis eines noch nicht sprachlich analysierten Vorganges oder Zusammenhanges begleitet alle intellektuellen Leistungen und ist an allen beteiligt. Nirgends kommt sie jedoch so stark zum Tragen wie im kreativen Phantasiespiel. Deshalb ist das Spiel für die Beschreibung und Erklärung der autistischen Störung von ganz besonderem Interesse.

Spielen autistische Kinder? Unterscheidet sich ihr Spiel von dem normaler Kinder? Einen guten Zugang zu dieser Thematik liefert uns die entwicklungspsychologische Betrachtung. In der Entwicklung des Spielverhaltens kann man das allmähliche Herausbilden von vier verschiedenen Formen erkennen:

- Einfaches Manipulieren von Gegenständen: In einer ersten Stufe kann man bei Kindern nur einfaches Hantieren mit einzelnen Gegenständen sowie das Explorieren dieser Gegenstände beobachten.
- Einfaches kombinatorisches Spiel: Etwas später beginnen die Kinder, mehrere Gegenstände in ihr Spiel einzubeziehen und diese zunächst nicht ihren Funktionen, sondern ihren physischen Eigenschaften entsprechend zu kombinieren. Daraus entwickelt sich das funktionelle Spiel.

- Funktionelles Spiel: Als Vorstufe des echten symbolischen Spielens entwickelt sich zunächst das funktionelle Spiel, in dem Gegenstände in einer ihrer Funktion entsprechenden Weise spielerisch verwendet werden. Die Vielfalt dieser Kombinationen nimmt dann fortschreitend zu, wobei sich auch die Art des Umgangs mit den Spielsachen ändert: Die Gegenstände werden weniger egozentrisch gebraucht, d. h. die Verwendung der Gegenstände ist weniger auf die Kinder selbst gerichtet. Die Kinder lassen die Gegenstände zunehmend Aktionen ausführen, die ihnen ein eigenes Leben geben, an dem die Kinder teilhaben. Die Handlungssequenzen werden komplexer. Zunächst wird die gleiche Handlung mit zwei verschiedenen Gegenständen ausgeführt oder mit demselben Gegenstand werden nacheinander zwei verschiedene, aber ähnliche Handlungen ausgeführt. Immer häufiger werden die einzelnen Teilhandlungen integriert, so daß eine in sich geordnete und sinnvolle Sequenz entsteht.
- Symbolisches Spiel: Das Stadium des ausgereiften symbolischen Spiels ist schließlich dadurch gekennzeichnet, daß die Verwendung der Gegenstände nicht mehr konventionell, nicht durch die physischen und funktionellen Eigenschaften beschränkt ist. Stattdessen werden den Spielsachen von den Kindern neue Eigenschaften zugewiesen, sie werden in längere, komplexere Handlungsfolgen eingebunden. Als wesentliches Kennzeichen dieser Form des Spielens gilt der Als-ob-Charakter des Umgangs mit den Spielgegenständen. Dieser wird nach Leslie (1987) dadurch erkennbar, daß die Kinder so tun, als ob ein Gegenstand in Wirklichkeit ein anderer wäre, daß sie den Dingen ‚falsche' bzw. nicht-vorhandene Eigenschaften zuschreiben (z. B. so tun als ob die Puppe schmutzig oder naß ist), und daß sie nicht-vorhandene Gegenstände in ihr Spiel einbeziehen (z. B. der Puppe aus einer leeren Tasse etwas zu trinken geben). Diese einzelnen Als-ob-Handlungen machen den Kern des symbolischen Spiels aus und werden in komplexere Handlungsketten einbezogen, so daß eine Geschichte, eine erzählbare Begebenheit daraus entsteht.

Von einer solchen entwicklungspsychologischen Betrachtungsweise aus wird man immer das Alter der Kinder bzw. ihren kognitiven Entwicklungsstand berücksichtigen müssen. Echtes symbolisches Spiel ist nur bei Kindern, die einen geistigen Entwicklungsstand von mehr als 20 Monaten erreicht haben, zu erwarten. Bei autistischen Kindern mit einer schweren geistigen Behinderung sind daher anspruchsvollere Formen des Spiels nicht möglich. Wegen dieser Abhängigkeit des

Spielniveaus vom kognitiven Entwicklungsstand ist es notwendig, das Spiel von autistischen Kindern mit jenem nicht-autistischer Kinder des gleichen Entwicklungsstands zu vergleichen und speziell Kinder zu beobachten, die in ihrer kognitiven Entwicklung größere Fortschritte gemacht haben. Eine recht große Anzahl solcher vergleichenden Beobachtungen des Spielverhaltens in freien und strukturierten Spielsituationen wurde bereits durchgeführt, wobei allerdings eine Bewertung der Ergebnisse unsicher bleibt (für eine Übersicht und Kritik siehe Jarrold et al. 1993).

Insgesamt zeigen die Beobachtungsstudien sehr deutlich, daß auch autistische Kinder sich in einer freien Spielsituation den Großteil der Zeit mit den Spielsachen beschäftigen, daß aber das Niveau ihres spontanen Spiels im Vergleich zu jüngeren normalen und nicht-autistischen geistig behinderten Kindern sowie Kindern mit Sprachentwicklungsstörungen deutlich reduziert ist. Die Entwicklung ihres Spielverhaltens ist also noch stärker als die gesamte kognitive Entwicklung retardiert. Bei etwa fünfjährigen autistischen Kindern wurde sowohl im freien Spiel als auch in einer strukturierten Spielsituation mit einem Erwachsenen weniger funktionelles und symbolisches Spiel beobachtet als bei jüngeren normalen und geistig behinderten Kindern, die vergleichbare nonverbale Fähigkeiten hatten (Ungerer & Sigman 1981; Sigman & Ungerer 1984a). Nur wenige autistische Kinder spielten überhaupt auf der Ebene symbolischer Handlungen. Auch zeigten sie spontan nur relativ kurze Sequenzen zusammenhängender Spielhandlungen und führten mit den Spielsachen nicht sehr viele verschiedene Handlungen aus. Dies besserte sich zwar, wenn den Kindern Möglichkeiten gezeigt wurden, was sie mit den Spielsachen machen konnten, bzw. wenn ihnen verbale Anregungen gegeben wurden, blieb aber deutlich unter dem Niveau der Vergleichsgruppen.

Ungerer und Sigman (1981) stellten allerdings fest, daß die Vielfalt und das Niveau des Spielverhaltens nicht nur vom kognitiven Entwicklungsstand, sondern auch vom Sprachentwicklungsstand abhängig war. Ihre Untersuchung ist unter anderem deshalb kritisiert worden, da die Vergleichsgruppen zwar einen ähnlichen Stand der nonverbalen, nicht aber der Sprachentwicklung aufwiesen. Der für das Spielverhalten relevante sprachliche Entwicklungsstand der autistischen Kinder war wahrscheinlich geringer als jener der Vergleichsgruppen. Spätere Untersuchungen, die Gruppen mit einem ähnlichen Sprachentwicklungsstand verglichen, fanden jedoch ebenfalls ein überwiegend geringeres Spielniveau bei autistischen Kindern, vor allem weniger symbolisches Spiel in einer freien Spielsituation (z. B. Baron-Cohen 1987; Riguet et al. 1981).

Wenn aber autistische Kinder in ihrem spontanen Verhalten ein weniger elaboriertes und stereotyperes Spiel zeigen, ist dies noch nicht notwendigerweise ein Hinweis darauf, daß sie zu keinem entwickelteren Spielverhalten fähig sind. Die Auseinandersetzung konzentriert sich vor allem auf die Frage, ob ihnen symbolisches Spielverhalten, ein spielerisches So-tun-als-ob, überhaupt möglich ist.

In den Untersuchungen von Ungerer und Sigman (1981) sowie von Riguet et al. (1981) wurde versucht, das Spielverhalten der autistischen Kinder in einer strukturierten Situation mit einem Erwachsenen anzuregen und ihnen verschiedene Möglichkeiten, mit dem Spielmaterial umzugehen, zu zeigen. Dies hatte aber nur einen begrenzten Erfolg. Die Kinder konnten das vorgezeigte symbolische Spiel zwar imitieren, es aber nicht auf andere Spielsachen übertragen.

Daß autistische Kinder selbst auf Anregung von außen keine symbolischen Spielhandlungen generieren, ist allerdings noch kein Nachweis, daß ihnen ein Verständnis für das Tun-als-ob fehlt. So konnte gezeigt werden, daß autistische Kinder sehr wohl in der Lage sind, die Konsequenzen von Handlungen, bei denen nur so getan wird, als ob etwas mit Spielfiguren gemacht wird, anzugeben. Wenn also so getan wird, als ob über eine Spielfigur Puder gestreut oder Tee gegossen wird, so zeigen sie fast immer auf das entsprechende Bild, wenn ihnen mehrere Alternativen vorgelegt werden (was jüngere Kinder unter zwei Jahren nicht tun; Kavanaugh & Harris 1994; Jarrold et al. 1994b). Umgekehrt können sie auf Aufforderung hin bestimmte Als-ob-Handlungen ebenso gut ausführen wie nicht-autistische Kinder des gleichen Entwicklungsalters. Es macht dabei keinen Unterschied, ob es dabei um Handlungen an Gegenständen geht (z. B. „Zeig mir, wie der Bub einen Stein wirft"), um soziale Handlungen (z. B. „Zeig mir, wie die Mutter das Baby füttert") oder emotionale Reaktionen (z. B. „Zeig mir, wie sich der Bub vor dem Hund fürchtet"; z. B. Jarrold et al. 1996). Auch wenn die autistischen Kinder nur ganz allgemein angewiesen werden, mit einer Reihe an verfügbaren Spielsachen so zu tun, als ob sie verschiedene Handlungen ausführen würden, können sie dies. Die Anzahl der dabei selbst ausgedachten Handlungen ist allerdings geringer und es vergeht mehr Zeit, bis sie auf eine andere Möglichkeit kommen (Jarrold et al. 1996). Zudem fällt es autistischen Kindern nicht wesentlich schwerer, Gegenständen, die bereits eine klare Funktion haben, eine neue Funktion zuzuweisen, als Gegenständen, die keine bestimmte Funktion haben oder deren Funktion ihnen nicht geläufig ist. Das Ausführen einer Als-ob-Handlung wird also nicht durch eine realistische Haltung den Dingen gegenüber gehemmt (Jarrold et al. 1994a).

Fassen wir die wichtigsten Ergebnisse über das Spielverhalten autistischer Kinder zusammen: Autistische Kinder verbringen weniger Zeit mit konstruktivem Spiel als normale Kinder. Dies ist zum Teil auf ihre extreme Zurückgezogenheit zurückzuführen, die im Vorschulalter kaum echtes soziales Spiel aufkommen läßt. Es ist auch in einer freien Spielsituation zu beobachten, in der sie allein sind. Auch die häufigen Stereotypien und selbststimulierenden Tätigkeiten sind nicht die alleinige Ursache der Auffälligkeiten im Spielverhalten. Selbst dann, wenn sie sich mit Spielsachen spontan beschäftigen, ist deren Verwendung sehr einfach. Auffallend ist sowohl die geringere Häufigkeit von funktionellem wie von symbolischem Spiel im Vergleich zu nicht-autistischen Kindern des gleichen verbalen wie nonverbalen kognitiven Entwicklungsstands. Die Sequenzen von zusammenhängenden Spielhandlungen sind bei autistischen Kindern zudem kürzer.

Obwohl sie im Spiel spontan wenig Als-ob-Handlungen verwenden, verstehen sie solche Handlungen und können sie auf Aufforderung hin auch ausführen. Es besteht also keine Unfähigkeit zur Produktion von symbolischen Spielhandlungen, es fällt ihnen aber schwerer, sich solche Handlungen auszudenken, und sie benötigen dafür länger.

Interpretation

Viele Erklärungen sind für den Mangel an symbolischem Spielverhalten vorgebracht worden (siehe Jarrold et al. 1993). Lange Zeit dominierte die Auffassung, es drücke sich darin ein Mangel an Symbolisierungsfähigkeit aus, der es den autistischen Kindern unmöglich mache, innere Repräsentationen zu bilden, durch die sie Gegenständen bestimmte imaginäre Eigenschaften zuweisen könnten. Eine etwas modifizierte Fassung dieser rein kognitiven Interpretation sieht den Mangel nicht in der Bildung von Repräsentationen, sondern von Meta-Repräsentationen (Leslie 1987). Das spielerische Tun-als-ob ist demnach nur möglich, wenn die Kinder eine Vorstellung davon entwickeln, daß eine Person ein inneres Bild von der Wirklichkeit hat und dieses Bild auf andere Gegenstände übertragen kann. Der Mangel an symbolischem Spiel ließe sich demnach auf das Unverständnis für diese Haltung der Wirklichkeit gegenüber zurückführen. Beide Ansätze können jedoch kaum erklären, wieso die Kinder – aufgefordert – durchaus Tun-als-ob-Handlungen ausführen können.

Die dominierende alternative Interpretation sieht das einfache und repetitive Spiel autistischer Kinder in der Schwierigkeit begründet, die wahrgenommene Wirklichkeit durch selbst generierte Ideen und Pläne zu verändern. Das spielerische Verhalten autistischer Kinder bleibt daher von den äußeren Merkmalen der Spielgegenstände dominiert. Sie tun sich schwer, diesen etwas hinzuzufügen. Nur dann, wenn ihnen gesagt wird, was sie tun sollen, können sie auch Als-ob-Handlungen ausführen (Harris 1993). Diese Hypothese sieht in dem mangelnden Spielverhalten autistischer Kinder also eine Folge gering ausgebildeter exekutiver Funktionen. Jarrold et al. (1993, 1996) haben dies noch durch die Annahme ergänzt, daß es autistischen Kindern generell schwer fällt, auf innere Repräsentationen und Schemata zurückzugreifen und sie aus dem Gedächtnis abzurufen.

Unsere Interpretation geht davon aus, daß jeder Gegenstand und jede Handlung in einem bestimmten Lebenszusammenhang steht. Der Lebenszusammenhang legt den Gebrauch fest, definiert Regeln des Umgangs mit ihm, weist ihm sozusagen eine bestimmte Rolle im Leben zu. So definiert der Lebenszusammenhang Essen die Rolle, die der Löffel darin spielt (er wird zum Essen von Flüssigkeiten verwendet, wird nach dem Essen gewaschen, wird vor dem Essen aufgedeckt). Der Lebenszusammenhang nutzt dabei die realen (physikalischen, biologischen, sozialen) Eigenschaften des Gegenstandes. Das symbolische Spiel ist auch ein bestimmter Lebenszusammenhang, und das Besondere daran ist, daß ein Gegenstand seine Rolle aufgrund zugeschriebener, nicht realer Eigenschaften spielen kann. Wir sehen nun die speziellen Anforderungen des symbolischen Spiels darin, daß erstens der natürliche (vertraute) Lebenszusammenhang, in dem ein Gegenstand oder eine Handlung bekannt ist, gewechselt werden muß, und daß zweitens die Handlungen, die mit dem Gegenstand ausgeführt werden, sich nicht mehr direkt an seinen realen Eigenschaften orientieren. Das Kind muß im symbolischen Spiel die realen Eigenschaften z. B. des Holzklotzes ignorieren, und so tun, als ob er die Eigenschaften eines Kindes hätte. Wir wissen, daß beides dem autistischen Kind Schwierigkeiten bereitet. Zu fragen ist nun, wodurch ein solcher Wechsel möglich gemacht wird? Generell kann man sagen, ein Wechsel vom einen zum anderen wird durch ein übergreifendes Schema ermöglicht, das die zu wechselnden Elemente als Teile enthält. Ein solches übergreifendes Schema ist aber in unserem Falle nicht sichtbar. Was dann?

Der Begriff des „intuitiven Verständnisses" trägt zur Klärung der beschriebenen Phänomene bei. Im Mangel an „intuitivem Verständnis" läßt sich die zentrale Schwierigkeit autistischer Kinder sehen. Wir werden im Abschluß auf dieses Thema ausführlich zu sprechen kommen. Hier sei nur soviel vorweggenommen: Der Mensch verfügt offensichtlich über eine sprachlich nicht belegbare Form des Verknüpfens von Ereignissen, die wir „Vorstellungsschemata" im Gegensatz zu den Sprachschemata nennen. Der Wechsel eines Lebenszusammenhanges basiert auf einem Vorstellungsschema. Das heißt soviel wie: Ein Wechsel findet statt, ohne daß man sich dafür auf ein Sprachschema stützt. Diese Schemata zu generieren, fällt dem normalen Kind spielerisch leicht und dem autistischen Kind mühevoll schwer. Fassen wir die drei wichtigsten Aspekte zusammen:

1. Autistische Kinder wechseln das Bezugssystem (Lebenszusammenhang) seltener und scheinen dabei größere Mühe zu haben als entwicklungsgleiche normale, aber auch entwicklungsgleiche geistig behinderte Kinder.
2. Sie orientieren sich stärker als das normale Kind an den realen Eigenschaften eines Gegenstandes oder Sachverhaltes.
3. Werden sie aber aufgefordert, es zu tun, so gelingt es ihnen auch, d. h. daß sie die Fähigkeit dazu durchaus haben.

Die Ergebnisse legen nahe, daß autistische Kinder weniger aus der Phantasie leben, daß es ihnen schwerer fällt, innere Repräsentationen von Prozessen und Gegenständen auszubilden, daß sie seltener übergreifende Vorstellungen und Strukturen entwickeln, um Einzelmerkmale in einen Zusammenhang zu bringen. Entscheidend aber ist, daß sie dies alles können, wenn sie speziell dazu motiviert werden, so daß der Eindruck entsteht, als sei die fehlende Motivation der ausschlaggebende Grund für ihr auffälliges Verhalten. Was aber ist der Grund für die fehlende Motivation? Die einfachste Erklärung für das ausbleibende symbolische Spiel ist die Überforderung, „sie können's nicht". Nachdem nun aber klar ist, daß sie es können, bleibt als Ausweg nur noch, daß sie nicht motiviert sind. Aber auch mit dieser Antwort können wir uns nicht zufrieden geben. Es gibt da offensichtlich noch etwas, das der Motivation vorausgeht, und hier können wir fündig werden.

3.2 Kommunikation mit spärlichem Hintergrundverständnis

In der Sprache wird das Vorverständnis ausdifferenziert, mittels einer Begrifflichkeit objektiviert und kommunizierbar gemacht. Die Sprache ist mithin das Fundament des analytischen Verständnisses von Prozessen und Sachverhalten und zugleich der Antipode zur intuitiven Gegenstandserfassung. Die intuitive Vorerfahrung geht der Sprache voraus, ihre unbefriedigende Vagheit motiviert zur Objektivierung der intuitiven Gegenstandserfahrung in der Sprache. Sie bildet mit den übergreifenden Ganzheiten ein Netz für das Verständnis des einzelnen sprachlichen Ausdrucks. Daß die Sprachentwicklung autistischer Kinder – obwohl von der Schädigung nicht direkt betroffen – nicht nach der Norm verlaufen wird, ist daher a priori anzunehmen. Am stärksten aber werden die Schwierigkeiten dort auftreten, wo das intuitive Verständnis besonders gefordert ist: in der Kommunikation.

Was wissen wir heute über die sprachliche Welt autistischer Kinder? Die Sprachentwicklung autistischer Kinder ist in der Mehrzahl der Fälle von Anfang an beeinträchtigt. Bei anderen kommt es – nachdem bereits erste Fortschritte in der Verwendung von Sprache erzielt wurden – zu deutlichen Rückschritten. Die Kinder verlieren einen Teil der bis dahin entwickelten Fähigkeiten wieder. Ein Drittel bis die Hälfte der autistischen Kinder entwickelt überhaupt nicht die Fähigkeit, Sprache zur Kommunikation zu verwenden. Dies ist vor allem bei autistischen Kindern der Fall, die auch in ihrer kognitiven Entwicklung nur sehr geringe Fortschritte machen. Bei der Betrachtung der Sprachentwicklung autistischer Kinder sind somit die großen individuellen Unterschiede im Ausmaß, in dem sie zur Aneignung von Sprache fähig sind, zu berücksichtigen.

3.2.1 Die präverbale Phase und die Anfänge der Sprachentwicklung

Schon vor der eigentlichen Sprachentwicklung zeigen sich bei einigen autistischen Kindern Auffälligkeiten in der lautlichen, präverbalen Kommunikation. Rückblickend hat ein Teil der Mütter autistischer Kinder den Eindruck, als ob die Qualität des Schreiens bei diesen Kindern anders gewesen wäre als bei Geschwistern. Ein Viertel der Mütter aus der Stichprobe von DeMyer (1979) hatte Schwierigkeiten, zu verstehen, was die Kinder durch ihr Schreien ausdrücken wollten. 9 % der autistischen Kinder drückten als Säugling ihre Bedürfnisse nicht durch Schreien aus, und die Eltern mußten sich beim Füttern, Windeln wechseln etc. ausschließlich nach der Uhr richten.

Auch das Plappern der Kinder war in der Rückerinnerung der Mütter bei der Hälfte der Kinder anders, sie plapperten weniger und monotoner; es fehlten die für normale Kleinkinder typischen gesprächsartigen Intonationen. Etwa die Hälfte der autistischen Kinder imitierten im ersten Lebensjahr nicht die vorsprachlichen Laute, die Mütter im Umgang mit den Kleinkindern verwenden.

Dieser Mangel an Lautimitationen wurde von Ricks und Wing (1975; Ricks 1975) bestätigt. Sie beobachtcten, daß ältere autistische Kinder (drei bis fünf Jahre), die noch keine Sprache entwickelt hatten, das eigene Plappern, wenn es ihnen vom Tonband vorgespielt wurde, präzise imitierten, während sie das Plappern anderer Kinder, aber auch Imitationen ihres eigenen Plapperns durch andere Kinder ignorierten. Normale Kleinkinder hingegen beachteten das eigene Plappern kaum, wenn es ihnen vom Tonband vorgespielt wurde, hingegen imitierten sie das Plappern anderer Kinder.

Außerdem sind die präverbalen Äußerungen autistischer Kinder schwerer verständlich (Ricks & Wing 1975, Ricks 1975). Wenn solche Äußerungen auf Tonband aufgenommen und Eltern vorgespielt wurden, so konnten zwar die Eltern autistischer Kinder die Bedeutung bei ihren eigenen Kindern verstehen, nicht jedoch bei anderen autistischen Kindern. Im Gegensatz dazu bereitete das Verständnis der präverbalen Lautäußerungen normaler Kinder auch fremden Eltern keine Probleme. Dies wurde in einer Studie von Lord und Mitarbeitern (berichtet in Lord & Paul 1997) bestätigt. Sie konnten zeigen, daß der emotionale Kontext (z. B. Vergnügen, Frustration, Aufforderung) präverbaler Äußerungen zweijähriger autistischer Kinder für fremde Eltern schwerer zu verstehen war als jener jüngerer normaler Kinder, aber auch jener von Kindern mit einem gleich großen kognitiven Entwicklungsrückstand, die nicht autistisch waren.

Die ersten Stadien der Sprachentwicklung, der Erwerb der ersten Wörter, außer „Mama" und „Papa", sind bei den meisten autistischen Kindern verzögert, mehr noch die Bildung der ersten Mehrwortsätze. Gelegentlich jedoch verläuft bei autistischen Kindern die Sprachentwicklung anfangs normal, bis es im zweiten und dritten Lebensjahr gemeinsam mit dem Auftreten von stärkeren Verhaltensauffälligkeiten zu einem Stillstand und gelegentlich auch zu einem Rückschritt der Sprachentwicklung kommt. Dies ist bei etwa einem Viertel der autistischen Kinder der Fall, wobei dieser Rückschritt zumeist ein allmählicher Prozeß ist (Kurita 1985). Er setzt ein, wenn die Kinder erst einen geringen Wortschatz von etwa zehn Wörtern erworben haben, bevor sie größere Fortschritte in der Sprachentwicklung machen.

3.2.2 Phonologie und Artikulation

Viele autistische Kinder haben im Rahmen der Sprachentwicklungsstörung auch Schwierigkeiten bei der Artikulation bestimmter Phoneme. Jedoch sind sowohl die Reihenfolge, in der die Aussprache der verschiedenen Phoneme gelernt wird, als auch die Art der Fehler dem in der normalen Sprachentwicklung anzutreffenden Muster ähnlich (Bartolucci et al. 1976). Die Art der bei den Kindern zu beobachtenden phonologischen Fehler deutet darauf hin, daß auch autistische Kinder, ähnlich wie normale Kinder, Kontraste und distinktive Merkmale lernen. Autistische Kinder, die sprechen lernen, haben zwar in der Vorschulzeit deutlich mehr Schwierigkeiten als normale Kinder bei der Produktion der Sprachlaute, ihre Probleme in diesem Bereich sind jedoch deutlich geringer als jene von dysphatischen Kindern (= Kinder mit umschriebenen Sprachentwicklungsschwierigkeiten). Der phonetische Spracherwerb kann also nicht zu den besonderen Problembereichen autistischer Kinder gerechnet werden (Boucher 1976). Allerdings scheint die Bandbreite der in der präverbalen Phase, also beim Plappern der Kleinkinder, produzierten Phoneme ein Indikator dafür zu sein, wieweit die Kinder später in der Lage sind, sich der mündlichen Sprache zur Kommunikation zu bedienen. Kinder, die in der präverbalen Phase dadurch auffallen, daß sie nur einen geringen Teil der in einer Sprache häufiger vorkommenden Phoneme verwenden, entwickeln oft keine Sprache. Es ist ratsam, bei diesen Kindern frühzeitig damit zu beginnen, andere Kommunikationsformen aufzubauen.

3.2.3 Syntax

Die Aneignung sprachlicher Strukturformen sollte trotz eines Mangels an Vorverständnis nicht wesentlich erschwert sein. Auf das intuitive Hintergrundverständnis muß sich das Kind vor allem dann beziehen können, wenn grammatikalische Strukturen abgewandelt werden müssen, wenn eine Aussage nicht wörtlich zu nehmen ist, sondern ‚zwischen den Zeilen zu lesen ist'.

Die linguistische Analyse der Spontansprache jener autistischen Kinder, die sprechen gelernt haben, zeigt, daß die Entwicklung der Syntax bei diesen Kindern gegenüber dem nonverbalen kognitiven Entwicklungsstand oft deutlich retardiert ist. Dies drückt sich sowohl in einer langsameren Zunahme der Äußerungslänge wie auch in einem Rückstand bei der Verwendung grammatikalischer Konstruktionen aus. Die Aneignung komplexerer grammatikalischer Konstruktionen erfolgt relativ langsam. Autistische Kinder weisen hier ein Defizit sowohl gegenüber jüngeren normalen Kindern wie gegenüber geistig behinderten Kindern mit entsprechendem nonverbalem Entwicklungsstand auf (Pierce & Bartolucci 1977). Wenn allerdings als Vergleichsgrundlage nicht die allgemeine kognitive Entwicklung, sondern der Stand der Sprachentwicklung herangezogen wird, erscheint der Verlauf der Sprachentwicklung bei autistischen Kindern jenem bei geistig behinderten Kindern ohne autistisches Verhalten sehr ähnlich (Tager-Flusberg et al. 1990).

Die Entwicklung syntaktischer Strukturen ist somit bei autistischen Kindern gegenüber der allgemeinen kognitiven Entwicklung zwar deutlich verzögert, scheint aber qualitativ nicht anders als bei normalen Kindern bzw. bei Kindern mit einer geistigen Behinderung zu verlaufen (Waterhouse & Fein 1982; Tager-Flusberg et al. 1990). Allerdings ist in den etwas fortgeschrittenen Stadien der Sprachentwicklung die grammatikalische Komplexität der Äußerungen bezogen auf die durchschnittliche Äußerungslänge bei autistischen Kindern geringer als bei normalen Kindern. Selbst im Vergleich zu Kindern mit einem Down-Syndrom zeigen autistische Kinder, die in ihrer Sprachentwicklung etwas weiter fortgeschritten sind, bei gleicher Äußerungslänge noch eine etwas geringere syntaktische Komplexität ihrer Sprache (Scarborough et al. 1991). Die produktive Verwendung syntaktischer Strukturen fällt autistischen Kindern also relativ schwer.

Allerdings gibt es unter autistischen Kindern – wie die längerfristige Beobachtung der Sprachentwicklung zeigt – starke Schwankungen in der Dynamik der Sprachentwicklung. Während einige autistische Kinder relativ rasche Fortschritte machen und die sprachliche Komplexität ihrer Äußerungen recht schnell (ähnlich wie bei den meisten normalen Kindern und auch manchen Kindern mit geistiger Behinderung) zunimmt, sind bei anderen nur sehr langsame Fortschritte festzustellen. Bei einzelnen autistischen Kindern zeigt sich dabei selbst mit drei bis vier Jahren noch ein auffälliger Rückschritt in der Sprachentwicklung, der mit einem Rückschritt im Sozialverhalten einhergeht und bei anderen geistig behinderten Kindern nicht zu beobachten ist (Tager-Flusberg et al. 1990).

Auffällig ist bei autistischen Kindern, daß sie – wenn sie einmal einen höheren Stand in der Sprachentwicklung (nach der Länge ihrer Äußerungen) erreicht haben – in ihrer Spontansprache ein eingeschränktes Muster an grammatikalischen Konstruktionen verwenden. Sie perseverieren also im Gebrauch einiger weniger Satztypen und nützen die bereits entwickelten syntaktischen Fähigkeiten nur begrenzt aus (Tager-Flusberg et al. 1990).

Die mangelnde sprachliche Flexibilität zeigt sich nicht nur in der Spontansprache. Autistische Kinder unterscheiden sich von jüngeren normalen Kindern auch dadurch, daß sie, wenn sie eine sprachliche Mitteilung nicht machen oder einen Satz nicht nachsprechen können, stärker perseverieren: Beim Nachsprechen von Sätzen tendieren sie dann dazu, statt einer annähernden Wiedergabe des ganzen Satzes nur den letzten Teil des Satzes zu wiederholen (Waterhouse & Fein 1982). Autistische Kinder scheinen also nicht über die notwendige Flexibilität zu verfügen, um eine Schwierigkeit vermeiden und eine intendierte Bedeutung mit anderen einfacheren Mitteln ausdrücken zu können. Sie fallen unter diesen Umständen auf ein einfaches Nachsprechen des von ihnen behaltenen Teiles der Konstruktion, also auf eine Perseveration zurück.

Auch bei längeren Äußerungen autistischer Kinder, etwa beim Nacherzählen einer Geschichte, läßt sich eine stärkere Rigidität beobachten. Sie benutzen auch hier eine geringere Anzahl von grammatikalischen Strukturen. Dies scheint jedoch weniger eine Folge geringerer grammatikalischer Kompetenz zu sein, sondern dürfte damit zusammenhängen, daß sie an einer einmal gewählten Struktur festhalten und weniger flexibel sind. Sie vermögen ihre syntaktischen Fähigkeiten nicht den Umständen entsprechend konstruktiv einzusetzen (Waterhouse & Fein 1982).

Die Verzögerung der syntaktischen Entwicklung zeigt sich sowohl bei der Verwendung grammatikalischer Strukturen (z. B. Präpositionen) als auch im Gebrauch von grammatikalischen Appositionsmorphemen (z. B. Flexionsbildung). Der Erwerb der grammatikalischen Morpheme setzt nicht nur die Aneignung der Regeln für die richtige Bildung von Flexionen sowie die Aneignung anderer Wortbildungsregeln voraus, sondern vor allem auch ein Verständnis der semantischen Relationen, die durch die grammatikalischen Morpheme ausgedrückt werden sollen. Autistische Kinder tun sich bei der Verwendung jener grammatikalischen Morpheme besonders schwer, in denen sich ein anderes Bezugssystem, nämlich der Hinweis auf die jeweils handelnde Person widerspiegelt (Bartolucci & Albers 1974; Bartolucci et al. 1980). Die Reihenfolge, in der die verschiedenen grammatikalischen Morpheme gelernt werden, ist somit bei Autisten eine andere als bei Kindern mit normaler Sprachentwicklung oder bei geistig behinderten Kindern.

3.2.4 Semantik

Das intuitive Hintergrundverständnis ist im Zusammenhang mit der Semantik in vielfacher Hinsicht gefordert. Viele Begriffe sind unzureichend definiert und können nur vor dem Hintergrund des intuitiven Vorverständnisses sicher verwendet werden. Dies trifft in geringem Maße für die Umgangssprache zu, wesentlich aber ist es für das Verständnis metaphorischer Ausdrücke, zum Verständnis von Gesten und deiktischen Gebärden, für indirekte Hinweise. Aber es trifft auch für Fälle zu, in denen der gesuchte Begriff nicht verfügbar ist und durch eine Umschreibung ersetzt werden muß. Wichtig ist das intuitive Verständnis der Sprechsituation, wenn Wörter ohne konkrete Referenten dekodiert werden sollen, z. B. bei der Verwendung der Pronomina oder der hinweisenden Fürwörter oder beim Verstehen von metaphorischen Ausdrücken und Witzen.

Entwicklung des Wortverständnisses und des aktiven Wortschatzes: Gewisse Schwierigkeiten zeigen autistische Kinder beim Erwerb des Bedeutungssystems der Sprache. Die Entwicklung des Wortschatzes bleibt allerdings nicht wesentlich hinter den sonstigen Fortschritten in der Sprachentwicklung zurück. Die wenigen Untersuchungen zur Entwicklung des Wortschatzes deuten darauf hin, daß autistische Kinder in ihrer Spontansprache verschiedene syntaktische Wortklassen (Hauptwörter, Verben etc.) etwa im gleichen Ausmaß wie andere Kinder, die denselben Sprachentwicklungsstand aufweisen, verwenden (Tager-Flusberg et al. 1990). Allerdings fällt ein Überwiegen von Hauptwörtern gegenüber anderen Wortklassen (nominale gegenüber pronominalen Wörtern bzw. Wörtern der sogenannten offenen gegenüber der geschlossenen Wortklasse) auf, was darauf hindeutet, daß autistische Kinder einen Sprachaneignungsstil bevorzugen, der stark der Tendenz zum Benennen von Gegenständen dient (Tager-Flusberg et al. 1990; Williams 1993).

Vermutungen, daß der von autistischen Kindern verwendete Wortschatz qualitativ von jenem anderer Kinder der gleichen Sprachentwicklungsstufe abweiche, sie oft nur einen konkreten Referenten für ein Wort zuließen und nicht die bei normalen Kindern übliche Generalisation der Wortbedeutung zeigten (etwa Ricks & Wing 1975), konnten für Gegenstandsbezeichnungen nicht bestätigt werden. So konnte Tager-Flusberg (1985a,b) nachweisen, daß autistische Kinder Wörter, die belebte und unbelebte Gegenstände bezeichnen, den gleichen Oberbegriffen zuordnen und zwar unabhängig davon, ob es sich um basale Gegenstandsbegriffe (z. B. Vögel) oder allgemeinere Begriffe handelt (z. B. Nahrungsmittel). Weiters unterscheiden ihre Zuordnungen ebenso zwischen zentralen und peripheren Gegenständen einer Kategorie (also für Vögel etwa zwischen Adler und Pinguin) sowie zwischen nah verwandten Gegenständen und Dingen, die nichts damit zu tun haben (bei Vögel etwa zwischen Fledermaus und Glühbirne), wie jene normaler oder geistig behinderter Kinder des gleichen Entwicklungsstands.

Trotz dieser Übereinstimmung in der Zuordnung von Wörtern zu allgemeineren semantischen Kategorien gibt es einzelne Hinweise, daß die Organisation des Lexikons auch bei intelligenten autistischen Kindern innerhalb dieser Kategorien weniger dem entspricht, was für normale Kinder prototypisch bzw. nur peripher ist. Wenn autistische Kinder nach Beispielen für eine Kategorie (z. B. Tiere) gefragt werden, dann nennen sie doch häufiger ungewöhnliche als prototypische Beispiele. Sie unterscheiden sich darin sowohl von jüngeren normalen Kindern als auch von Kindern mit Sprachentwicklungsstörungen (Dunn et al. 1996).

Autistische Kinder haben zudem größere Schwierigkeiten als jüngere normale Kinder des gleichen Sprachentwicklungsstands, Gegenstände, die sie benennen sollen, deren Name ihnen aber nicht geläufig ist, so zu beschreiben, daß die Hauptmerkmale der Gegenstände erfaßt und mitgeteilt werden. Während jüngere normale Kinder meist die Funktion des Gegenstandes angeben oder sie mit Gesten beschreiben, fangen autistische Kinder oft an, zu perseverieren und die Namen der zuvor genannten Gegenstände zu nennen (Waterhouse & Fein 1982).

Die größten Verständnisschwierigkeiten bereiten autistischen Kindern Wörter, die keinen konkreten Referenten bezeichnen, sondern Relationen, sowie Wörter, deren Bedeutung vom Kontext bzw. von der Perspektive des Sprechers abhängt, wie dies etwa für Pronomina (Fürwörter), aber auch für Präpositionen (Verhältniswort z. B. „auf", „in") zutrifft (Ricks & Wing 1975). Hierzu zählen auch ihre Schwierigkeiten, deiktische (hinweisende) Ausdrücke zu verstehen, wie etwa „dort", „da", „hier". Je kontextabhängiger ein Ausdruck ist, desto mehr Verständnisschwierigkeiten bereitet er dem autistischen Kind.

Wortverwendung: Obwohl also das Verständnis isoliert dargebotener Wörter zur Bezeichnung von Gegenständen bei autistischen Kindern im Vergleich mit anderen Kindern des gleichen Sprachentwicklungsstands nicht auffällig beeinträchtigt ist, kommt es in ihrer Spontansprache häufiger zu Verletzungen des Kontextes bei der Wortwahl, da semantische Beschränkungen nicht beachtet werden. Dabei ist aber auffällig, wie variabel die Leistungen autistischer Kinder sind, denn manchmal werden solche Beschränkungen beachtet, manchmal nicht.

Die Wortwahl ist oft gestelzt und verschroben. Die gewählten Wörter fügen sich nur ungenügend in den Sinn des Kontextes ein. Es werden öfter Wörter gewählt, die zwar syntaktisch der gleichen Kategorie wie das passende Wort angehören, aber keine oder nur wenige semantische Merkmale mit ihm gemeinsam haben (Simmons & Baltaxe 1975). Der gewählte Ausdruck scheint manchmal völlig unverständlich und eine selbstbezogene Bedeutung zu haben. Kanner (1946), der dieses Phänomen zuerst beschrieb, sprach von einem metaphorischen Sprachgebrauch autistischer Kinder.

Bei autistischen Kindern, Jugendlichen und Erwachsenen kommt es nicht selten zu Wortneubildungen bzw. Neologismen. Die Verwendung von Wörtern, die weder semantisch noch phonologisch auf tatsächlich vorkommende Wörter bezogen sind (also echte Neologismen), kommt eher bei autistischen Kindern mit einem größeren Rückstand in der kognitiven Entwicklung vor. Andererseits ist auffällig, daß auch Kinder bzw. Jugendliche mit frühkindlichem Autismus, die bereits etwas älter und in der Sprachentwicklung weiter fortgeschritten sind, noch recht viele Wörter in einer ungewöhnlichen Weise verwenden, die dem, was sie ausdrücken wollen, semantisch kaum entspricht (Volden & Lord 1991).

Gelegentlich ist auch die von den Kindern intendierte Bedeutung wegen der Unbestimmtheit und Vagheit der gewählten Ausdrücke nicht zu erkennen. Ihre Ausdrucksweise zu verstehen wird zudem durch die Tendenz erschwert, verschiedene Gedanken in eine einzige kurze Äußerung zusammenzufassen, ohne semantische Beschränkungen zu beachten („telescoping of ideas").

Besonderheiten der Wortverwendung autistischer Kinder zeigen sich dann, wenn spezifische Kommunikationsaufgaben betrachtet werden. Autistische Kinder verwenden etwa bei bei Erzählungen mehr Wörter, die sich auf besonders auffällige Merkmale der äußeren Situation beziehen, und weniger Wörter, die eine Markierung des Erzählvorgangs bzw. der Dynamik der Geschichte und der Absichten der Akteure darstellen (Bruner & Feldman 1993).

Vertauschen persönlicher Fürwörter: Autistische Kinder verwenden über eine längere Phase ihrer Sprachentwicklung häufig die zweite Person, wenn sie von sich reden. Das Vertauschen persönlicher Fürwörter wurde bereits von Kanner (1943) als besonderes Merkmal der Sprache autistischer Kinder beschrieben. Ein ähnliches Phänomen ist der Gebrauch des eigenen Namens statt der ersten Person. Kanner hielt dieses Phänomen für typisch, ja geradezu für pathognomisch für den frühkindlichen Autismus. Rutter (1966) schränkte diese Aussage bereits ein, weil es als markantes Phänomen nur bei einem Viertel der autistischen Kinder, die Sprache verwenden, zu finden ist.

Detaillierte Beobachtungen über den Gebrauch der persönlichen Fürwörter bei autistischen Kindern gibt es nur wenige. In einer dieser Untersuchungen (Silberg 1978) konnte bei allen autistischen Kindern, deren Alter zwischen dem fünften und dem sechzehnten Lebensjahr streute und die auch einen sehr unterschiedlichen Sprachentwicklungsstand aufwiesen, festgestellt werden, daß sie das persönliche Fürwort „Ich" am häufigsten von allen persönlichen Fürwörtern gebrauchten. Das Fürwort der ersten Person zeigte bei Zunahme des Sprachentwicklungsniveaus auch als erstes einen Anstieg in der Verwendungshäufigkeit, danach nahm die Verwendung des Fürwortes der zweiten Person zu und erst als letztes das der dritten Person. In dieser Studie war nur bei autistischen Kindern mit dem niedrigsten Sprachentwicklungsstand die Vertauschung der Fürwörter der ersten und der zweiten Person zu finden. Die Sprache dieser Kinder bestand aus vielen Echolalien und war sehr perseverativ. Nur bei diesen Kindern war auch zu beobachten, daß sie den eigenen Namen verwendeten, wenn sie von sich selbst sprachen. Zusätzlich fand Silberg (1978), daß die Bedeutung, mit der die persönlichen Fürwörter verwendet wurden, eine deutliche Abhängigkeit vom Sprachentwicklungsstand aufwies. Persönliche Fürwörter wurden zuerst zum Anzeigen eines Besitzes verwendet, später um andere und sich selbst als Handelnde zu bezeichnen, und zuletzt als Hinweis auf eine Person aus dem Kontext einer Handlung.

Trotz dieser deutlichen Abhängigkeit vom Sprachentwicklungsstand bei der Verwendung von Fürwörtern bleibt doch die Tatsache bestehen, daß autistische Kinder im Vergleich zu nicht-autistischen Kindern des gleichen Sprachentwicklungsstands (sowohl normalen als auch geistig behinderten Kindern) deutlich häufiger Fürwörter vertauschen (Tager-Flusberg 1989; zitiert nach Lee et al. 1994). Selbst wenn sie Sätze mit Fürwörtern richtig verstehen und Aufforderungen, in denen Fürwörter verwendet werden, korrekt ausführen können, verwenden sie beim Ergänzen von vorgegebenen Sätzen häufig Eigennamen statt Fürwörter oder gebrauchen die Fürwörter in falscher Weise (Jordan 1989). Diese Tendenz, Eigennamen zu verwenden, selbst dann, wenn Fürwörter bereits verstanden werden, ist von Lee et al. (1994) beim Benennen von Fotografien, die die autistischen Kinder und den Versuchsleiter zeigten, und über die verschiedene Fragen zu beantworten waren (z. B. „Wer trägt den Schal?"), bestätigt worden. Beobachtet wird dies vor allem bei älteren autistischen Kindern mit einem geringen Sprachentwicklungsstand.

Die Schwierigkeiten beim Verständnis und im weiteren die geringe Verwendung von persönlichen Fürwörtern können als Ausdruck einer unzureichenden Entwicklung des „sich gemeinsam mit dem Gesprächspartner auf etwas beziehen" betrachtet werden. Für das Verständnis muß der Standpunkt des Referenten vom eigenen Standpunkt unterschieden werden. Dieses Sich-beziehen wird in der Sprache abstrakt mit den hinweisenden und den persönlichen Fürwörtern ausgedrückt und als Deixis bezeichnet. Bevor die abstrakte deiktische Funktion der persönlichen Fürwörter verstanden wird, werden persönliche Fürwörter als eine Art Namen aufgefaßt. Entwicklungsmäßig geht dem verbalen Ausdruck der Ausdruck in Gesten voraus, der bei Autisten ebenfalls verringert ist. Autisten scheinen zudem nicht nur beim Gebrauch persönlicher Fürwörter, sondern auch bei anderen Formen der Deixis Schwierigkeiten zu haben, z. B. bei der Verwendung der Funktion der Zeitbildung von Verben als Referenzsystem für die Gliederung von Ereignisfolgen (Bartolucci & Albers 1974).

Manche sehen in der Tatsache, daß persönliche Fürwörter selbst dann, wenn ihre Bedeutung verstanden wird, weniger verwendet werden, eine Tendenz autistischer Personen, sprachliche Kommunikation wenig auf die Bedürfnisse ihres Kommunikationspartners abzustimmen. Sie läßt sich auch als ein Unverständnis dafür interpretieren, daß für andere die Verwendung persönlicher Fürwörter eine Erleichterung der Verständigung darstellt und daß ihre Verwendung eine persönlichere Gestaltung des Gesprächs bedeutet.

Satzverständnis: Autistische Kinder haben im Vergleich zu anderen Kindern des gleichen Sprachentwicklungsstands besondere Schwierigkeiten beim Verständnis sprachlicher Äußerungen. Selbst bei höherem Sprachentwicklungsstand wird von den Eltern beobachtet, daß sie mehr Zeit brauchen, um Äußerungen anderer Personen zu verstehen. Dies zeigt sich bereits beim Verstehen von Sätzen, bei dem Syntax und Semantik ineinander greifen. Die Verständnisschwierigkeiten autistischer Kinder dürften dabei nicht so sehr mit ihren Schwierigkeiten beim Erfassen der syntaktischen Struktur, sondern mit ihrem mangelnden Wissen um alltägliche Ereignisse zusammenhängen. Dies drückt sich in einer unzureichenden Anwendung von Strategien für das Verständnis von Sätzen aus, wobei sie sich überwiegend auf die Anordnung der Wörter im Satz stützen. Diese Besonderheiten der Autisten in der Anwendung von Strategien wurden auch experimentell herausgearbeitet. So dürften autistische Kinder beim Satzverständnis wohl auf das Wissen zurückgreifen, daß die Anordnung der Wörter im Satz für gewöhnlich anzeigt, wer der Handelnde und was das Objekt der Handlung ist. Sie haben aber Schwierigkeiten mit dem Verständnis der Relation zwischen Subjekt und Objekt eines Satzes sowie mit der Unterscheidung von transitiven und nicht-transitiven Verben (Prior & Hall 1979). Auch bereitet ihnen die Entscheidung, ob ein Satz wahr oder falsch ist, und damit die Beantwortung von Ja/Nein-Fragen für längere Zeit größere Schwierigkeiten (Paccia

& Curcio 1982). Autistische Kinder mit größeren Fortschritten in der Sprachentwicklung können zwar bis zu einem gewissen Grad unterscheiden, ob ein in einem Satz beschriebenes Ereignis wahrscheinlich oder unwahrscheinlich ist, eine nähere Differenzierung und Abstufung der Wahrscheinlichkeit von Ereignissen entgeht ihnen aber. Sie haben also Schwierigkeiten, ihr Wissen über alltägliche Ereignisse miteinzubeziehen (Tager-Flusberg 1981).

Verständnis von figurativer Sprache: Als ein besonderes Merkmal der Verständnisschwierigkeiten autistischer Kinder können ihre Probleme mit sprachlichen Äußerungen angesehen werden, in denen die Aussagen nicht wörtlich zu nehmen sind bzw. in denen das explizit Gesagte durch Inferenzen zu ergänzen, also gleichsam zwischen den Zeilen zu lesen ist. Solche Schwierigkeiten zeigen sich zum Beispiel bei indirekten Aufforderungen, wenn etwa eine Bitte nicht direkt ausgesprochen, sondern in einer abgeschwächten, indirekten Form formuliert wird (z. B. statt der direkten Aufforderung: „Gib mir das Salz, bitte!" die indirekte Formulierung „Kannst du mir das Salz geben."). Solche indirekten Aufforderungen bereiten Personen mit einer autistischen Störung nur dann keine Probleme, wenn ihnen zuvor erklärt wird, worum es geht und was ihre Aufgabe ist. Sie können also indirekten Aufforderungen nachkommen, wenn sie in einer Situation geäußert werden, in denen die Kinder bzw. Jugendlichen vorher darauf aufmerksam gemacht werden, daß ihnen nun die Aufgabe gestellt wird, jene Figuren anzumalen, die ihnen der Versuchsleiter nennt, und wenn dies die einzige Aufgabe ist, die sie ausführen müssen. Wenn allerdings solche Aufforderungen in einen etwas anderen Handlungskontext eingebettet sind, bei dem die Kinder z. B. etwas zeichnen sollen, und dann die gleichen Aufforderungen (also eine Figur anzumalen) in indirekter Form gestellt werden, haben autistische Kinder beträchtliche Probleme (Paul & Cohen 1984).

Schwierigkeiten bereitet autistischen Kindern auch das Verständnis einer kurzen Geschichte, in der wesentliche Teile ungesagt bleiben. Sie können zwar Fragen zu den explizit erwähnten Tatsachen recht gut beantworten, aber sie können kaum zwischen richtigen und unrichtigen, aber an sich möglichen Ergänzungen unterscheiden. Diese Schwierigkeiten sind vor allem dann deutlich, wenn der Anfang der Geschichte zunächst eine andere Interpretation nahelegt und erst später die Informationen gebracht werden, die zur richtigen Schlußfolgerung führen (Ozonoff & Miller 1996).

Probleme beim Ergänzen von Informationen treten vor allem dann auf, wenn die zu ergänzenden Teile nicht durch Regeln oder oft wiederholte Abläufe eindeutig ableitbar sind, sondern durch ein Verständnis der Gesamtsituation erschlossen werden müssen. So ist z. B. für autistische Kinder die Verknüpfung „scharfes Messer – Sich-Schneiden – zum Arzt Gehen" soweit klar, daß sie – auch wenn es nicht extra erwähnt wird, daß sich jemand geschnitten hat – dies aus den beiden anderen Informationen (Fredi spielt mit einem scharfen Messer. „Schnell, schnell, wir müssen zum Arzt", ruft die Mutter.) erschließen können. Schwerer fällt es ihnen, wenn auch die Motive der Handelnden in Betracht zu ziehen sind und der Zusammenhang zwischen Motiv und Handlung nicht so ohne weiteres in eine Regel zu fassen ist (Klicpera et al. 1988).

Große Schwierigkeiten haben autistische Kinder auch beim Verstehen von Witzen. Wenn sie aufgefordert werden, für eine kurze Geschichte einen Schluß zu wählen, der lustig ist, wählen sie viel öfter als andere Kinder einen gewöhnlichen Schluß, der zwar einen logischen Abschluß der Geschichte bildet, aber nicht witzig ist. Oder sie wählen einen Schluß, der zwar irgendwie witzig ist, aber nichts mit der Geschichte zu tun hat, indem sie nur das Komische eines Ereignisses (z. B. jemand stolpert) auswählen, nicht aber die Geschichte insgesamt zu einer humorvollen machen(Ozonoff & Miller 1996).

Textverständnis und Textproduktion: Externe Beurteiler können die Erzählungen autistischer Kinder nicht sicher von jenen jüngerer Kinder des gleichen Sprachentwicklungsstandes unterscheiden (Waterhouse & Fein 1982). Bei einem Teil der autistischen Kinder erscheinen diese Erzählungen – Nacherzählungen einfacher Geschichten – jedoch eindeutig anders, wofür folgende Merkmale verantwortlich sind:

- In den Nacherzählungen kommen häufiger irrelevante Kommentare vor, die zum Teil an Assoziationen anknüpfen, zum Teil völlig ohne Bezug zu den Geschichten zu sein scheinen.
- Häufiger werden unbedeutende Details stärker betont als die Hauptereignisse der Geschichten, und
- schließlich perseverieren autistische Kinder häufiger bei gewissen Teilen der Nacherzählung.

Solche Merkmale kommen in den Erzählungen autistischer Kinder mit sehr unterschiedlichem Sprachentwicklungsstand vor. Autistischen Kindern mit einem etwas höheren Sprachentwicklungsstand gelingt es jedoch, sobald sie eine gewisse Vertrautheit mit der Form bzw. dem Aufbau einer Geschichte gewonnen haben, mit Unterstützung (z. B. durch Bildhinweise) eine vorgegebene Geschichte halbwegs zu rekonstruieren.

Noch eindeutigere Schwierigkeiten zeigen sich, wenn autistische Kinder von ihren Erlebnissen frei erzählen sollen. Hier gelingt es ihnen nur sehr selten, in die Erzählform einzusteigen und eine Geschichte zu erzählen. Ohne Nachfragen werden ihre Äußerungen bald sehr spärlich und es gelingt ihnen nicht mehr, aus dem Erlebten eine Geschichte zusammenzufügen, die eine Dynamik erkennen läßt und deren erzählter Ablauf den Zuhörer anspricht. Bruner und Feldman (1993) sahen darin den Ausdruck davon, daß autistische Menschen ihr Erleben nicht in einer narrativen Form ordnen können.

Daß Erzählungen von autistischen Kindern für den Zuhörer schwerer verständlich sind, dürfte zum Teil an ihren mangelhaften Fähigkeiten bei der Verwendung von Kohärenzmitteln liegen. Zum Teil gleicht ihr Gebrauch von Kohärenzmitteln, wie rückbezügliche Ausdrücke, die Verkürzung des Ausdrucks bei Bezugnahme auf bereits eingeführte Personen oder Gegenstände, jenem von sprachentwicklungsgestörten Kindern – beide Personengruppen verwenden diese Mittel deutlich weniger als jüngere normale Kinder des gleichen Sprachentwicklungsstands. Hinzu kommt, daß sie viel mehr Fehler beim Versuch, Kohärenz herzustellen, begehen. Dadurch leidet die Verständlichkeit ihrer Mitteilungen. Baltaxe und D'Angiola (1992) führen dies darauf zurück, daß autistische Kinder viel weniger in der Lage sind, den Standpunkt des Zuhörers zu verstehen.

3.2.5 Intonation

Naive Zuhörer, die autistischen Kindern noch nie begegnet sind, erleben ihre Intonation als irritierend (v. Benda 1983). Diese Irritation kommt zum Teil durch eine exzessive Variation der Stimmlage und der Sprechgeschwindigkeit zustande. Ihre Sprechweise wird manchmal als hölzern, als singend oder auch als papageienhaft bezeichnet. Vielfach wird sie auch als monoton charakterisiert (Ricks & Wing 1975). Das Stimmvolumen wird häufig nicht mit dem Stimmakzent abgestimmt, so daß es entweder zu stark oder zu schwach ist. Hinzu kommen noch häufig Störungen des Sprechrhythmus (Goldfarb et al. 1972; Simmons & Baltaxe 1975).

Sowohl auf Silben- wie auf Satzebene kommt es zu einem ungewöhnlichen Verlauf der Sprechmelodie (der Grundfrequenz der Stimme) sowie der Stimmintensität. Es treten extreme Tempowechsel auf, und die Zeitstruktur der Äußerungen ist abnorm. Häufig steht der Intensitätsverlauf im Gegensatz zur Sprechmelodie oder stützt letztere zumindest nicht. Die Irritation beim Zuhörer entsteht also insgesamt durch eine ungewohnte und sich widersprechende Kombination aller an der Intonation beteiligten Faktoren (v. Benda 1983). Solche Auffälligkeiten in der Intonation sind auch bei Autisten mit sonst guter Sprachentwicklung zu beobachten. Sie treten jedoch im allgemeinen bei jüngeren autistischen Kindern auf, ältere autistische Kinder lernen durch Imitation mit der Zeit, normale Intonationsmuster zu verwenden.

Obwohl die Abstimmung verschiedener Intonationsmerkmale gelernt werden kann, verwenden selbst autistische Personen mit guter verbaler Begabung weniger den Satzakzent, um bestimmte Aussagen hervorzuheben, und die besondere Bedeutung, die sie ihrer Aussage geben wollen, zu unterstreichen (Fine et al. 1991). Ihre Mitteilungen büßen dadurch an Verständlichkeit ein.

3.2.6 Kommunikation

Kommunikation erfordert in ganz besonderem Maße ein intuitives Redeverständnis, da unzählige kommunikative Sequenzen nur mit dem Hintergrund des intuitiven Vorverständnisses verstanden werden können. Zu einigen davon gibt es gute empirische Belege: Der Wechsel von der direkten zur indirekten Rede in Erzählungen, die Angemessenheit einer persönlichen Bemerkung, die Einschätzung dafür, was passend, höflich, taktvoll ist. Alle ungeschriebenen Regeln beruhen auf dem intuitiven Verständnis der Redesituation, wobei es oft geradezu ein Formfehler wäre, diese Regeln explizit zu machen.

Besonders auffällig an autistischen Kindern ist, daß sie die Sprache, selbst wenn ein gewisser Grad an Sprachbeherrschung erreicht ist, nur begrenzt zur Kommunikation und zum Weitergeben von Informationen einsetzen.

Frühe Auseinandersetzungen mit der Sprache autistischer Kinder (z. B. Cunningham & Dixon 1961; Cunningham 1966, 1968) haben ihren Sprachgebrauch in Anlehnung an Piaget als egozentrisch charakterisiert. Sie hoben hervor, daß ein relativ großer Anteil ihrer Äußerungen keine kommunikativen Absichten erkennen läßt und wenig Bezug zur jeweiligen Situation aufweist. Während Kinder mit geringem Sprachentwicklungsstand durch wenig sprachliche Äußerungen und einen hohen Anteil an Echolalien auffielen, wies Cunningham (1968) bei den Kindern mit relativ gutem Sprachentwicklungsstand auf das Monologisieren (lautes Denken) und das perseverative Verfolgen eigener Interessen mit vielen Fragen sowie auf die Tatsache hin, daß sie, auch im Vergleich zu geistig behinderten Kindern, viel weniger spontan über eigene Erlebnisse berichteten.

In späteren Analysen wurde zwar die pauschale Charakterisierung des Sprachgebrauchs als unkommunikativ zurückgewiesen, aber dennoch die Einschränkung der kommunikativen Funktionen sprachlicher Äußerungen autistischer Kinder betont. So haben etwa Wetherby und Prutting (1984) und Loveland et al. (1988) hervorgehoben, daß jüngere autistische Kinder sich überwiegend der Sprache bedienen, um etwas zu erlangen, den Interaktionspartner (also bei jüngeren Kindern zumeist die Eltern) aufzufordern, etwas zu tun oder ihnen zu geben, eine kommunikative Funktion, die instrumentell genannt werden kann. Weiters fiel bei der Beobachtung der Interaktionen in Spielsituationen auf, daß Sprache kaum dazu verwendet wurde, die Aufmerksamkeit des Interaktionspartners auf sich zu ziehen, ohne ein bestimmtes, konkretes Anliegen zu haben. Autistische Kinder machten außerdem weniger Bemerkungen über ihr Spiel zu den anderen Personen. Kaum zu beobachten ist auch die Verwendung von Sprache, um sich über etwas zu verständigen, Informationen einzuholen, sich mitzuteilen oder etwas über andere zu erfahren.

Bei älteren Kindern, Jugendlichen und Erwachsenen mit einer autistischen Störung ist vor allem auffällig, wie wenig sie sich an die unausgesprochenen Regeln der gegenseitigen Rücksichtnahme in der Kommunikation halten und wie wenig ihnen die Abstimmung ihrer eigenen Anliegen mit jenen ihrer Interaktionspartner gelingt (Baltaxe 1977; Baron-Cohen 1988). Autisten verletzen in ihren Äußerungen häufig die Prinzipien der sozialen Akzeptabilität und Höflichkeit, ohne grob sein zu wollen.

- So fehlt manchmal eine Kontaktaufnahme zu Beginn des Gesprächs, etwa durch eine kurze Begrüßung wie „Hallo" oder das Anbahnen eines Kontakts durch das Austauschen von Blicken. Autisten haben auch Schwierigkeiten, die persönliche und die höfliche Form der Anrede zu differenzieren, und verwenden diese Formen oft unangemessen.
- Auch im weiteren Gesprächsverlauf verstoßen sie häufig gegen Regeln der sozialen Angemessenheit. So unterbrechen sie häufiger einen anderen Sprecher und signalisieren nicht durch Blickkontakt, daß sie etwas sagen wollen.
- Ihre Beiträge fallen sowohl durch unangemessene Kürze wie manchmal auch durch eine übermäßige Länge auf, was dem üblichen Wechsel zwischen der Sprecher- und Zuhörerrolle widerspricht.

Außerdem sind Autisten in der kommunikativen Verwendung der Sprache durch einige weitere Schwierigkeiten behindert. So können sie ihre Mitteilungen der einer Situation angemessenen Sprecherrolle schlecht anpassen. Dies ist vor allem bei sprachlich relativ weit entwickelten autistischen Jugendlichen auffällig. Diese Jugendlichen können nicht von einer formellen Ausdrucksart zu einer informellen, persönlichen Art des Gespräches wechseln, sondern behalten immer einen formellen Stil bei. Sie neigen ferner dazu, den Sprechstil beizubehalten, den sie beim Aufnehmen einer Information beobachtet haben (z. B. den Sprechstil eines Sportreporters, wenn sie über Sport reden). Sie verwenden zudem oft die Form des direkten Zitierens anderer Äußerungen, obwohl es angemessener wäre, indirekt zu zitieren. Solche Schwierigkeiten sind besonders auffällig, wenn autistische Kinder und Jugendliche eine persönliche Stellungnahme abgeben sollen. Sie zeigen die Tendenz, solche Antworten nur vage zu geben und zu depersonalisieren.

Vor allem fällt bei ihren Äußerungen die geringe Berücksichtigung von Verständlichkeit und Nachvollziehbarkeit auf. Hier haben einige Bereiche besondere Aufmerksamkeit gefunden, bei denen die linguistischen Mittel, die eingesetzt werden, um den Anliegen der Zuhörer gerecht zu werden, näher bekannt sind. So wurde gezeigt, daß Autisten syntaktische Mittel, durch die Informationen als bereits bekannt bzw. als neu gekennzeichnet werden können, nur ungenügend einsetzen. Ihre Beiträge erscheinen daher unzusammenhängend und für den Zuhörer ist keine Entwicklung eines Themas erkennbar (McCaleb & Prizant 1985).

Autistischen Personen fällt es auch sehr schwer, einem anderen Menschen etwas zu erklären. Loveland und Mitarbeiter (siehe Loveland & Tunali 1993) haben dies an dem Beispiel des Erklärens eines Brettspiels sehr eindringlich demonstriert. Autistische Menschen erzählen oft nur einen Teil dessen, was man wissen muß, um das Spiel spielen zu können, obwohl sie – wie nachträgliches gezieltes Nachfragen zeigt – die Regeln des Spiels und den Spielablauf verstanden und behalten haben. Die Anzahl der von ihnen erwähnten Merkmale und Regeln des Spiels ist deutlich geringer als jene einer Vergleichsgruppe, und sie meinen, zu einem Ende der Erklärung gekommen zu sein, wenn der andere das Spiel noch gar nicht verstanden haben kann. Sehr oft fallen sie im Erklärungsvorgang in repetitive Aufzählungen, die einen inneren Zusammenhang vermissen lassen.

Viele Gespräche folgen sozialen Skripten, sind also Situationen, die bestimmten Erwartungen unterliegen. So wird etwa erwartet, daß man, wenn einem ein Gesprächspartner berichtet, daß ihm etwas

Unangenehmes widerfahren ist, Anteilnahme zeigt, sich näher danach erkundigt, eventuell sogar mit ihm bespricht, wie er die negativen Folgen gering halten kann. Die Schwierigkeit autistischer Menschen, sich auf ein der Gesprächssituation angemessenes soziales Skript einzustellen, ist recht auffällig. Dies gilt sowohl dann, wenn sie selbst einen häufig wiederholten Vorgang mitteilen sollen (etwa: was machst du gewöhnlich zu Weihnachten, Loveland & Tunali 1993), wie auch dann, wenn ein dem Skript angemessenes Verhalten erforderlich ist (etwa die Mitteilung eines unangenehmen Erlebnisses: Loveland & Tunali 1991). Im ersten Fall können sich autistische Personen oft nur unzureichend und kurzfristig darauf einstellen. Statt zu verallgemeinern und zu erzählen, was sie zumeist tun, erzählen sie eher konkrete Begebenheiten und gehen recht rasch auf ein anderes Thema über, meist auf etwas, was sie selbst mehr interessiert. Im zweiten Fall scheint es, als ob sie nur unzureichend zwischen den Erwartungen, die durch die Mitteilung eines unangenehmen persönlichen Erlebnisses an ihr weiteres Verhalten im Gespräch gerichtet sind, und anderen Situationsanforderungen unterscheiden könnten.

Das Stellen von Fragen: In der Beschreibung des Sprachverhaltens autistischer Kinder wurde oft das exzessive und repetitive Stellen von Fragen hervorgehoben, obwohl die Kinder durch diese Fragen keine oder nur wenig neue Informationen in Erfahrung bringen können. Exzessives Fragen ist freilich auch in der normalen Sprachentwicklung zu beobachten. Zudem verwenden Mütter ebenfalls oft Fragen im Gespräch mit den Kindern, nicht nur, um Informationen zu erhalten, sondern auch um ein Gespräch, einen Austausch aufrechtzuerhalten. Trotzdem erscheint der Gebrauch von Fragen bei autistischen Kindern auffällig. Dies liegt vor allem daran, daß solche Fragen oft in einer der Situation nicht angemessenen Art und Weise gestellt werden. Wie bereits von Cunningham (1968) hervorgehoben, trifft dies in erster Linie für autistische Kinder zu, die in ihrer Sprachentwicklung einige Fortschritte gemacht haben.

Hurtig et al. (1982) untersuchten die Funktion, die das Fragenstellen für autistische Kinder im Rahmen einer längeren Interaktion mit einem Erwachsenen hat. Dabei war zunächst auffallend, daß die autistischen Kinder bei 28 % der von ihnen gestellten Fragen sicher und bei weiteren 35 % wahrscheinlich schon die Antwort wußten. Sie nutzten die Fragen, um ein Gespräch zu initiieren oder noch häufiger, um das Gespräch aufrechtzuerhalten.

Vom Erwachsenen wurde in diesen Gesprächen bewußt die Art der Antworten auf die Fragen der Kinder variiert. Gab der Erwachsene nur jene Antwort, nach der die Kinder fragten, so taten sich die autistischen Kinder schwer, das Gespräch angemessen fortzusetzen. Hingegen fiel dies den autistischen Kindern leichter, wenn der Erwachsene mehr Information brachte, als ausdrücklich verlangt wurde, oder wenn er die von den Kindern gestellte Frage an sie zurückgab bzw. seinerseits eine Frage stellte.

Die Schwierigkeiten, die autistische Kinder bei einer der Frage entsprechenden, aber begrenzten Antwort des Erwachsenen hatten, scheinen damit zusammenzuhängen, daß es ihnen schwerfällt, für eine Unterhaltung passende Gesprächsthemen auszuwählen, von einem Thema auf ein anderes überzuwechseln und dabei einen gewissen Zusammenhang im Gespräch zu wahren.

Fähigkeit zur Gesprächsführung: Selbst Personen mit frühkindlichem Autismus, die sich sprachlich relativ weit entwickelt haben, fällt es schwer, von sich aus ein Gespräch in Gang zu halten. Autistische Personen scheinen sich zwar zu bemühen, bei einem Gesprächsthema zu bleiben, tun dies jedoch auf eine recht einfache Art. Sie wiederholen oft nur mit unwesentlichen Änderungen das, was andere bereits gesagt haben, oder verwenden Standardfloskeln, ohne die Aussagen wirklich weiterzuführen und neue, interessante Informationen hinzuzufügen. Selbst wenn sie von ihrer sprachlichen Entwicklung her durchaus dazu in der Lage wären, fügen sie damit dem Gesprächsthema wenig wirklich Neues hinzu. Wenn die Fähigkeit zur Gesprächsführung im Längsschnitt betrachtet wird, wird auch deutlich, daß sie – im Unterschied zu geistig behinderten und jüngeren normalen Kindern – darin mit der Zeit kaum Fortschritte machen (Tager-Flusberg & Anderson 1991).

Vor allem bei intellektuell und sprachlich weit fortgeschrittenen autistischen Menschen fällt zudem ein Sprachstil auf, der als pedantisch charakterisiert wurde. Damit ist gemeint, daß autistische Menschen oft zu ausführlich sind und Informationen explizit anführen, die man mit wenig Mühe aus einer Mitteilung indirekt entnehmen kann. Bei einem Teil der autistischen Erwachsenen, vor allem jenen, die dem Asperger-Typ entsprechen, sind neben einer übergenauen Aussprache noch andere Merkmale in der Wortwahl und im Satzbau verbunden, die eher einer schriftlichen Mitteilungsform entsprechen (Ghaziuddin & Gerstein 1996).

Umgekehrt erschwert die mangelnde Ausführung von wichtigen Informationen das Gespräch mit autistischen Personen und weist sie als schlechte Gesprächspartner aus. Dabei handelt es sich allerdings um mehr als bloße Einsilbigkeit. Auch auf Nachfragen geben sie oft nicht jene Informationen, die für ein besseres Verständnis nötig wären, außer sie werden ganz speziell nach diesen Informationen gefragt (Paul & Cohen 1984). Beides, sowohl die unnötige Ausführlichkeit in der Darstellung von Nebensächlichkeiten als auch die mangelnde Ausführung wichtiger Informationen, zeigt, daß sie ein wichtiges Prinzip der Gesprächsführung, nämlich genau so viele Informationen zu geben wie der Gesprächspartner benötigt, nicht beherrschen.

In den letzten Jahren wurde klar, daß auch ein Teil der sprachentwicklungsgestörten Kinder beträchtliche Defizite in der Entwicklung von Semantik und Pragmatik hat, ohne ein autistisches Verhalten zu zeigen. Dies hat zu Bemühungen geführt, die spezifischen Schwierigkeiten autistischer Kinder näher einzugrenzen. Dabei wurde besonders die Unterscheidung zwischen kommunikativer Absicht und kommunikativen Ausdrucksmitteln betont.

Viele der Verhaltensweisen autistischer Personen verletzen also die Maximen der Kooperation zwischen den Gesprächspartnern. Anders als bei Personen mit spezifischen Sprachentwicklungsstörungen scheint dies jedoch weniger die Folge mangelnder Klarheit des Ausdrucks zu sein, also nicht darauf zu beruhen, daß sie nicht in der Lage sind, kommunikative Anliegen sprachlich umzusetzen. Vielmehr dürfte eine mangelnde Einsicht in diese Anliegen und damit eine unzureichende Kommunikationsabsicht vorliegen, wenn autistische Kinder nicht darauf achten, wieweit ihre Äußerungen für den Gesprächspartner relevant sind, keinen Bezug zu dem von ihm angesprochenen Thema herstellen oder zu wenig bzw. zu viele Informationen bringen (Eales 1993).

3.2.7 Echolalien

Echolalien wurden bereits von Kanner (1946) als ein besonderes Kennzeichen des Sprachverhaltens autistischer Kinder beschrieben, und dieser Eindruck ist seither von vielen Klinikern bestätigt worden. In Untersuchungen an einer größeren Zahl autistischer Kinder werden für mehr als drei Viertel der Kinder, die Sprache verwenden, Echolalien als auffälliges Merkmal angegeben (Rutter et al. 1967; LeCouter et al. 1989). Sie sind – wie Beobachtungen in natürlichen Sprechsituationen zeigen – vor allem bei jenen autistischen Kindern, deren Sprache am wenigsten ausgebildet ist, ausgeprägt. Aber selbst bei diesen Kindern stellen spontane Äußerungen mehr als die Hälfte aller sprachlichen Äußerungen dar (Howlin 1982; Cantwell & Baker 1978).

Echolalien treten bei Autisten recht lange und auch relativ häufig auf. Sie werden jedoch auch in der normalen Sprachentwicklung beobachtet, bei manchen Kindern gibt es vor allem zwischen dem zweiten und dritten Lebensjahr eine Tendenz, den letzten Teil von Äußerungen zu wiederholen. Bei Kindern mit Sprachentwicklungsverzögerungen treten Echolalien in verstärktem Ausmaß auf, und zwar sowohl bei Kindern mit allgemeiner Entwicklungsretardierung (geistiger Behinderung) als auch bei Kindern mit spezifischen Sprachentwicklungsstörungen.

Nur durch eine nähere, qualitative Analyse kann das Phänomen der Echolalien und seine Funktion verstanden werden. Eine solche Analyse muß folgende Differenzierungen beachten:

- Zeitliche Relation zur imitierten Äußerung: Eine erste grobe Einteilung der Echolalien gliedert diese in unmittelbare und verzögerte, wobei letztere dadurch gekennzeichnet sind, daß sie erst beträchtliche Zeit nach der imitierten Äußerung (als Kriterium nahmen etwa Prizant & Rydell [1981] 10 sec an) oder nach mehreren Gesprächswendungen erfolgen.
- Ausmaß der Übereinstimmung zwischen der imitierten Äußerung und der Echolalie: Echolalien müssen nicht vollständig mit der imitierten Äußerung übereinstimmen, der Grad der Übereinstimmung und die Art der eventuell vorgenommenen Änderungen sind wichtige Merkmale der Echolalien. Die Übereinstimmung kann sowohl nach der Intonation wie nach der Wortwahl bzw. der syntaktischen Struktur beurteilt werden. Die Echolalie kann die imitierte Äußerung der Struktur nach reduzieren und in einer verkürzten Form (Telegramm-ähnliche Form unter Weglassung von Flexionen, grammatikalischen Partikeln und die Aussage modifizierenden Beiwörtern) wiedergeben. Die imitierte Äußerung kann aber auch mit grammatikalischen Fehlern versehen oder in einen unverständlichen Jargon verwandelt reproduziert werden. Von diesen reduzierten Formen der Wiedergabe ist eine Echolalieform zu unterscheiden, in der die imitierte Äußerung so transformiert wird, daß die Äußerung eine andere syntaktische Struktur oder eine andere Bedeutung bekommt. Man spricht in diesem Fall von einer mitigierten Echolalie.
- Funktion der Echolalien: Durch Beschreibung des Kommunikationsverhaltens von Kindern bei der Äußerung von Echolalien (Philips & Dyer 1977; Dyer & Hadden 1981; Prizant & Duchan 1981) wurde versucht, die Funktionen zu bestimmen, die diese für Kinder mit einem beschränkten sprachlichen Repertoire haben. Merk-

male, die Aufschluß über die kommunikative Intention geben, sind z. B. die Aufnahme von Blickkontakt oder eine Hinwendung zum Gesprächspartner während des Echolalierens.

Prizant und Duchan (1981) versuchten auf Grund dieser Merkmale eine funktionelle Einteilung der unmittelbaren Echolalien. Danach dürfte der größte Teil der Echolalien die Funktion erfüllen, Kommunikation aufrechtzuerhalten. Die Kinder echolalieren also die (nicht verstandene) Äußerung des Interaktionspartners, um ihren Beitrag zum Gespräch zu leisten. McEvoy et al., (1988) ordneten fast zwei Drittel der unmittelbaren Echolalien dieser Funktionskategorie zu. Ein Teil der Echolalien scheint für die Kinder aber auch als zustimmende Antwort bzw. als Ausdruck einer Aufforderung zu fungieren. Andere sind eine Form des Benennens, das ja in der Kommunikation mit sprachgestörten Kindern vom Gesprächspartner nicht selten verlangt wird. Viele Echolalien scheinen aber in erster Linie eine Funktion für das Kind selbst zu haben: Zum Teil dürfte die Wiederholung dazu dienen, daß die Kinder die Äußerung behalten, während sie versuchen, sie zu verstehen. Andererseits greifen die Kinder Äußerungen eines Anderen auch auf, um ihr eigenes Verhalten zu steuern. Neben all diesen Formen bleiben freilich Echolalien übrig, die keine dieser genannten Funktionen erfüllen.

Verzögerte Echolalien sind nicht nur ihrer Funktion nach schwerer zu verstehen als unmittelbare, sie sind auch ohne genaue Kenntnis dessen, was die Kinder gehört haben, kaum zu beurteilen. Personen, die den Tag mit den Kindern verbringen, können jedoch oft Äußerungen der Kinder als verzögerte Echolalien erkennen. Außerdem haben autistische Kinder bestimmte Phrasen, die sie in verschiedenen Situationen wiederholen. Als ein weiteres Kriterium zur Identifikation von verzögerten Echolalien kann, zumindest bei Kindern mit einem niedrigen Sprachentwicklungsstand, die Beobachtung dienen, daß manche Äußerungen nach ihrer Länge und Komplexität deutlich aus den sonstigen Äußerungen dieser Kinder hervorragen.

Zusätzlich zu den Funktionen, die auch bei unmittelbaren Echolalien zu beobachten sind, scheinen verzögerte Echolalien die Aufgabe zu haben, Informationen zu geben, Aufmerksamkeit auf die Kinder zu lenken oder gegen etwas zu protestieren. Gelegentlich scheint durch die Äußerung der Erwachsenen auch eine verbale Routine in Gang gesetzt zu werden, die die Kinder mit einer echolalierten Äußerung ergänzen. Verzögerte Echolalien sind zumeist Ausdruck eines größeren Verständnisses für die Anforderungen der Gesprächssituation als unmittelbare Echolalien, wenn es sich nicht um automatisierte, sehr häufig wiederholte Phrasen handelt (wie z. B. bei dem von Coggins und Frederickson (1988) beschriebenen Jungen, der eine Phrase immer wieder – mehr als 500 mal während einer Beobachtungszeit von drei Stunden – verwendete).

Die differenzierte Auseinandersetzung mit Echolalien macht somit klar, daß diese in vielen Fällen eine kommunikative Funktion haben. Wieso kommt es aber überhaupt zu Echolalien? Die bisherigen Untersuchungen haben eine Reihe an Einflußfaktoren identifizieren können:

- Komplexität der vorausgehenden sprachlichen Äußerungen: Einige Beobachtungen machen sehr wahrscheinlich, daß unmittelbare Echolalien autistischer Kinder zu einem guten Teil durch Schwierigkeiten bei der Verarbeitung der vorausgehenden Äußerung bedingt sind. So konnten Shapiro und Lucy (1978) nachweisen, daß die Echolalien von autistischen Kindern auf Fragen über Bilder bzw. Spielzeug mit einer deutlich kürzeren Latenz erfolgen als nicht-echolalierte Antworten. Echolalien scheinen also die Notwendigkeit einer echten Verarbeitung der an die Kinder gerichteten Fragen zu umgehen. Sie treten zudem häufiger auf, wenn die Kinder Schwierigkeiten haben dürften, die vorausgehenden Äußerungen zu verstehen, wenn diese Äußerungen also komplexer sind oder wenn die Kinder eine Antwort nicht verfügbar haben (Carr et al. 1975; Shapiro & Lucy 1978; Paccia & Curcio 1982).
- Sprachentwicklungsstand der Kinder: Howlin (1982) und McEvoy et al. (1988) schließlich konnten einen klaren Zusammenhang zwischen dem Anteil der Echolalien an den Äußerungen autistischer Kinder und dem Sprachentwicklungsniveau der Kinder nachweisen. Während bei autistischen Kindern mit einer durchschnittlichen Äußerungslänge von weniger als 3.5 Morphemen der Prozentsatz an Echolalien 18 % betrug, war dieser bei Kindern mit einer durchschnittlichen Äußerungslänge von über 5.0 Morphemen nur mehr 8 %.
- Perseverative Tendenz der Kinder: Das Auftreten von Echolalien bei autistischen Kindern dürfte auch durch deren perseverative Tendenz bedingt sein. Zudem kann beobachtet werden, daß Echolalien oft gehäuft auftreten. Die Tendenz, auf eine Äußerung mit einer Echolalie zu antworten, scheint größer zu werden, nachdem die Kinder einmal begonnen haben, zu echolalieren. Echolalieren wird für einige Zeit die bevorzugte Strategie, oder, wie Shapiro und Lucy (1978) dies genannt haben, Echolalieren ist klebrig.

- Situative Anforderungen: Nicht nur der Sprachentwicklungsstand der Kinder, auch die Situationsanforderungen haben einen beträchtlichen Einfluß auf das Auftreten von Echolalien. Unmittelbare Echolalien treten bei einem direktiven Interaktionsstil, bei dem die Gesprächspartner versuchen, Antworten der Kinder durch häufiges Fragen und Einbringen neuer Themen hervorzurufen, deutlich häufiger auf als bei einem nicht-direktiven Interaktionsstil, bei dem die Gesprächspartner sich an den Themen orientieren, die die Kinder selbst einbringen, und längere Zeit abwarten, bis sie das Gespräch fortführen (Rydell & Mirenda 1991, 1994). Der starke Druck zum Aufrechterhalten der Kommunikation und zur Beantwortung von Fragen der Gesprächspartner bei einem direktiven Interaktionsstil führt dazu, daß autistische Kinder häufiger die Äußerungen ihrer Gesprächspartner echolalieren, um die Kommunikation aufrechtzuerhalten.

Nach wie vor ist umstritten, wieweit sich die Echolalien autistischer Kinder qualitativ von jenen jüngerer normaler Kinder unterscheiden. Shapiro (Shapiro et al. 1970; Shapiro & Lucy 1978) beobachtete in verschiedenen Untersuchungen, daß autistische Kinder häufiger als normale Kinder Äußerungen anderer Personen rigide imitieren, ohne Änderungen vorzunehmen, während dies bei den jüngeren normalen Kindern eher eine Ausnahme darstellt. Zudem waren bei normalen Kindern die Echolalien etwa von gleicher Länge und Komplexität wie ihre spontanen Äußerungen, während bei autistischen Kindern die Echolalien von deutlich größerer Länge und Komplexität als die spontanen Äußerungen waren. Nach Howlin (1982) gilt letzteres jedoch nur für autistische Kinder auf sehr niedrigem Sprachentwicklungsniveau. Mit zunehmendem Sprachentwicklungsstand nimmt die Länge und syntaktische Komplexität der Echolalien nicht zu, wohl aber jene der spontanen Äußerungen, so daß sich bei einem höheren Sprachentwicklungsstand das Verhältnis zwischen der Länge und Komplexität der Echolalien und den spontanen Äußerungen umkehrt.

Die Tendenz autistischer Kinder zu echolalieren wurde mit den besonderen Schwierigkeiten bei der Analyse von sprachlichen Äußerungen erklärt. Diese tendieren dazu, sprachliche Äußerungen als unanalysierte Einheiten aufzufassen und auf Grund ihres relativ guten Kurzzeitgedächtnisses wiederzugeben, weil sie Probleme haben, diese Einheiten näher aufzugliedern. Sie neigen also im Umgang mit sprachlichem Material (im Gegensatz zu ihrem Umgang mit visuellen Reizen) zu einem nicht-analytischen, Gestalt-artigen Verarbeitungsstil (Frith 1989). Wegen dieser Tendenz dürfte der Echolalie bzw. der

88 Empirische Befunde

Imitation bei der Sprachentwicklung autistischer Kinder größere Bedeutung zukommen, wie dies auch von manchen Sprachpathologen (Shapiro et al. 1973; Fay & Schuler 1980) betont wurde.

3.2.8 Interpretation der Befunde zur Sprachentwicklung autistischer Kinder

Die bisherigen Beobachtungen zur Sprachentwicklung autistischer Kinder legen nahe, daß die sprachlichen Auffälligkeiten zwar ein wesentlicher Bestandteil der Entwicklungsprobleme dieser Kinder sein dürften, daß sie aber nicht von einer Störung des Sprachaneignungsprozesses ausgehen, sondern Folge der allgemeineren kognitiven sowie der sozialen Schwierigkeiten dieser Kinder sind.

Für diese Interpretation spricht vor allem, daß die Entwicklung von Phonologie und Syntax bei autistischen Kindern zwar insgesamt retardiert ist, aber qualitativ nicht wesentlich anders verläuft als bei normalen Kindern. Ähnliches gilt auch für die Aneignung eines basalen Wortschatzes zur Kennzeichnung von Gegenständen und Tätigkeiten, obwohl die Beobachtungen über die Entwicklung des sprachlichen Begriffssystems bisher zu wenig differenziert sind, um eine zuverlässige Aussage zu erlauben.

Spezielle Schwierigkeiten autistischer Kinder zeigen sich dort, wo es nicht mehr um die grundlegenden Fähigkeiten in den Teilbereichen der sprachlichen Kompetenz geht, sondern wo diese Fähigkeiten integriert und mit den sozialen Anforderungen des Alltags abgestimmt werden müssen, also im Sprachgebrauch und im Verständnis für die Bedeutung sprachlicher Äußerungen im Alltag bzw. über alltägliche Ereignisse.

Wir haben schon im vorausgehenden Kapitel auf den Begriff „Intuition" zurückgegriffen, um zu erklären, weshalb autistische Kinder Probleme mit dem symbolischen Spiel haben. Hier erscheint uns nun der gegebene Ort, darauf näher einzugehen.

Reflektieren wir die heterogenen Symptome, die den frühkindlichen Autismus charakterisieren, so kommen wir zu dem Schluß: Es muß eine Störung sein, die in einer Phase einsetzt, in der Problemlösungsverhalten und Emotionalität, Sprache und Sozialverhalten noch nicht ausdifferenziert sind und daher gleichermaßen betroffen sein können. Die primäre Störung muß einen sehr fundamentalen Prozeß betreffen. Welcher Prozeß kann dies sein? Von den Einzelphänomenen ausgehend folgern wir: Es muß ein Prozeß sein, in dem übergreifende Ordnungsstrukturen ausgebildet werden, ein Prozeß, der für die geistige Flexibilität verantwortlich ist, der die Selbstwahrnehmung betrifft wie etwa die Reflexion der kognitiven Instrumente, Sprache und Methodik.

Die Textexegese, die Hermeneutik und die Sprachphilosophie haben sich traditioneller Weise mit diesem Thema beschäftigt. Sie bieten den Begriff des „Vorverständnisses" eines Begriffes oder einer Sache an. Mit dem „Vorverständnis" ist die Tatsache gemeint, daß der Mensch, bevor er ein Ergebnis reflektieren und wissenschaftlich bearbeiten kann, immer schon ein gewisses Verständnis von der Sache haben muß, sozusagen als vorliegende Bedingung, um reflektieren zu können. Entwickeln wir diesen Begriff weiter, so kommen wir zu einem Verständnis, das der sprachlichen Darstellung vorausgeht und vielleicht in Sprache nie adäquat übersetzt werden kann.

Wir nennen diese Form der Erkenntnis oder der Informationsverarbeitung außerhalb der Sprache das „intuitive Vorverständnis". Wir werden es überall dort finden, wo es noch keine Sprache gibt, oder wo die Sprache noch nicht richtig greift: bei der Bildung übergeordneter Vorstellungen ebenso wie bei der Selbstwahrnehmung, bei der Reflexion wie beim freien Spiel der Phantasie. Als nichtsprachlicher Hintergrund wird das intuitive Vorverständnis die Sprache begleiten, wie der Hintergrund die Figur und wird damit der Sprache ihre Tiefe geben.

Die Anomalien in der Semantik und in der Kommunikation autistischer Kinder muten uns an wie eine Zusammenstellung von Beispielen zur Abhängigkeit der Sprache von dem intuitiven Vorverständnis. Sie geben uns ausschnitthaft Einblick in das autistische Weltbild. Die Rigidität und Inflexibilität, die am Verhalten autistischer Menschen so auffallend ist, erweist sich als Folge eines grundlegenderen unzusammenhängenden Weltbildes, als Produkt autistischer Wahrnehmung und fehlender intuitiv-logischer Verarbeitung, als Fehlen von integrierenden „Vorstellungen von Sachverhalten und Prozessen", in deren übergreifender Ganzheitlichkeit Ecken und Kanten gerundet sind, und der Übergang vom einen zum andern mühelos gelingt. Die Starrheit des Verhaltens findet somit eine Entsprechung in der logischen Verarbeitung und erhält in der Sprache Ausdruck und Form. Es ist der geringe Bezug einzelner Ausdrücke und Sätze auf einen mitgedachten intuitiven Hintergrund. Wir wollen diese allgemeinen Überlegungen nun an einigen Beispielen näher ausführen:

Vertauschen der persönlichen Fürwörter: Die Pronomina gehören zu den deiktischen Ausdrücken, die nur im Kontext einer bestimmten Rede eine zuordenbare Bedeutung gewinnen. Mit dem Begriff „Deixis" wird ihre Funktion, auf Personen hinzuweisen, bezeichnet. Unter dieser Blickrichtung sind die persönlichen Fürwörter den Gesten gleichzusetzen, die ebenfalls nur im Kontext der gesprochenen Rede eine interpretierbare Bedeutung haben. Es handelt sich hierbei also um sprachliche Ausdrücke, die im Gebrauch wie im Verständnis auf das intuitive Redeverständnis angewiesen sind.

Das autistische Kind tendiert dazu, Pronomina wie Begriffe oder Namen zu lernen, d. h. in einem kontextunabhängigen Bedeutungssinn. Bei der Vertauschung der Pronomina handelt es sich daher nicht um ein Verwechslungsphänomen, sondern um die Verwendung des Pronomens als Ersatz für den Namen. Autistische Kinder verstehen die Pronomina daher als nicht auswechselbaren Teil einer Aussage. So verwendete Donald die Phrase „Willst Du in den Garten gehen", um anzudeuten, daß er in den Garten gehen möchte. Die Phrase ist korrekt, wenn der Partner sie ausspricht. Hier besteht der Fehler darin, daß Donald den Rollentausch im Gespräch nicht mitvollzogen hat. Auch hier handelt es sich also nicht um eine Verwechslung von „du" und „ich", sondern um den nicht vollzogenen Rollenwechsel, bzw. um die Verwendung einer Phrase (und eines Pronomens) mit einer kontextunabhängigen Bedeutung.

Die häufige Verwendung ihres Namens, wenn sie von sich selber reden, muß als Kompensation aufgefaßt werden dafür, daß das Pronomen „Ich" als deiktische Hinweisgebärde nicht oder noch nicht verfügbar ist.

Die Entwicklung im Gebrauch der persönlichen Fürwörter weist in dieselbe Richtung. Die Verwendung eines Fürwortes zum Anzeigen eines Besitzes ist in viel geringerem Maße kontextabhängig wie die Verwendung der Pronomina, um sich selbst als Handelnden zu bezeichnen, oder zur allgemeinen Beschreibung unabhängig vom Kontext einer Handlung.

Sprachverständnisschwierigkeiten: Ein beträchtlicher Teil der Sprachverständnisschwierigkeiten autistischer Kinder ist nicht durch mangelnde Beherrschung basaler sprachlicher Fähigkeiten, sondern durch ihre mangelnde Vertrautheit mit den Vorgängen, über die mit der Sprache berichtet wird, bedingt. So führt Tager-Flusberg (1981) die Schwierigkeiten bei der Beurteilung von Satzaussagen darauf zurück, daß sie ihr Wissen über alltägliche Ereignisse für das Verständnis von Sätzen kaum mitheranziehen können. Die Mutter von Felix (vgl. Kap. 1) war völlig überrascht, als sie sah, wie er mit der Papierschere vergebens sich mühte, ein Stück Brot abzuschneiden, und sie konnte sich diese Unorientiertheit nicht erklären. Autisten sind im Allgemeinverständnis benachteiligt, weil ihnen das übergeordnete intuitive

Verständnis der Handlung, in die die einzelnen praktischen Tätigkeiten eingebettet sind, fehlt. Hier geht es ihnen ähnlich wie uns, wenn wir einen aus dem Zusammenhang gerissenen Satz verstehen müssen. Das Verständnis des Kontextes einer Rede erleichtert wesentlich das Verständnis des einzelnen Wortes, wie auch das Verständnis des einzelnen Satzes.

Der Bericht von Eltern, daß Autisten Schwierigkeiten haben, sprachliche Äußerungen anderer zu verstehen, selbst wenn ihnen die Sprache geläufig ist, ist ein weiterer Beleg für den Mangel an Kontextverständnis. Autisten müssen jeden Satz für sich verstehen, während das gesunde Kind den einzelnen Satz und das einzelne Wort vor dem Hintergrund seines intuitiven Redeverständnisses auffaßt.

Intonation: In der ungestörten Kommunikation gehen Sprecher und Zuhörer von einem gemeinsamen und nicht thematisierten Verständnis der Redesituation aus, auf die sich die gesprochenen Sätze in der Weise beziehen, daß sie in der Vorstellung erst Zusammenhang und Sinn gewinnen. Dieses intuitive Vorverständnis stellt den Kontext jedes einzelnen Satzes dar. Die kontextuelle Hilfe ermöglicht es dem Sprecher, manche Sachverhalte in der Rede verkürzt darzustellen, entbindet ihn also von einer gewissen Ausführlichkeit, gibt ihm aber auch ganz neue Möglichkeiten des Ausdrucks. Das heißt aber, daß der Sprechende wie der Zuhörer ein gemeinsames Verständnis vom Kontext haben müssen, um miteinander kommunizieren zu können, daß somit auch vom Sprechenden die kommunikative Verwendung des Kontextes mitgefordert ist. Wenn wir aber fragen, mit welchem Ausdrucksmittel der Kontext in die Rede einbezogen wird, d. h. wie der Sprecher sich auf den Kontext beziehen kann, so stoßen wir auf die Intonation, z. B. wenn eine Anspielung gemacht wird.

Die Intonation als Hinweis greift nur vor dem Hintergrund eines Vorverständnisses, das Redendem und Zuhörer gemeinsam ist („ich bin ängstlich", „ich bin unsicher" etc.). Soweit aber dem autistischen Menschen dieses Vorverständnis nicht verfügbar ist, wird die Intonation ihres sinngebenden Hintergrundes beraubt und verliert die kommunikative Funktion. Die Intonation wird daher beim autistischen Kind nicht mehr gezielt kommunikativ eingesetzt, sondern variiert nach zufälligen Gesichtspunkten. Für den normalen Zuhörer jedoch bekommt diese zufällige Variation etwas Irreführendes, weil er immer versucht sein wird, Intonation und Inhalt bzw. Kontext aufeinander zu beziehen.

Schwierigkeiten beim Erzählen einer Geschichte: Das Defizit im Hintergrundverständnis wird besonders deutlich, wenn autistische Kinder aus Erlebnissen eine Erzählung bilden sollen. Solche Erzählungen werden zu einer Aufzählung von Einzelwahrnehmungen, die aber nicht zu einer Geschichte verarbeitet werden. Wir müssen daraus schließen, daß auch das Weltbild des autistischen Kindes in einer Aneinanderreihung von lose zusammenhängenden Einzelerfahrungen besteht. Daraus wird verständlich, warum sie sich nicht nur nicht auf den Zuhörer einstellen können, wenn sie eine Geschichte erzählen, sondern auch wenig profitieren können, wenn ein anderer eine Geschichte erzählt. Das Spannende einer Geschichte entgeht ihnen, daher fehlt auch die Motivation zuzuhören.

Die großen Probleme autistischer Kinder beim Erzählen einer Geschichte zeigen sich deshalb bereits beim Nacherzählen. Auffälligkeiten in den Nacherzählungen autistischer Kinder bestehen darin, daß häufiger irrelevante Kommentare vorkommen, die an Wortassoziationen anknüpfen, daß unbedeutende Details stärker betont werden als Hauptereignisse der Geschichte, daß sie sich recht rigide an die Formulierungen der Erzählungen, die sie wiedergeben sollen, halten und daß der Fluß der Erzählung leicht ins Stocken gerät und sie perseverieren.

Schwierigkeiten bei der Wiedergabe von Erzählungen müssen entstehen, wenn die Gesamtidee der Geschichte nicht zugänglich ist und daher ihr Ablauf für die Repetition wörtlich erinnert werden muß. Auch das rigide Festhalten an der Vorlage ist wohl darauf zurückzuführen, daß den autistischen Kindern das einzelne Sätze umspannende Vorverständnis entweder fehlt oder nicht in ausreichendem Maße zur Verfügung steht. Nur wenn ein Inhalt in der Vorstellung vorgegeben ist, ist es möglich, ein Wort durch das andere auszutauschen oder auch in der Erzählung Umformungen vorzunehmen, sich also vom Wortlaut der vorerzählten Geschichte entfernen zu können.

Auch das Problem, den wesentlichen Kern von unbedeutenden Details zu unterscheiden, ist darauf zurückzuführen, daß eine Vorstellung des Gesamten fehlt. Wesentliches und Unwesentliches kann es nur in Bezug zu einer Gesamtidee geben. Wo eine Geschichte nicht als Vorstellung gegeben ist, fehlt die Gesamtidee. Fehlt aber die Gesamtvorstellung, so kann nur Sprache behalten werden und Sprache selbst ist nicht gegliedert in Wesentliches und Unwesentliches.

Auch die irrelevanten Kommentare und das Ausschmücken, das sich von Wortassoziationen leiten läßt, ist Folge davon, daß die Gesamtidee, daß die Vorstellung vom Ganzen nicht vorhanden ist.

Schwierigkeiten mit der Pragmatik: Von allen Sprachebenen ist die Pragmatik am stärksten von der autistischen Störung betroffen. Die Fülle von Einzelbefunden läßt sich in zwei Gruppen gliedern:

- Mangel an kommunikativen Funktionen des Sprachgebrauchs: Dies kann sich in einem egozentrischen Sprachgebrauch (Wiederholung von Lautäußerungen ohne kommunikative Absicht, lautes Denken, Kommentieren eigener Handlungen, Kreisen der Fragen um wenige Themen) sowie in einem generellen Mangel an spontaner Sprache zeigen, aber auch darin, daß nur gesprochen wird, um naheliegende, greifbare Bedürfnisse zu befriedigen.
- Mangel an Orientierung an den Regeln der Kommunikation: Dazu gehören die ungenügende Berücksichtigung des Standpunkts des Zuhörers, seines Wissenstandes und seiner Erwartungen sowie die Probleme bei der Abstimmung der Sprache auf eine bestimmte Sprechsituation (Verletzung der sozialen Akzeptabilität in der Ausdrucksweise; Probleme, die eigenen Äußerungen der Sprecherrolle anzupassen, wie etwa das wörtliche Wiedergeben von Berichten, die Aufrechterhaltung des Dialoges mittels Fragen).

Insgesamt läßt sich feststellen, daß autistische Menschen das Gespräch nur ansatzweise zum kommunikativen Austausch einsetzen. Es ist bei vielen autistischen Personen nicht die Sprache, deren Verwendung ihnen Probleme macht, sondern das Verständnis für die Beziehung zu anderen Menschen und für deren Anliegen erschwert es, Sprache zur Kommunikation einzusetzen. Sprache wird deshalb wie ein Werkzeug benutzt, um recht konkrete Bedürfnisse mit Hilfe anderer zu befriedigen, bzw. bei Erlangen einer größeren kognitiven Reife, um den eigenen eingeschränkten Interessen zu dienen. Dies bedeutet jedoch eine wesentliche Einschränkung der kommunikativen Funktionen.

Sprache gewinnt neben ihrem Wert als Kommunikationsmittel für autistische Kinder allerdings noch einen anderen Wert, nämlich die Möglichkeit, eine Ordnung des eigenen Verhaltens zu erzielen. Was als egozentrischer Sprachgebrauch bezeichnet wurde, ist sicher zum größeren Teil die kompensatorische Funktion der Sprache im Leben des autistischen Kindes, wozu sie das laute Denken, das Kommentieren eigener Tätigkeiten und das Verwenden von Sprache ohne kommunikative Absicht benötigen.

Autistische Kinder können ihre Sprache nur soweit auf die Bedürfnisse des Zuhörers und die Anforderungen der Gesprächssituation abstimmen, als sie ein intuitives Vorverständnis von der Rede- und

Handlungssituation ausbilden können. Dieses übergreifende Bild ist die Rolle des Erzählers, ist die Rolle des Zuhörers und ist die Vorstellung von der Situation, auf die sich die Information bezieht. Aus dieser Vorstellung heraus ist es dem normalen Kind möglich, den Inhalt der Rede und die gewählte Ausdrucksform aufeinander zu beziehen, sie aufeinander abzustimmen und auch die Situation des Zuhörers miteinzubeziehen. Autistische Kinder haben dabei jedoch Probleme, wie bereits ausgehend von unserer Theorie als These festgehalten wurde:

„Autisten können bei der Verwendung der Sprache nicht im gleichen Ausmaß wie normale Kinder auf ein intuitiv gegebenes Vorverständnis zurückgreifen. Dies macht ihre Sprache rigide und inflexibel. Dem intuitiven Vorverständnis autistischer Kinder liegt aber schon eine Welterfahrung zugrunde, in der übergreifende Zusammenhänge, die Elemente der Rede als Teile eines Gesamten interpretieren, nur rudimentär ausgebildet sind."

Diese Störung wird nicht erst beim Zuhören und Verstehen von Sprache wirksam, sondern schon beim Sprechen, indem bei der Wahl, was berichtet werden soll und in welcher Reihenfolge, nicht davon ausgegangen wird, daß der Hörer den Kontext der Rede bereits kennt. Autisten sind daher beim Verständnis direkt auf das Wort angewiesen. Sie müssen alles wörtlich nehmen. Was nicht ausgesprochen wird, was nur zwischen den Zeilen oder in der Intonation angedeutet wird, können sie nicht aufnehmen und nicht verstehen. Andererseits werden sie bemüht sein, alles, was sie mitteilen wollen, sprachlich auszudrücken. Sie gehen nicht davon aus, daß der Zuhörer ein mit dem Sprechenden gemeinsames Kontextverständnis hat und versuchen daher, alle Informationen, die in der üblichen Rede durch den Kontext vermittelt werden, explizit mitzuteilen. Dem Normalen, der das Kontextverständnis hat, geben sie dann aber Informationen, die für ihn überflüssig sind.

Interessant ist in diesem Zusammenhang das Sprachspiel der Lüge. Bei der Lüge steht der ausgesagte Inhalt im Gegensatz zum Situationsverständnis. Der Sachverhalt selbst kann durchaus auch sprachlich dargestellt werden bzw. ist oft einfach die Negation der betreffenden Aussage. Aber der Sinn der Lüge liegt ja nicht in der Semantik, sondern im Lebenszusammenhang, woraus sich für den Lügner ein Vorteil ergibt. Dieses Spiel ist autistischen Menschen nicht zugänglich.

Es ist auch verständlich, daß autistische Menschen wesentlich mehr Mühe haben, ein informelles Gespräch zu führen und aufrechtzuerhalten als normale Menschen. Von einem Thema auf ein anderes überzugehen, wenn es nicht mehr viel hergibt, oder es abzuwandeln, setzt ein Repertoire an Hintergrundverständnis und Wissen voraus. Autisten mag es ähnlich gehen wie uns, wenn wir mit einem Menschen, der uns völlig fremd ist, Small Talk betreiben müssen. Hier verlieren auch wir schnell das Interesse an einem Gespräch.

3.3 Ein Sozialverhalten ohne Bild vom Anderen

Die Beeinträchtigung des sozialen Kontakts und der Beziehung zu anderen Menschen gehört zu den für die Diagnose entscheidenden Merkmalen der autistischen Störung. Wenn man auf Grund der Elternangaben über die soziale Entwicklung der Kinder, deren Fortschritte für verschiedene Teilbereiche (Kommunikation, Zurechtkommen im Alltag und Kontakt) mit jenen von Kindern mit anderen Entwicklungsstörungen vergleicht, so zeigt sich, daß allein das Ausmaß der Fortschritte in der Sozialentwicklung bereits mehr als 90% der autistischen Kinder von den übrigen Kindern unterscheidet (Volkmar et al. 1993). Die Beeinträchtigung der Sozialentwicklung gilt daher als zentraler Bereich der autistischen Störung.

3.3.1 Frühe Auffälligkeiten im Sozialverhalten

Da die Diagnose eines frühkindlichen Autismus selten im ersten und zweiten Lebensjahr gestellt wird, stammen die meisten Angaben über die frühe soziale Entwicklung autistischer Kinder aus Erinnerungen der Eltern, denen das Kontaktverhalten ihres autistischen Kindes häufig bereits frühzeitig auffällig erschien (Dahlgren & Gillberg 1989; DeMyer 1979; LeCouteur et al. 1989; Klin et al. 1992; Lord 1993). Als solche frühe Anzeichen einer Störung des Sozialverhaltens werden von den Eltern folgende Verhaltensweisen angegeben, die die autistischen Kinder sehr deutlich von Kindern mit anderen Entwicklungsstörungen unterscheiden (z. B. Klin et al. 1992):

- Sie zeigen weniger ihre Freude, wenn sie eine vertraute Person wiedererkennen.
- Sie strecken als Kleinkinder seltener die Arme hoch, um aufgenommen zu werden.
- Sie zeigen weniger Interesse an dem, was andere tun.

96 Empirische Befunde

- Sie imitieren weniger einfache Bewegungen der Eltern, wie Winken oder in die Hände Klatschen.
- Sie zeigen weniger oft auf Gegenstände, um das Interesse der Eltern auf diese zu lenken.
- Wenn sie gehen gelernt haben, bringen sie Gegenstände, die sie zu interessieren scheinen, nicht zu den Eltern, um diese teilhaben zu lassen.

Meist sind es subtile Anzeichen, an denen sich frühzeitig eine Auffälligkeit der autistischen Kinder feststellen läßt. So haben Eltern etwa den Eindruck, daß diese Kinder in der Mehrzahl bereits frühzeitig zufriedener als andere Kleinkinder gewesen zu sein scheinen, wenn sie allein gelassen wurden. Manche Eltern berichten auch, daß sich die Kinder in ihrer Haltung weniger anpassen, wenn sie von den Eltern getragen werden, und daß sie steif und weniger anschmiegsam erscheinen. Der Kontaktmangel und die Isolation der autistischen Kinder wird besonders in dem Eindruck der Eltern deutlich, daß sich diese Kinder zu gewissen Zeiten innerlich zurückgezogen haben und wenig Anteil an der Umgebung nahmen.

Dies wird in den wenigen Studien bestätigt, in denen Kinder in den ersten drei Lebensjahren wegen Entwicklungsstörungen und dem Verdacht auf frühkindlichen Autismus von den Eltern vorgestellt und die ersten Hinweise auf diese Störung aufgrund von späteren Nachuntersuchungen verifiziert wurden (Lord 1995). Eine weitere, allerdings lückenhafte Informationsquelle über die Entwicklung des Sozialverhaltens in den ersten Lebensjahren geben Analysen von Film- bzw. Videoaufnahmen aus den ersten Lebensjahren (z. B. Massie & Rosenthal 1984; Lösche 1992).

3.3.2 Eltern-Kind-Interaktion und Bindungsverhalten der Kinder

Bei den meisten autistischen Kindern ist am Sozialverhalten anfangs vor allem eine starke Passivität und der Mangel an sozialen Reaktionen auffällig. Im Vorschulalter und in der frühen Kindheit fällt den Eltern auf, daß die autistischen Kinder schwierig zu trösten und zu beruhigen sind, wenn sie unglücklich sind. Die autistischen Kinder sind auch weniger zärtlich, scheinen Zärtlichkeiten erst lernen zu müssen und sind nur dann zärtlich, wenn sie dazu aufgefordert werden. Eine aktive Zurückweisung von Zärtlichkeiten kommt allerdings nur bei einem kleinen Teil vor.

Die meisten Eltern autistischer Kinder haben trotz der beträchtlichen Auffälligkeiten im Kontakt und in der Art der Zuwendung, die diese Kinder zeigen, das Gefühl der Nähe zu ihnen. Oft zeigt sich jedoch auch eine gewisse Unsicherheit der Eltern darüber, wie eng die Bindung ihrer autistischen Kinder an sie ist. Auf die Frage des Psychologen: „Hängt Felix an Ihnen?" antwortete die Mutter: „Das weiß ich nicht so genau".

Mehrere Untersuchungen haben das Bindungsverhalten autistischer Kinder an ihre Eltern deshalb genauer analysiert. Wenn das Verhalten autistischer Kinder im Vorschulalter gegenüber der Mutter und einer fremden Person verglichen wird, dann zeigen sich klare Hinweise für eine Bevorzugung der Mutter vor fremden Personen. Ähnlich wie andere Kinder des gleichen Entwicklungsstands halten sich autistische Kinder vermehrt in ihrer Nähe auf. Dieses Verhalten nimmt bei autistischen Kindern – ähnlich wie bei anderen Kindern – noch zu, wenn eine fremde Person anwesend ist. Sie suchen in dieser Situation nicht nur vermehrt die Nähe der Mutter, sondern auch den körperlichen Kontakt, indem sie etwa häufiger auf den Schoß der Mutter klettern (Dissanayake & Crossley 1996).

Auch bei einer kurzfristigen Trennung von der Mutter mit nachfolgender Wiedervereinigung (eine in der Entwicklungspsychologie bewährte Untersuchung zur Überprüfung des Bindungsverhaltens) wird die spezifische Bindung autistischer Kinder an die Eltern deutlich. Etwa die Hälfte dieser Kinder zeigt Anzeichen emotionaler Belastung nach Trennung von den Müttern und vermehrtes Suchen ihrer Nähe nach einer kurzen Trennung. Auch ist in dieser Situation ganz klar, daß sich autistische Kinder in ihrem Verhalten mehr an der Mutter orientieren als an einer fremden Person und daß sie auf die Trennung von der Mutter negativ und auf ihr Wiederkommen positiv reagieren (Shapiro et al. 1987; Sigman & Ungerer 1984b; Sigman & Mundy 1989; Capps et al. 1994). Aufgrund ihres Verhaltens bei der Rückkehr der Mutter werden etwa die Hälfte bis zwei Drittel der autistischen Kinder in diesen Untersuchungen als sicher an die Mutter gebunden beurteilt (Shapiro et al. 1987). Diesen Kindern verleiht die Mutter durch ihre Anwesenheit größere Sicherheit und sie können auch eine kurze Trennung ertragen, ohne daß die Beziehung zur Mutter beeinträchtigt wird.

Es ist allerdings nicht leicht, aus dem Verhalten der autistischen Kinder auf die Qualität ihrer Bindung an die Eltern – ähnlich wie dies bei jüngeren normalen Kindern getan wird – zu schließen. Manche haben auf die herkömmliche Einteilung der Bindungsqualität verzichtet und statt dessen eine Skala aus den verschiedenen Indikatoren gebildet (z. B. Rogers et al. 1991, 1993), kamen aber zu ähnlichen Ergebnissen. Capps et al. (1994) bezogen sich auf Klassifikationsansätze, nach denen nicht nur die Sicherheit, sondern auch die Organisation des Bindungsverhaltens beurteilt wird. Danach zeigten alle autistischen Kinder Anzeichen einer Desorganisation in der Beziehung zu ihren Eltern, wobei sich diese Einschätzung freilich in erster Linie auf das Vorkommen von Stereotypien in der Gegenwart der Eltern stützte. Trotz dieser Anzeichen von Desorganisation erschien auch für Capps et al. (1994) nach der traditionellen Einteilung knapp die Hälfte der autistischen Kinder, bei denen eine Beurteilung möglich war (bei 4 von 19 war eine Beurteilung nicht möglich), sicher gebunden.

Die Bindung an die Eltern erscheint Beobachtern bei autistischen Kindern fragiler als bei anderen Kindern, wobei zumeist kein Zusammenhang mit der Schwere der autistischen Störung und auch nicht in allen Untersuchungen ein eindeutiger Zusammenhang mit dem kognitiven Entwicklungsstand zu erkennen ist (bzw. nur dann, wenn die Bindung durch eine längere stationäre Aufnahme belastet wird – in dieser Situation dürften autistische Kinder mit geringerer Fähigkeit zur symbolischen Repräsentation von Erfahrungen in ihren Bindungen zu den Eltern verunsichert sein – Sigman & Mundy 1989).

Nicht nur der kognitive Entwicklungsstand, auch das Verhalten der Mütter dürfte einen Einfluß auf das Bindungsverhalten autistischer Kinder ausüben. So beobachteten Capps et al. (1994), daß die Mütter sicher gebundener autistischer Kinder sensibler auf die Kinder eingingen.

Beobachtungen des Interaktionsverhaltens zwischen autistischen Kindern und ihren Müttern machen allerdings deutlich, wie sehr die Beziehung durch die speziellen Beeinträchtigungen der Kinder belastet ist (Dawson et al. 1990). Der affektive Austausch zwischen den Kindern und ihren Müttern leidet darunter, daß die Kinder zwar ebenso oft die Mütter ansehen und anlächeln wie normale Kinder auf der gleichen Sprachentwicklungsstufe, daß aber diese kommunikativen Verhaltensweisen viel weniger aufeinander abgestimmt sind. So erwidern die autistischen Kinder deutlicher weniger oft ein Lächeln ihrer Mütter. Ihr Lächeln ist auch seltener mit einem Ansehen der Mutter verbunden, so daß es in seiner kommunikativen Bedeutung viel schwerer erkennbar ist. Darauf ist es wohl auch zurückzuführen, daß die Mütter ihrerseits auf den nonverbalen Ausdruck der autistischen Kinder weniger reagieren und selbst das Lächeln der Kinder weniger erwidern.

3.3.3 Verhalten gegenüber anderen Kindern

Die größten Auffälligkeiten im Sozialverhalten bestehen von früh an im Kontakt zu anderen Kindern. Selbst wenn ältere autistische Kinder im Verhalten gegenüber Erwachsenen relativ unauffällig erscheinen, haben sie nur selten eine normale Beziehung zu Gleichaltrigen. Im Vergleich zu geistig behinderten Kindern vergleichbaren verbalen Entwicklungsstands richten sich ihre Interaktionen in verschiedenen (strukturierten wie unstrukturierten) Situationen ähnlich häufig an Erwachsene, aber deutlich seltener an andere Kinder. Die insgesamt deutlich selteneren Interaktionen (autistische Kinder nahmen in der Untersuchung von Hauck et al. 1995, nur dreimal weniger Kontakt mit anderen Kindern auf als andere geistig behinderte Kinder) sind zudem noch durch recht stereotype Interaktionsformen gekennzeichnet. Auffällig ist zudem, daß autistische Kinder sich wenig auf die anderen Kinder einstellen können und diese viel weniger imitieren als andere Kinder. Damit fällt ein wichtiges Medium der Kontaktaufnahme unter jüngeren Kindern weg.

Im Ausmaß der Bereitschaft, Interaktionen mit anderen Kindern aufzunehmen, zeigen sich besonders große Unterschiede zwischen einzelnen autistischen Kindern (Lord 1984). Hier wirken sich auch Situationsmerkmale und die Gewöhnung an das Zusammensein mit anderen Kindern recht stark aus. Wie Interventionsstudien (z. B. Lord 1984) zeigen konnten, bessert sich sowohl die Länge der Interaktionssequenzen wie auch die Bereitschaft zur Interaktion, wenn andere Kinder zu vertrauten Bezugspersonen werden.

Die Schwierigkeiten autistischer Kinder, mit normalen gleichaltrigen Kindern in Interaktion zu treten, liegen zum Teil an der Scheu der normalen Kinder, eine solche Interaktion aufzunehmen und die Ablehnung der autistischen Kinder zu durchbrechen. Wenn jüngere normale Kinder angewiesen werden zu versuchen, mit autistischen Kindern Kontakt aufzunehmen und sie ins Spiel einzubeziehen, so gelingt ihnen das recht gut. Allerdings tun sie dies nur nach expliziter Aufforderung, nicht von sich aus (McHale 1983).

Erschwerend für die Kontaktaufnahme autistischer Kinder mit Gleichaltrigen ist auch die Tatsache, daß das Verhalten von Kindern generell weniger vorhersagbar und strukturiert zu sein scheint als das Verhalten von Erwachsenen. Interaktionen mit Erwachsenen dienen außerdem stärker der Befriedigung nicht-sozialer Bedürfnisse, sind also nicht allein sozial motiviert, was bei Interaktionen mit Kindern wegfällt (Lord 1984).

3.3.4 Subtypen autistischer Kinder nach der Art des Sozialverhaltens

Wenn im Folgenden auf die Auffälligkeiten autistischer Kinder im Sozialverhalten näher eingegangen wird, so ist zu bedenken, daß autistische Kinder in vielen Aspekten des Sozialverhaltens keine homogene Gruppe darstellen. Vor allem Wing und Gould (1979) haben darauf hingewiesen, daß sich mehrere Formen von Störungen in der Beziehung zur Umwelt unterscheiden lassen. Sie differenzierten Kinder, die wenig Bezug zur Umwelt herstellen und stark in sich zurückgezogen scheinen, von Kindern, die den Kontakt zu anderen nicht ablehnen, aber selbst wenig Anstalten machen, einen solchen Kontakt herzustellen. Eine dritte Gruppe sind schließlich Kinder, die ein Kontaktbedürfnis zeigen, das sich aber in einer ungewöhnlichen und seltsamen Weise (ohne Berücksichtigung sozialer Konventionen und der Interessen anderer Menschen) bemerkbar macht.

Tab. 2: Gegenüberstellung der Merkmale der drei Untergruppen autistischer Kinder mit unterschiedlichem Sozialverhalten (nach Wing & Attwood, 1987; Prizant & Schuler, 1987)

	zurückgezogen	passiv	aktiv, aber seltsam
Initiative	halten sich in den meisten Situationen abseits und scheinen unbeteiligt, außer wenn es um die Befriedigung spezifischer Bedürfnisse geht	wenig spontane Kontaktaufnahme mit anderen	gehen spontan auf andere zu
Partner	die spärlichen Interaktionen richten sich vor allem an Erwachsene und sind vor allem körperlicher Art (z. B. Kitzeln, Kratzen)	akzeptieren die Kontaktaufnahme anderer, dies gilt sowohl für Erwachsene wie für Kinder	Kontaktaufnahme zumeist zu Erwachsenen, gelegentlich auch zu Kindern
Interesse	wenig erkennbares Interesse an sozialen Kontakten	haben keine große Freude an Interaktionen, aktives Zurückweisen ist jedoch selten	in den Interaktionen nehmen bestimmte Vorlieben einen breiten Raum ein (verbale Routinen, unaufhörliches Fragen)

Subtypen autistischer Kinder nach der Art des Sozialverhaltens

	zurückgezogen	passiv	aktiv, aber seltsam
Form der Kommunikation	wenig verbaler oder nonverbaler wechselseitiger Austausch	ein Teil, aber nicht alle verwenden Sprache zur Kommunikation, häufig unmittelbare (weniger verzögerte) Echolalien	ein Teil der Interaktionen kann als kommunikativ bezeichnet werden, bei anderen ist der wechselseitige Charakter des Austauschs weniger zu erkennen, häufig unmittelbare und verzögerte Echolalien
Soziale Aktivität	wenige gemeinsame Aktivitäten mit anderen, kaum Kenntnisnahme, was andere interessiert, aktives Vermeiden von Blickkontakt	ihre Passivität ermutigt andere Kinder zur Interaktion	mangelhafte Fähigkeit zur Wahrnehmung sozialer Rollen (wenig Berücksichtigung der Bedürfnisse des Zuhörers, wenig Modifikation der Sprache, Probleme beim Wechseln eines Themas), sozial weniger akzeptiert als die passive Untergruppe (da kulturell geprägte soziale Konventionen verletzt werden)
Stereotypien	häufig repetitives, stereotypes Verhalten		scheinen mehr an dem routinehaften Ablauf von Interaktionen interessiert als an dem Inhalt
Anteilnahme	Veränderungen in der unmittelbaren Umgebung (jemand betritt den Raum) werden kaum zur Kenntnis genommen		unter Umständen sind ihnen die Reaktionen der anderen (vor allem extreme Reaktionen) bewußt
Intelligenz	mäßige bis schwere geistige Behinderung	Ausmaß der geistigen Behinderung kann sehr unterschiedlich sein	intellektuelle Behinderung eher gring

Diese Unterscheidung wurde in der Folge von Wing und Attwood (1987) und von Prizant und Schuler (1987) näher ausgeführt und hat zu einer Reihe an Versuchen geführt, Untergruppen von Kindern nach der Art der Störung des Sozialkontakts zu bilden. Mehrere Untersuchungen haben gezeigt, daß es möglich ist, diese Gruppen recht verläßlich zu unterscheiden. Außerdem wurde klar, daß eine Ablehnung des Kontakts eher mit einer stärkeren Ausprägung der autistischen Störung sowie mit einem größeren Entwicklungsrückstand verbunden ist.

3.3.5 Nonverbale Kommunikation

3.3.5.1 Mangelnder gemeinsamer Bezug auf die Umgebung (joint attention)

Eine der frühesten Auffälligkeiten im Sozialverhalten dürfte – wie bereits erwähnt – der fehlende gemeinsame Bezug auf die Umgebung sein, also das Bringen von Gegenständen zu den Eltern, das Zeigen auf Gegenstände, die ihr Interesse gefunden haben, das Achten darauf, wohin die Eltern blicken und das Folgen der Blickrichtung der Eltern, um dann nochmals zu den Eltern zu schauen, sie anzulächeln und ihnen so anzuzeigen, daß sie ihr Interesse verstanden haben. Dieser mangelnde gemeinsame Bezug auf die Umgebung ist jedoch nicht nur rückblickend den Eltern in Erinnerung, sondern läßt sich auch noch bei älteren autistischen Kindern beobachten.

Autistische Kinder zeigen nicht nur relativ selten auf Gegenstände, sie scheinen auch ein eingeschränktes Verständnis dafür zu haben, was solche Zeigehandlungen bedeuten. So verstehen sie zwar, wenn jemand durch das Zeigen andeutet, daß sie etwas tun sollen. Das auf etwas Hinzeigen, um die Aufmerksamkeit anderer darauf zu lenken, scheinen sie jedoch viel weniger zu verstehen, was sich sowohl in ihrem Verhalten, als auch bei Nachfragen zeigt (wenigstens bei jenen Kindern, die der Sprache soweit mächtig sind, um solche Fragen zu beantworten) (Baron-Cohen 1989a).

Der gemeinsame Bezug auf die Umgebung ist bei autistischen Kindern zwar insgesamt geringer ausgebildet als bei anderen Kindern des gleichen Entwicklungsstands (sowohl des gleichen verbalen wie nonverbalen Entwicklungsstands), es bestehen jedoch auch bei den autistischen Kindern deutliche interindividuelle Unterschiede. Diese Unterschiede hängen in einem beträchtlichen Ausmaß mit dem Sprachentwicklungsstand der autistischen Kinder zusammen. Dies zeigt sich nicht nur zu einem bestimmten Zeitpunkt (im Querschnitt). Auch prospektiv (im Längsschnitt) sagt das Ausmaß des Herstellens von Gemeinsamkeiten in Bezug auf die Umweltorientierung die weitere Sprachentwicklung autistischer Kinder voraus. Es ist sogar ein noch stärkerer Prädiktor als der frühere Sprachentwicklungsstand (Mundy et al. 1990).

Das Ausmaß an gemeinsamer Orientierung der Aufmerksamkeit kann bei autistischen Kindern dadurch erhöht werden, daß sich Erwachsene in ihrer Interaktion mit den Kindern an deren Spielverhalten orientieren, mit den gleichen Spielsachen spielen, das Spielverhalten nachahmen, daran anknüpfen und es erweitern sowie sprachlich kommentieren. Unter diesen Bedingungen wenden sich auch autistische Kinder stärker den Erwachsenen zu und können sich vermehrt auf gemeinsame, koordinierte Spielhandlungen einlassen. Allerdings bleibt auch unter diesen Bedingungen die gemeinsame Orientierung der Aufmerksamkeit deutlich geringer als bei nicht-autistischen Kindern des gleichen Entwicklungsstands. Der Unterschied zwischen autistischen und nicht-autistischen Kindern wird sogar noch größer, weil die nicht-autistischen Kinder von diesen Bedingungen noch stärker profitieren (Lewy & Dawson 1992).

Interpretation

Die geringe Fähigkeit autistischer Kinder zur gemeinsamen Orientierung auf die Umwelt ist sehr unterschiedlich interpretiert worden. Mundy und Sigman (1989a,b) sehen darin die Folge einer Beeinträchtigung sowohl der kognitiven wie der affektiven Entwicklung. Kognitiv begründet seien diese Schwierigkeiten dadurch, daß autistische Kinder kein Schema entwickeln, das eine Beziehung zwischen der eigenen emotionalen Reaktion und jener anderer Personen herstellt. Affektiv seien die Schwierigkeiten durch Probleme bei der Ausbildung affektiven Ausdrucksverhaltens begründet.

In einer späteren Stellungnahme haben Mundy und Hogan (1994) eine weitergehende Interpretation dieser Schwierigkeiten versucht. In dem geringen gemeinsamen Orientierungsverhalten würden sich die Schwierigkeiten autistischer Kinder im Teilhabenlassen an den eigenen Erfahrungen widerspiegeln, was auf einen Mangel in der Ausbildung des „intersubjektiven Selbst" hinweise.

Nach Rogers und Pennington (1991) ist dieser Mangel die Folge einer frühen Beeinträchtigung der Ausbildung von Repräsentationszuordnungen des Selbst- und Fremdbildes, die es autistischen Kindern bereits in den ersten Lebensmonaten erschwert, den affektiven Ausdruck ihrer Pflegepersonen zu imitieren und zu einem gemeinsamen Orientierungsverhalten zu kommen. Diese mangelnde Koordination von Repräsentationen würde Schwierigkeiten bei der Bildung von Metarepäsentationen vorausgehen und eng mit den Problemen in der Entwicklung exekutiver Funktionen zusammenhängen.

Leslie und Happé (1989) haben die Schwierigkeiten in der gemeinsamen Orientierung auf die Umwelt als frühen Ausdruck einer mangelnden Ausbildung von Metarepräsentationen erklärt. Wesentlich bei gemeinsamen Orientierungshandlungen sei, daß diese Handlungen die Aufmerksamkeit sowohl auf sich selbst wie auch auf die Umwelt lenken, d. h. gleichzeitig auf einen Gegenstand und darauf, daß man selbst an diesem Gegenstand Anteil nimmt, an ihm Interesse hat. Leslie und Happé (1989) sprechen dabei von ostensiver Kommunikation. Voraussetzung dafür sei jedoch, daß man ein Bild davon hätte, daß der Andere ein Subjekt sei, das auf manche Dinge aufmerksam oder nicht aufmerksam sein könne. Dazu bräuchte man jedoch die Idee bzw. die Vorstellung, daß andere ein Innenleben bzw. Bewußtsein hätten, eine Idee, die autistische Kinder nur mangelhaft entwickeln. Somit würde es sich bei den Schwierigkeiten in der Ausbildung eines gemeinsamen Orientierungsverhaltens um die ersten Anzeichen eines Mangels in der Entwicklung einer „Theory of Mind" (siehe Kap. 3.3.7) handeln.

3.3.5.2 Blickkontakt

Auffälligkeiten im Blickkontakt bei Autisten tragen zu einem beträchtlichen Teil dazu bei, daß bei jüngeren autistischen Kindern der Eindruck entsteht, man könne nur schwer eine persönliche Beziehung zu ihnen herstellen.

Wolff & Chess (1964) beobachteten bei autistischen Kindern unter sechs Jahren durchgehend einen mangelnden Blickkontakt oder ein Hindurchschauen durch den anderen. Die schwerer gestörten Kinder schienen Blickkontakt sogar aktiv zu vermeiden. Systematische Beobachtungen autistischer Kinder konnten diese klinischen Eindrücke mehrfach bestätigen. Diese Kinder stellen in der Tendenz tatsächlich seltener und kürzer Blickkontakt zu anderen Personen her (Castell 1970; Hermelin & O'Connor 1970; Richer & Coss 1976).

Das Blickverhalten autistischer Kinder zeigt manchmal auch eine besondere Qualität. Während normale Kinder Erwachsene direkt anschauen, blicken Autisten häufig seitlich oder durch die Finger. Weber (1970) beschrieb bei autistischen Kindern auch das Phänomen, daß die Kinder ihre Augen hinter den Oberlidern verbargen, als ob sie dem Blickkontakt ausweichen wollten.

Der geringe Blickkontakt zu anderen Personen ist teilweise Folge des kürzeren und oberflächlicheren Musterns von visuellen Reizen bei autistischen Kindern (Hermelin & O'Connor 1970). Teilweise dürfte er jedoch auch Ausdruck des Vermeidens von Kontakt und der Versunkenheit in die eigene Welt sein, da geringer Blickkontakt mit vermehrten Stereotypien einhergeht (Richer & Coss 1976). Die Belohnung von Blickkontakt kann zwar zu einem vermehrten Zugehen auf andere Personen, gleichzeitig jedoch bei manchen Kindern auch zu erhöhter Aggression führen (McConnell 1967).

Von größerer Bedeutung als das Ausmaß des Blickkontakts dürfte jedoch die Qualität seiner kommunikativen Verwendung sein, und hier scheinen autistische Kinder besonders auffällig. Kinder begreifen sehr früh (bereits im ersten Lebensjahr – Scaife & Bruner 1975), daß die Blickrichtung eines Gegenüber anzeigt, worauf dessen Aufmerksamkeit gerichtet ist, und folgen dieser Blickrichtung. Hinzu tritt bald das alternierende den Anderen Anschauen und auf einen Gegenstand Schauen, womit die Kinder selbst die Aufmerksamkeit des Anderen auf einen Gegenstand lenken können. Das Blickverhalten übernimmt so recht früh eine wesentliche Funktion in der Kommunikation.

Baron-Cohen (1995) konnte zeigen, daß jüngere normale Kinder wie auch geistig behinderte, nicht-autistische Kinder des gleichen Entwicklungsalters ihren Interaktionspartnern in die Augen schauen, wenn sie sich über deren Intention unsicher sind, und versuchen, über die Blickrichtung der Augen die Intention zu erraten. Ein Beispiel wäre etwa, daß ein Erwachsener einem Kind ein Spielzeug anbietet, aber die Hand im letzten Augenblick wieder zurückzieht. In dieser Situation sehen normale Kinder am Ende des ersten Lebensjahrs und etwas ältere geistig behinderte Kinder den Erwachsenen häufig an und versuchen über die Blickrichtung der Augen zu erraten, was der Grund für das Zurückziehen des Spielzeugs war (etwa eine momentane Ablenkung oder ein spielerisches Necken des Kindes). Autistische Kinder tun dies viel weniger.

Ebenso tun sich autistische Kinder deutlich schwerer, über die Blickrichtung eines anderen Kindes zu erraten, welche von mehreren Schokoladen dieses Kind bevorzugt, oder nach der Blickposition etwa anzugeben, welches Kind gerade nachdenkt.

Besondere Schwierigkeiten zeigen sich nach Buitelaar et al. (1991) auch in der Reziprozität der visuellen Kommunikation und in der Kombination von Blickkontakt mit anderen non-verbalen Ausdrucksmitteln wie etwa Gesten. Diese Beobachtung wurde auch in der bereits erwähnten Studie von Dawson et al. (1990) bestätigt, in der auf die Beeinträchtigung des affektiven Austauschs zwischen Eltern und autistischen Kindern durch die geringe Verbindung von Anschauen und Anlächeln hingewiesen wurde.

Interpretation

Der Blickkontakt hat neben der Funktion der Informationsaufnahme noch eine kommunikative Funktion. Beide Funktionen sind reduziert. In der kommunikativen Funktion kommen die Faktoren zum Tragen, die auch zu einer Beeinträchtigung der Gestensprache führen (siehe Kapitel 3.3.5.4). Der Blick als kommunikativer Ausdruck benötigt mehr Hintergrundverständnis als sprachliche Begriffe und ist deshalb

106 Empirische Befunde

für autistische Kinder schwerer zu entschlüsseln. Daß sie auch seltener Blickkontakt aufnehmen, um sich zu orientieren, sehen wir als Folge des verminderten Interesses am Sozialkontakt und ordnen es unter die Schwierigkeiten mit Situationen ein, die ein größeres Ausmaß an Vorverständnis benötigen.

3.3.5.3 Distanzverhalten

Bei einem Teil der autistischen Kinder zeigen sich die Kontaktstörungen auch in der Bevorzugung einer größeren räumlichen Distanz zu anderen Personen. Nach Rutter & Lockyer (1967) zieht sich etwa ein Drittel der autistischen Kinder zeitweise aktiv von anderen zurück und wählt eine größere körperliche Distanz.

Die Auffälligkeiten im Distanzverhalten sind bei autistischen Kindern kaum bemerkenswert, wenn andere Personen nicht aktiv mit ihnen zu interagieren trachten. So beobachtete Castell (1970) keinen Unterschied in dem Abstand, den autistische Kinder zu einem Erwachsenen hielten, der in einer Ecke saß und entweder ein Buch las oder sie beobachtete.

Handelt es sich jedoch um eine in Interaktion stehende Gruppe, so halten sich bereits bei kleinerer Gruppengröße autistische Kinder eher am Rande der Gruppe auf und ziehen sich aus der Interaktion mit anderen Kindern zurück. So zeigen sie weniger Interaktionen mit anderen Kindern als normale oder hirngeschädigte Kinder (Hutt & Vaizey 1966).

Wenn die Gruppengröße zunimmt, so verstärkt sich die Tendenz der autistischen Kinder, sich zurückzuziehen, überproportional. Ihre Tendenz, Interaktionen zu vermeiden, bzw. der geringe Antrieb, solche Interaktionen einzugehen, ist vor allem gegenüber anderen Kindern auffällig, während sie zu Erwachsenen noch Kontakt suchen (Hutt & Ountsted 1970). Richer (1976) stellte bei einer Beobachtung des Verhaltens autistischer Kinder auf einem Spielplatz im Freien fest,

- daß sich autistische Kinder öfters als andere Kinder an der Peripherie der Gruppe aufhielten,
- daß sie die anderen Kinder weniger beachteten und
- öfters den Kopf hängen ließen bzw. wegschauten.
- Bei Annäherung eines anderen Kindes zogen sie sich häufiger zurück, selbst wenn die anderen Kinder sich nicht bedrohlich oder aggressiv verhielten. Dies war besonders deshalb auffällig, da die Kontaktaufnahme anderer Kinder zu den autistischen Kindern insgesamt bereits sehr gering war.

Manche (z. B. Richer 1978) folgerten aus dieser Rückzugstendenz autistischer Kinder, daß man sie überfordern und damit die Rückzugstendenz weiter verstärken würde, wenn man diese nicht respektiere und die Kinder gewähren lasse. Dem stehen jedoch Befunde entgegen, die eine positivere Reaktion autistischer Kinder auf das aktive Bemühen von Erwachsenen um das Herstellen einer Interaktion belegen: So beobachteten etwa Clark und Rutter (1981), daß autistische Kinder, wenn ein Erwachsener bei einer spielerischen Aufgabe (Bauen eines Turmes) auf einer Beteiligung bestand und eine Kooperation verlangte, ein stärker auf den Erwachsenen orientiertes Verhalten zeigten und den Erwachsenen mehr in das Spiel einbezogen, als wenn der Erwachsene die Kinder das Spiel bestimmen ließ und sich passiv abwartend verhielt. Bei Passivität des Erwachsenen ziehen sich die autistischen Kinder eher in ihre Welt zurück, sind weniger aufgabenbezogen und verbringen einen größeren Teil der Zeit mit Stereotypien.

Interpretation

Autistische Kinder sind in sozialen Situationen, allein gelassen, oft hoffnungslos überfordert und ziehen sich in sich selbst zurück. Es bedarf, wie Clark und Rutter (1977; 1981) feststellen, der Hilfe, des aktiven Zuganges durch den Erwachsenen, damit sie aus dieser Passivität herauskommen. Geschieht dies in einer 1:1 Situation auf einfache und behutsame Weise durch den Therapeuten, so ist es den Kindern durchaus möglich, aus ihrer Passivität herauszutreten und eine Interaktion mit den Erwachsenen aufzunehmen (Clark & Rutter 1981). Es wird leichter möglich sein, wenn die Interaktionen nicht direkt zwischen den Partnern stattfinden, sondern wenn es um eine gemeinsame Tätigkeit geht, eben wie bei Clark und Rutter (1981) um das Bauen eines Turmes. Die strukturierte Kleingruppe überfordert das autistische Kind viel weniger als die unstrukturierte Großgruppe, weil in der Kleingruppe die möglichen Aktivitäten eingeschränkt sind und das Kind sich nur auf einen Partner einstellen muß. Die Tätigkeiten sind durch das Bauen eines Turmes vorgegeben, die Verhaltensmuster sind relativ klar überschaubar. In einer größeren unstrukturierten Gruppe, die vor allem aus Kindern besteht, ist ein autistisches Kind überfordert. Damit gewinnt die Gruppe an aversivem Charakter.

Diese Befunde legen nahe, daß das zurückgezogene und emotionslose Verhalten autistischer Kinder als Folge einer kognitiven Überforderung zu sehen ist und nicht als deren Ursache. Die Überforderung ist dann am größten, wenn die Situation mehrdeutig ist und verschiedene Reaktionen möglich sind, d. h. wenn aus einer Vielzahl an Möglichkeiten spontan reagiert werden muß. Ausgehend von der These der kognitiven Überforderung können wir somit sagen: Um aus seiner Isolation herauszukommen, benötigt das autistische Kind die Hilfe des Erwachsenen, der aktiv auf das Kind zugeht und es in Aktivitäten einbezieht. In diesem Sinne ist eine Therapie, in der der Erzieher und Therapeut sich aktiv um den Kontakt zum Kind bemüht, sinnvoll und notwendig.

Andererseits kann aber eine zu komplexe soziale Situation zu einer starken Überforderung des Kindes führen, so daß es die Situation insgesamt als aversiv erlebt. Daraus ist zu folgern, daß die Arbeit mit Autisten in Gruppen nur dann möglich ist, wenn

- die Gruppe klein ist,
- die sozialen Interaktionen klar strukturiert sind und
- der Therapeut dem Kind die Hilfen gibt, die es ihm erleichtern, sich in die Gruppe einzubringen,

daß aber unstrukturierte Spielgruppen eher zu meiden sind.

3.3.5.4 Gestische Kommunikation

Während sprachgestörte Kinder für gewöhnlich reichlich Gesten für den Ausdruck ihrer Wünsche und für die Kommunikation einsetzen, ist dies bei Autisten kaum der Fall (Bartak et al. 1975). Autisten lernen erst spät, sich durch Hinzeigen oder etwa durch Kopfschütteln oder Kopfnicken verständlich zu machen (Ricks & Wing 1975).

Eltern autistischer Kinder berichten auch, daß ihre Kinder sie zu einem Gegenstand führen oder die Hand der Eltern bewegen, damit sie das tun, was die Kinder wünschen, ohne daß sie die Eltern dabei ansehen oder sonst irgendwie ihre Wünsche andeuten. Diese Einschränkung des Repertoires beim Anzeigen der eigenen Wünsche ist von Phillips et al. (1995) unter Verwendung ethologischer Untersuchungsmethoden genauer beobachtet worden. Dabei wurde versucht, das Interesse autistischer Kinder an einem attraktiven Spielzeug zu wecken, das auf einem Bord so hoch plaziert war, daß die Kinder nicht einfach hinlangen konnten, um es zu ergreifen, sondern die Hilfe eines in der Nähe stehenden Erwachsenen in Anspruch nehmen mußten. Wesentlich häufiger als normale oder geistig behinderte Kinder des gleichen Entwicklungsstandes versuchten die autistischen Kinder trotzdem, das Spielzeug selbst zu fassen. Wenn die Hilfe von Erwachsenen in Anspruch genommen wurde, so geschah dies tatsächlich meist dadurch, daß der Erwachsene – ohne Blickkontakt – hingeführt wurde oder daß – erneut ohne Blickkontakt – auf das Spielzeug hingedeutet wurde. Der fehlende Blickkontakt während des Versuchs, den Beistand des Erwachsenen zu rekrutieren, wirkte dabei so, als ob dieser nicht als Subjekt angesprochen wurde, sondern nur als jemand, der die Handlungen des Kindes weiterführte. Allerdings wurde relativ selten beobachtet, daß der Erwachsene bloß als ein großes Werkzeug betrachtet wurde, das zur Gänze von den Kindern bewegt und geführt wurde. Die autistischen Kinder versuchten also nicht, durch das Aufnehmen von Blickkontakt die Aufmerksamkeit des Erwachsenen für sich und ihr Anliegen zu gewinnen. Auffallend war im Vergleich zu anderen Kindern vor allem auch der geringe Einsatz des Hinzeigens und Andeutens einer Greifbewegung als Aufforderung zur Hilfe.

Nicht nur die Verwendung, auch das Verständnis von Gesten scheint bei vielen autistischen Kindern beeinträchtigt zu sein. Noch als Jugendliche haben selbst intelligente Autisten Schwierigkeiten, nicht-verbale Hinweise auf die Wünsche und Erwartungen anderer Personen zu verstehen. Sie scheinen diese Hinweise im Detail lernen zu müssen.

Das spontane gestische Ausdrucksverhalten in sozialen Interaktionen bei autistischen Kindern, bei Kindern mit Down-Syndrom, sowie bei jüngeren normalen Kindern wurde von Attwood et al. (1988) untersucht. Autistische Kinder waren während der Beobachtungszeiten, wie zu erwarten, deutlich weniger in soziale Interaktionen involviert. Sie verwendeten aber bei diesen Interaktionen ebenso viele Gesten wie die Kinder der beiden anderen Gruppen. Nur war die Art der Gesten eine sehr unterschiedliche. Während jüngere normale Kinder und Kinder mit Down-Syndrom sehr häufig durch Gesten ihre Empfindungen mitteilten (bei Kindern mit Down-Syndrom machten diese spontanen expressiven Gesten etwa die Hälfte aller Gesten aus), fehlten solche Gesten bei autistischen Kindern völlig. Bei ihnen überwogen Gesten, mit denen sie ihre Partner zu etwas aufforderten (instrumentelle Gesten).

Eltern autistischer Kinder geben nicht selten an, daß sie bereits frühzeitig Schwierigkeiten hatten, zu verstehen, was ihre Kinder durch ihre oft spärlichen Gesten ausdrücken wollten. Die Mütter berichten weiter, daß sie allmählich lernten zu erkennen, was die Vokalisationen der Kinder bedeuteten. Dafür brauchten sie relativ lange Zeit, während sie bei den nicht-autistischen Geschwistern damit keine Mühe hatten.

In einer bekannten Untersuchung ließ Ricks (1975) die Mütter Tonbandaufnahmen ihrer autistischen Kinder (die noch keine Sprache verwendeten) machen, wenn sie durch Vokalisation verschiedene

Gefühle auszudrücken schienen. Den Eltern wurden dann die Vokalisationen ihres eigenen autistischen Kindes sowie die anderer autistischer Kinder und die eines retardierten Kindes vorgespielt. Sie sollten die jeweils ausgedrückten Emotionen erkennen. Die Mütter konnten dies bei ihrem eigenen autistischen Kind und bei dem retardierten, nicht aber bei anderen autistischen Kindern. Autistische Kinder scheinen demnach Emotionen und Wünsche stimmlich auf eine für Mütter nur schwer verstehbare Art auszudrücken.

Nach dem Eindruck der Mütter und nach klinischen Beobachtungen ist auch der mimische Ausdruck bei autistischen Kindern reduziert (Ricks & Wing 1975).

Autisten zeigen zwar Emotionen mitunter deutlich an, aber sie wirken darin auf den Beobachter hölzern und ausdruckslos. Der Ausdruck in Mimik und Gestik erscheint oft der Situation nicht angemessen und nicht von der gleichen Art, die sonst bei Kindern bzw. Jugendlichen und Erwachsenen verwendet wird.

Interpretation

Autistische Kinder haben Schwierigkeiten im Verständnis von Gesten und daher auch Probleme, sie in der Kommunikation richtig einzusetzen. Sie scheinen diese im Detail lernen zu müssen. Entsprechend sparsam sind sie auch in ihrer Gestik.

Versuchen wir, uns etwas genauer mit der Funktionsweise und mit der Verwendung von Gesten im Rahmen der Kommunikation auseinanderzusetzen.

Gesten gehören zu den kommunikativen Gebärden. Die Ausdrucksgeste als deiktischer Begriff ist nur definiert in Bezug auf die formale Verwendung, nicht jedoch lexikalisch, in Bezug auf den Inhalt. Dieser kann erst durch die Interpretation des Kontextes ausgemacht werden. Zwar ist auch sprachlicher Ausdruck vom Kontext abhängig, aber weit weniger als die Gebärdensprache.

So hat die „Zeigegeste" nur die Bedeutung, auf Gegenstände zu zeigen. Ob dies im Einzelfall der Sonnenaufgang ist, die schöne Musterung eines Vorhanges oder das Glas, das das Kind eben zerbrochen hat, kann nur aus dem Kontext, in den die Geste eingebettet ist, erfaßt werden. Auch ihre kommunikative Verwendung ist nicht immer festgelegt. So kann die „Zeigegeste" bedeuten: „Schau, wie schön das ist" oder „Paß auf, da ist eine Gefahr" oder „Bitte, bringe mir das" usw. Erst aus der Kenntnis dessen, was vorausgegangen ist, was der Gegenstand, auf den hingezeigt wird, ist und was sonst noch alles gleichzeitig vor sich geht, läßt sich die Geste sicher interpretieren.

Häufig setzt sich die Geste aus mehreren Komponenten zusammen, die man miteinander sehen und verrechnen muß, um sie interpretieren zu können. Eine Handgeste z. B. mit einem bestimmten Gesichtsausdruck kann Abwehr bedeuten oder einfach Vorsicht.

Aus alledem wird deutlich: Gesten gewinnen eine bestimmte Bedeutung erst zusammen mit dem Kontext, in dem sie geäußert werden. Der Kontext gehört zur Geste, wie zum Wort seine syntaktische Verwendung gehört.

Auf die Funktion des Kontextes zur Verwendung und zum Verständnis von Sprache haben wir schon öfters hingewiesen. Je formaler eine Sprache ist, d. h. je expliziter die Prädikatorenregeln festgelegt werden, desto unabhängiger ist sie vom Kontext. Wissenschaftliche Termini z. B. unterscheiden sich von Begriffen der Umgangssprache gerade darin, daß sie nur in ganz geringem Ausmaß kontextabhängig sind. Die Gesten liegen am anderen Extrem: Sie können sich je nach Situation auf etwas anderes beziehen und eine andere Bedeutung annehmen.

Wir haben schon mehrfach dargelegt, daß der Kontext durch das intuitive Vorverständnis gegeben ist, womit Autisten Probleme haben. Daher werden nun ihre Probleme in der Verwendung von Gesten verständlich, obwohl wir annehmen müssen, daß die Gesten zum Einfachen der Sprache gehören. Daß Autisten Gesten scheinbar im Detail lernen müssen, deutet somit auf folgendes hin: Sie können eine Geste nur dann verstehen, wenn sie sie wie einen kontextunabhängigen Begriff auffassen.

Nun lassen sich bestimmte Gesten tatsächlich auch unabhängig von ihrem Kontext interpretieren. Es gibt Gesten, die eine feste Bedeutung haben, z. B. eine Drohgebärde oder eine Bittgeste, die Hand zum Gruß reichen usw. Von diesen Gesten können wir sagen, daß sie eine von der Situation unabhängige Bedeutung haben, auch wenn sie nur in ganz bestimmten Situationen geäußert werden. Solche Gesten können Autisten sicher lernen und sie lernen sie, wie sie Namen lernen.

Nicht nur für das Verständnis von Gesten ist das intuitive Kontextverständnis vorausgesetzt, sondern auch für den Einsatz von Gesten im Rahmen der Kommunikation. Wenn Mütter autistischer Kinder wohl den Ausdruck ihres eigenen Kindes interpretieren können, nicht aber jenen von anderen autistischen Kindern, so zeigt sich hierin, daß Autisten ihren Gesten eine bestimmte Bedeutung geben, die von den Eltern gelernt werden kann und muß. Dabei halten sie sich aber nicht an sozial normierte Schemata. Etwas Ähnliches fällt ja auch bei der Sprache auf: Autisten verwenden häufig Neologismen, also Wörter, die nicht sozial normiert sind. Sie sind somit bei der Verwendung von Gesten darauf angewiesen, daß der Erwachsene ihre Verwendungsgewohnheit erkennt. Sie haben aber nicht selber die Möglichkeit, die Gewohnheiten ihrer Umgebung zu erkennen und ihre Gesten danach auszurichten.

3.3.6 Gesichter und Emotionen erkennen – affektiver Ausdruck

Ausgehend von Arbeiten zum Gesichtererkennen fanden in den letzten Jahren die sozial-kognitiven Prozesse, die den Interaktionsproblemen autistischer Kinder zugrunde liegen dürften, besondere Beachtung. Zunächst wurde von der Personenwahrnehmung ausgegangen. Aufmerksamkeit hat dann vor allem das emotionale Ausdrucksverhalten gefunden. Es wurde untersucht, wieweit autistische Kinder das Ausdrucksverhalten anderer Personen erkennen können, wieweit sie sich in Interaktionen nonverbaler Ausdrucksmittel bedienen und ob die von ihnen gesendeten Signale eindeutig und von anderen in ihrer Intention verstehbar sind. Dabei kristallisierte sich folgende Annahme heraus: Die Wahrnehmung des emotionalen Ausdrucks fällt autistischen Kindern besonders schwer. Dies könnte eine Ursache für ihre Kommunikationsprobleme darstellen.

Gesichtererkennen: Eine erste Serie von Arbeiten (Langdell 1978; 1981) konnte zeigen, daß autistische Kinder vertraute Personen (Klassenkameraden) an Hand von Fotografien ebenso sicher wiedererkennen können wie geistig behinderte Kinder und jüngere normale Kinder. Die autistischen Kinder benutzen aber im Erkennen von Gesichtern andere Merkmale. Sie beachten, wie sich an ihren Blickbewegungen nachweisen läßt, überwiegend Merkmale der unteren Gesichtshälfte und kaum die Augenpartie, die für normale, aber auch für geistig behinderte Kinder, ein besonders markantes und daher bevorzugt beachtetes Merkmal ist. Die Bevorzugung der Mundpartie zeigt sich auch, wenn Teile des Gesichts verdeckt werden. Für jüngere autistische Kinder ist durch Verdecken der unteren Gesichtspartie das Wiedererkennen von Gesichtern sehr erschwert, während geistig behinderte und normale Kinder eher durch das Verdecken der oberen Gesichtspartie behindert werden.

Kontrolluntersuchungen zeigten, daß diese bevorzugte Beachtung von visuellen Merkmalen aus der unteren Gesichtsfeldhälfte für das Gesichtererkennen autistischer Kinder spezifisch ist und nicht beim Mustern von Gegenständen auftritt. Das gleiche Muster ist übrigens auch bei tauben Kindern zu beobachten, die wegen ihrer kommunikativen Probleme gelernt haben, die Mundpartie anderer Personen besonders zu beobachten (Langdell 1981.

Eine weitere Auffälligkeit liegt darin, daß relativ wenige autistische Kinder beeinträchtigt sind, wenn ein Gesicht umgekehrt (also „auf den Kopf" gestellt) gezeigt wird. Während normale Kinder sich hier recht schwer tun, haben autistische Kinder damit relativ wenig Mühe und können die Gesichter in dieser ungewohnten Position etwa ebenso gut erkennen wie in ihrer normalen Anordnung und sogar besser wiedererkennen als normale Kinder (Hobson et al. 1988a, Langdell 1978).

Das Wiedererkennen und Unterscheiden von Gesichtern ist seit den ersten Experimenten von Langdell (1978) wiederholt untersucht worden. Dabei wurde der Befund vielfach bestätigt, daß die Unterscheidung von Gesichtern autistischen Kindern nicht wesentlich schwerer fällt als anderen Kindern des gleichen kognitiven Entwicklungsstandes (Bormann-Kischkel 1990; Boucher & Lewis 1992; Volkmar et al. 1989). Anders ist dies allerdings, wenn das Wiedererkennen wenig vertrauter Gesichter verlangt wird. Hier dürften sich autistische Kinder schwerer tun als andere Kinder (Boucher & Lewis 1992; de Gelder et al. 1991). Es gibt gewisse Hinweise, daß diese Schwierigkeiten beim Personenerkennen spezifisch sind, da ähnliche Schwierigkeiten nicht beim Wiedererkennen von Gebäuden zu beobachten sind (Boucher & Lewis 1992). Allerdings sind diese Befunde nicht eindeutig, da in manchen Untersuchungen auch Probleme bei anderen visuellen Reizen gefunden wurden. Es fanden sich Hinweise dafür, daß autistische Kinder generell dazu neigen, visuelle Reize nicht global, sondern aufgegliedert in eine Fülle von Einzelmerkmalen wahrzunehmen und sich einzuprägen. Damit kann ihr Behalten von komplexen visuellen Reizen insgesamt, nicht nur von Gesichtern, beeinträchtigt sein (Davies et al. 1994).

Einen anderen Aspekt des Erkennens von Personen untersuchte Hobson (1983, 1987), der sich in mehreren Studien mit dem Erkennen von bzw. der Unterscheidung des Alters und des Geschlechts durch autistische Kinder befaßte. In einer ersten Serie von Experimenten konnte Hobson zeigen, daß autistische Kinder große Schwierigkeiten beim Unterscheiden von jungen und alten Personen auf Fotografien hatten. Die Unterscheidung von Gegenständen hingegen, die visuell ähnlich komplexe Anforderungen stellten, bereitete den autistischen Kindern keine besonderen Probleme. In einer zweiten Serie von Experimenten wurden autistischen, geistig behinderten und jüngeren normalen Kindern, die einen ähnlichen geistigen Entwicklungsstand hatten, typische Situationen und Handlungen von jungen und alten

Personen beiderlei Geschlechts gezeigt. Auch hier hatten die autistischen Kinder große Probleme anzugeben, welche Situationen und Handlungen für Personen verschiedenen Alters und Geschlechts typisch waren.

Erkennen von Emotionen: Beim Erkennen des Ausdrucksverhaltens fand die Fähigkeit, Emotionen im Gesichtsausdruck anderer Menschen zu verstehen, vorrangige Beachtung. Die Untersuchungen konzentrierten sich zunächst auf die Fähigkeit, den mimischen Ausdruck verschiedener Emotionen zu unterscheiden. So ließ Langdell (1981) autistische, geistig behinderte und jüngere normale Kinder angeben, ob der Gesichtsausdruck in Fotografien glücklich oder traurig war. Während geistig behinderte und jüngere normale, aber auch ältere autistische Kinder keine Schwierigkeiten hatten, diese einfache Unterscheidung vorzunehmen, fiel die Unterscheidung jüngeren autistischen Kindern recht schwer. Um die Spezifität dieser Schwierigkeiten nachzuweisen, wurden in späteren Untersuchungen verschiedene Kontrollaufgaben eingeführt, etwa die Unterscheidung von Personen an Hand anderer Merkmale (z. B. Kleidungsstücke – Weeks & Hobson 1987; nicht-emotionale Handlungen – Hertzig et al. 1989) oder perzeptuelle Aufgaben möglichst vergleichbaren Schwierigkeitsgrads (z. B. Schneekristalle – Bormann-Kischkel 1990). Diese Untersuchungen zeigten, daß autistische Kinder und Jugendliche größere Schwierigkeiten beim Unterscheiden des emotionalen Gesichtsausdrucks hatten als nicht-autistische Personen des gleichen Entwicklungsstands, und zwar vor allem dann, wenn ihre Leistungen an jenen bei Vergleichsaufgaben gemessen wurden (z. B. Bormann-Kischkel 1990; Borman-Kischkel et al. 1995; Macdonald et al. 1989; Tantam et al. 1989).

Zudem konnten Weeks und Hobson (1987) nachweisen, daß autistische Kinder auch spontan weniger die Tendenz haben, sich bei der Beurteilung der Ähnlichkeit von Gesichtern (beim Ordnen von Fotografien nach ihrer Ähnlichkeit) auf den emotionalen Ausdruck zu stützen. Für autistische Kinder erwies sich also der Gesichtsausdruck als weniger eindrucksvoll als eine Ähnlichkeit in Äußerlichkeiten der Kleidung, während bei einer Kontrollgruppe von Kindern mit einer geistigen Behinderung genau das Gegenteil der Fall war.

Bei diesen Aufgaben, bei denen Gesichter nach ihrer Ähnlichkeit im emotionalen Ausdruck zu ordnen sind, dürfte allerdings auch die Komplexität der Emotionen von Bedeutung sein. Autistische Kinder und Jugendliche tun sich deutlich leichter beim Erkennen basaler Emotionen wie Freude oder Traurigkeit als bei komplexen Emotionen wie etwa dem Erstaunen (Baron-Cohen et al. 1993; Bormann-Kischkel et al. 1995).

Diese Schwierigkeiten beim Erkennen des emotionalen Gesichtsausdrucks dürften damit zusammenhängen, daß autistische Kinder andere perzeptuelle Strategien benutzen. Sie beurteilen den emotionalen Ausdruck vor allem auf Grund einzelner Merkmale und weniger nach dem Gesamteindruck. Hinweise dafür fanden sich bereits in der Untersuchung von Langdell (1981), der feststellte, daß sich die autistischen Kinder nicht nur beim Gesichtererkennen insgesamt, sondern auch beim Erkennen des emotionalen Ausdrucks vor allem auf Informationen über den Gesichtsausdruck im Mundbereich stützen. War der Mundbereich verdeckt, so war die Unterscheidung den autistischen Kindern nur mehr schwer möglich, während sie den anderen Gruppen nicht schwerer fiel. Als weitere Region, die von Autisten vorrangig beachtet wird, wurden die Augenbrauen bzw. die vordere Stirngegend identifiziert (Hobson et al. 1988a). Schließlich führten Bormann-Kischkel et al. (1995) eine Analyse der Fehler bei der Identifikation des Gesichtsausdrucks durch und stellten fest, daß der Ausdruck komplexerer Emotionen von autistischen Kindern und Jugendlichen überwiegend auf Grund einzelner Merkmale, die auch bei anderen Emotionen vorkommen, fehlinterpretiert wurde. So wurde der Ausdruck von Überraschung von autistischen Kindern wegen des offenen Mundes als Müdigkeit gedeutet.

Gegen die isolierte Untersuchung des Mimikerkennens (vor allem wenn es sich um das Sortieren von Fotografien handelt) kann natürlich insgesamt eingewandt werden, daß unklar ist, wieweit hier das Verständnis von Emotionen überhaupt angesprochen ist und es sich nicht um eine rein visuelle Diskriminationsaufgabe handelt. Hobson hat daher in einer Reihe von viel beachteten Experimenten zur Überprüfung der Emotionswahrnehmung die Aufgabe der Zuordnung des emotionalen Ausdrucks aus verschiedenen Sinnesmodalitäten bzw. der Zuordnung zu einem entsprechenden situativen Kontext eingeführt. So sollten die Kinder in einer Untersuchung (Hobson 1986) schematischen Zeichnungen von Gesichtern, die fünf verschiedene Emotionen (traurig, glücklich, zornig, ängstlich, neutral) ausdrückten, kurze Filmsequenzen zuordnen. In diesen Filmsequenzen wurden durch den Versuchsleiter in Haltung und Gestik die verschiedenen Emotionen dargestellt. In weiteren Sequenzen war der Versuchsleiter in die Ereignisse involviert, die für gewöhnlich zu einer dieser emotionalen Reaktionen führen. Schließlich hörten die Kinder in einer weiteren Versuchsbedingung noch Tonbandsequenzen, in denen der Versuchsleiter, ohne Sprache zu verwenden, stimmlich die Emotionen ausdrückte. Auch in dieser Untersuchung fiel es geistig behinderten und jüngeren normalen Kindern viel leichter als autistischen Kindern, die verschiedenen Elemente einer emotionalen Reaktion, Gesichtsausdruck, Gestik und Körperhaltung, Tonfall sowie den Handlungskontext, in dem die emotionalen Reaktionen auftreten, als zusammengehörig zu erkennen und einander zuzuordnen. Um das Spezifische dieser Schwierigkeiten zu demonstrieren, wählte Hobson als Vergleichsaufgaben die Zuordnung von bekannten Gegenständen bzw. Tieren (Auto, Zug, Vogel, Hund) zu den für sie typischen Bewegungsmustern und -lauten und dem mit ihnen eng verbundene Kontext. Autistische Kinder hatten bei diesen Aufgaben deutlich weniger Schwierigkeiten als bei den Aufgaben, zu deren Lösung ein Verständnis des emotionalen Ausdrucks erforderlich war. Allerdings räumte Hobson selbst ein, daß der insgesamt geringere Schwierigkeitsgrad der Vergleichsaufgaben (auch für die Kontrollgruppen) den Nachweis eines spezifischen Defizits im Erkennen von emotionalen Ausdruckszeichen einschränkt.

Dieses Ergebnis wurde in späteren Untersuchungen, die schwierigere Vergleichsaufgaben wählten, im Wesentlichen bestätigt (Hobson et al. 1988b; Braverman et al. 1989; Fein et al. 1992). Allerdings zeigte sich in mancher dieser nachfolgenden Untersuchungen (Braverman et al. 1989; Ozonoff et al. 1990; Prior et al. 1990) auch, daß die Fähigkeit zum Erkennen und Zuordnen des emotionalen Ausdrucks von den verbalen Fähigkeiten autistischer Kinder abhängig ist. Der Unterschied zwischen autistischen und nicht-autistischen Kindern verschwindet eventuell sogar, wenn beide ein vergleichbares Niveau an verbalen Fähigkeiten haben, also autistische und nicht-autistische Kinder des selben verbalen Entwicklungsstands verglichen werden. Hobson (1991) macht hier allerdings geltend, daß damit zum Vergleich die Leistungen in jenem Bereich herangezogen werden, in dem viele autistische Kinder besondere Schwierigkeiten haben. Weiters konnte er zeigen, daß sich besondere Probleme dadurch ergeben, daß der sprachliche Entwicklungsstand vielfach mit Bildwortschatztests bestimmt wird. Diese überprüfen jedoch das Verständnis von Wörtern, in die bereits ein Verständnis von Emotionskonzepten eingeht. Fragen zu solchen Wörtern können die autistischen Kinder deutlich weniger gut beantworten als Fragen zu anderen Wörtern, selbst wenn diese relativ abstrakte Konzepte ansprechen (Hobson & Lee 1989). Hobson (1991) verweist daher darauf, daß für den Nachweis eines spezifischen Defizits im Erkennen von Emotionen weniger der Vergleich der Leistungen bei entsprechenden Aufgaben, sondern in erster Linie der Vergleich der relativen Schwierigkeiten in diesem und in anderen Bereichen ausschlaggebend ist. Hier zeigen aber die meisten Untersuchungen doch recht eindeutig größere Schwierigkeiten bei autistischen Kindern (neben den Untersuchungen von Hobson u. a. auch jene von Fein et al. 1992; Bormann-Kischkel et al. 1995).

Emotionales Ausdrucksverhalten: Von Klinikern wurde wiederholt auf Auffälligkeiten im emotionalen Ausdruck autistischer Kindern hingewiesen, wobei sowohl die gelegentliche Teilnahmslosigkeit wie auch das starke Schwanken des Ausdrucks hervorgehoben wurde (z. B. Ricks & Wing 1975). Systematische Erhebungen der Beobachtungen von nahestehenden und mit den autistischen Kindern gut vertrauten Personen sind allerdings selten durchgeführt worden. Capps et al. (1993) befragten sowohl die Eltern älterer, intellektuell gut begabter wie auch jüngerer geistig behinderter autistischer Kinder nach deren emotionalem Verhalten. Sie verglichen deren Angaben mit jenen von Eltern normaler bzw. geistig behinderter nicht-autistischer Kinder des gleichen Entwicklungsstands. Nach Beobachtung der Eltern zeigen autistische Kinder häufiger Verhaltensweisen, die auf negative emotionale Erfahrungen hinweisen. Sie verhalten sich häufiger ängstlich und erscheinen auch öfters traurig bzw. bedrückt und seltener in positiver, froher Stimmung. Dies ist vor allem im Vergleich zu normalen Kindern des gleichen Entwicklungsstands auffällig, allerdings zum Teil (vor allem die Beobachtungen über die traurige Stimmung) auch im Vergleich zu geistig behinderten Kindern. Der Sachverhalt deutet darauf hin, daß emotionale Reaktionen autistischer Kinder keineswegs selten, häufig allerdings negativ gefärbt sind.

Die Berichte der Eltern mögen allerdings von ihrer Einschätzung der Schwierigkeiten ihrer Kinder beeinflußt worden sein. Daher wurde wiederholt versucht, die emotionalen Reaktionen und das emotionale Ausdrucksverhalten auch durch Beobachtungen in realen Situationen zu erfassen. Solche Situationen stellen einmal die Interaktion mit den Eltern in vorgegebenen Situationen dar, bei jüngeren Kindern das Spiel mit den Eltern, (Snow et al. 1987b). Ein anderes Beispiel ist die Interaktion mit einer fremden Person, wobei bei jüngeren Kindern zumeist ebenfalls das Spiel gewählt wird (Yirmiya et al. 1989; Kasari et al. 1990). Zusätzlich wurde auch der emotionale Ausdruck während des Anschauens von kurzen Videofilmen über affektiv beteiligende Handlungen (audiovisueller Empathie-Test) beobachtet (Capps et al. 1993; Sigman et al. 1995). In Interaktionsbeobachtungen erscheint der emotionale Ausdruck autistischer Kinder im Vergleich zu jenem normaler Kinder auffälliger, es läßt sich weniger positiver Affekt beobachten, während negativer Affekt in diesen

Situationen etwa gleich häufig gezeigt wird (Snow et al. 1987b). Wesentlicher ist jedoch der mangelnde Bezug auf soziale Interaktionen. Positiver Affekt ist bei autistischen Kindern eher zu beobachten, wenn sie für sich allein spielen bzw. in selbst gewählte Aktivitäten versunken sind, als wenn sie mit anderen in Interaktion stehen (Snow et al. 1987; Kasari et al. 1990). Zudem tendieren autistische Kinder weniger dazu, andere an dem, was sie beschäftigt und interessiert, teilhaben zu lassen (z. B. indem sie dem anderen ein Spielzeug zeigen oder ihn während des Spiels anschauen). Wenn sie es tun, dann ist es viel seltener von Zeichen positiven Affekts begleitet als bei normalen oder geistig behinderten Kindern des gleichen kognitiven Entwicklungsstandes (Kasari et al. 1990).

Spezielle Schwierigkeiten autistischer Kinder zeigen sich besonders in sozialen Situationen, in denen wir gewöhnlich den Ausdruck von Emotionen erwarten, z. B. wenn sich ein Erwachsener in ihrer Gegenwart verletzt hat, Angst empfindet oder bedrückt ist. Sigman et al. (1992) haben solche Situationen (allerdings recht harmloser Natur, z. B. so tun, als ob man sich durch einen Hammer leicht wehgetan hätte) gestellt und die Reaktionen der Kinder darauf beobachtet. Im Gegensatz zu normalen und geistig behinderten Kindern schienen autistische Kinder (im Alter von 3–4 Jahren) Erwachsene, die solche Gefühle zeigten, zu ignorieren, blickten sie wenig an und spielten weiter, unabhängig davon, ob es sich dabei um ihre Eltern oder fremde Personen handelte. Ihre emotionale Anteilnahme wurde insgesamt als geringer eingeschätzt als jene der Kinder der Vergleichsgruppe. Eine stärkere emotionale Distanzierung ist jedoch auch in positiven Situationen beobachtbar. So lächeln autistische Kinder zwar fast ebenso häufig wie andere Kinder, wenn sie ein Puzzle lösen, sie schauen ihre Eltern allerdings dabei weniger an und wenden sich sogar mehr ab, vor allem wenn sie für ihren Erfolg gelobt werden (Kasari et al. 1993).

Während die autistischen Kinder in Spielsituationen und Interaktionen mit Erwachsenen weniger Affekt zeigen als geistig behinderte und normale Kinder, ist beim Ansehen von emotional getönten Situationen das Gegenteil der Fall (Sigman et al. 1995). Dabei zeichnen sich allerdings mit zunehmendem Alter deutliche Veränderungen des emotionalen Ausdrucks ab. Während jüngere autistische Kinder im Ausdruck eher unbeteiligt erscheinen, läßt der mimische Ausdruck älterer autistischer Kinder beim Anschauen von emotional engagierenden Videosequenzen häufiger einen emotionalen Ausdruck erkennen. Ältere autistische Kinder verbergen den Ausdruck ihrer Gefühle weniger als normale Kinder, was Sigman et al. (1995) veranlaßt, in dieser sozialen Naivität einen Teil ihrer Schwierigkeiten im Umgang mit anderen Kindern zu sehen.

Nicht nur die Häufigkeit emotionaler Reaktionen und deren Tönung zeigt gewisse Unterschiede zwischen autistischen und nicht-autistischen Kindern, auch die Qualität des Ausdrucksverhaltens läßt Differenzen erkennen. Nach Kasari et al. (1990) ist der Gesichtsausdruck von autistischen Kindern variabler und läßt sich durch ein objektives Kodiersystem weniger eindeutig bestimmten Emotionen zuordnen. Er erscheint vielmehr oft ambivalent und weist eine Verbindung von Ausdruckselementen auf, wie sie sonst bei Kindern nicht zu beobachten sind. Dies könnte ebenfalls zu den Interaktionsproblemen autistischer Kinder beitragen (Kasari et al. 1990).

Um Schwierigkeiten im emotionalen Ausdruck zu untersuchen, wurde die Fähigkeit autistischer Kinder näher analysiert, auf Aufforderung hin ein trauriges oder glückliches Gesicht zu machen oder den Gesichtsausdruck des Untersuchungsleiters nachzuahmen (Hertzig et al. 1989; Langdell 1981; Loveland et al. 1994; Macdonald et al. 1989). Autistischen Kindern gelingt dies nicht sehr gut. Der emotionale Gehalt ihres Gesichtsausdrucks war für Beobachter, die die Kinder nicht kannten, schlechter zu erkennen als jener von geistig behinderten Kindern. Bei autistischen Kindern kam es auch vor, daß der von ihnen auf Aufforderung hin angenommene Gesichtsausdruck von den Beobachtern als traurig statt als lustig bewertet wurde oder daß er überhaupt nicht als Ausdruck einer Emotion erschien, sondern als Grimasse. Diese Schwierigkeiten sind nicht auf den mimischen Ausdruck beschränkt, sie treten auch auf, wenn Emotionen durch die Intonation von bestimmten, dem Inhalt nach neutralen Sätzen ausgedrückt werden sollen. Auch dies gelingt autistischen Kindern schlechter als anderen Kindern des gleichen kognitiven Entwicklungsstands (Macdonald et al. 1989).

Verständnis für emotionale Erfahrungen: Wenn ältere, intellektuell gut begabte autistische Kinder und Jugendliche nach Beispielen für emotionale Erfahrungen gefragt werden, so fallen die Antworten zwar nicht deutlich anders aus als bei nicht-autistischen Kindern vergleichbaren Entwicklungsstands, sie führen positive Emotionen aber weniger auf das Erreichen eines Ziels oder auf soziale Interaktionen zurück, sondern mehr auf konkrete Ereignisse (z. B. einen Ausflug; Jaedicke et al. 1994). Außerdem unterscheiden sie zwar in ihren Berichten recht deutlich zwischen Emotionen, wie Freude und Stolz, bei denen der eigene Beitrag für das Zustandekommen eines guten Ergebnisses von unterschiedlicher Bedeutung ist, sie brauchen dafür jedoch deutlich länger als normale Kinder und Jugendliche und benötigen mehr Hilfestellungen. Weniger gut fällt ihre Unterscheidung zwischen Traurigkeit und Scham aus, bei denen gleichfalls die eigene Verantwortung für ein (negatives) Ergebnis differiert. Sie scheinen in einer größeren Anzahl von Situationen die Reaktion anderer zu fürchten und sich ihrer Beurteilung und des eigenen Empfindens weniger sicher zu sein. Man kann also sagen, daß die Emotionskonzepte autistischer Kinder selbst bei guter intellektueller Begabung weniger differenziert sind (Capps et al. 1992; Sigman et al. 1995).

Autistische Kinder können Emotionen vor allem dann schlechter erkennen, wenn sie den emotionalen Ausdruck mit der Kenntnis von Situationen verbinden müssen. Solche Anforderungen stellen etwa Empathie-Testaufgaben, bei denen eine Folge von Ereignissen beschrieben oder auf Video gezeigt wird und die Kinder dann sagen sollen, wie sich die anderen wahrscheinlich gefühlt haben und was sie selbst empfunden haben (Yirmiya et al. 1992). Dies ist eine Aufgabe, die große Anstrengung selbst von intellektuell gut begabten autistischen Kindern verlangt. Es bereitet ihnen große Mühe, herauszufinden, was andere in verschiedenen Situationen empfinden könnten, welche empathischen Reaktionen dies in ihnen auslöst und was die Gründe für ihre affektiven Reaktionen sind. Autistische Kinder kommen häufiger zu falschen Einschätzungen, brauchen deutlich länger und fällen oft erst nach langem Nachdenken ein Urteil. Wie Sigman et al. (1995) berichteten, verglich ein autistischer Jugendlicher dies mit dem Lösen einer schwierigen Mathematikaufgabe. Die Aufgaben wurden also nicht spontan und mühelos, sondern durch Bedenken und Heranziehen aller verfügbaren Regeln gelöst.

Autistische Kinder haben auch sonst relativ große Schwierigkeiten, sich in die Lage anderer hineinzuversetzen und aus dem Wissen über eine bestimmte Situation vorherzusagen, wie sich eine andere Person verhalten wird. Dies trifft vor allem für emotional getönte Situationen zu, in denen die emotionalen Folgen häufiger nicht verstanden werden. Es läßt sich bereits durch ihre Antworten auf Fragen zu Bildgeschichten nachweisen. Die Schwierigkeiten autistischer Kinder sind dabei nur zum Teil durch ihren kognitiven Entwicklungsrückstand zu erklären (Serra et al. 1995).

Interpretation

Die Verarbeitung einzelner, abgehobener Reize bereitet autistischen Kindern keine besonderen Schwierigkeiten, unabhängig davon ob der Gegenstand einfach oder komplex ist. Die Probleme treten dann auf, wenn das Reizmuster im Detail nicht festgelegt ist und eine gewisse Beliebigkeit hat. Diese Anforderung stellt sich beim Gesichtererkennen, aber noch viel stärker beim Erkennen eines bestimmten Gesichtsausdrucks und ganz generell bei der Interpretation des Ausdrucksverhaltens.

Die Art und Weise, wie autistische Kinder Aufgaben lösen, bei denen die gefühlsmäßige Reaktion anderer anzugeben ist, macht uns zudem darauf aufmerksam, daß Aufgaben, die Empathie bzw. eine intuitive Intelligenz erfordern, auch auf analytische Weise – mit Hilfe schlußfolgernden Denkens (wie bei einer Mathematikaufgabe) – gelöst werden können (siehe v. a. Sigman et al. 1995). Kognitiv und sprachlich gut begabte autistische Kinder können daher manche ihrer Schwierigkeiten in der Intuition kompensieren.

Sprechen diese Befunde für eine basale affektive Beeinträchtigung? Hermelin und O'Connor (1985) interpretieren die Ergebnisse der Experimente zum Emotionserkennen frühzeitig als Hinweis darauf, daß bei autistischen Kindern eine Störung in einem weitgehend angeborenen affektiven System vorliegt. Diese Störung sei dafür verantwortlich, daß affektive Signale nicht unmittelbar die ihnen entsprechende Reaktion auslösen und daß auch das affektive Ausdrucksverhalten reduziert und für den Interaktionspartner schwerer verständlich ist. Sie meinen, daß dieses affektive System von der Kognition zu trennen sei und zwar insbesondere von der sprachlich vermittelten Kognition, jedoch auch von der nonverbalen Kognition und Reizverarbeitung.

In die gleiche Richtung geht auch die Interpretation von Hobson (1993), der annimmt, daß die Schwierigkeiten beim Erkennen der Emotionen anderer Personen Folge einer tiefgreifenden Störung des Bezugs zu anderen Menschen sind. Weil autistische Personen unfähig seien, zu anderen Menschen in einen emotionalen Kontakt zu treten, könnten sie auch Emotionen nicht einordnen und den mimischen Ausdruck von Emotionen nicht mit anderen Hinweisen auf emotionale Erfahrungen verbinden.

Nun zeigen die Untersuchungen sicherlich, daß autistische Kinder Schwierigkeiten haben, Affekte anderer Menschen zu erkennen, und daß ihnen auch teilweise das Verständnis für deren Auslösesituationen fehlt. Die Untersuchungen demonstrieren jedoch auch, daß es schwer ist, diese Störungen auf den affektiven Bereich zu begrenzen. Das Alter und das Geschlecht von Personen sowie damit verbundene Merkmale sind autistischen Kindern weniger geläufig, als von ihrem sonstigen intellektuellen Entwicklungsstand her zu erwarten wäre. Auch zeigen sie vor allem Schwierigkeiten im Erkennen komplexer

Emotionen, in die Annahmen über die Erwartungen und den mentalen Zustand anderer Personen eingehen. Die Untersuchungen deuten somit darauf hin, daß auch im Bereich des Mimikerkennens die kognitive und affektive Komponente nur schwer voneinander zu trennen sind.

3.3.7 Soziales Verständnis

Eine Voraussetzung der Kommunikation mit anderen Menschen ist die Fähigkeit, die Intentionen anderer Menschen und ihren Wissensstand bzw. ihre Sichtweise der Umgebung als einen inneren Zustand von der äußeren Umgebung zu unterscheiden. Autistischen Menschen gelingt es offenbar nicht, andere Menschen als Personen mit einem inneren Empfinden zu begreifen, die die Umwelt auf besondere Weise erleben und deren Sichtweise man kennen muß, um mit ihnen interagieren zu können. Diese Einsicht wird nach Premack und Woodruff (1978) als Imbesitzsein einer „Theory of mind" verstanden.

Ein Experiment von Baron-Cohen et al. (1985), dessen Anordnung von einer Untersuchung an Vorschulkindern stammt (Wimmer & Perner 1983), demonstriert sehr gut diese Verständnisschwierigkeiten.

Gruppen von autistischen, geistig behinderten und jüngeren normalen Kindern mit ähnlichem geistigen Entwicklungsstand wurde mit Puppen folgende Szene vorgespielt: Eine Puppe (Sally) hat einen Korb mit einer Murmel vor sich, eine andere Puppe (Anne) eine leere, verschlossene Schachtel. Während Sally aus dem Zimmer geht, versteckt Anne die Murmel in ihrer Schachtel. Dann kommt Sally zurück und den Kindern wird die Frage gestellt, wo Sally ihre Murmel suchen wird. Fast alle autistischen Kinder antworten darauf: in der Schachtel. Die geistig behinderten und die jüngeren normalen Kinder antworten hingegen: in ihrem Korb, obwohl alle Kinder richtig angeben können, wo die Murmel ursprünglich war und wo Anne sie dann hingelegt hat.

Die autistischen Kinder können also, in auffälligem Kontrast zu ihrem geistigen Entwicklungsstand, nicht zwischen ihrem Wissen und dem Wissenstand einer anderen Person unterscheiden und so die Motive bzw. den Ausgangspunkt des Handelns einer anderen Person nicht nachvollziehen. Baron-Cohen et al. (1985) kontrastieren diese Schwierigkeiten mit den Ergebnissen einer früheren Untersuchung von Hobson (1984), wonach autistische Kinder Aufgaben recht gut (ihrem kognitiven Entwicklungsstand entsprechend) lösen können, in denen ebenfalls die Perspektive anderer nur auf einer visuell-perzeptuellen Ebene zu berücksichtigen ist. Bei diesen Aufgaben sollten die Kinder einmal in einer Art Puppenlandschaft angeben, wo sich eine Puppe so vor einer anderen verstecken kann, daß sie nicht gesehen wird. Bei einer anderen Aufgabe wurde eine Puppe an verschiedenen Plätzen vor einen Würfel gesetzt, dessen Flächen jeweils eine andere Farbe hatten. Die Kinder sollten angeben, welche Farben aus der Perspektive der Puppe zu sehen waren. Autistische Kinder konnten diese Aufgaben ebensogut lösen wie geistig behinderte und jüngere normale Kinder mit gleichem geistigen Entwicklungsstand. Aus der Gegenüberstellung der Ergebnisse beider Untersuchungen folgern Baron-Cohen et al. (1985), daß die Probleme der autistischen Kinder nur auftreten, wenn es für das Verständnis eines Interaktionspartners notwendig ist, daß bei ihm ein innerer Bewußtseinszustand angenommen wird, der sich von dem eigenen unterscheidet.

Eine große Anzahl ähnlicher Untersuchungen hat diese auffälligen Schwierigkeiten autistischer Kinder bei der Unterscheidung zwischen dem realen Zustand bzw. ihrem eigenen Wissen und den Annahmen bzw. dem falschen Glauben einer anderen Person seither bestätigen können. Diese Schwierigkeiten wurden auch sichtbar, wenn das oben genannte Szenario des Versteckens (nach Baron-Cohen 1985) von Erwachsenen in Gegenwart der Kinder gespielt wurde. Dabei wurde nicht gefragt, wo der Erwachsene, der den Raum verlassen hat, „glaubt", daß der versteckte Gegenstand ist, sondern ob er „weiß", wo der Gegenstand neu versteckt wurde. Auch hier haben autistische Kinder wesentlich mehr Schwierigkeiten, die Einschränkung des Wissensstands des nicht anwesenden Erwachsenen richtig einzuschätzen, obwohl die Verwendung des Wortes „wissen" statt „glauben" die Aufgabe an sich etwas erleichtert (Leslie & Frith 1988).

Die Schwierigkeiten werden sogar dann sichtbar, wenn die Kinder zunächst an sich selbst die Erfahrung machen, daß sie der äußere Anschein in die Irre führt.

Bei einer dieser Versuchsanordnungen wurde den Kindern eine Smartiepackung gezeigt und gefragt, was sie glauben, daß in der Packung drinnen ist, worauf sie natürlich antworten: „Smarties" (also kleine Schokoladebonbons). Sie waren überrascht, als in Wirklichkeit ein Bleistift in der Schachtel lag. Trotzdem sagten autistische Kinder mit einem durchschnittlichen sprachlichen Entwicklungsstand von sechs Jahren (und einem Alter von 8–18 Jahren) auf die Frage, was denn ein anderes Kind, das die Schachtel noch nie gesehen hat, glauben wird, daß in der Schachtel ist, zu einem sehr hohen Prozentsatz „ein Bleistift", während nicht-autistische Kinder des gleichen sprachlichen Entwicklungsstandes fast immer „Smarties" antworteten. Diese Probleme autistischer Kinder beim richtigen Einschätzen der Annahmen von anderen Kinder waren umso markanter, als die autistischen Kinder alle noch richtig ihre eigenen ursprünglichen Annahmen über den Inhalt der Schachtel angeben konnten (Perner et al. 1989).

Als Vergleichsgruppe dienten in den verschiedenen Untersuchungen sowohl geistig behinderte Kinder des gleichen kognitiven Entwicklungsstands als auch jüngere normale Kinder, teilweise wurden die Leistungen autistischer Kinder auch mit jenen von Kindern mit einer spezifischen Sprachentwicklungsstörung, die ähnliche sprachliche Fähigkeiten entwickelt hatten, verglichen (z. B. Leslie & Frith 1988; Perner et al. 1989).

Nur autistische Kinder, deren kognitive Entwicklung recht weit fortgeschritten ist, sind in der Lage, von der Annahme eines unabhängigen Bewußtseins auszugehen. Vielen von ihnen bereitet es allerdings noch besondere Mühe, Annahmen höherer Ordnung zu verstehen (Hans denkt, daß Peter glaubt, daß...) (Baron-Cohen 1989b; Leekam & Prior,1994; Tager-Flusberg & Sullivan 1994a).

Baron-Cohen (1989b) hat dies erneut mit einem Puppenspiel überprüft, bei dem zwei Kinder miteinander spielen und sich eines (John) Eis kaufen will. Es muß aber erst Geld holen. Weil es Angst hat, daß der Eisverkäufer mit seinem Wagen später nicht mehr da ist, sagt ihm dieser in Gegenwart des anderen Kindes (Mary), es könne ganz beruhigt sein, da er mit seinem Stand den ganzen Nachmittag im Park sei. Als John jedoch allein nach Hause geht, um Geld zu holen, trifft er unterwegs den Eisverkäufer, der ihm sagt, er gehe jetzt mit seinem Stand zur Kirche. John geht daher auch zur Kirche, nachdem er das Geld geholt hat. Mary sucht später John und geht zunächst zu ihm nach Hause. Dort sagt ihr John's Mutter, daß John gegangen ist, sich ein Eis zu kaufen. Wohin glaubt Mary, daß John gegangen ist, sich ein Eis zu kaufen?

Die Schwierigkeiten autistischer Kinder mit Metarepräsentationen sind allerdings recht spezifischer Art. Sie haben kaum Mühe, die Aufgabe von Baron et al. (1985) zu lösen, wenn nicht danach gefragt wird, was eine andere Person annimmt, sondern danach, wo die Murmel auf einem Foto ist, das aufgenommen wurde, bevor die Murmel an einen anderen Platz gelegt wurde (Leekam & Perner 1991). Dies ist später mit ähnlichen Aufgaben unter Verwendung von Photos und Zeichnungen repliziert worden. Es zeigte sich wiederholt, daß sich autistische Kinder nur schwer tun, die Annahmen einer Person von der inzwischen geänderten Realität zu unterscheiden. Sie können jedoch zwischen einem Bild bzw. Foto des vorhergehenden Zustands und dem derzeitigen Zustand nicht differenzieren. Hier weicht die Art der Schwierigkeiten autistischer Kinder deutlich von jener jüngerer normaler und geistig behinderter Kinder des gleichen Entwicklungsstands ab, denen beide Aufgaben etwa gleich schwer fallen (Leslie & Thaiss 1992; Charman & Baron-Cohen 1992, 1995). Es bereitet autistischen Kindern also besondere Mühe zu verstehen, daß Menschen aufgrund ihrer Erfahrungen ein spezielles Wissen erwerben, das zur Grundlage ihres Verhaltens wird. Probleme haben autistische Kinder auch mit dem Konzept der Täuschung.

In einer beispielhaften Untersuchung hoben Sodian und Frith (1992) die Schwierigkeiten, die es autistischen Kindern bereitet, jemanden zu täuschen, dem Verständnis dafür, ihm auf andere Weise Hindernisse in den Weg zu legen, gegenübergestellt. Sie erzählten den Kindern eine Geschichte, in der es darum ging, einer Puppe zu helfen, die zu Kindern freundlich ist und ihnen immer ein Schokoladenstück gibt, wenn sie eines findet, bzw. eine andere Puppe, die als Dieb die gefundene Schokolade immer selbst aufißt, daran zu hindern, die Schokolade zu finden. Die Schokolade befand sich nun in einer kleinen Kiste, die vor den Kindern stand und die sie in einer Bedingung mit einem Schlüssel absperren konnten (Sabotage-Bedingung). Unter diesen Bedingungen verstanden die autistischen Kinder so gut wie andere Kinder des gleichen kognitiven Entwicklungsstands (geistig behinderte und jüngere normale Kinder), daß sie bei der diebischen Puppe die Kiste absperren sollten, bei der freundlichen Puppe jedoch nicht. In einer zweiten Bedingung hatten die Kinder keine Möglichkeit die Kiste abzusperren. Sie mußten die diebische, nicht aber die freundliche Puppe täuschen, wenn sie fragte, ob die Kiste versperrt war, da sie sich dann (wie den Kindern erklärt wurde) den weiten Weg zur Kiste ersparen würde. Unter dieser Bedingung kamen die autistischen Kinder viel seltener auf die Lösung, die diebische Puppe zu täuschen und nur der freundlichen Puppe die richtige Antwort zu geben, als die Kinder der beiden Vergleichsgruppen.

Diese Schwierigkeiten mit dem Konzept der Täuschung zeigten sich auch bei dem bei Kindern beliebten Ratespiel, in dem ein anderes Kind erraten soll, in welcher Hand man etwas versteckt hat. Autistische Kinder waren bei diesem Spiel viel ungeschickter und haben Probleme, ihre Hand so zu halten bzw. auch auf andere Weise zu vermeiden, daß der andere Hinweise darauf bekommt, in welcher Hand sich das Versteckte befindet (Oswald & Ollendick 1989; Baron-Cohen 1992).

Implikationen für die Kommunikation und soziale Interaktion: Den Implikationen, die diese Schwierigkeiten für das Zurechtkommen in sozialen Situationen haben, ist in mehreren Untersuchungen nachgegangen worden. Besonders beachtet wurden dabei die Auswirkungen des Mangels an Verständnis für die Annahmen und Absichten anderer Menschen auf die Kommunikation.

Da autistische Kinder den subjektiven Wissensstand eines Menschen nicht einschätzen können, haben sie natürlich Probleme, jemandem etwas mitzuteilen, worüber er schon Vorinformationen besitzt. Diese Schwierigkeiten haben Perner et al. (1989) recht gut demonstrieren können, indem sie autistischen Kindern in Gegenwart eines anderen Erwachsenen ein Spielzeug erklärten. Der Erwachsene verließ jedoch nach einiger Zeit den Raum und versäumte dadurch – für die Kinder deutlich sichtbar – einen Teil der Erklärung. Wenn der Erwachsene zurückkam und fragte, was das Spielzeug alles könne, dann erzählten ihm nicht-autistische Kinder vor allem jene Eigenschaften, deren Erklärung er versäumt hatte, während die autistischen Kinder keinen Unterschied machten und ebenso jene Eigenschaften berichteten, bei deren Erklärung der Erwachsene anwesend war. Auch das mangelnde Verständnis übertragener und ironischer Redewendungen kann auf das Theory-of-Mind Defizit zurückgeführt werden. Happé (1993) testete die Vorhersage, daß eine unterschiedliche Ausprägung des Verständnisses für Theory-of-Mind-Aufgaben Auswirkungen auf das Verständnis eines wörtlichen, metaphorischen und ironischen Sprachgebrauchs hat. Sie stellte die These auf, daß autistische Kinder einen metaphorischen Sprachgebrauch nur entwickeln könnten, wenn sie die Fähigkeit hätten, zwischen der Realität und der davon unabhängigen, vom Sprecher intendierten Bedeutung zu unterscheiden. Das Verständnis für Ironie stellt noch einmal höhere Anforderungen, nämlich das Infragestellen einer Absicht bzw. eines Gedankens (also Repräsentationen zweiter Ordnung). Nur dann, wenn Autisten auch Theory-of-Mind-Aufgaben zweiter Ordnung meistern könnten, wären sie fähig, die Bedeutung ironischer Äußerungen zu verstehen. Diese Vorhersagen konnten bestätigt werden und entsprachen jenen Ergebnissen, die auch bei jüngeren Kindern mit einem entsprechenden Entwicklungsstand im Meistern von Theory-of-Mind-Aufgaben, gefunden wurden.

Happé (1994) hat diesen Vergleich von Personen mit einer autistischen Störung, die unterschiedlich gut bei Theory-of-Mind-Aufgaben abschneiden, weitergeführt und ihr Verständnis für handelnde Personen in kurzen Geschichten, die nur zu verstehen waren, wenn deren Annahmen und Interpretation der jeweiligen Situation in Betracht gezogen wurde, miteinander verglichen. Diese Geschichten reichten von dem Vergleich eines großen Hundes mit einem Elefanten bis zu dem Sich-erfreut-Zeigen über ein Geschenk, das man sich eigentlich nicht gewünscht hatte. Autistische Personen gaben dabei insgesamt deutlich unangemessenere Antworten, d. h. sie machten vor allem Angaben, in denen sie das, was in den handelnden Personen vorging, falsch interpretierten. In ihrem Verständnis für die Geschichten unterschieden sich die autistischen Personen jedoch wesentlich, je nach dem Niveau, das sie für Theory-of-Mind-Aufgaben erreichten. Je geringer dieses Niveau war, desto häufiger waren die Angaben in Bezug auf die inneren Vorgänge der handelnden Personen falsch.

Das bessere Verständnis für soziale Situationen von autistischen Kindern, die auf Theory-of-Mind-Aufgaben besser abschneiden, wird auch in den Angaben der Eltern über das Sozialverhalten deutlich (Frith et al. 1994). Diese Kinder kommen deutlich besser mit sozialen Situationen zurecht, die ein Verständnis für die inneren Vorgänge anderer Menschen verlangen. Sie verhalten sich allerdings auch weniger naiv und zeigen deshalb häufiger dissoziale Verhaltensweisen, wie z. B. Lügen, Verhaltensweisen, in denen sie also den Wissenstand anderer in Betracht stellen.

Spezielle Folgerungen aus der Hypothese eines Defizits in der Ausbildung einer Theory-of-Mind: Ein Mangel im Verständnis das Innenleben anderer Menschen, das durch eine eigene Sicht der Dinge gekennzeichnet ist, ist wohl die allgemeine Konsequenz des Mangels einer Theory-of-Mind. Darüber hinaus können aus dieser Hypothese eine Reihe weiterer Annahmen abgeleitet werden, die sich in verschiedenen Untersuchungen bestätigen ließen.

- Wenn autistische Kinder Probleme beim Verständnis für das Innenleben anderer Menschen haben, dann werden sie natürlich auch Ausdrücke, die auf innere Zustände verweisen (z. B. denken, glauben), weniger verwenden, es sei denn, sie kommen in automatisierten Redewendungen vor (Tager-Flusberg 1992). Darüber hinaus werden sie auch Mühe haben, Ausdrücke zu unterscheiden, die Abstufungen der subjektiven Gewißheit anzeigen (z. B. raten gegenüber wissen). Solche Schwierigkeiten autistischer Personen sind mehrfach nachgewiesen worden (z. B. Ziatas et al. 1998).
- Autistische Kinder sind weniger in der Lage, zwischen Kindern zu unterscheiden, von denen gesagt wird, daß sie von einer Sache nur träumen oder an sie denken, und solchen, denen diese Aktivität tatsächlich zugeschrieben wird (Baron-Cohen 1989c).
- Da sie anderen Personen weniger ein Innenleben zuschreiben, wissen sie auch weniger über die Funktion des Gehirns Bescheid als über die Funktion des Herzens (Baron-Cohen 1989c).
- Wegen der Schwierigkeiten im Verständnis für das, was in anderen vorgeht, verstehen sie Geschichten, in denen die Annahmen bzw. der Wissensstand von Personen eine Rolle spielen, nur schwer und können deshalb die Bilderfolgen solcher Geschichten nicht in die entsprechende Reihenfolge bringen (Baron-Cohen et al. 1986). Hingegen haben sie wenig Schwierigkeiten, wenn es um die Bilder von Geschichten über äußere Ereignisse geht (z. B. jemand fällt und tut sich weh) oder um soziale Interaktionen, bei denen die Motive ganz am Verhalten ablesbar sind (z. B. jemand nimmt einem anderen sein Eis weg und der andere weint).
- Deutlicher werden diese Schwierigkeiten noch, wenn autistische Kinder das Verhalten anderer Personen erklären sollen. Hier können sie deutlich weniger Erklärungen geben, sowohl bei Geschich-

ten, in denen der Grund für das Verhalten Emotionen sind, als auch bei Geschichten, in denen Wünsche oder kognitive Prozesse der handelnden Personen den Ausschlag geben. Zudem hängt das Verfügen über Erklärungen für das Verhalten eng mit den Leistungen bei Aufgaben zusammen, in denen es um das Erkennen falscher Annahmen geht (Tager-Flusberg & Sullivan 1994b).

Spezifität des Defizits bei autistischen Personen: Das Ausmaß und die Spezifität der Schwierigkeiten bei Personen mit einer autistischen Störung sind umstritten.

- Baron-Cohen et al. (1985) beobachteten nur bei 20% der autistischen Kinder ein Meistern von Theory-of-Mind-Aufgaben erster Ordnung. Baron-Cohen (1989b) fand bei Kindern, die diese Aufgaben meisterten, etwas später in allen Fällen ein Versagen bei Aufgaben, die falsche Annahmen höherer Ordnung prüften. Spätere Untersuchungen haben jedoch klar gezeigt, daß von autistischen Kindern eines höheren verbalen Entwicklungsstands ein relativ großer Teil Theory-of-Mind-Aufgaben erster Ordnung und ein Teil sogar solche zweiter Ordnung lösen kann (Happé 1995a, b; Sparrevohn & Howie 1995). Dabei war klar, daß im Unterschied zu Befunden etwa von Holroyd und Baron-Cohen (1993), die in einer Nachuntersuchung von autistischen Kindern nach mehreren Jahren keinerlei Fortschritte bei Theory-of-Mind-Aufgaben feststellten (allerdings auch nicht in den verbalen Fähigkeiten), ein deutlicher Zusammenhang mit dem Entwicklungsstand der verbalen Fähigkeiten und damit auch dem Alter besteht. Autistische Kinder machen also im Verlauf der Entwicklung deutliche Fortschritte auch beim Verständnis dessen, was in anderen Menschen vorgeht. Dieser Fortschritt scheint sich allmählich zu entwickeln, da er bei leichteren Aufgaben bei einer größeren Anzahl von autistischen Kindern sichtbar wird als bei Aufgaben, die auch für normale Kinder schwerer sind (Sparrevohn & Howie 1995). Wie Happé (1995a, b) allerdings zeigen konnte, setzt dieser Fortschritt bei autistischen Kinder später, d. h. erst bei einem relativ hohen Entwicklungsstand der verbalen Fähigkeiten ein. Während bei normalen Kindern etwa die Hälfte bereits mit vier Jahren und drei Viertel mit fünf Jahren Theory-of-Mind-Aufgaben lösen konnten, waren dies unter den autistischen Kindern erst bei einem Entwicklungsstand der verbalen Fähigkeiten von neun Jahren etwa die Hälfte der Kinder und auch der weitere Anstieg fiel in dieser Gruppe flacher aus.

- Andererseits stellen neuere Untersuchungen auch die Spezifität der Schwierigkeiten autistischer Personen bei diesen Aufgaben in Frage. So haben mehrere Untersuchungen beträchtliche Schwierigkeiten geistig behinderter Jugendlicher und Erwachsener bei solchen Aufgaben feststellen können (Yirmiya et al. 1996; Zelazo et al. 1996). Diese Defizite wurden sowohl bei jungen Erwachsenen mit Down-Syndrom als auch bei nicht-autistischen Personen mit einer geistigen Behinderung unbekannter Genese beobachtet. Zwar waren diese Personen älter als jene früherer Untersuchungen, dies düfte jedoch nicht wesentlich zu den Ergebnissen beigetragen haben, da ähnliche Resultate von Kazak et al. (1997) auch für Kinder mit Down-Syndrom berichtet wurden. Eine Differenzierung zwischen Personen mit geistiger Behinderung und einer autistischen Störung bei Aufgaben über falsche Annahmen dürfte wahrscheinlich nur bei einem relativ umschriebenen Entwicklungsstand, der eher den Bereich der leichten geistigen Behinderung umfaßt, möglich sein.
- Wesentlicher vielleicht noch sind Beobachtungen, daß auch taube Kinder Schwierigkeiten bei diesen Aufgaben haben (Peterson & Siegal 1995). Dies weist darauf hin, daß das Meistern der Aufgaben von den sozialen Erfahrungen der Kinder abhängen dürfte. Eine starke Einschränkung der sozialen Erfahrungen und insbesondere des kommunikativen Austauschs kann die Ausbildung von Konzepten über das Innenleben von Menschen wesentlich verzögern. Unklar bleibt jedoch, wieweit das Theory-of-Mind-Defizit autistischer Kinder Ursache oder Folge ihrer Probleme in der sozialen Interaktion ist.

Die Zweifel an der Spezifität der Schwierigkeiten bei der Ausbildung einer Theory-of-Mind von Personen mit einer autistischen Störung gehen einher mit Befunden, die zeigen, daß unter bestimmten Umständen auch autistische Kinder Aufgaben, die eine Theory-of-Mind voraussetzen, lösen können, bei denen sie unter anderen Umständen versagen. Leistungen intelligenter autistischer Kinder fallen bei den klassischen Aufgaben (wie der Smarties-Aufgabe von Perner et al. 1989) deutlich besser aus, wenn diese Aufgaben mit Puppen gestellt werden, als bei einer Vorgabe mit Bildern. Unter diesen Bedingungen unterscheiden sich die Leistungen autistischer Kinder nicht mehr von jenen lernbehinderter Kinder gleicher Intelligenz (Lucangeli 1997, Exp. 3). Autistische Kinder haben zudem generell große Probleme, wenn ein dynamisches Geschehen statisch (durch Bilder) abgebildet wird. Sie erzielen deutlich bessere Leistungen,

130 Empirische Befunde

wenn diese Umsetzung von einer statischen Abbildung in einen dynamischen Vorgang nicht erforderlich ist, unabhängig davon, ob es sich dabei um Vorgänge an Personen oder unbelebten Gegenständen handelt (Luccangeli 1997). Luccangeli sieht daher als Ursache der autistischen Störung ein allgemeines metakognitives Defizit bei der Verarbeitung von Informationen, die nur implizit und nicht explizit mitgeteilt werden.

Theory-of-Mind-Defizit als Folge eines Mangels an exekutiven Funktionen: Das mangelnde Verständnis falscher Annahmen bei anderen Personen kann auch daher rühren, daß sich autistische Kinder besonders schwer tun, sich von der Realität zu distanzieren. Sie sind also Reizfixiert und können eine vorgegebene Situation nicht mental umformen. Dieser alternative Erklärungsansatz sieht die Schwierigkeiten autistischer Personen bei diesen Aufgaben daher als Folge eines Defizits in exekutiven Funktionen. Gestützt wird diese Interpretation durch die Ergebnisse einiger Experimente, die zunächst noch einmal die Schwierigkeiten autistischer Kinder bei der bewußten Täuschung einer anderen Person nachwiesen. Dann zeigten sie jedoch, daß gar keine andere Person vorhanden sein muß, sondern daß die autistischen Kindern nicht in der Lage sind, auf den direkten Weg, eine Aufgabe zu lösen, zugunsten eines Umwegs zu verzichten (Russell et al. 1991; Hughes & Russell 1993).

In der ersten Versuchsanordnung (Russell et al. 1991) wurde mit den Kindern ein Spiel gespielt, bei dem sie ihrem (erwachsenen) Spielpartner sagen (oder zeigen) konnten, in welcher von zwei Schachteln er ein Stück Schokolade fand. Wenn er nachsah und die Schokolade fand, konnte er sie essen, sonst bekam sie das Kind. Die Schachteln hatten dabei ein durchsichtiges Fenster, das allerdings nur das Kind sah, so daß es immer sehen konnte, in welcher der beiden Schachteln das Schokoladestückchen war. Obwohl die Kinder auf diese Weise gut in der Lage waren, ihren Spielpartner zu täuschen, tat dies im Gegensatz zu 4jährigen normalen Kindern und Kindern mit Down-Syndrom die Mehrzahl der autistischen Kinder nie. In einer späteren Modifikation (Hughes & Russell 1993; Exp. 1) mußten die Kinder nicht einen Mitspieler täuschen, sondern erhielten die Schokolade immer dann, wenn sie auf den Behälter ohne Schokolade deuteten. Deuteten sie hingegen auf die Schachtel, die die Schokolade enthielt, so wurde diese zurück auf einen Stapel gelegt. Auch in dieser Versuchsanordnung waren die autistischen Kinder nicht in der Lage, die Strategie einzuschlagen, die ihnen einen Vorteil gebracht hätte.

In einem weiteren Versuch (Hughes & Russell 1993; Exp. 2) wurde ein kleiner Apparat verwendet, aus dem eine Murmel zu holen war. Wenn die Kinder direkt nach der Murmel griffen, unterbrachen sie einen Strahl Infrarotlicht und die Murmel verschwand. Sie mußten daher zunächst mit einem Schalter den

Infrarotstrahl ausschalten oder einen Knopf drücken, der über einen Mechanismus die Murmel herausrollen ließ. Auch hier wurde von den autistischen Kindern im Unterschied zu den Vergleichskindern selten der Umweg gewählt.

Diese Experimente zeigen sehr deutlich, daß die Schwierigkeiten bei einigen der Täuschungsexperimente auch durch die Schwierigkeiten autistischer Kinder bei der Hemmung einer naheliegenden Reaktion bedingt sein können. Es wurden deshalb verschiedene Aufgabenvarianten eingeführt, die keine zu hemmende dominante Reaktion enthielten und bei denen sich ebenfalls Schwierigkeiten in der Berücksichtigung der Annahmen anderer Personen zeigten (z. B. Mitchell et al. 1997).

Interpretation

Nach Baron-Cohen (1993) ist die autistische Störung auf eine mangelnde Ausbildung einer „Theory-of-Mind" zurückzuführen, d. h. auf die Unfähigkeit, den geistigen Zustand Anderer zu erfassen sowie innerlich zu repräsentieren, und damit auf Schwierigkeiten im „metarepresentional development". Nach dieser Theorie kann die Kommunikation mit anderen Menschen nur gelingen, wenn jeder Interaktionspartner nicht nur das Verhalten des anderen registriert, sondern auch Annahmen über seine Absichten, Bedürfnisse, seinen inneren Zustand entwickelt. Dabei handelt es sich um Annahmen über das Bewußtsein im Unterschied zu Annahmen über die äußere, dinglich faßbare Wirklichkeit. Diese Annahmen beinhalten gleichsam eine zweite Repräsentationsebene, in der Interaktionspartner die ihnen zugängliche und somit quasi-objektive Wirklichkeit von der subjektiven Sichtweise unterscheiden. Autisten sind gemäß dieser Theorie auf Grund biologischer Ursachen nicht in der Lage, diese zusätzliche Sichtweise zu entwickeln, die sich bei Kindern gewöhnlich beginnend mit dem 2. Lebensjahr ausbildet. Damit können sie nicht zu einem inneren Verständnis anderer Menschen kommen, das Verhalten anderer Menschen kann nicht eingeordnet werden und erscheint ihnen daher unverständlich und fremd.

Der entscheidende Schritt beim Übergang von Repräsentationen erster Ordnung zu jenen zweiter Ordnung liegt nach der Auffassung von Leslie und Roth (1993) in der Entkopplung der Annahmen über die Wirklichkeit von der Wirklichkeit selbst. Solange Repräsentationen nur als eine Widerspiegelung der Realität gedacht werden müssen, haben autistische Kinder keine Probleme. Erst dann, wenn die Übereinstimmung als abhängig vom Bewußtseinszustand eines Menschen gedacht werden muß, stellen sich Schwierigkeiten ein. Diese

Schwierigkeiten zeigen sich einerseits beim Verstehen bzw. Berücksichtigen des Wissensstands und der Motive anderer Personen, andererseits im Spielverhalten und zwar als Mangel an Als-ob-Spiel. Denn dieses macht es notwendig, von der Wirklichkeit abzusehen und angesichts einer widersprechenden Realität so zu tun, als ob die Spielgegenstände eine andere Funktion hätten (die Banane als Telefonhörer) oder in einem anderen Zustand wären (Einschenken von Tee aus einer leeren Teekanne).

In der Folge konnte – wie erwähnt – gezeigt werden, daß die Ausbildung von Metarepräsentationen nicht generell beeinträchtigt ist, sondern daß diese Schwierigkeiten auf Annahmen über das Bewußtsein anderer Personen beschränkt sind. Wenn etwa die Sally-und-Ann-Geschichte so modifiziert wird, daß Sally zunächst ein Polaroid-Foto von der Puppe im Korb macht, dieses dann mit der Rückseite nach oben auf den Tisch legt und dann die Puppe in die Schachtel gibt, haben autistische Kinder keine Probleme anzugeben, wo die Puppe sich auf dem Foto befindet. Sie haben also keine Probleme, die Darstellung auf dem Foto von der inzwischen veränderten Wirklichkeit zu unterscheiden (Leslie & Roth 1993).

Diese Einschränkung wird unterschiedlich erklärt. Leslie und Roth (1993) argumentieren, daß die Schwierigkeiten autistischer Kinder nicht generell bei Metarepräsentationen auftreten, sondern bereichsspezifisch sind, also nur dann ins Spiel kommen, wenn es um Annahmen über das Bewußtsein anderer Personen geht. Sie postulieren deshalb einen speziellen Theory-of-Mind-Mechanismus (TOMM), der bei Personen mit einer autistischen Störung beeinträchtigt ist. Perner (1993) hingegen sieht die Diskrepanz im Verständnis für die Annahmen von anderen Personen und für Fotos darin begründet, daß Fotos als eine besondere Situation aufgefaßt werden können, also keine echte Metarepräsentation erfordern. Da Kinder mit einer autistischen Störung mehr Erfahrung mit Fotografien hätten, würden sie sich im Verständnis für diese Situation leichter tun als die zum Vergleich herangezogenen jüngeren normalen Kinder.

Probleme bereitet dem klassischen Theory-of-Mind-Ansatz allerdings zu erklären, wieso sich autistische Kinder bereits vor dem Alter, in dem normale Kinder eine Theory-of-Mind entwickeln und die Annahmen einer Person von der Realität abgrenzen können (etwa mit 3–4 Jahren), von anderen Kindern unterscheiden. Hier wird einerseits darauf hingewiesen, daß normale Kinder bereits zuvor ein partielles Wissen um die Bedeutung dessen, was in anderen vorgeht, zeigen. So schreiben sie anderen Personen unter bestimmten Umständen einen Glauben zu, der von der Realität abweicht, autistische Kinder hingegen nicht – für sie dominiert immer die Realität (Roth & Leslie 1991). Zudem wird meist darauf hingewiesen, daß es Vorläufer dieses Entwicklungsschritts gibt. Ein solcher Vorläufer ist, sich gemeinsam auf die Umwelt zu beziehen bzw. die Aufmerksamkeit auf bestimmte Gegenstände zu lenken. Es setzt die Annahme voraus, daß die Aufmerksamkeit eines anderen Menschen nicht alles gleichmäßig wahrnimmt, sondern bewußt gerichtet ist. Baron-Cohen (1995) hat vermutet, daß diese Funktion durch einen eigenen biologischen Mechanismus, den Shared Attention Mechanism (SAM) wahrgenommen wird, durch den es etwa möglich sei, an der Blickrichtung der Augen zu erkennen, wieweit die Aufmerksamkeit einer anderen Person nach außen auf ein bestimmtes Objekt gerichtet oder nachdenklich nach innen gewandt sei. Durch eine ungenügende Entwicklung dieses Mechanismus bei autistischen Kindern – so wird angenommen – ist die Blickrichtung der Augen ein kaum herausragendes Merkmal für diese Kinder. Sie findet wenig Beachtung, weil nicht spontan verstanden wird, was die Blickrichtung der Augen anzeigt.

Für andere Autoren liegt die Ursache für die mangelnde Ausbildung dieser Annahmen über ein Innenleben anderer Personen darin, daß autistische Kinder bereits im Säuglingsalter nicht in der Lage sind, andere Personen zu imitieren und damit an deren Emotionen teilzuhaben. Dadurch können sich angeblich keine umfassenden Schemata über die Gemeinsamkeit zwischen ihnen und anderen Personen entwickeln (Meltzoff & Gopnik 1993).

Im Widerspruch zum Theory-of-Mind-Ansatz steht, daß ein Teil der autistischen Kinder – jene mit einer guten verbalen Begabung – Aufgaben, zu deren Ausführung eine Theory-of-Mind notwendig ist, ausführen können. Daher muß angenommen werden, daß diese Beeinträchtigung kompensiert werden kann. Die Kompensation erfolgt wohl nur teilweise. Sie versetzt die Kinder zwar in die Lage, bei experimentellen Aufgaben den Wissensstand anderer Personen zu berücksichtigen. Für die Anforderungen alltäglicher Interaktionen reicht sie aber nicht aus. Zudem wird darauf verwiesen, daß Kompensation nur bei einem relativ hohen sprachlichen Entwicklungsstand möglich ist, der sogar deutlich höher sein muß, als es für das Meistern solcher Aufgaben bei nicht-autistischen Kindern erforderlich ist (Happé 1994).

Die letzten Jahre haben zu einer beträchtlichen Ausgestaltung des Theory-of-Mind-Ansatzes und zu einer Vielfalt an theoretischen Zugängen bzw. Theorien über die Möglichkeiten des Verständnisses für andere Menschen geführt. Heute stehen einander zwei Gruppen dieser Theorien gegenüber: Theorien, die annehmen, daß es sich bei der Theory-of-Mind tatsächlich um so etwas wie eine theoretische

Einsicht in das Konzept des Innenlebens von Menschen handelt, zu der Kinder im Alter von etwa vier Jahren kommen. Die andere Gruppe von Theorien nimmt an, daß der Zugang zum Innenleben eines anderen Menschen primär über die Simulation der Erfahrungen in der Vorstellung gefunden wird. Um das Innenleben eines anderen Menschen zu verstehen, muß ich also in der Vorstellung so tun, als ob ich in der Position des anderen Menschen wäre und die Erfahrungen selbst gemacht hätte. Nach diesem theoretischen Ansatz wäre es daher möglich, daß die Schwierigkeiten autistischer Kinder darauf beruhen, die Erfahrungen anderer in der Vorstellung nicht simulieren zu können.

Der Theory-of-Mind-Ansatz hat zu einem besseren Verständnis dessen beigetragen, was es bedeutet, ein Personenschema zu entwickeln. Er hat aufgezeigt, daß ein wesentliches Merkmal eines voll entwickelten Personenschemas das Verständnis dafür ist, daß andere Menschen eine subjektive Sicht der Welt haben. Wesentlich war dabei die Entwicklung experimenteller Ansätze durch die Gruppe um Wimmer und Perner in Salzburg (z. B. Wimmer & Perner 1983). Diese Untersuchungen konnten überzeugend zeigen, daß es autistischen Kindern schwer fällt, dieses Verständnis und damit ein reifes Personenschema zu entwickeln.

Wir glauben allerdings nicht, daß es sich dabei um ein Problem ganz eigener Art handelt und daß die Schwierigkeiten in diesem Bereich die autistische Störung charakterisieren. So ist es unserer Ansicht nach bezeichnend für viele der untersuchten Situationen, daß es sich dabei um Aufgaben des Täuschens handelt, „jemanden zu täuschen", und „Täuschungen zu erkennen". Zu fragen ist daher: Welche Anforderungen an die Informationsverarbeitung stellen Aufgaben des Täuschens. Entscheidend für diesen Aufgabentyp ist nicht die Vorstellung über das Wissen einer anderen Person; es würde genügen zu erfassen, wie es einem selbst in der beschriebenen Situation ergehen würde. Das allerdings setzt das Verständnis für eine „als ob Situation" voraus. Das wiederum setzt voraus, die reale und tatsächliche Situation zu abstrahieren, eine neue Situation unter bestimmten Bedingungen zu entwerfen und das dazugehörige Verhalten zu konzipieren. Das Handling und der Umgang mit imaginären Situationen ist ein vertrautes Defizit autistischer Kinder, das wir auf einen Mangel an intuitiver Intelligenz zurückführen können.

Wir glauben zudem, daß die Schwierigkeiten autistischer Kinder mit diesen Aufgaben auch stark mit ihren Problemen mit der Integration von Teilinformationen zu tun haben und möchten dies mit einer alternativen Interpretation der Ergebnisse des Experimentes „Sally und Anne" (Baron-Cohen et al. 1985) belegen. Die Geschichte setzt sich aus folgenden Teilinformationen zusammen:

- Sally hat einen Korb mit Murmeln.
- Anne hat eine leere verschlossene Schachtel.
- Sally geht aus dem Zimmer.
- Anne versteckt in dieser Zeit die Murmeln in ihrer Schachtel.
- Sally kommt zurück.

Vertreter der Annahme eines Mangels an Theory-of-Mind gehen davon aus, daß das Kind diese Theorie benötigt, um die richtige Antwort geben zu können, d. h. eine Theorie über die Einheit einer Person als autonomes Zentrum.

Betrachten wir aber diese Schlußfolgerung im Detail. Was wissen wir über die interne Steuerung, um zur Theory-of-Mind zu gelangen? Die Theorie ist im Kind sicherlich nicht als formale Theorie gespeichert. Was zur Annahme der Theorie führt, sind bestimmte Leistungen und die wichtigste davon ist die zutreffende Antwort auf die Frage, wo Sally die Murmeln suchen wird. Man könnte statt von einer Theory-of-Mind auch vom Vorhandensein einer Vorstellung von der gesamten Geschichte sprechen. Denn für die richtige Beantwortung der Frage, ist neben dem Wissen der Teilinformationen noch der Zusammenhang der Geschichte notwendig, also die Teilinformationen als Teile einer Geschichte. Wir können die Verfügbarkeit der Geschichte als Ganzes natürlich auch eine „Theory-of-Mind" nennen.

Die als Kontrast verwendete Aufgabe von Hobson (1984) setzt ein ähnliches Verständnis nicht voraus. In Hobsons Experiment (1984) wurde eine Puppe an verschiedenen Plätzen vor einen Würfel gesetzt, dessen Flächen jeweils eine andere Farbe hatten. Die Kinder sollten angeben, welche Farben aus der Perspektive der Puppe zu sehen waren. Autistische Kindern konnten diese Aufgaben ebensogut lösen wie geistig behinderte und jüngere normale Kinder mit gleichem geistigen Entwicklungsstand. Die Lösung dieser Aufgabe erfordert die Berücksichtigung der folgenden Teilinformationen:

- Die Flächen der Würfel haben statt der Punkte konstant verschiedene Farben.
- Jede Puppe sitzt vor einem Würfelfeld.
- Die Flächen, vor denen die Puppen postiert sind, tragen jeweils verschiedene Farben.

Für die richtige Beantwortung dieser Frage muß das Kind neben den Teilinformationen auch noch die Einheit des Würfels erfassen, aber offensichtlich ist dies weit weniger anspruchsvoll als das Erfassen der Einheit einer Geschichte.

Schwieriger zu interpretieren erscheint eine abgeänderte Anordnung des Sally-und-Anne-Experimentes, bei dem den Kindern eine Smartie-Packung gezeigt und gefragt wird, was sie glauben, was in der Packung sei, worauf sie natürlich antworten „Smarties", um dann überrascht demonstriert zu bekommen, daß in Wirklichkeit ein Bleistift in der Schachtel enthalten ist. Auf die Frage, was denn ein anderes Kind, das die Schachtel noch nie gesehen hat, in der Schachtel vermuten wird, sagen autistische Kinder zu einem sehr hohen Prozentsatz „einen Bleistift", während nicht-autistische Kinder des gleichen sprachlichen Entwicklungsstandes fast immer „Smarties" antworten (Perner et al. 1989). Dieses Ergebnis spricht scheinbar dafür, daß autistische Kinder wesentlich mehr Schwierigkeiten haben, die Einschränkung des Wissenstands der nicht anwesenden Person richtig einzuschätzen, als entwicklungsgleiche normale Kinder (Leslie & Frith 1988). Wiederum setzt sich die Geschichte aus Teilinformationen zusammen:

- Normalerweise befinden sich in einer Smartiepackung Smarties.
- In dieser Smartiepackung befindet sich ein Bleistift.

Für die richtige Beantwortung dieser Frage muß das Kind neben den Teilinformationen auch noch den Witz dieses Täuschungsmanövers, das vom Versuchsleiter bewußt durchgeführt wurde, erfassen. Es ist bekannt, daß selbst intelligente Personen mit einer autistischen Störung Mühe haben, Witze zu verstehen. Wir sehen den Grund wiederum darin, daß ihnen die Geschichte als Ganzes nicht verfügbar ist.

In einer Abwandlung der Versuchsanordnung von Baron-Cohen et al. (1985) wurde von einer Puppe, die ein rotes Kleid anhat, eine Polaroidaufnahme gemacht, und während das Foto entwickelt wurde, wurde der Puppe ein grünes Kleid angezogen und die Kinder sollten sagen, welches Kleid die Puppe auf dem Foto anhat (Leekam & Perner 1991). Die Geschichte setzt sich aus folgenden Teilinformationen zusammen:

- Die Puppe hat ein rotes Kleid an.
- Aufnahme des Photos.
- Der Puppe wird ein grünes Kleid angezogen.
- Die Farbe des Kleids auf dem Foto soll erraten werden.

Für die richtige Beantwortung dieser Frage genügen dem Kind die Teilinformationen, es muß nicht den Zusammenhang einer Geschichte verstehen, daher ist auch zu erwarten, daß autistische Kinder beim Lösen dieser Aufgabe keine besonderen Probleme haben.

Zusammenfassend können wir sagen, daß die Ergebnisse der Experimente zur Theory-of-Mind einfacher interpretiert werden können, wenn man statt der Theory-of-Mind als erschwerendes Moment die Bildung von Einheiten annimmt, die die Teile in einen inneren Zusammenhang bringt. Danach fällt es autistischen Kindern schwer, eine den Zusammenhang repräsentierende Gesamtvorstellung von einer Handlung, einer Person oder eines Sachverhaltes auszubilden, wobei die Schwierigkeit mit der Komplexität und der Dynamik der Teilinformationen zunimmt. Diesen Gedanken wollen wir später (Kap. 4) noch weiter ausführen.

3.3.8 Welchen Stellenwert haben die Probleme im Sozialverhalten für das Störungsbild des frühkindlichen Autismus?

Mit der Bezeichnung „Autismus" haben Kanner (1943) und Asperger (1944) die soziale Störung akzentuiert. Sie haben es zugleich offen gelassen, ob die Gründe dafür im kognitiven oder im affektiven System zu sehen sind. In dieser Kernfrage sind wir auch heute noch nicht weiter. Daß sie trotz einer Reihe exzellenter experimenteller Analysen noch offen ist, stellt uns vor die Frage nach der Beziehung zwischen dem affektiven und dem kognitiven System. Wir möchten uns nun nicht lange bei den Einzelbefunden aufhalten, sondern uns dieser zentralen Frage zuwenden: Weshalb wird die autistische Störung einmal als Störung des affektiven und bei anderen Autoren als Störung des kognitiven Systems gesehen?

Die Beziehung zwischen Affekt und Kognition kann auf dreierlei verschiedene Arten interpretiert werden, woraus sich ebenso viele Erklärungsansätze der besonderen Schwierigkeiten autistischer Kinder ergeben:

1. Die affektive Störung ist die primäre Ursache. Man nimmt an, daß die emotionalen Auffälligkeiten der autistischen Kinder ihre primäre Störung darstellen. Die Emotionen selbst werden hier als eine Kategorie sui generis angesehen werden, die keine kognitiven Eigenschaften aufweist. Dies ist in etwa die Ansicht, die von Hobson (1993) sowie von Hermelin und O'Connor (1985) u. a. vertreten wird. Sie wollen die Defizite im sozialen Bereich nicht als Folge der kognitiven Defizite verstanden wissen und versuchen daher, sie mit einer eigenen Methodologie zu erfassen und zu analysieren. Die Störung wird dafür verantwortlich gemacht, daß affektive Signale nicht unmittelbar die ihnen entsprechende Reaktion auslösen und daß das affektive Ausdrucksverhalten reduziert und für den Interaktionspartner schwerer verständlich ist. Dieses affektive System ist von der Kognition zu trennen und zwar insbesondere von der sprachlich vermittelten Kognition, jedoch auch von der nonverbalen Reizverarbeitung und nonverbalen Kognition. Diesem Ansatz gelingt es, die spezifischen Defizite im emotionalen Bereich teilweise überzeugend zu beschreiben, zu analysieren und zu erklären. Die enge Verbindung von kognitiven und emotionalen Schwierigkeiten, wie sie bei Autisten zu beobachten ist, muß nach diesem Ansatz als Folge zweier unabhängig voneinander auftretender Defizite erklärt werden. Oder es wird angenommen, daß die (primäre) emotionale Störung sekundär die kognitiven Defizite nach sich zieht. Die Position von Hermelin und O'Connor (1985) ist hier nicht eindeutig, sie scheinen jedoch ebenso wie Hobson (1993) letztere Auffassung zu bevorzugen. Die stetige Interaktion von Kognition und Affekt wird von Hermelin und O'Connor (1985) durch die Annahme eines „logisch-affektiven Systems" unterstrichen, wobei dieser Begriff jedoch unklar bleibt.

2. Die kognitive Störung ist die primäre Ursache. Der zweite Erklärungsansatz geht ebenfalls davon aus, daß Kognition und Emotion kategoriell voneinander zu trennen sind, nimmt jedoch an, daß die kognitiven Defizite beim Verständnis anderer Menschen primär sind. Die emotionalen Reaktionen bzw. das Erkennen von Emotionen sind nur insofern betroffen, als sie auf diesem Verständnis basieren. Diesem Erklärungsansatz ist vor allem die Theory-of-Mind-Hypothese zuzuordnen, aber auch andere Hypothesen, die ein grundlegendes Defizit in der Aufmerksamkeit als Ursache für die Schwierigkeiten autistischer Kinder annehmen.

3. Das kognitive und affektive System haben eine gemeinsame Wurzel. Sie ist die primäre Ursache die Störung. Der dritte Erklärungsansatz geht davon aus, daß emotionale Reaktionen auch kognitive Eigenschaften beinhalten und somit von den kognitiven Reaktionen nicht kategoriell zu trennen sind. Nach dieser Auffassung stellen Affekte eine (stets aktive) Form der Reaktion auf die Umgebung dar. Affekte schließen ein Ablehnen und Mögen ein und damit ein Urteil über die Umgebung. Affekte verarbeiten also Informationen, wenn auch auf eine besondere Art und Weise (Zajonc 1980). Das Erkennen von Emotionen (auch der eigenen – der autonomen Reaktionen, der Rückmeldung von Mimik und Gestik) ist als Anwendung von Schemata interpretiert worden (Leventhal 1980). Vielleicht kann man diese „affektiven Schemata" überhaupt als Prototyp dessen begreifen, was mit dem Begriff intuitive Intelligenz angesprochen ist, nämlich ein unmittelbares, lebendiges Teilhaben an der Umgebung. Wenn dem so ist, so wäre zu vermuten, daß autistische Kinder auch Probleme beim Erkennen der eigenen Emotionen haben. Damit würde die Störung tief in das affektive System hineinreichen, denn wenn die eigenen Emotionen nicht erkannt werden, wenn keine affektiven Schemata ausgebildet werden, dann sind auch die affektiven Reaktionen gestört. Dies wäre eine weitreichendere Interpretation. Nach dieser Auffassung würde den kognitiven und emotionalen Reaktionen und Defiziten der autistischen Kinder eine gemeinsame Ursache zugrunde liegen.

Alle drei Interpretationen gehen von den bisher beschriebenen Auffälligkeiten der autistischen Kinder im kognitiven wie im emotionalen Bereich und im Sozialverhalten aus. Die ersten beiden Interpretationen stellen diese Auffälligkeiten in eine unterschiedliche Kausalbeziehung, während die dritte Interpretation versucht, die Störungen auf eine gemeinsame Basis zurückzuführen, in der das Emotionale und das Kognitive noch nicht voneinander getrennt sind. Diese Annahme legt nahe, daß es eine Reihe von Gemeinsamkeiten zwischen den Auffälligkeiten in beiden Bereichen gibt. Worin bestehen diese Gemeinsamkeiten? Es sind eine Reihe von Eigenheiten, die das Sozialverhalten und die kognitiven Leistungen autistischer Kinder durchgängig charakterisieren:

- die Behinderung durch Inflexibilität, z. B. bei der Ausübung exekutiver Funktionen, beim Rollenwechsel in Gesprächen, die starken Reaktionen auf räumliche Veränderungen;
- die Schwierigkeit, Prozesse und Vorgänge wie sein eigenes Tun zu reflektieren;
- der Eindruck, daß sie ihr eigenes Ausdrucksverhalten ebenso wie jenes anderer Personen nicht verstehen;
- der behavioristische Charakter ihrer Aufmerksamkeit: Ihre Aufmerksamkeit erscheint in einer Weise von Fakten beherrscht, daß sie z. B. unfähig erscheinen zu lügen, Schwierigkeiten haben mit „als ob Handlungen".
- Das Wörtlichnehmen und damit ihre Probleme mit metaphorischen Ausdrücken, mit Ausdrücken ohne Referenten (Pronomina, Deixis), im Verstehen von Gesten;
- ihre Abweichungen in den Interessen, z. B. die Bevorzugung von starren Objekten im Gegensatz zu Personen, die Vermeidung von sozialen Kontakten, die Zurückgezogenheit;

140 Empirische Befunde

- das Können und doch nicht Können. Die detaillierteren Untersuchungen der letzten Jahre lassen eine durchgehende Tendenz erkennen: Die Fähigkeiten autistischer Kinder wurden in dem Sinne unterschätzt, daß sie manche Leistungen unter günstigen Bedingungen doch erbringen können. Dies ist verbunden mit einer größeren Störbarkeit durch minimale Veränderungen in der Struktur bzw. dem Aufbau einer Aufgabe.

Diese Besonderheiten erwecken den Eindruck, daß nicht ein Teilsystem gestört ist, schon gar nicht eine bestimmte Funktion, sondern etwas sehr Ursprüngliches. Die Störung muß vor der Ausbildung der Sprache, der kognitiven Schemata und vor der Ausbildung bestimmter Affekte und des Ausdrucksverhaltens erfolgt sein.

Betrachten wir diese Besonderheiten unter Berücksichtigung der Anforderungen, so zeigt sich auch da etwas Gemeinsames, nämlich die Schwierigkeit, einen Sachverhalt, eine Person oder eine Handlung als Einheit zu erfassen und die Informationen einzuordnen, die wir den Hintergrund oder den Zusammenhang eines Sachverhaltes nennen.

- Bei der Flexibilität ist es das Erfassen des übergreifenden Handlungsspielraums, der aufzeigt, daß auf eine Handlungsaufforderung sehr verschieden reagiert werden kann.
- Die Fähigkeit zur Reflexion und des Selbstverständnisses wiederum setzt voraus, von sich selbst Abstand nehmen, sich selbst als Teil einer Menge sehen zu können.
- Zur Einschränkung der Aufmerksamkeit kommt es dadurch, daß ein übergeordnetes Ganzes fehlt, von dem aus das vorgegebene Einzelelement relativiert werden kann.
- Dasselbe gilt vom Wörtlichnehmen von Aussagen und Ausdrücken: Der Ausdruck ist eingebettet in einen Bedeutungshintergrund oder ist auf die Redesituation bezogen.
- Die Ausbildung von Interessen ist von verschiedenen Faktoren abhängig, darunter die Entsprechung eigener Fähigkeiten. Deshalb interessieren sich Maler für Bilder, Techniker für Computer, Psychologen für psychische Abläufe. Das Problem der Autisten mit Kontextinformationen und Ganzheiten führt beim Umgang mit dynamischen Wesen wie dem Menschen schneller zu Überforderung als im Umgang mit starren Gegenständen.
- Zum Können und doch nicht Können: Die autistische Störung hat mit der Bildung von übergeordneten Einheiten zu tun. Übergeordnete Einheiten gibt es aber in zweierlei Form: 1. Als ausgebildetes logisches Schema (z. B. als „komplexere Theorie", als „Metatheo-

rie" oder als „umfassender Ausschnitt"), das in der Sprache dargestellt werden kann. 2. Als intuitiv erfasster Zusammenhang, als „intuitives Vorverständnis". Das intuitive Vorverständnis geht der sprachlichen Einheit voraus. Und das ist unsere Erklärung: Autisten haben Probleme mit dem intuitiven Vorverständnis, die sich in den aufgezählten Defiziten niederschlagen. Aber diese Defizite können durch die Ausbildung sprachlicher Schemata kompensiert werden.

Analyse und Interpretation der Schwierigkeiten im Sozialverhalten an einem Beispiel

Charakteristisch für soziale Interaktionen ist folgendes: Selbst einfache soziale Interaktionsmuster zeigen eine im Verhältnis zu reinen instrumentellen Handlungen große Komplexität, wie sich an dem Beispiel einer Mutter, die ihr Kind auf den Arm nimmt, darstellen lässt: Wenn sich die Mutter anschickt, das Kind auf den Arm zu nehmen, so streckt ihr in der Regel das Kleinkind die Arme entgegen. Dies ist ein Beispiel einer einfachen Mutter-Kind-Interaktion.

Phänomenologisch ist das Muster schnell beschrieben: Die Mutter geht zum Kind hin, schaut es an, streckt ihm die Hände entgegen und sagt: „Komm zu mir." Das Kind erwidert den Blickkontakt, geht vielleicht einige Schritte vor und streckt der Mutter die Hände entgegen. Die Mutter nimmt daraufhin das Kind in den Arm, redet mit ihm, und das Kind schlingt den Arm um den Hals der Mutter.

Es scheint dies ein Beispiel zu sein, das man mit einem einfachen Reiz-Reaktions-Modell beschreiben könnte, dem ist aber nicht so. Um in dieser Weise kooperieren zu können, sind eine Reihe von kognitiven Leistungen Voraussetzung:

- Das Kind muß eine Vorstellung von der Mutter als einer handelnden Person haben.
- Mit der Vorstellung „Mutter" muß das Kind zumindest in rudimentärer Weise das verbinden, was wir eine Person nennen.
- Es muß eine Vorstellung davon haben, wie die Mutter reagieren wird, daß sie eine Absicht anzeigt, wenn sie die Arme nach dem Kind ausstreckt, daß sie es auf den Arm nehmen und herzen wird.
- Es muß eine Vorstellung von der gesamten Handlung haben, die nun ablaufen wird, deren erstes Glied das Ausstrecken der Arme ist.

Über den Tag hinweg zeigt die Mutter ein breites Spektrum ähnlicher Gesten mit verschiedenen Intentionen und dies im raschen Wechsel.

Das Kind muß diese verschiedenen Gesten unterscheiden, muß jede von ihnen einordnen und in Beziehung zu eigenen Bedürfnissen und Gesten setzen. Es ist notwendig, sich zu vergegenwärtigen, daß selbst einfache soziale Interaktionen in Bezug auf die Informationsverarbeitung weit komplexer sind, als es unreflektiert den Anschein macht. Sinnvolles Verhalten ist nur möglich, wenn für diese Interaktionen Verhaltensschemata ausgebildet zur Verfügung stehen. Diese Schemata kann erwiesenermaßen auch das autistische Kind lernen, aber ihre Ausbildung aus einem globalen und unstrukturierten Vorverständnis gelingt dem autistischen Kind vielfach nicht ohne Hilfe.

Auf eine weitere Hürde stößt es dann, wenn es gilt diese Schemata spontan und in rascher Folge einzusetzen, weil entsprechende formale Entscheidungs- und Zuordnungsschemata fehlen. Denn auch dieser Vorgang – so unsere Annahme – ist aus der intuitiven Intelligenz zu leisten.

Diese Beschreibung macht deutlich, welche Anpassungsleistungen selbst einfache soziale Interaktionen in Bezug auf das Vorverständnis und das Erfassen eines Kontextes vom Kind erfordern. Das Interaktionsspiel mit den Komponenten

- Unterscheidung der Aufforderungsgeste von anderen Gesten,
- Zuordnung der Geste zur Intention des Initiators,
- Fortführung dieser Reaktion mit einer eigenen Reaktion als Antwort darauf. Damit ist wiederum eine Intention verbunden, die für die Antwort des Partners wegweisend ist, der durch eben diese Reaktion gesteuert wird, und so fort,

ist im Kind, so können wir annehmen, nur als globales intuitives Vorverständnis vorhanden.

Dieses intuitive Vorverständnis – so vermuten wir – ist beim autistischen Kind gestört. Wir werden uns daher das, was das autistische Kind in der Interaktion mit Personen erlebt, ähnlich vorstellen müssen, wie das Beobachten eines tachistoskopisch abgespielten Filmes. Hier gelingt es uns nur in Ansätzen, das Verhalten der Personen nach stabilen Schemata zu ordnen, ihr Verhalten damit vorherzusehen und auf unser Verhalten zu beziehen bzw. unser eigenes Verhalten mit dem zukünftigen Verhalten jener Personen abzustimmen.

Dies bedeutet, daß es dem autistischen Kind nicht oder nur schwer gelingt, die verschiedenen Gesten der Mutter voneinander zu unterscheiden, weil ihm der Gesamtplan der Handlung fehlt, der eine Unterscheidung erst sinnvoll macht. Dem autistischen Kind gelingt es deshalb auch schwerer, größere oder längere sequentielle Folgen von Verhaltensmustern aufzunehmen und damit in der ersten Geste zugleich die gesamte Handlung vorwegzunehmen. Wenn der Gesamtplan nicht wenigstens global vorhanden ist, ist es unmöglich, von der Geste der Mutter auf ihre Absicht zu schließen, denn für all diese Leistungen benötigt das Kind eine Vorstellung von der gesamten Handlung als Orientierung und Sinnbezug. So kann sich das Kind mit seinem Verhalten nicht mehr in die Kontaktanbahnung der Mutter einbringen, seine Aktivität ist nicht mehr mit jener der Mutter abgestimmt, ist nicht mehr einfach eine Fortführung der Initiative der Mutter. Es wird damit passiv bleiben oder sich so verhalten, daß die Mutter überrascht wird und das Verhalten des Kindes ihrerseits nicht einordnen kann.

Ist dieser mißlungene Prozeß einer Interaktion einmal in Gang gesetzt, wird nun auch die Mutter ihrerseits aus Verunsicherung mit inkonsistentem Verhalten reagieren, was dem Kind die Anpassungsleistung zusätzlich erschwert. Ein hemmender Kreislauf für die Ausbildung von Sozialverhalten tritt ein.

Wenn wir somit beobachten, daß ein autistisches Kind der Mutter nicht die Arme entgegenstreckt, wenn diese ihre Hände als Geste, es aufzunehmen, ausstreckt, so haben wir darin nichts anderes zu sehen als ein Kind, das diese Geste nicht von anderen Gesten zu unterscheiden vermag das aus dieser Geste die Intention der Mutter nicht zu erraten vermag, und damit nicht weiß, wie es auf diese Initiative der Mutter synchron reagieren soll. Daß diese Kinder steif und weniger anschmiegsam erscheinen, wenn sie von den Eltern getragen werden, ist als Reaktion auf die Fremdheit im Umgang mit Personen zu verstehen, die diese Kinder empfinden müssen, da sie in der Beziehung zu den Erwachsenen nicht auf ein Personenschema zurückgreifen können.

Zusammenfassend können wir noch einmal hervorheben, daß die sozialen Auffälligkeiten autistischer Kinder im wesentlichen auf Schwierigkeiten in der sozialen Wahrnehmung beruhen. Autisten ist der Zugang zu einer Welt erschwert, in der sich die einzelne Interaktion, das einzelne Gespräch aus einer situativ übergreifenden gemeinsamen Erfahrung und Wahrnehmung abhebt und auf sie bezieht und aus der ein Verständnis erwächst, das der Sprache nicht bedarf. Statt dessen leben sie in einer Welt, in der die einzelnen Interaktionen unverbunden nebeneinanderstehen.

Wir sagten von ihrer Sprache, daß es eine kontextlose Sprache mit geringer Einbettung in ein nichtsprachliches Vorverständnis ist. Eine Sprache, die wenig mehr beinhaltet, als Wörter mit ihren Beziehungen ausdrücken. Diesen Mangel an Vorverständnis finden wir in ihrem Sozialverhalten wieder. Die soziale Welt des autistischen Kindes ist eine Welt, in der es nicht viel mehr gibt als ausgesprochen werden kann. Es ist eine Welt, in der die gemeinsame Erfahrung als Hintergrund für das Gespräch wenig ausgebildet ist. Sie ist so eckig und stereotyp, so eingeschränkt und vordergründig wie ihre Sprache. Stärker als im Bereich der Sprache wird uns hier bewußt, welche Bedeutung das vorsprachliche, intuitive vorstellungsmäßige Erfassen der Umwelt und ihrer Bezüge für das Leben des Menschen hat.

3.4 Auffälligkeiten im Verhalten

Wollen wir ein autistisches Kind verstehen, so müssen wir von vielem absehen, was uns aus der Erfahrung mit anderen Kindern vertraut ist. Wir müssen versuchen, das Verhalten des autistischen Kindes als ein normales Verhalten vor dem Hintergrund einer anormalen Ausgangssituation anzusehen.

3.4.1 Stereotypien

Unter „Stereotypien" versteht man im allgemeinen hochkonsistente, sich wiederholende Bewegungen und Haltungen, die in ihrer Häufigkeit, Amplitude und Frequenz exzessiv sind und denen kein adaptiver Wert zukommt. Beispiele für solche Stereotypien sind:

- stundenlanges Drehen eines Fadens in den Fingern,
- exzessives Schaukeln,
- stundenlanges Kreiseln und Drehen von Gegenständen,
- Klopfen mit einem Stock auf eine Unterlage,
- Bewegen der Finger, daß sie knacken, usw.

Michael ging auf der Station umher, drehte mit den Fingern der linken Hand einen Faden und stellte Fragen „Ist ein Flugzeug größer als ein Jet?", „Ist ein Flugzeug größer als ein Auto?", „Ist ein Flugzeug größer als ein halbes Auto?" in nicht endender Variation.

Stereotypien werden bei autistischen Kindern sehr häufig beobachtet, nach Rutter und Lockyer (1967) bei doppelt so vielen autistischen als bei anderen Kindern in psychiatrischer Behandlung, die etwa das gleiche Alter und die gleiche Intelligenz aufweisen. Auch andere Forscher haben auf die große Häufigkeit von Stereotypien bei autistischen Kindern hingewiesen. So beobachtete Weber (1970) bei 97% einer größeren Gruppe autistischer Kinder Stereotypien.

Neben dem häufigen Auftreten ist bei autistischen Kindern jedoch auch die Art der Stereotypien bemerkenswert. Besonders häufig wird ein rasches Auf- und Abbewegen der angewinkelten Arme (auch Flügeln genannt) sowie ein rasches Hin- und Herbewegen der Hände bei angewinkelter Stellung der Arme beobachtet. Dabei werden die Arme meist in Kopf- oder Ellbogenhöhe gehalten (Walker & Coleman 1976; Weber 1970; Sorosky et al. 1968). Ebenfalls sehr häufig werden die Finger seitlich in Kopfhöhe oder direkt vor den Augen rasch hin und her bewegt. Weber (1970), die diese Form der Stereotypien ausführlich beschrieben hat, wies nicht nur darauf hin, daß dabei oft Gegenstände in den Händen gehalten werden, sie sah vielmehr auch ein gemeinsames Merkmal dieser Gruppe von Stereotypien darin, daß ein rascher Licht- und Schattenwechsel vor den Augen erzeugt wird.

Typisch für Autisten ist auch die intensive Beschäftigung damit, Gegenstände zum Kreiseln zu bringen, wobei diese Beschäftigung stundenlang aufrechterhalten werden kann. Manche der Stereotypien ähneln jenen, die bei blinden Kindern beobachtet werden, wie Weber (1970) betont hat. Dazu gehören

- neben den Finger- und Handbewegungen in Augenhöhe
- das intensive Augenbohren,
- die Beschäftigung damit, auf Gegenstände zu klopfen,
- an ihnen zu zupfen oder zu kratzen,
- häufiges Grimassieren bei zwischenzeitlicher mimischer Starre,
- die rhythmischen Bewegungen des ganzen Körpers sowie
- eine motorische Unruhe, die aber nicht in raumausgreifende Bewegungen einmündet, sondern sich nur in unruhigem Auf- und Abtrippeln auf der Stelle entlädt.

Auch andere grobmotorische Bewegungsarten werden bei autistischen Kindern relativ häufig beobachtet, z. B. ein wiederholtes „Sich um die eigene Achse drehen", der „Zehenspitzengang" sowie gelegentlich auch ein stundenlanges „Auf dem Kopf-Stehen" (Weber 1970).

Daneben verharren autistische Kinder häufig kurze Zeit in bestimmten Haltungen häufig mit besonderen Handhaltungen (Walker und Coleman 1976). Hand- und Armstereotypien werden auch über längere Zeit hinweg immer mit der gleichen Frequenz und Amplitude ausgeführt. Sie scheinen stoßweise aufzutreten, als Phasen mit einer relativ konstanten Dauer (Walker & Coleman 1976). Auch die Frequenz der einzelnen Bewegungsfolgen unterliegt sowohl intra- wie interindividuell nur geringen Schwankungen (Ritvo et al. 1968). Die Geschwindigkeit, mit der die einzelnen Bewegungen ausgeführt werden, ist zu Anfang einer Phase etwa gleich groß wie gegen Ende.

Nach Sorosky et al. (1968) ist der relative Anteil der verschiedenen Stereotypien am Verhalten der Kinder über längere Zeiträume betrachtet recht konstant, obwohl die Häufigkeit der Stereotypien an verschiedenen Tagen unterschiedlich sein kann. Es besteht keine Beziehung zu bestimmten Tageszeiten und auch sonst kein zeitlicher Zyklus (die Wahrscheinlichkeit, daß eine Phase von Stereotypien auftritt, ist relativ unabhängig vom Abstand zur zuletzt aufgetretenen Phase). Bei Kindern, die viele Stereotypien zeigen, läßt sich auch kaum ein Einfluß der jeweiligen Umgebungsbedingungen auf deren Auftreten beobachten. Nur bei jenen autistischen Kindern, die relativ wenig Stereotypien mit einer gewissen Variabilität in der Häufigkeit unter relativ gleichförmigen Umgebungsbedingungen zeigen, läßt sich ein Einfluß situativer Merkmale nachweisen (Hutt et al. 1965). Bei den anderen autistischen Kindern werden die Stereotypien nur durch aktives Eingreifen der Betreuer unterbrochen.

Stereotypien werden häufiger, wenn die Bewegungsmöglichkeit der Kinder eingeschränkt ist, wenn die Kinder in der Umgebung wenig Anregung vorfinden, bzw. wenn sie von Betreuern nicht in Aktivitäten einbezogen werden (Baumeister 1978). Der Einfluß der situativen Bedingungen ist nicht nur von der Neigung der Kinder zu Stereotypien abhängig, sondern auch vom kognitiven Entwicklungsstand. Intelligentere autistische Kinder zeigen mehr Stereotypien, wenn die Anregung in der Umgebung gering ist. Bei weniger intelligenten autistischen Kindern hingegen nehmen Stereotypien eher zu, wenn in der Umgebung ein höherer, für diese Kinder wahrscheinlich zu hoher, Stimulationsgrad besteht (Frankel et al. 1978).

Die Gegenwart anderer Personen hat keinen konsistenten Einfluß auf die Häufigkeit der Stereotypien (Ornitz et al. 1970). Nimmt eine Person Kontakt mit den Kindern auf und versucht, mit ihnen in Interaktion zu treten, so ist der Einfluß von der Art der Interaktion abhängig. Ein Drängen auf Kontaktaufnahme an sich dürfte eher negativ sein, während das aktive Bemühen, die Kinder in eine Aktivität miteinzubeziehen, günstig ist. Entscheidend ist jedoch auch, wie schwierig die jeweilige Tätigkeit für die Kinder ist. Können sie eine Aufgabe meistern, so werden deutlich weniger Stereotypien beobachtet als bei einem Mißerfolg (Churchill 1971). Die Stereotypien können dabei wohl ebenso Folge der Frustration über den Mißerfolg sein, wie ein Mittel, sich Anforderungen, die unangenehm sind, zu entziehen.

Stereotypien hindern autistische Kinder daran, sozial angemesseneres Verhalten zu zeigen. Sie interferieren mit dem Spielverhalten und tragen dazu bei, daß die Kinder wenig an ihrer Umgebung Anteil nehmen (Epstein et al. 1974; Koegel et al. 1974). Außerdem scheinen sie die autistischen Kinder soweit von der Umgebung abzulenken, daß diese dabei selbst einfache Aufgaben nicht lernen können (Koegel & Covert 1972). Während der Stereotypien ist die Reaktionszeit autistischer Kinder auf einfache akustische Reize deutlich langsamer als sonst (Lovaas et al. 1971). Allerdings ist beobachtet worden, daß autistische Kinder auch Stereotypien zeigen, weil sie über etwas freudig erregt sind. Dies kann sich durchaus auch auf einen Aspekt der zu lernenden Aufgaben beziehen (Hargrave & Swisher 1975). In diesem Fall kann ihr Lernerfolg trotz der Stereotypien gut sein.

Interpretation

Die verschiedenen Theorien über die Entstehung der Stereotypien und deren Ursachen können auch als Betrachtungsweisen verstanden werden, die auf unterschiedlichen Analyseebenen ansetzen und sich auf unterschiedliche Phasen in ihrer Ausbildung beziehen (Guess & Carr 1991):

- Von entwicklungspsychologischen Theorien werden die Stereotypien als Übersteigerung der zirkulären Reaktionen aus den ersten Stadien der sensomotorischen Entwicklung verstanden. Guess und Carr (1991) nehmen zusätzlich an, daß die Tendenz zu rhythmischen Bewegungen Folge einer angeborenen Disposition ist, die in einem bestimmten Aktivierungszustand zum Ausdruck kommt. Rhythmische Bewegungen werden somit bei Säuglingen und Kleinkindern automatisch ausgelöst, wenn sich der Aktivierungszustand in Richtung zu hoher Aktivierung verschiebt. Erst mit einigen Monaten können Säuglinge ihren Aktivierungszustand selbst regulieren und sich dabei anderer Verhaltensweisen als rhythmischer Bewegungen bedienen. Stereotypien, die automatisch, unabhängig von den Umgebungsbedingungen ausgelöst werden, stellen demnach eine Persistenz von Verhaltensweisen dar, die in einer frühen Entwicklungsperiode normal sind. Sie sind somit Folge eines partiellen Entwicklungsstillstandes oder einer Fixierung auf einer frühen Entwicklungsstufe.
- Auf einer höheren Ebene schreiben homöostatische Erklärungen Stereotypien die Funktion zu, ein überhöhtes oder zu geringes zentrales Erregungsniveau zu verändern, das durch Frustration bzw. Belastung oder aber durch zu geringe Stimulation hervorgerufen wird. Stereotypien sind nach den homöostatischen Theorien demnach ein Versuch des Organismus, sich gegen weitere Reizzufuhr

abzuschirmen, die Erregung zu reduzieren oder aber durch Selbststimulation ein zu niedriges zentrales Erregungsniveau anzuheben. Stereotypien dürften dabei sowohl durch die sensorischen Reize, die sie hervorrufen, wie auch dadurch, daß sie unter eigener Kontrolle stehen, einen angenehmen Aktivierungszustand hervorrufen.
- In der weiteren Entwicklung besteht die Möglichkeit, daß die Stereotypien zu einem Verhalten werden, durch das Einfluß auf die Reaktionen anderer Personen ausgeübt wird. Es wird also gelernt, daß Stereotypien die Zuwendung anderer auf sich ziehen (positive Verstärkung) oder aber daß man sich durch Stereotypien unangenehmen Anforderungen entziehen kann (negative Verstärkung).

Wir müssen davon ausgehen, daß diese Verhaltensauffälligkeiten nicht auf einen Faktor allein zurückzuführen sind. Daher kann es nicht darum gehen, mit einer Theorie alles zu erklären.

Unsere eigenen Überlegungen stellen einen Versuch dar, die bestehenden Theorien zu erweitern, indem wir die Stereotypien auf den reduzierten Handlungsspielraum der Personen mit einer autistischen Störung beziehen. Wir können annehmen, daß das „Bild" des autistischen Kindes von seiner Umwelt weniger differenziert ist und weniger funktionale Beziehungen enthält als das anderer Kinder. In einem solchen Weltbild wird das einzelne Element stärker hervortreten als die zur Einheit zusammenfassende Gestalt. Damit ist aber auch die Umweltbeziehung des autistischen Kindes betroffen, sein aktiver Handlungsspielraum, da diese – so folgern wir weiter – weit stärker auf Beziehungen zu einzelnen Elementen beruht als auf Beziehungen zur zusammenfassenden Gestalt. Dadurch werden weit weniger sinnvolle Handlungen möglich, in die verschiedenste Elemente einbezogen werden können. Das Handeln selbst bleibt elementbezogen und die sensorische Empfindung, die in der Beziehung zum Element deutlicher ausgeprägt ist, tritt stärker in den Vordergrund. Diese Empfindungen sind wiederum in der unmittelbaren Körperumgebung und mit dem eigenen Körper stärker und intensiver möglich als auf Distanz. Die Beziehung zu Einzelelementen mit dem Schwerpunkt auf der sensorischen Empfindung erscheint uns da, wo sie zu Wiederholungen neigt, als Stereotypie.

Wahrscheinlich führt schon allein die Einschränkung sinnvoller Handlungen zur Stereotypie. Wo die übergreifende Einheit, die Zentrierung auf einen Kern fehlt, sind nur noch einfache Aktivitäten auf der Basis der Elementbeziehungen und der Körperbeziehung möglich. Wegen der fehlenden Variabilität wird es notgedrungen zu Wiederholungen kommen. Die Häufigkeit des Auftretens von Stereotypien kann damit erklärt werden, daß Autisten wie andere Kinder einen gewissen Grad an Stimulation suchen. Da sie ihn in Zusammenhang mit zielführenden Handlungen (Explorieren, Aufbau neuer Verhaltensmuster, Aneignung der Umwelt) nicht erreichen, sind sie auf einfachere, basalere Handlungen angewiesen, die wiederum wegen des geringen Spielraumes oder aus Ökonomie wiederholt werden. Es ist aber auch anzunehmen, daß Stereotypien im Laufe der Zeit eine gewisse Eigengesetzlichkeit gewinnen, im Sinne der funktionalen Autonomie von Allport.

In der Literatur werden die Stereotypien oft sehr negativ bewertet, nämlich als Reaktionen, die das Kind am Lernen hindern und sinnvolle Tätigkeiten verdrängen, also nicht nur als Ausdruck der Störung, sondern selbst wiederum als verstärkende Elemente derselben. Betrachten wir jedoch die Umstände, die zu ihnen führen, so werden wir gemahnt, in der Wertung zurückhaltend zu sein. Wenn wir bedenken, daß dem autistischen Kind sehr viele Spieltätigkeiten verwehrt sind, mit denen andere Kinder ihre Freizeit verbringen, so ergibt sich die Frage, ob Stereotypien nicht vielleicht jene Verhaltensweisen sind, in denen das autistische Kind Erholung finden kann. Die Unterdrückung von Stereotypien durch den Erwachsenen mag für das autistische Kind ähnliche Bedeutung haben, als würden Eltern ihren Kindern das Tagträumen oder auf einer Schaukel zu schaukeln verbieten.

3.4.2 Selbstverletzendes Verhalten

Nicht selten sind bei autistischen Kindern mit häufigen Stereotypien auch Verhaltensweisen zu beobachten, mit denen sich die Kinder selbst schädigen oder verletzen. Die Angaben über die Häufigkeit selbstverletzenden Verhaltens bei autistischen Kindern mit schwerer geistiger Behinderung schwanken zwischen 35 und 65% (Green 1967; Shodell & Reiter 1968; Weber 1970). Am häufigsten wird das Schlagen mit dem Kopf gegen eine harte Fläche oder Kante beobachtet. Andere häufige Verhaltensweisen sind Beißen und Kratzen.

Nach Green (1967) haben mehr als die Hälfte der autistischen Kinder, die später selbstverletzendes Verhalten zeigen, bereits in der frühen Kindheit häufig mit dem Kopf gegen feste Unterlagen geschlagen. Bei den meisten dieser Kinder blieb dies weiterhin die überwiegende Art, ein Teil der Kinder entwickelte jedoch zusätzlich oder stattdessen noch andere selbstverletzende Verhaltensweisen. Das Kopfschlagen, aber auch andere schädigende Verhaltensweisen haben meist einen repetitiven, rhythmischen Charakter. Bei einigen Kindern ist dieses Verhalten jedoch eher explosiv als rhythmisch.

Selbstverletzendes Verhalten tritt häufiger bei Kindern unter dem 5.Lebensjahr und bei jenen mit geringer Intelligenz auf. Es wird zudem öfter bei Kindern beobachtet, die besonders schwere Kommunikationsdefizite haben: bei autistischen Kindern, die keine Sprache zur Verständigung benutzen, dreimal häufiger als bei autistischen Kindern, die sprechen können (Shodell & Reiter 1968: 47% gegenüber 17%).

Selbstverletzende Verhaltensweisen werden auch häufiger bei Kindern beobachtet, die schon längere Zeit in Institutionen untergebracht sind. Sie sind für gewöhnlich recht andauernd, vor allem, wenn es sich um schwerwiegende selbstverletzende Verhaltensweisen handelt (Schroeder et al. 1980). Häufig auftretendes selbstverletzendes Verhalten scheint, ähnlich wie dies für häufige Stereotypien gilt, nur geringfügig von den Umgebungsbedingungen beeinflußt zu werden. Bei leichteren Formen sind jedoch ähnliche Einflußfaktoren beschrieben worden wie für die Stereotypien, etwa eine Abhängigkeit von der Anregung durch die Umgebung, der Reizvielfalt und dem Vorhandensein alternativer Aktivitätsmöglichkeiten (Carr 1977).

Interpretation

Selbstverletzende Verhaltensweisen werden ebenso wie die Stereotypien von vielen als selbststimulierendes Verhalten interpretiert, da sie vielfach zunehmen, wenn die Anregung in der Umgebung reduziert ist. Die biologische Funktion dieser Selbststimulation dürfte darin bestehen, daß durch die Selbstverletzung vermehrt endogene Opioide ausgeschüttet werden, die eine positive Stimmungslage auslösen und zudem die Schmerzschwelle anheben (Iwata et al. 1994).

Von lerntheoretisch orientierten Klinikern (z. B. Iwata et al. 1994) wird darauf hingewiesen, daß selbstverletzendes Verhalten durch besondere Zuwendung der Umgebung aufrechterhalten wird, oder aber dazu dient, sich Anforderungen zu entziehen (und damit positiv bzw. negativ verstärkt wird). So wird der Übergang von Stereotypien zu selbstverletzendem Verhalten auch als Folge der unbeabsichtigten Verstärkung dieser Stereotypien durch die Umgebung gesehen, die in weiterer Folge immer mehr den Charakter selbstverletzenden Verhaltens annehmen. Es wurde aber auch klar, daß selbstverletzende Verhaltensweisen für autistische Menschen, die wenig Möglichkeiten zur Kommunikation haben, eine Form darstellen können, sich mitzuteilen.

Einem Teil der selbstverletzenden Verhaltensweisen dürften darüber hinaus nicht nur organische Defizite der zentralnervösen Organisation (z. B. zeigen – ohne daß die Ursachen dafür bekannt sind – beim Lesch-Nyhan-Syndrom über 90% der Patienten häufiges selbstverletzendes Verhalten) sondern auch periphere Schädigungen zugrunde liegen. So scheint ein Zusammenhang zwischen Mittelohrentzündungen und häufigem Kopfschlagen zu bestehen (Carr 1977).

Da selbstverletzende Verhaltensweisen somit auf verschiedener Grundlage entstehen und durch verschiedene Bedingungen aufrechterhalten werden können, schlugen Carr (1977), Iwata et al. (1994) und andere vor, diese Faktoren systematisch bezüglich ihres Einflusses auf das Verhalten eines Kindes zu prüfen. Dabei ist ein Vorgehen in mehreren Stufen sinnvoll, wobei zuerst nach bestimmten organischen Faktoren gesucht wird, von denen ein Zusammenhang mit selbstverletzenden Verhaltensweisen bekannt ist (neben den erwähnten Mittelohrinfektionen vor allem einige seltenere genetische Syndrome, wie das Lesch-Nyhan-Syndrom und das DeLange-Syndrom).

In einer zweiten Stufe wäre dann abzuklären, ob die Selbstverletzungen in Gegenwart gewisser Personen besonders häufig sind, bei Beachtung oder wenn andere Verhaltensweisen nicht belohnt werden, zunehmen. Ebenso wäre zu klären, ob sich die Kinder besonders dann selbst verletzen, wenn bestimmte Anforderungen an sie gerichtet werden bzw. andere aversive Bedingungen vorhanden sind, denen sie sich durch ihr Verhalten entziehen können.

In der letzten Stufe schließlich sollte beobachtet werden, ob selbstverletzende Verhaltensweisen vor allem dann auftreten, wenn keine Anregung in der Umgebung vorhanden ist bzw. den Kindern nur wenige andere Aktivitäten zur Verfügung stehen.

Selbstverletzendes Verhalten ist deshalb schwer zu interpretieren, weil wir über die Schmerzempfindung autistischer Kinder wenig wissen. Schon normale Kinder scheinen gegenüber bestimmten Schmerzeinwirkungen recht unempfindlich zu sein und suchen zuweilen solche Erfahrungen aktiv auf. Die Annahme, die wir Erwachsenen machen, daß Schmerzempfindungen spontan vermieden werden, trifft nicht im selben Umfang für die Kinder zu. Auch Schmerzempfindungen, d. h. deren Bedeutung und Situationsabhängigkeit, werden anscheinend zum Teil gelernt.

3.4.3 Der Drang zum Aufrechterhalten von Gleichheit und Unverändertheit in der Umgebung. Ritualisierte und zwanghafte Verhaltenselemente

Autistische Kinder haben ein starkes Bedürfnis nach Aufrechterhaltung einer unveränderten Umgebung. Diese Tendenz kann man als zwanghaft bezeichnen, da Veränderungen nicht nur starken Protest, sondern auch Angst hervorrufen. Kanner (1943) hob bereits bei seiner ersten Beschreibung autistischer Kinder diesen auffälligen Drang hervor.

„John's Eltern waren im Begriff, in eine neue Wohnung umzuziehen. Sie packten ihre Sachen für den Transport zusammen. John sah dies und war in einer panischen Angst, als er die Möbelpacker kommen sah und das Verladen der Möbel mitansehen mußte. Er war außer sich bis zu dem Zeitpunkt, als er in der neuen Wohnung in seinem Zimmer war, wo die alten Möbel in der gleichen Weise im Zimmer angeordnet waren. Er ging herum und streichelte jedes einzelne Stück."

Kanner und Eisenberg (1956) betrachteten diese Tendenz neben der Selbstisolation und den Kontaktschwierigkeiten der autistischen Kinder als zentrales Element des vielfältigen Symptombildes. Spätere klinische Beschreibungen autistischer Kinder haben dies zwar bestätigt, dabei jedoch hervorgehoben, daß das ängstlich-zwanghafte Festhalten an Gewohntem nur partiell auftritt. Autistische Kinder bestehen nur in bestimmten Bereichen, die für sie eine besondere Bedeutung haben, auf unveränderten Routinen (Wolff & Chess 1964).

Nach Rutter und Lockyer (1967) läßt sich eine größere Gruppe von Verhaltensweisen zusammenfassen, denen ein zwanghaftes Festhalten an Gleichheit und Unverändertheit zugrunde zu liegen scheint. Dazu gehören neben der geringen Anpassungsfähigkeit und dem Widerstand gegenüber Veränderungen abnormale Bindungen an einzelne Gegenstände sowie besondere, außergewöhnlich intensive Vorlieben für gewisse Themen, aber auch andere zwanghafte Phänomene (das Einhalten gewisser Rituale beim Waschen, eine bestimmte Art zu gehen etc.)

Bei autistischen Kindern niedrigerer Intelligenz scheinen Stereotypien und einzelne repetitive Handlungen so zu überwiegen, daß spontanes Verhalten fast vollständig fehlt. Bei höherer Intelligenz stehen dagegen Verhaltensweisen stärker im Vordergrund, die Muster oder eine Ordnung in der Umgebung schaffen oder aufrechterhalten können: Die Möbel müssen auf dem gleichen Platz stehen, die Kinder wehren sich gegen eine Unterbrechung bei bestimmten bevorzugten Aktivitäten, Rituale beim Essen und Anziehen, eine starke Bindung an einzelne Objekte, das Anordnen von Objekten in Reihen, das Bestehen auf gleichen Kleidern etc. (Prior & McMillan 1973).

Verbale Rituale kommen bei autistischen Kindern, die einen höheren Sprachentwicklungsstand aufweisen, gleichfalls vor, sind jedoch relativ selten. Solche verbalen Rituale bestehen etwa darin, daß die Kinder darauf beharren, daß ihre Gesprächspartner mit bestimmten Äußerungen antworten (Wolff & Chess 1964).

Fordert die Mutter Donald auf, aufzustehen, so sagt er: „Boo sagt: ‚Don, willst Du aufstehen'". Die Mutter muß dann zustimmend ja sagen, dann fährt Donald fort: „Jetzt sag ‚all right'", und erst wenn die Mutter „all right" gesagt hat, steht er auf.

Der Drang, Gleichheit und Unverändertheit in der Umgebung aufrechtzuerhalten, bedeutet aber nicht, daß autistische Kinder neue Reize weniger beachten als andere Kinder oder gar ablehnen (Hermelin & O'Connor 1970). Autistische Kinder neigen aber bei der Gestaltung von Mustern dazu, diese einfacher, d. h. aus weniger Elementen zusammengesetzt, und repetitiver auszuführen (Frith 1971).

Interpretation

Für dieses Bestehen auf Aufrechterhaltung von Unverändertheit in der Umgebung sind verschiedene Erklärungen gesucht worden. Am häufigsten wird dieses Verhalten damit erklärt, daß es eine Form des Zurechtkommens mit einer den autistischen Kindern an sich unverständlichen Umgebung darstellt (Rimland 1964). Andere fassen es auch als Folge der Unfähigkeit auf, Figuren zu erkennen (DeMyer et al. 1972). Andere wiederum betrachten dieses Verhalten als Folge der aus einem erhöhten zentralen Erregungszustand autistischer Kinder resultierenden Tendenz, die Anzahl der aus der Umgebung einströmenden neuen Reize gering zu halten (Hutt et al. 1965).

Wir stellen die Frage wiederum aus dem Lebenszusammenhang heraus: Wie gewinnt ein Kind, das in seinem Orientierungsverhalten nur bedingt auf ein intuitives Vorverständnis zurückgreifen kann, den Überblick?

Der Mensch baut sich umfassende Ordnungssysteme auf. Straßen werden erinnert, ebenso wie Häuser und Gegenstände, aber auch das Muster von Abläufen, eine Begrüßung, Einkaufen, eine Fahrkarte lösen usw. Die Umwelt zu ordnen und sich damit in ihr zurechtfinden zu können, ist eine lebensnotwendige Funktion. Wer sich ohne Vorbereitung und mit wenig Hilfe plötzlich in einer fremden Umgebung orientieren muß, erfährt das Bedrohliche des Sich-nicht-Auskennens.

Ordnung kommt im wesentlichen zustande, indem ähnliche unterscheidbare Gestalten zu Klassen zusammengefaßt, Klassen in Beziehung zueinander gesetzt werden usf. Dies setzt voraus, daß das Beständige von dem Sich-schnell-Verändernden abstrahiert wird. Wir pflegen in solchen Fällen auch zu sagen: Das Wesentliche muß vom Zufälligen, vom Nebensächlichen abgehoben werden. Nur das Wesentliche wird in einem Schema festgehalten, so daß verschiedene ähnliche Objekte als Elemente einer Klasse begriffen werden können. Auf diese Weise wird das Individuum unabhängig von der unmittelbaren Anschauung und kann sich auch in einer Welt, die sich in Teilen ständig ändert, zurechtfinden. So kann die Mutter wiedererkannt werden, auch wenn sie heute ein anderes Kleid oder eine andere Frisur trägt als gestern. Das Kinderzimmer bleibt das gleiche, auch wenn einzelne Möbelstücke darin ausgetauscht worden sind, und der gelbe Pullover ist genauso zum Anziehen und hält genauso warm wie der rote, beides sind Pullover.

Die Ausbildung eines Schemas von einem Objekt, d. h. das Abheben eines stabilen Teils von sich ständig ändernden Teilen, ermöglicht die Bildung von Universalbegriffen wie überhaupt von Begriffen und diese wiederum erlauben das Klassifizieren von Objekten, auch wenn sie in einzelnen Details verschieden sind.

Liegt hier der Grund für das rigide Verhalten des autistischen Kindes? Diese Annahme liegt nahe, obwohl es schwer ist, sie im Detail nachzuweisen. Halten wir fest, was wir schon festgestellt haben: Die Ausbildung von Ordnungsstrukturen basiert auf einem intuitiven Vorverständnis, das beim autistischen Kind gestört ist. Es fällt ihm schwerer, Ordnungsschemata auszubilden. Wir gehen ferner davon aus, daß Teile dieser Ordnung nie in reflektierbare Schemata ausdifferenziert werden und daher in großem Ausmaß vom intuitiven Vorverständnis abhängig bleiben, ähnlich wie wir es für die Gebärdensprache, die metaphorischen Begriffe oder die deiktischen Ausdrücke postuliert haben. Steht dem Kind aber eine solche logische Ordnung nur bedingt zur Verfügung, wird es versuchen, die Fülle der neuen Reize, die es überfordern, auszublenden und abzuwehren. Diese Abwehr richtet sich vor allem gegen jene Reize, die einerseits besonders fremd und komplex sind, andererseits Lebenswichtiges tangieren. Das Kind wird daher versuchen, an einer einmal gebildeten Ordnung starr festzuhalten und das Neue auszublenden. Nicht anders verfährt das autistische Kind. Es wird aber bereits in einfachen Situationen überfordert, da es nicht wie das normale Kind auch in der fremden Umgebung auf die Fähigkeit zur Bildung intuitiver Ordnungen zurückgreifen kann. Je weniger Vorstellungsvermögen für das Schaffen einer Ordnung notwendig ist, desto einfacher ist eine Gegebenheit, desto leichter ist sie für das autistische Kind zu ordnen. Wenn wir unter diesem Gesichtspunkt die primären Störungen in diesem Bereich betrachten, dann werden sie durchaus nachvollziehbar. Man kann das globale Symptom „Aufrechterhalten von Gleichförmigkeit" in vier Teile gliedern:

1. das Bedürfnis nach einer gleichförmigen Umgebung,
2. die Ausprägung besonderer Interessen,
3. die Neigung zu Ritualen,
4. die Neigung zu zwanghaften Reaktionen.

Das Bedürfnis nach einer gleichförmigen Umgebung: Die Umwelt darf in den für das Kind lebenswichtigen Bereichen auch in Details nicht verändert werden. In diesem Sinne hat auch das normale Kind das Bedürfnis nach einer gleichförmigen Umgebung. Nur bedeutet für das normale Kind Gleichförmigkeit, daß die Umgebung in den wesentlichen Komponenten die gleiche bleibt. Anders das autistische Kind: Da es Schwierigkeiten hat, die Gestalt einer Reizkonfiguration zu erfassen, kann es Unveränderliches von ständig sich Veränderndem, Wesentliches von Unwesentlichem schwerer trennen. Jedes einzelne Objekt muß so, wie es in der unmittelbaren Anschauung gegeben ist, erinnert werden. Dieses Defizit beeinflußt aber den Umgang mit neuen Situationen auch noch in anderer Weise. Während das normale Kind eine neue Situation explorieren kann und versucht, sich davon eine Vorstellung zu bilden, ist dem autistischen Kind dieser kreative, explorative Umgang mit der neuen Situation erschwert. Dadurch entfällt aber auch eine wichtige Motivation, neue Situationen aufzusuchen, um sie kennenzulernen.

Die Ausprägung besonderer Interessen: Autisten haben zuweilen besondere Interessen und eine abnorme Bindung an Gegenstände. Auffällig daran ist weniger die starke emotionale Bindung, sondern die Wahl der Gegenstände. Es sind nicht Menschen oder kuschelige Tiere, sondern eher sperrige Sachen wie Hebel, Schlüssel, Deckel usw. Wir gehen davon aus, daß die emotionale Bindung ein Objektschema desjenigen Objektes voraussetzt, zu dem eine emotionale Bindung aufgebaut werden soll. Das Schema eines Hebels, eines Schlüssels oder von Klötzchen ist in diesem Sinne wesentlich einfacher als das Schema einer Person oder eines Kuscheltieres. Die Bevorzugung von starren Gegenständen vor dynamischen und belebten führen wir darauf zurück, daß es den Autisten bei diesen eher gelingt, ein Schema zu entwickeln, um sie in ihre Welt einbeziehen zu können.

Zur Ausbildung besonderer Interessen kommt es nach unserer Meinung auch noch dadurch, daß es für autistische Kinder schwierig ist, rasch von einem Objekt zum anderen zu wechseln. Auch ist dies primär eine Leistung der intuitiven Intelligenz. Damit wird die Möglichkeit eingeschränkt, verschiedenartige Interessen zu entwickeln.

Die Neigung zu Ritualen: Die Schwierigkeit, Schemata zu abstrahieren, die generalisierbar sind und die Unterscheidung von Wesentlichem und Unwesentlichem möglich machen, wirkt sich auch auf Handlungen aus. Eine Handlung muß in der Art und Weise ausgeführt werden, wie sie erinnert wird. Eltern können oft gar nicht verstehen, weshalb ein autistisches Kind eine Handlung, die es einmal gelernt hat, in genau dieser Form immer wieder durchführen muß, da es ihm nicht gelingt, sie abzuwandeln. Dieses Defizit wird erst verständlich, wenn wir sehen, daß das autistische Kind keine Vorstellung von der Handlung als Ganzes hat, sondern sie stattdessen als eine assoziative Aneinanderreihung einzelner Merkmale repräsentiert. Sein Verhalten ist dem eines Menschen vergleichbar, der in der Stadt seinen Weg nach Hause nicht aufgrund eines Planes sucht, sondern der sich den Weg genau ins Gedächtnis eingeprägt hat. Wird er durch eine Umleitung zur Wahl eines Umwegs gezwungen, wird er sich nicht mehr zurechtfinden. Wir können in dem ängstlichen und krampfhaften Bemühen des autistischen Kindes, seine Umgebung gleichförmig zu halten, den Versuch sehen, alle Veränderungen zu verhindern, die sein Gedächtnisprotokoll von der Umgebung durcheinanderbringen und damit seine Orientierung gefährden könnten.

Die Neigung zu zwanghaften Reaktionen: Auch die Neigung zu zwanghaften Reaktionen ist bei Autisten stark ausgeprägt. Sie umfaßt jene Zwänge, die auch sonst bei Zwangsstörungen zu beobachten sind, wie zwanghaftes Waschen der Hände, Kontrollzwänge etc. Die meisten zwanghaft erscheinenden Verhaltensweisen weichen jedoch von diesen für die Zwangsstörung typischen Zwängen ab (McBride & Panksepp 1995). So wird z. B. der Teller jedes Mal ganz sauber ausgekratzt oder es werden immer verschiedene Fernsehsender eingeschaltet, wenn der Betreffende an einem Fernseher vorbeikommt. Es ist daher nicht leicht, zwanghaftes Verhalten von Stereotypien abzugrenzen. Zwanghaftes Verhalten stellt aber ein an sich sinnvolles Verhalten dar und unterliegt bestimmten Regeln, ist also komplexer als motorische Stereotypien, die einfache, sinnlose repetitive Handlungen ohne bestimmte Absicht darstellen. Zu den definitorischen Kriterien zwanghaften Verhaltens zählt weiter, daß sie als persönlichkeitsfremd, also in gewisser Weise als aufgezwungen empfunden werden. Dieses Kriterium ist allerdings bei Kindern und bei geistig behinderten Personen schwierig zu beurteilen. Manche dieser zwanghaften Verhaltensweisen scheinen durch Angst vor den Folgen einer Unterlassung der Handlung motiviert zu sein. Ängstliche Erregung ist allerdings bei weitem nicht der häufigste emotionale Zustand, der mit zwanghaften Handlungen einhergeht. Häufiger noch wird von Erziehern ein Zustand freudiger Erregung beobachtet (McBride & Panksepp 1995). Die Neigung zu zwanghaften Reaktionen bei Autisten dürfte zum Teil der elementistischen Wahrnehmung ihrer Umwelt entspringen. So wurde von Howlin (1997) beobachtet, daß sich das zwanghafte Verhalten oft aus den besonderen Vorlieben und der Faszination für bestimmte Dinge entwickelt.

3.5 Entwicklungsverlauf der autistischen Störung

Wir haben nun die vier wichtigsten Bereiche, in denen sich die autistische Störung manifestiert, dargestellt. Wir möchten jetzt noch einmal, diesen Abschnitt abschließend, den Entwicklungsverlauf der Störung gesondert herausheben.

Rückblickend geben viele Eltern an, daß sie bei den autistischen Kindern bereits im ersten Lebensjahr Auffälligkeiten bemerkt hätten. Etwa ein Drittel der Eltern erzählt, sie hätten bereits von Anfang an bzw. sehr früh empfunden, daß ihr Kind anders sei (DeMeyer 1997). Knapp die Hälfte fand das Verhalten ihres Kindes von einem konkreten Ereignis an auffällig. Immerhin ein Fünftel berichtete jedoch, daß die Entwicklung zunächst normal verlief und sich Schwierigkeiten erst relativ spät, am Ende des ersten oder im zweiten Lebensjahr bemerkbar gemacht hätten. Auffallend für die Eltern waren vor allem

- eine geringe soziale Ansprechbarkeit der Kinder,
- wenige bzw. schwer entschlüsselbare emotionale Reaktionen,
- Apathie, aber auch eine starke Irritierbarkeit,
- motorische Besonderheiten sowie
- Störungen in den Vokalisationen bzw. der Stimmodulation.

Frühe Auffälligkeiten im ersten Lebensjahr bei einem großen Teil autistischer Kinder wurden auch in anderen Untersuchungen bestätigt. Dabei zeigten sich auch im Vergleich zu Kindern mit geistiger Behinderung spezifische Störungen in der frühen sozialen und emotionalen Entwicklung (z. B. Hoshino et al. 1982). Allerdings differenzieren solche Auffälligkeiten, wie eine systematische Analyse von Vorsorgeuntersuchungsprotokollen nachweist, zwischen autistischen und nicht-autistischen geistig behinderten Kindern eindeutig erst mit zwölf Monaten (Johnson et al. 1992). Die Analyse von Videoaufnahmen, die zum ersten Geburtstag gemacht worden waren, zeigte dann schon klare Unterschiede im sozialen und kommunikativen Verhalten (weniger ins Gesicht sehen, weniger gemeinsamer Bezug auf die Umwelt und geringere Reaktion auf den eigenen Namen; Osterling & Dawson 1994).

Die meisten autistischen Kinder haben die größten Schwierigkeiten zwischen dem zweiten und vierten Lebensjahr (nach DeMyer (1979) etwa 78%). Bei dem Großteil der Kinder verschlimmern sich die Störungen, nachdem sie im ersten oder zweiten Lebensjahr offenkundig geworden sind, im Lauf der nächsten ein bis zwei Jahre und bessern sich dann langsam wieder. Im Vorschulalter werden nicht nur die Schwierigkeiten beim Erwerb der Sprache und in der nonverbalen Kommunikation deutlich, auch die Einengung der Interessen auf einige Bereiche und der Hang zu Stereotypien ist in dieser Zeit besonders stark.

Zwischen dem achten und dem zwölften Lebensjahr erlangen relativ viele Kinder einen für die Eltern halbwegs befriedigenden Zustand. Die Eltern haben zu dieser Zeit bereits gelernt, mit den Schwierigkeiten der Kinder umzugehen. Die schulische Betreuung entlastet die Eltern und für viele Kinder kann eine therapeutische Behandlung gefunden werden, so daß sie in vielen Bereichen Fortschritte machen, was zu Hoffnungen für die Zukunft berechtigt.

Die Adoleszenz bringt jedoch wieder neue Probleme, die zum Teil infolge äußerer Bedingungen entstehen, da es im schulischen Bereich und auch in den therapeutischen Einrichtungen für diese Altersgruppe weniger adäquate Betreuungsmöglichkeiten gibt. Die zunehmende körperliche Reife der Kinder erschwert den Umgang mit ihren Verhaltensauffälligkeiten. Die Eltern sind infolge des hohen Betreuungsaufwandes erschöpft und enttäuscht, da sich der Fortschritt der Kinder doch in Grenzen hält.

Bei einem Teil der autistischen Kinder kommt es jedoch im Jugendalter auch zu einer deutlichen Verschlechterung im Verhalten und zu einem Verlust früher erworbener Fähigkeiten im sprachlichen und kognitiven Bereich. Bei einigen Kindern scheint diese Verschlechterung in einem geringen Zusammenhang mit den in der Adoleszenz erstmalig auftretenden epileptischen Anfällen zu stehen.

Gillberg (1991; Gillberg & Schaumann 1981; Gillberg & Steffenburg 1987), der bei mehr als einem Drittel der autistischen Jugendlichen eine Verschlechterung während der Pubertät konstatiert, konnte in den meisten Fällen keinen auslösenden Faktor außer der Pubertät feststellen. Er beobachtete eine solche Verschlechterung außerdem häufiger bei Mädchen sowie bei Autisten, deren Mütter bei der Geburt der Kinder älter waren als der Durchschnitt der Mütter autistischer Kinder. In den meisten Fällen kommt es zu einer Zunahme der Stereotypien, zu Selbstverletzungen und zu einer größeren Indifferenz gegenüber der Umgebung. Dieser Rückschritt kann mehrere Jahre lang anhalten, in einigen Fällen wird der Grad an Anpassung, der vor der Pubertät vorhanden war, nicht mehr erreicht.

Einige Nachuntersuchungen größerer Gruppen autistischer Kinder geben darüber Aufschluß, welcher Verlauf bei dieser Störung zu erwarten ist, und wie gut die Anpassung im Jugend- und Erwachsenenalter sein kann. Nach den Ergebnissen der größeren Nachuntersuchungen (für eine Übersicht siehe Lotter 1978; Schopler & Mesibov 1983; Gillberg 1991; Howlin 1997) ist eine gute Anpassung bei 5 bis 20% der autistischen Kinder zu erwarten. Kaum eines dieser Kinder ist jedoch im Erwachsenenalter völlig unauffällig, bei den meisten bleiben Auffälligkeiten in der Persönlichkeit und in den sozialen Beziehungen bestehen, sie können jedoch ein weitgehend selbständiges Leben führen. Etwa ein Viertel der Kinder erreicht einen mäßigen Grad an Anpassung und bei der Hälfte der autistischen Kinder ist die Anpassung später als sehr schlecht beurteilt worden. Neuere Längsschnittstudien (für einen Vergleich siehe Howlin 1997) kommen zu einem etwas günstigeren Ergebnis, vor allem der Anteil jener Kinder mit einer sehr schlechten Prognose wird in diesen Studien geringer eingeschätzt. Allerdings haben nach einer von Howlin (1997) kurz berichteten, aber noch nicht veröffentlichten Studie am Maudsley-Hospital in London immer noch etwa 40% der Erwachsenen eine recht eingeschränkte soziale Anpassung erreicht und etwa 15% eine sehr schlechte Prognose.

In einigen älteren Untersuchungen wurde der Grad an sozialer Anpassung autistischer Kinder, die zum Zeitpunkt der Nachuntersuchung das Adoleszenz- und Erwachsenenalter erreicht hatten, mit jenem von Kindern ähnlicher nonverbaler Intelligenz (also überwiegend mit nicht-autistischen geistig behinderten Kindern) verglichen. Dabei fand sich recht konsistent, daß Autisten deutlich seltener eine gute soziale Anpassung erreichten. Auch bei diesem Vergleich fand sich, daß Autisten im Erwachsenenalter öfter in Anstalten für chronisch kranke Patienten untergebracht waren als etwa geistig behinderte Kinder und andere Kinder mit Verhaltensstörungen und gleicher Intelligenz (DeMyer et al. 1973; Lotter 1974; Rutter et al. 1967).

Eine sehr schlechte Anpassung im Erwachsenenalter bedeutete

früher in den meisten Fällen, daß diese Menschen jahrelang in großen Anstalten für geistig behinderte oder für chronisch-psychiatrische Patienten untergebracht waren und viele ihr ganzes weiteres Leben dort verbrachten. Die Einweisung von Autisten in solche Langzeitbehandlungseinrichtungen stieg mit der Adoleszenz laufend an. Kanner (1971) beobachtete, daß autistische Erwachsene, die jahrelang in Anstalten lebten, oft apathisch wurden und ihre früheren Fähigkeiten verloren. In den letzten Jahrzehnten ist jedoch die Unterbringung in großen Anstalten deutlich zurückgegangen. Heute leben die meisten Erwachsenen mit einer autistischen Störung, die nicht bei ihren Eltern wohnen, in kleineren, zumeist Gemeinde-integrierten Wohneinrichtungen. Zurückgegangen sein dürfte auch der Anteil jener, die bereits relativ frühzeitig (also vor dem frühen Erwachsenenalter) in einem Heim untergebracht werden (Gillberg & Steffenburg 1987; Howlin 1997).

Auf der anderen Seite fand früher selbst von jenen autistischen Jugendlichen und Erwachsenen, die eine relativ gute soziale Anpassung erreicht haben, nur ein Teil bezahlte Arbeit, obwohl sie von ihren Fähigkeiten und ihrer Geschicklichkeit durchaus in der Lage gewesen wären, einer Arbeit nachzugehen (Lotter 1974a,b). Auch hier dürfte sich die Situation in den letzten Jahren durch die besondere Unterstützung bei der Aufnahme einer Beschäftigung gebessert haben (Venter et al. 1992; Howlin 1997). Haupthindernis bei der Aufnahme einer regulären Arbeit scheinen (auf Seiten des Erwachsenen mit einer autistischen Störung) in erster Linie Kommunikationsschwierigkeiten zu sein, ein mangelndes Verständnis sozialer Situationen und eine zu geringe Motivation, Arbeit zu finden, die wiederum mit einem Mangel an Initiative und einem geringen Ehrgeiz einhergeht. Erwachsene mit einer autistischen Störung benötigen deshalb besondere Unterstützung sowohl beim Finden eines Arbeitsplatzes (vor allem den Vorstellungs- und Bewerbungsgesprächen, bei denen autistische Personen große Probleme haben) wie auch bei dem anfänglichen Zurechtfinden auf dem Arbeitsplatz (Gerhardt & Holmes 1997; Howlin 1997).

Die Berufe, die autistische Erwachsene, sofern sie eine Arbeitsstelle finden, ausüben, sind sehr unterschiedlich (Fabrikarbeiter, Gärtner, Laborant, EDV-Spezialist, Bibliotheksangestellte, Bürohilfskraft etc.). Von den Arbeitgebern wird vielfach ihre große Verläßlichkeit und Genauigkeit ebenso wie ihr Arbeitseinsatz positiv betont. Zudem kann ihre Unfähigkeit zur Lüge und Täuschung an der Arbeitsstelle ein wichtiger Vorteil für die Firma sein (Kanner et al. 1972; Howlin 1997).

Die langfristig erreichte soziale Anpassung ist in einem recht hohen Ausmaß von der (in den Längsschnittuntersuchungen bereits in der Kindheit bestimmten) Intelligenz der autistischen Erwachsenen abhängig. Zusätzlich sind jedoch auch die in der Kindheit erzielten Fortschritte in der Sprachentwicklung von großer Bedeutung (Gillberg 1991; Howlin 1997; Venter et al. 1992). Schließlich dürfte auch das Ausmaß an schulischer und außerschulischer Förderung wichtig sein. Die geringen Fortschritte, die in den älteren Längsschnittuntersuchungen festgestellt wurden, können auch darauf zurückgeführt werden, daß viele der untersuchten Erwachsenen als Kinder nur sehr wenig am Schulunterricht hatten teilnehmen können, was in den neueren Längsschnittuntersuchungen kaum mehr der Fall ist (Howlin 1997; Venter et al. 1992).

3.5.1 Die Entwicklung der sozialen Kontaktfähigkeit

Die soziale Ansprechbarkeit vieler Autisten ist bereits im ersten Lebensjahr geringer als die anderer Kinder, aber nur bei etwa einem Fünftel ist eine Störung der Kontaktfähigkeit von Beginn an bemerkbar (DeMyer 1979; Stone 1997). Bei einem Drittel der autistischen Kleinkinder ist die Störung weniger offensichtlich; sie scheinen einfach zufriedener zu sein, wenn sie alleine sind. Manche dieser Kinder wirken auch in ihrer gesamten Motorik schlaff und passen sich in ihrer Körperhaltung wenig ihrem Gegenüber an. Dies dürfte mit einer größeren Passivität mancher autistischer Kinder in den ersten Lebensjahren zusammenzuhängen, so daß zunächst sogar der Eindruck entstehen kann, es handele sich dabei um ein leicht zu pflegendes Kind. In diesen Temperamentseigenschaften finden sich jedoch deutliche Unterschiede zwischen den autistischen Kindern. Ein Teil ist als Säugling und Kleinkind übermäßig empfindlich und durch die Gegenwart anderer sehr leicht irritierbar. Manche dieser Kinder haben aber auch sonst große Schwierigkeiten, sich an Routinen zu gewöhnen und können, wenn sie sich auf einen Ablauf eingestellt haben, auch leichte Umstellungen kaum tolerieren.

Gegen Ende des ersten Lebensjahres werden dann auch bei jenen Kindern, die nicht von Anfang an zurückgezogener waren und weniger Anteil am sozialen Geschehen nahmen, die besonderen Schwierigkeiten im Kontakt zu anderen Menschen offensichtlich: Sie zeigen weniger auf Gegenstände, die sie interessieren, folgen seltener dem Blick der Eltern und beteiligen sich weniger an den altersspezifischen Interaktionsspielen.

Die Kommunikations- und Kontaktprobleme werden auch in einer stärkeren Tendenz zur Zurückgezogenheit sichtbar, die sich bei vielen Kindern im zweiten oder dritten Lebensjahr entwickelt (DeMyer 1979). Die Eltern empfinden dies oft als Rückschritt im sozialen Kontakt, der bei der Hälfte der Kinder allmählich eintritt. Bei den anderen besteht oft ein Zusammenhang mit äußeren Ereignissen, nach denen eine stärkere Tendenz zum Alleinsein beobachtet wurde.

Die Distanz zu anderen Personen zeigt sich in erster Linie gegenüber Besuchern, besonders gegenüber anderen Kindern, für die sich die Mehrzahl der autistischen Kinder kaum interessiert, während sie sich in der Familie kaum zurückziehen, ja zum Teil sogar ein stärkeres Bedürfnis nach Nähe zeigen. Trotzdem fällt auch in der Familie bei vielen Kindern eine geringere Zärtlichkeit und zum Teil auch ein geringeres Bedürfnis nach Zärtlichkeit auf. Gegenüber fremden Personen ist es offensichtlicher, daß autistische Kinder Schwierigkeiten haben, Kontakte einzugehen. Dies kann sowohl zu einem Sich-zurück-ziehen wie auch zu störendem und distanzlosen Verhalten führen. Eine deutliche Tendenz, sich aktiv zurückzuziehen und Kontakte auch äußerlich zu meiden und zwar auch den Eltern gegenüber, ist bei einem Drittel der Kinder im Vorschulalter zu beobachten (Rutter et al. 1967), während andere Kinder in erster Linie durch ihr hyperaktives Verhalten, also durch ungesteuerte motorische Unruhe und Aufmerksamkeitsprobleme auffallen. Es zeigen sich also bereits in diesem Alter stärkere Unterschiede zwischen den autistischen Kindern, auf die Wing und Gould (1979) mit der Unterteilung in drei Formen der Beeinträchtigung des Sozialkontakts hingewiesen hat (siehe Kap. 3.3.4).

Die Fähigkeit, zu anderen Personen Kontakt aufzunehmen, bessert sich bei den meisten autistischen Kindern in der mittleren Kindheit beträchtlich. Nur bei einem Viertel bis zu einem Drittel der autistischen Kinder bleibt die Beziehungslosigkeit unverändert erhalten (Rutter et al. 1967). Vor allem die autistischen Kinder mit einer besseren kognitiven Begabung scheinen später nicht mehr zurückgezogen und in sich verschlossen, im Gegensatz zu denjenigen mit geringerer Allgemeinbegabung (DeMyer et al. 1973). Diese Besserung in den sozialen Beziehungen zeigt sich vor allem gegenüber den Eltern, oft auch gegenüber anderen Erwachsenen, während die Beziehungen zu Gleichaltrigen weiterhin große Schwierigkeiten bereiten. Oft sind autistische Kinder deshalb lieber mit Erwachsenen zusammen, oder sie ziehen das Spiel mit jüngeren Kindern jenem mit Kindern ihres Alters vor. Auch hier geht jedoch mit der Zeit das aktive Vermeiden in das Bemühen über, in das Spiel und die sozialen Beziehungen der Gleichaltrigen einbezogen zu werden. Ihre soziale Ungeschicklichkeit kann allerdings dazu führen, daß sie dabei zum Opfer der Aggressionen anderer Kinder werden, was vor allem bei intelligenteren Kindern, deren Behinderung nicht so offensichtlich ist, ein Problem darstellt (Wolff 1995). Manchmal verhalten sie sich aber auch selbst aggressiv.

Immerhin erscheint auch in der *Adoleszenz* und im *Erwachsenenalter* ein Sechstel der autistischen Personen völlig in die eigene Welt eingeschlossen und beziehungslos zu sein (DeMyer et al. 1973). Bei anderen jedoch nimmt dieser Autismus im eigentlichen Sinn ab. Etwa ein Sechstel der Kinder kann zu einem späteren Zeitpunkt nicht mehr autistisch genannt werden (Rutter et al. 1967). Auch diese Personen zeigen jedoch weiterhin einen Mangel an sozialer Finesse, sind zum Teil taktlos und unangemessen freundlich. Bei einigen scheint später Distanzlosigkeit zu dominieren, sie sind jovial, ihr Verhalten erscheint aber flach und ohne Empathie. Bei der Mehrzahl der Autisten läßt sich auch später noch eine starke Reserviertheit feststellen.

Auch autistische Jugendliche und Erwachsene, die nach außen hin relativ gut angepaßt erscheinen, kennzeichnet ein Mangel an sozialer Wahrnehmungsfähigkeit, an sozialem Know-how und an Gefühlen für andere. Ihr Verhalten ist nicht an sich auffällig, vielmehr lassen es seine mangelnde Anpassung an die sozialen Umstände und die ungenügende Abstimmung des Verhaltens mit den Erwartungen anderer Personen als unangemessen erscheinen (Howlin 1997).

Kanner et al. (1972) meinten, daß die Autisten mit günstigem Verlauf nur einen Kompromiß schließen. Obwohl sie innerlich weiter isoliert sind, wollen sie nach außen hin nicht mehr so erscheinen. Das Leben mit anderen Menschen verliert für sie seinen bedrohlichen Aspekt. Sie suchen selbst den Kontakt zu anderen, zuerst noch mit einer gewissen Angst und Befangenheit, dann mit zunehmender Entschlossenheit. Es gelingt ihnen zwar nicht, echte persönliche Freundschaften aufzubauen, sie scheinen dadurch aber auch nicht besonders frustriert zu sein. Oft versuchen sie Gruppen beizutreten, in denen sie ihren Interessen nachgehen können und anerkannt werden.

Der Versuch, mit anderen Kontakt aufzunehmen, kann jedoch auch scheitern. Das unangemessene Verhalten der Autisten stößt andere oft ab, so daß sie ignoriert oder abgelehnt werden. Erschwert wird die Kontaktaufnahme auch dadurch, daß Autisten häufig übermäßig darauf bestehen, gewisse Routinen einzuhalten, wofür andere nur wenig Verständnis aufbringen. Zudem führt die Tendenz, sich bedrohlich erscheinenden Situationen zu entziehen, auch dazu, daß Kontakte vorzeitig abgebrochen werden.

Intelligentere Autisten werden sich in der Jugendzeit oft schmerzlich ihres Andersseins bewußt. In den günstigeren Fällen hat dies zur Folge, daß sie sich um mehr Anpassung bemühen (Kanner et al. 1972; Bemporad 1979). Nur wenn dieser Schritt getan wird, wenn die Autisten also nicht von Bezugspersonen dazu gedrängt werden, den Kontakt mit anderen zu suchen, kann letztlich eine bessere soziale Anpassung erreicht werden. Eine Gefahr besteht jedoch darin, daß die Schwierigkeiten rationalisiert werden und die Schuld am Mißlingen anderen zugeschoben wird, womit die eigene Kontaktlosigkeit aufrechterhalten wird.

Selbst wenn dieser Schritt gelingt, müssen Bekannte autistischen Jugendlichen und Erwachsenen übermäßig entgegenkommen; Autisten finden daher Freunde in erster Linie über ihre Interessen. Echte Freundschaften entstehen vor allem wegen ihrer mangelnden Reife nur selten. Autistischen Menschen fehlt die Fähigkeit, die Tiefe von Freundschaften zu beurteilen; sie sprechen von Leuten als Freunden, die freundlich zu ihnen sind. Daher erscheinen ihre Vorstellungen von Freundschaft eher naiv (Howlin 1997). Es fällt ihnen auch schwer, wahrzunehmen, wann Freunde von ihrer Gesellschaft genug haben und sie sich besser zurückziehen sollten. Umgekehrt haben sie auch Schwierigkeiten, anderen etwas abzuschlagen und „nein" zu sagen. Dies kann zu Unannehmlichkeiten führen und sie – im schlimmsten Fall – zu einem leichten Opfer von Menschen machen, die ihre Schwäche ausnützen wollen.

Die mangelnde soziale Wahrnehmungsfähigkeit von Autisten hat auch sympathische Züge, da sie sich nur wenig an sozialen Statusmerkmalen orientieren. Sie mögen jene Leute, die zu ihnen freundlich sind und auf die sie selbst einen guten Eindruck gemacht haben. Auf der anderen Seite sind sie wegen des Mangels an sozialer Wahrnehmungsfähigkeit darauf angewiesen, mit Leuten ähnlicher Herkunft zu verkehren. Gelegentlich gelingen jedoch auch Freundschaften bzw. werden autistische Erwachsene leichter von Leuten angenommen, die selbst am Rande der Gesellschaft leben.

3.5.2 Die Entwicklung der Sprache

Bereits die Vorstufen der sprachlichen Kommunikation werden von den Eltern rückblickend oft als abnorm betrachtet. So erscheint das Schreien der Säuglinge den Eltern nicht unmittelbar verständlich zu sein. Das Plappern im ersten Lebensjahr wird oft als reduziert angegeben. Viele Kinder zeigen auch wenig Reaktion auf sprachliche Äußerungen ihrer Eltern und reagieren erst relativ spät auf das Rufen ihres Namens.

Die weitere Sprachentwicklung verläuft dann bei den meisten autistischen Kindern verzögert. Neben einer allgemeinen Verzögerung fallen die starke Passivität in der Sprachproduktion, das lange Dominieren der Echolalie, die Neigung zu einem eigenartigen Gebrauch der Wörter sowie Probleme mit persönlichen Fürwörtern und deiktischen Wörtern auf (Lord & Paul 1997). Neben dem aktiven Sprachgebrauch ist auch das Sprachverständnis von Anfang an relativ gering. Dies unterscheidet autistische Kinder von Kindern mit spezifischen Sprachentwicklungsstörungen, bei denen der aktive Sprachgebrauch zumeist mehr beeinträchtigt ist als das Sprachverständnis.

Etwas über die Hälfte der autistischen Kinder entwickelt bis zum fünften Lebensjahr keine kommunikative Sprachfähigkeit, bei einigen Kindern mit guter sonstiger Begabung entwickelt sich diese jedoch noch später. Es wurden sogar Kinder beschrieben, die erst mit elf oder vierzehn Jahren zu sprechen begonnen haben (Campbell et al. 1978; Windsor, Doyle & Siegel 1994). Auf der anderen Seite kommt es bei einigen Kindern später, vor allem in der Adoleszenz, wieder zu einem deutlichen Rückschritt der sprachlichen Fähigkeiten. Er betrifft alle Bereiche der Sprache und zeigt sich im Wortschatz ebenso wie in der grammatikalischen Kompetenz (Waterhouse & Fein 1984).

Etwa ein Sechstel der Kinder erreicht ein etwa normales Sprachentwicklungsniveau, bei manchen dieser Kinder bleibt jedoch die Intonation weiter auffällig, sie sprechen monoton und hölzern. Der Sprachgebrauch bleibt zudem meist abnorm. Bei jenen Kindern, die eine recht gute Sprachfähigkeit erwerben, entwickelt sich später oft die Tendenz, zuviel zu sprechen, wenn sie an einem Thema besonders interessiert sind. Sie bemerken nicht, daß die Zuhörer nicht das gleiche Ausmaß an Interesse aufbringen, und können Zeichen von Langeweile nicht interpretieren. Auch gehen sie oft auf Einwände anderer nicht ein, das normale Hin und Her eines Gespräches scheint zu fehlen. Sie sind meist schlechte Zuhörer und merken zu spät, daß ihnen jemand etwas erzählen will. Die Fähigkeit, an einem Gespräch teilzunehmen, wird auch dadurch erschwert, daß sie öfters längere Zeit brauchen, um Gehörtes zu verarbeiten, daß sie dies aber den anderen nicht mitteilen. Sie erscheinen dadurch im Gespräch unaufmerksam und sind unfähig, dem Gedankenfluß zu folgen. Da sie die Bedeutung einer Frage schlecht abschätzen können, sind ihre Antworten oft zu lang und zu ausführlich, wohl auch deshalb, weil sie nicht zusammenfassen können. Autisten versuchen Schwierigkeiten beim Verständnis dadurch zu kompensieren, daß sie in ihrer Ausdrucksweise sehr präzise sind. Oder sie beschränken sich im Gespräch auf einige Gegenstände, über die sie sehr informiert sind, um Unsicherheiten zu vermeiden. Sie lesen auch sehr viel, um Informationen zu erlangen, und nicht zum Vergnügen.

Eine Verbesserung in der sprachlichen Verständigungsfähigkeit geht oft der Besserung in den sozialen Beziehungen voraus. Einige autistische Jugendliche sind jedoch sozial gut angepaßt, obwohl sie keine Sprache entwickelt haben. Diese Kinder waren in der Vorschulzeit lange für taub gehalten worden, weil sie nicht auf Geräusche reagiert hatten (Rutter et al. 1967).

Der während des Vorschulalters erreichte Sprachentwicklungsstand ist ein guter prognostischer Indikator für die Weiterentwicklung der sprachlichen Fähigkeit. So waren in der Untersuchung von DeMyer et al. (1973) 65% der im Vorschulalter stummen autistischen Kinder auch bei der Nachuntersuchung während der frühen Adoleszenz stumm, nur 19% hatten einen kommunikativen Sprachgebrauch erworben. Von den im Vorschulalter echolalierenden Kindern waren bei der Nachuntersuchung 20% stumm, 62% hatten einen kommunikativen Sprachgebrauch erworben.

3.5.3 Die Entwicklung kognitiver Fähigkeiten

Viele der intelligenteren autistischen Kinder machen im Vorschulalter deutliche Fortschritte. Vor allem zwischen dem vierten und dem sechsten Lebensjahr zeigt sich eine Verbesserung in mehreren Bereichen, die Eltern und Betreuern Anlaß zur Hoffnung gibt. Die testmäßig erfaßbare Intelligenz verbessert sich im Lauf des Vorschulalters vor allem bei jenen Kindern auffällig, deren sprachliche Fähigkeiten größere Fortschritte machen.

Bei etwa einem Sechstel der autistischen Kinder zeigt sich jedoch auf der anderen Seite eine fortschreitende Retardierung, die zum Teil auf mangelnde Motivation, zum Teil auf mangelnde Anregung durch die Umgebung zurückzuführen ist. Oft läßt sich auch keine erkennbare Ursache finden. Die kognitive Entwicklung der autistischen Kinder wird zusätzlich dadurch beeinträchtigt, daß ihre Neugierde – außer in beschränkten Gebieten – allgemein gering zu sein scheint. Lange Zeit haben sie nur an solchen Gegenständen Interesse, die sie für repetitive Handlungen verwenden können.

Während die mittlere Kindheit bei den meisten autistischen Kindern durch stete Fortschritte in den meisten kognitiven Fähigkeiten gekennzeichnet ist, kommt es bei einer kritischen Entwicklung während der Pubertät zu einem deutlichen Rückschritt, der die nonverbalen ebenso wie die verbalen Fähigkeiten erfaßt (Waterhouse & Fein 1984).

3.5.4 Die Entwicklung ritualisierten und zwanghaften Verhaltens

Der Protest vieler autistischer Kinder gegen jegliche Veränderung in der Umgebung nimmt schon im Vorschulalter deutlich ab. Gelegentlich wird der Wunsch nach Gleichförmigkeit in eingeschränktem Maße aufrechterhalten, so daß etwa nur das eigene Zimmer immer im tadellos gleichen Zustand bleiben muß. Diese Tendenz drückt sich im weiteren Leben auch dadurch aus, daß Autisten Angst vor allen neuen Situationen haben bzw. unvorhergesehene Veränderungen in ihrer Umgebung sie sehr belasten (Rutter et al. 1967; Weber 1970; Howlin 1997).

Mit zunehmender kognitiver Entwicklung geht auch die Beschäftigung mit einfachen repetitiven Handlungen und motorischen Stereotypien zurück, nur die stärker retardierten Kinder behalten solche Verhaltensweisen häufiger bei. Sie können jedoch wieder auftreten, wenn die Anregung durch die Umgebung zu gering ist oder aber, wenn die Kinder stärkerem Stress und Belastungen ausgesetzt sind.

Nur wenige autistische Kinder entwickeln keine abnormen Vorlieben, Sammelbedürfnisse oder Bindungen an bestimmte Gegenstände. Solche Sammlungen werden schon im Vorschulalter angelegt, von einigen Kindern jedoch auch erst im Schulalter. Bei einem Teil, aber nicht bei allen geht die Sammelleidenschaft mit dem Alter zurück. Zum Teil wird auch der Gegenstand dieser Sammelleidenschaft beibehalten und nur weiter differenziert (Howlin 1997). Die Tendenz, an einigen Gegenständen besonderes Interesse zu haben, setzt sich später auch darin fort, daß Autisten nur an bestimmten Themen interessiert sind und in diesen Bereichen ein beträchtliches Wissen erwerben. Dieser Hang zur Ausbildung besonderer Interessen erweist sich insgesamt – wenn er in geeignete Bahnen gelenkt werden kann – für die weitere Entwicklung als günstig.

Einige Autisten entwickeln im Vorschulalter oder im Schulalter eine besondere Vorliebe für Zahlen und beginnen die Welt scheinbar mit diesen Zahlen zu ordnen (ein besonders eindrucksvolles Beispiel wurde von Park & Youderian 1974, beschrieben).

Auch die Vorliebe für bestimmte routineartige Abläufe zeigt sich sehr früh und wird im höheren Alter beibehalten, die Rituale, denen ältere autistische Kinder und Erwachsene nachgehen, sind allerdings komplexer. Bereits in der frühen Kindheit können sich Zwänge entwickeln, die manchmal aus einer Faszination für bestimmte Dinge erwachsen und die beträchtliche Ängste verursachen können (z. B. aus einer Faszination für elektrische Geräte die Furcht, diese Geräte zu berühren, siehe Howlin 1997).

3.5.5 Die Entwicklung aggressiven und selbstverletzenden Verhaltens

Bei autistischen Kindern im Vorschulalter erleben die Eltern vor allem unmotiviert erscheinende aggressive Handlungen, Zerstörungsdrang sowie den Drang zum selbstverletzenden Verhalten als ernste Probleme. Einige autistische Kinder werden wegen der Angst der Eltern, sie könnten die Geschwister bzw. andere Personen verletzen, während der Schulzeit in Institutionen untergebracht. Mit zunehmendem Alter läßt sich eigentlich keine Zunahme der Aggression feststellen, auch nicht während der Adoleszenz. Mit zunehmender körperlicher Reife und Größe wird die Gefahr, die von diesen aggressiven Handlungen ausgeht, von den Eltern jedoch höher bewertet (Rutter et al. 1967). Unmotivierte Affektausbrüche gehen mit dem Alter eher zurück, jedoch sind diese bei stärker retardierten autistischen Kindern auch später noch zu beobachten (Campbell et al. 1978).

Mit zunehmendem Alter nimmt auch das selbstverletzende Verhalten ab, bei einigen autistischen Kinder zeigt sich jedoch eine Zunahme während der Pubertät, die nach einiger Zeit wieder abklingt (Rutter et al. 1967).

Die im Vorschulalter häufig auftretende motorische Unruhe autistischer Kinder geht später oft in eine Lethargie und Antriebsschwäche über (Ando & Yoshimura 1979; Campbell et al. 1978; Rutter et al. 1967; Weber 1970).

3.5.6 Affektive Entwicklung

Der emotionale Ausdruck autistischer Kinder wird in der Vorschulzeit oft deshalb als abnorm empfunden, weil diese Kinder in vielen Situationen einen eher flachen, uninteressierten Eindruck machen, der von extremen Gefühlsausbrüchen unterbrochen werden kann. Nach DeMyer (1979) zeigt etwa ein Drittel der autistischen Kinder in den ersten Lebensjahren extreme Wutanfälle.

Ängste sind im Vorschulalter bei etwa einem Zehntel der Kinder ein ernstes Problem, bei einem Fünftel der Kinder wird das Verhalten zumindest in gewissen Lebensbereichen durch starke Angst behindert. Solche Angstattacken nehmen mit zunehmendem Alter ab (Campbell et al. 1978; Weber 1970). Die Kontrolle und Beherrschung eigener Emotionen bereitet aber auch autistischen Erwachsenen oft weiterhin Probleme. Unbedeutende Anlässe können Verzweiflungsreaktionen auslösen, autistische Jugendliche und Erwachsene verlieren allzu leicht ihr inneres Gleichgewicht. Eine Einzeltherapie kann daher in bestimmten Entwicklungsphasen von großem Nutzen sein, damit autistische Kinder und Jugendliche etwas mehr Verständnis für ihre Gefühle bekommen und erfahren, daß diese ernst genommen werden und für andere von Bedeutung sind (Bemporad 1979; Howlin 1997).

Wenn autistische Jugendliche oder Erwachsene rückblickend gefragt werden, was sie in ihrer Kindheit empfunden hätten, so scheint Verwirrung und schreckliche, terrorisierende Angst infolge der wechselnden Umwelteindrücke und der Unvorhersagbarkeit in der Umgebung ein dominierendes Thema zu sein (Bemporad 1979). Es fällt jedoch auch auf, wie spärlich das innere Leben autistischer Erwachsener entwickelt ist; sie berichten wenig über Tagträume und Phantasien, auch nächtliche Träume werden kaum erinnert.

3.5.7 Sexualität und sexuelle Schwierigkeiten

Viele autistische Jugendliche und Erwachsene haben – wie andere ihres Alters – das Bedürfnis nach einem sexuellen Partner. Manchmal ist es nur ein vages Gefühl, es sei notwendig, sich auch in den Beziehungen zum anderen Geschlecht an das Verhalten anderer anzupassen (Kanner et al. 1972). Bei anderen ist der Wunsch nach einem Partner sehr stark und führt wegen der Schwierigkeiten, eine solche Beziehung aufzubauen, zu beträchtlichem Leid (Howlin 1997).

Versuche, derartige Kontakte zu entwickeln, werden meist nur sporadisch unternommen und bringen selten Erfolg. Auch im Vergleich zu geistig behinderten haben autistische Erwachsene deutlich weniger Erfahrungen mit Zärtlichkeiten und sexuellen Kontakten (Ousley & Mesibov 1991). Die meisten aber haben ein Interesse an solchen Kontakten und ihr Wissen über Sexualität ist nicht geringer als jenes von nicht-autistischen Personen des gleichen kognitiven Entwicklungsstands. Allerdings besteht kein Zusammenhang zwischen dem Wissen und der eigenen Erfahrung. Für manche Autisten ist es sehr schmerzhaft, daß sie keine Beziehung aufbauen können und ihre Annäherung zurückgewiesen wird (Dewey & Everard 1974; Howlin 1997). Andere empfinden eher ein Gefühl der Erleichterung, wenn sie die Bemühungen, in einen näheren Kontakt zu Personen des anderen Geschlechtes zu treten, aufschieben können oder ganz aufgeben.

Die Schranke scheint bei Autisten bereits in den ersten Stadien des Kennenlernens und von Intimität, im Senden und Aufnehmen von Zeichen des Interesses am anderen zu bestehen. Ihr Verhalten erscheint dabei oft sehr naiv. Wegen der Schwierigkeiten, sich dem anderen verständlich zu machen und sein Verhalten richtig zu interpretieren, erleben autistische Erwachsene manche Enttäuschungen. Deshalb sehen sie es oft als sicherer an, nicht den eigenen Impulsen zu folgen, wenn sie jemanden attraktiv finden.

Wegen ihrer Probleme bei der Imitation von Verhalten haben Autisten auch keine Möglichkeit, ihre Geschlechtsrolle im Rollenspiel einzuüben, obwohl viele in der Adoleszenz bereits eine Vorstellung über Geschlechtsunterschiede und eine Geschlechtsidentität entwickeln (DeMyer 1979).

Über das Ausmaß sexueller Probleme bei autistischen Jugendlichen ist nicht viel bekannt. Von manchen werden diese Probleme als nicht sehr groß eingeschätzt, soweit sich dies am Verhalten ablesen läßt (Rutter et al. 1967). Ein Teil der Autisten masturbiert jedoch exzessiv, woraus sich Schwierigkeiten ergeben können, da sie die soziale Angemessenheit ihres Verhaltens nicht berücksichtigen können. Anstelle der Masturbation entwickelt sich häufig auch eine tickartige Gewohnheit, die Genitalien zu berühren. Ebenso kann es zu sozial unangemessenen Formen der sexuellen Selbststimulation kommen, etwa dem Reiben der Genitalien an anderen Personen. Problematisch ist ferner, daß Autisten später als normale Adoleszenten ein Gefühl für einen privaten Raum und ein Bedürfnis danach, sich zurückzuziehen, entwickeln.

Zwischen dem Auftreten sexueller Spannungen während der Pubertät und der Zunahme von Stereotypien, die bei einem Teil der Autisten in dieser Zeit zu beobachten ist, kann ein Zusammenhang bestehen.

Interpretation

Wir müssen annehmen, daß im ersten Lebensjahr die Ausbildung einfacher Reiz-Reaktions-Schemata im Vordergrund steht. Eine Zusammenschau verschiedener Dinge, die Bildung übergreifender Ordnungsprinzipien und Ordnungsstrukturen werden erst allmählich ausgebildet. Folglich kommt die autistische Störung in diesem Alter kaum zum Ausdruck.

Nach dem vierten Lebensjahr aber gelingt es dem autistischen Kind teilweise, das Defizit an intuitiver Zusammenschau durch die Ausbildung von Schemata zu kompensieren.

Das Jugendalter ist charakterisiert durch eine Reihe an neuen Anforderungen: Aufbau von Freundschaften, Übernahme der Berufsrolle, Eingehen intimer Beziehungen. Neue, sehr komplexe Situationen sind zu bewältigen, die – soweit Rituale fehlen – intuitiv erfaßt werden müssen. Es wiederholt sich hier die Situation aus der Zeit vor dem vierten Lebensjahr, wo ebenfalls für die neuen Anforderungen die intuitive Informationsverarbeitung nicht verfügbar war und ein gewisser Grad an Anpassung erst nach der Ausbildung kompensatorischer Schemata gelang.

Das Sozialverhalten der erwachsenen Autisten gleicht noch immer mehr einer einstudierten Rolle als dem spontanen Reagieren auf eine soziale Situation. Auch beim Mangel an sozialer Wahrnehmungsfähigkeit und an Gefühlen für andere handelt es sich vor allem um die fehlende Fähigkeit, sich in den anderen hineinversetzen zu können. Daß das Sozialverhalten insgesamt dabei verkümmert, ist als Folge zu sehen. Insofern, so müssen wir annehmen, wird die soziale Integration vom Autisten selbst nur partiell erfahren und wahrgenommen, da zu ihrer vollen Wahrnehmung das Sichhineinversetzen in andere Menschen nötig wäre. Aus demselben Grunde können auch Freundschaften kaum gelingen. Autisten sind immer darauf angewiesen, daß andere Menschen sie verstehen und sich ihnen anpassen, um ihnen damit selbst die Anpassung zu erleichtern bzw. ihnen zu ermöglichen, das Sozialverhalten mit Hilfe von Routinen abzuwickeln.

Viele Aggressionen, Wutausbrüche und Autoaggressionen sowie ein Teil der Ängste sind darauf zurückzuführen, daß trotz aller Versuche der Umgebung, auf das autistische Kind und später auf den autistischen Erwachsenen einzugehen, diesen trotzdem tiefgreifende Frustrationen nicht erspart bleiben. Zu verschieden ist die Welt des autistischen Menschen von der unseren. In diesem Zusammenhang ist aufschlußreich, was Autisten rückblickend über ihre Kindheit sagen: In der Erinnerung erscheint ihnen die Kindheit als eine große Verwirrung. Sie erinnern sich an schreckliche, terrorisierende Ängste, die durch wechselnde Umgebungseindrücke und durch die Unvorhersehbarkeit in der Umgebung hervorgerufen wurden. Das autistische Kind, das nicht mit intuitivem Vorverständnis Prozesse und soziale Fakten interpretieren kann, fühlt sich – so müssen wir annehmen – in unserer Welt wie in einer fremden, unberechenbaren Welt voller Willkür. Da es ihm nur wenig gelingt, Beziehungen einzugehen, bleibt es in dieser Willkür mit sich alleine und kann an anderen Menschen wenig Halt und Orientierung finden.

An dieser Stelle drängt sich die Frage nach dem subjektiven biographischen Weltbild des autistischen Menschen auf. Nimmt er sein Leben überhaupt chronologisch wahr? Wieweit werden Ereignisse zeitlich vorweggenommen? Wieweit rückblickend reflektiert?

Wir wissen, daß es Autisten schwer fällt, Ereignisse im Zeitschema zu ordnen, deshalb vermuten wir, daß ihr Erleben eher zeitlos ist und daß nur eine rudimentäre Vorstellung von der eigenen Vergangenheit besteht und Zukunftsperspektiven fehlen. Wie ein aufschlußreiches Experiment von O'Connor & Hermelin (1978) zeigt, tendieren Autisten dazu, auch zeitliche Prozesse – soweit möglich – im Raumschema zu ordnen. Die Zeit als Ordnungsschema ist Voraussetzung für das Verständnis von Biographien und für die Ausbildung eines eigenen Geschichtsbewußtseins. Sie ist ferner Voraussetzung für die Zukunftsorientierung, für das Aufstellen und Ausführen von Plänen, wie überhaupt für die Entwicklung von Lebensperspektiven. Möglicherweise hängen die Schwierigkeiten autistischer Menschen mit exekutiven Funktionen mit der mangelhaften Fähigkeit zusammen, sich im Zeitschema zu bewegen. Das Bewußtsein autistischer Kinder – so müssen wir annehmen – ist nahezu zeitlos. Wir gewinnen eine Vorstellung von den weitreichenden Auswirkungen auf ihr Weltbild, wenn wir uns ihre Geschichten anhören. Diese Geschichten, die sich autistische Kinder gelegentlich ausdenken, bestehen meist in einem Aufzählen von Dingen und Ereignissen und nicht in der Beschreibung eines Prozesses. Auffällig ist vor allem das Fehlen der Zeitdimension. Daß dieses Erlebnisbild sich besonders im Bereich sozialer Interaktionen auswirkt, die ja durch und durch prozeßhaft sind, liegt auf der Hand.

Wir müssen annehmen, daß autistischen Kindern die Zeitdimension auch im Erleben fehlt, so daß vergangene Ereignisse als gegenwärtig erlebt werden. Wir müssen außerdem annehmen, daß dies auch für das Erleben dramatischer Ereignisse gilt. Dramatische Erlebnisse können nicht in dem Sinne verarbeitet werden, daß sie für die Person zur Vergangenheit werden und ein Neuanfang möglich ist. Sie werden vielmehr als etwas erlebt, das jederzeit und an jedem Ort wieder auftreten kann. Eine Verarbeitung im eigentlichen Sinne gibt es nicht. Dieser Aspekt des Weltbildes des autistischen Kindes erscheint uns vor allem bedeutsam im Zusammenhang mit Therapie bzw. Erziehung. Sicherlich können Erlebnisse einfach vergessen werden, aber sie können sie nicht so verarbeiten, daß sie zwar noch bewußt sind, aber doch der Vergangenheit angehören. Vielleicht ist dieser Aspekt auch in der Erziehung des normalen Kindes bedeutsamer, als wir bisher angenommen haben, da auch das normale Kind nur begrenzt in der Lage ist, Ereignisse im Zeitschema zu ordnen. Damit müßte auch für das normale Kind gelten, daß vergangene Ereignisse, soweit es sich daran noch erinnert, wie gegenwärtige Ereignisse erfahren werden, als Erlebnisse also, die nicht einfach der Vergangenheit angehören, sondern jederzeit wieder erlebt werden können.

3.6 Somatische Faktoren in der Genese des frühkindlichen Autismus

Untersuchungen der letzten Jahre haben eindeutige Belege dafür erbracht, daß genetische Faktoren an der Entstehung dieser Krankheit beteiligt sind, wenn es sich nicht überhaupt um eine genetisch bedingte Störung handelt. Darauf deuten sowohl das mehrmalige Auftreten des frühkindlichen Autismus oder leichterer Beeinträchtigungen der Kommunikation, des Sozialverhaltens und der Imagination in manchen Familien als auch Zwillingsuntersuchungen hin.

Bei einem Teil der autistischen Kinder treten Symptome des Autismus assoziiert mit Krankheiten auf, die zu einer zerebralen Funktionsstörung führen. Bei einigen dieser Krankheiten scheint die Assoziation mit dem frühkindlichen Autismus enger zu sein, als vom Zufall her zu erwarten ist. Das Ausmaß und die Bedeutung dieser Assoziation sind derzeit umstritten. Da diese Krankheiten in erster Linie bei autistischen Kindern auftreten, die gleichzeitig eine geistige Behinderung aufweisen, könnte es auch sein, daß es sich dabei nicht so sehr um die Ursachen der autistischen Störung, sondern um jene der geistigen Behinderung handelt. Möglicherweise zeigen manche dieser Kinder nicht das Vollbild des frühkindlichen Autismus, sondern nur eine ähnliche Beeinträchtigung, die dem Spektrum der umfassenden Entwicklungsstörungen zuzuordnen ist.

Unabhängig davon, was nun die biologischen Ursachen der autistischen Störung sind, geht es in jedem Fall darum, die Art der zerebralen Funktionsstörung zu klären. Dazu dienen neuropathologische Untersuchungen ebenso wie neurochemische, neurophysiologische und neuropsychologische.

3.6.1 Genetische Faktoren

Eine Zusammenschau verschiedener Familienuntersuchungen, in die auch die Geschwister von Personen mit einer autistischen Störung einbezogen wurden, zeigt, daß etwa 2–3 % der Geschwister ebenfalls das Erscheinungsbild des frühkindlichen Autismus aufweisen (Smalley et al. 1988). Dieser Anteil ist deutlich höher, als nach der Auftretenshäufigkeit des Syndroms in der Gesamtbevölkerung zu erwarten wäre. Das häufigere Vorkommen der autistischen Störung in Familien läßt sich auch bei sorgfältiger Untersuchung aller Geschwister autistischer Personen und beim Vergleich mit den Geschwistern von Personen mit einem Down-Syndrom bestätigen (Bolton et al. 1994). Von den Geschwistern der Personen mit einem Down-Syndrom zeigte keines eine autistische Störung, hingegen 3% der Geschwister von Personen mit einer autistischen Störung. Weitere 3% der Geschwister von autistischen Personen wiesen eine atypische autistische Störung auf.

In den vier bisher veröffentlichten größeren Zwillingsuntersuchungen (aus Großbritannien: Folstein & Rutter 1977; Bailey et al. 1995; aus den USA: Ritvo et al. 1985; aus Skandinavien: Steffenburg et al. 1989) wurde eine sehr hohe Konkordanz bei monozygoten, nicht aber dizygoten Zwillingen festgestellt (paarweise Konkordanzrate bei eineiigen Zwillingen von etwa 90%, während sie bei zweieiigen Zwillingen nur wenige Prozent beträgt). Daraus ergibt sich eine Heritabilität der autistischen Störung von 91–93% (Bailey et al. 1995).

Auffälliger noch als das vermehrte Auftreten des gleichen Syndroms bei Geschwistern und eineiigen Zwillingen ist die relativ große Häufigkeit, mit der Geschwister autistischer Personen Einschränkungen im Sozialverhalten, in der Kommunikation bzw. der sprachlichen Entwicklung und in der Ausbildung von Interessen bzw. der Imagination (starke Rigidität, umschriebene Interessen, Zwänge und repetitives Verhalten) zeigen (Bolton et al. 1994; Rutter et al. 1997). Solche Auffälligkeiten sind bei engerer Definition, d. h. in zweien von drei Bereichen, bei 12,4% der Geschwister einer autistischen Person festzustellen. Bei weiterer Definition (in einem von drei Bereichen) sind diese Auffälligkeiten bei 20,4% der Geschwister vorhanden, während sie bei Geschwistern von Personen mit Down-Syndrom nur bei 1,6% bzw. 3,2% beobachtet werden.

Zudem finden sich – wie berichtet – auch bei den Eltern autistischer Patienten vermehrte Auffälligkeiten, die ebenfalls die Trias Einschränkung der sozialen Kontakte, der Kommunikation und der Interessen betreffen, allerdings sind sie bei den Eltern deutlich seltener als bei den Geschwistern (Bolton et al. 1994). Betroffen sind vor allem männliche Angehörige ersten Grades (bei weiter Definition 22,2% gegenüber 7,1% der weiblichen Angehörigen).

Es wurden verschiedene Faktoren getestet, die einen Einfluß auf das familiäre Auftreten haben könnten (Bolton et al. 1994). Die größere Häufigkeit von Angehörigen mit ähnlichen Beeinträchtigungen war nicht darauf zurückzuführen, daß einige wenige Familien in hohem Ausmaß betroffen waren. Vielmehr wurden Auffälligkeiten bei einem Verwandten ersten Grades in etwas mehr als 40% der Familien angetroffen. Die Wahrscheinlichkeit, daß ein Verwandter ersten Grades eine Variante der autistischen Störung zeigte, war um so größer, je höher die Intelligenz und vor allem je höher die verbale Begabung des autistischen Patienten war. Zudem wiesen auch die

Patienten mit einer ausgeprägteren autistischen Störung eine höhere familiäre Belastung auf.

Die bisherigen Befunde lassen eine endgültige Klärung des genetischen Übertragungsmodus noch nicht zu (Rutter et al. 1997). Weder die Bemühungen, über eine Linkage-Analyse die verantwortlichen Gene zu lokalisieren, noch molekulargenetische Untersuchungen an jenen Chromosomenstellen, deren Veränderung zu einer größeren Häufigkeit autistischer Verhaltensweisen führt (wie dem Xp27), haben bisher zu eindeutigen Ergebnissen geführt.

Vor allem ist unklar, ob es sich um eine in Bezug auf die Genetik homo- oder heterogene Störung handelt. Wenn man von einer homogenen Störung ausgeht, so scheint klar, daß es sich um eine polygenetisch übertragene Störung handeln muß, da der Unterschied zwischen der Wahrscheinlichkeit des Auftretens bei mono- und bei dizygoten Zwillingen sehr groß ist, also ein gemeinsames Vorkommen mehrerer Gene erforderlich ist, damit die Störung zum Ausbruch kommt.

Es kann allerdings sein, daß es sich beim frühkindlichen Autismus um eine genetisch heterogene Störung handelt. So zeigt etwa die Untersuchung von Bolton et al. (1994), daß die familiäre Belastung bei autistischen Personen, die keine Sprache entwickeln, in keinem Zusammenhang mit dem Schweregrad der autistischen Störung steht, während sie bei autistischen Personen, die Sprache entwickelt haben, einen solchen Zusammenhang aufweist. Es könnte auch sein, daß autistische Personen mit einer schweren geistigen Behinderung eine andere genetische Belastung aufweisen als die übrigen autistischen Personen, da bei ihnen unter den Angehörigen vermehrt eine geistige Behinderung ohne eine autistische Störung angetroffen wird, was bei den übrigen autistischen Personen nicht der Fall ist (August et al. 1981; Rutter et al. 1997). Auch die hohe Konzentration von Serotonin in den Blutblättchen, die bei einem Teil der autistischen Personen festzustellen ist, könnte ein Hinweis für eine genetische Heterogenität sein, da dieses Merkmal familiär gehäuft vorkommt (Piven et al. 1991b).

3.6.2 Prä- und perinatale Risikofaktoren

Mehrere Untersuchungen, darunter auch prospektive Erhebungen (Torrey et al. 1975), haben gezeigt, daß die prä- und perinatale Entwicklung autistischer Kinder relativ häufig unter biologisch ungünstigen Bedingungen stattgefunden hat. Bei einem beträchtlichen Teil dieser Kinder sind während der Schwangerschaft, der Geburt und der frühen postnatalen Entwicklung Ereignisse dokumentiert, die das

Risiko einer Schädigung des Zentralnervensystems erhöhen. So hatten etwa in einer epidemiologischen Studie in Göteborg (Gillberg & Gillberg 1983) 48% der autistischen Kinder nach detailliert geführten Schwangerschafts- und Geburtsaufzeichnungen Optimalitätsindizes (nach Prechtl 1980), die deutlich ungünstiger als jene der Kontrollgruppe waren.

Die Bedeutung dieser Befunde für die Ursachenerklärung der autistischen Störung wird jedoch aus zwei Gründen zurückhaltend eingeschätzt. Einerseits handelt es sich zumeist um geringere Auffälligkeiten, die nach heutigem Wissen kein hohes Risiko einer Schädigung des Zentralnervensystems mit sich bringen, wie dies etwa für Frühgeburten oder Asphyxie gilt, Risikofaktoren, die oft in der Vorgeschichte von zerebral-paretischen Kindern festgestellt werden. Zudem wurde von Bolton et al. (1997) festgestellt, daß prä- und perinatale Risikofaktoren vor allem bei autistischen Personen festzustellen sind, die eine hohe familiäre Belastung aufweisen, bei denen also deutliche Hinweise auf eine genetische Verursachung bestehen. Dies macht sehr wahrscheinlich, daß die ungünstige pränatale Entwicklung Folge einer genetisch bedingten Beeinträchtigung ist.

3.6.3 Frühkindlicher Autismus im Rahmen spezifischer Erkrankungen

Die Bedeutung spezifischer Erkrankungen als Ursache des frühkindlichen Autismus wird sehr unterschiedlich bewertet. Während Gillberg (1990, 1992) davon ausgeht, daß bei etwa einem Drittel der Personen mit frühkindlichem Autismus neurologische Krankheiten diagnostiziert werden können, trifft dies nach Lord und Rutter (1994) nur bei 10–15% zu. Die Ursachen für diese diskrepanten Einschätzungen liegen einmal darin, daß Lord und Rutter (1994) von einer engeren Diagnosenstellung beim frühkindlichen Autismus ausgehen und Fälle mit schwerer geistiger Behinderung, bei denen ebenfalls Beeinträchtigungen der Kommunikation sowie des Sozialkontakts und Stereotypien zu beobachten sind, eher zu den atypischen Störungen rechnen, während sie Gillberg einbezieht. Andererseits dürfte nach Lord und Rutter (1994) in manchen Fällen die Diagnose spezifischer Erkrankungen auch zu großzügig erfolgt sein (etwa im etwas später zu besprechenden Fall des fragilen X-Syndroms).

Vor allem bei zwei spezifischen medizinischen Syndromen wird ein überzufällig häufiges Vorkommen einer autistischen Störung diskutiert: bei der tuberösen Sklerose und bei dem fragilen X-Syndrom. In beiden Fällen handelt es sich um eine genetisch bedingte Erkrankung.

Bereits frühzeitig wurde bei mehreren autistischen Kindern das Auftreten einer *tuberösen Sklerose* berichtet (Taft & Cohen 1971; Mansheim 1979). Bei dieser Krankheit mit einer Häufigkeit von 1 : 10.000 kommt es zu einem abnormen Gewebewachstum mit der Bildung gutartiger Tumore im Gehirn sowie in vielen anderen Organen (der Haut, den Nieren, der Lunge etc.), die zu einem sehr unterschiedlichen Beschwerdebild, bei mehr als der Hälfte der Erkrankten jedoch zu geistiger Behinderung und vor allem zu epileptischen Anfällen führen. Es handelt sich um eine autosomal dominante genetische Störung, für die zwei Gene (jeweils bei verschiedenen Personen) verantwortlich sind, eines auf Chromosom 9, das andere auf Chromosom 16. Systematischere Studien, die in den letzten 10–15 Jahren durchgeführt wurden, kamen auf einen recht hohen Anteil an Erkrankten, bei denen die Diagnose einer autistischen Störung gestellt wurde, allerdings mit einer großen Streubreite von 17–61 % (Dykens & Volkmar 1997), wobei sorgfältigere Untersuchungen der psychischen Auffälligkeiten meist zu niedrigeren Schätzungen führen. Die Erkrankung an einer tuberösen Sklerose bei Personen mit einer autistischen Störung ist demnach im allgemeinen mit einer geistigen Behinderung sowie epileptischen Anfällen verbunden und wird insgesamt in verschiedenen Studien mit 0.4–2.8 % angegeben (Dykens & Volkmar 1997).

Das *fragile X-Syndrom* (fra X) oder Marker-X-Syndrom, das vor allem bei Jungen auftritt, ist durch eine leichte bis schwere geistige Behinderung, Sprachanomalien und verschiedene leichtere Mißbildungen (und nach der Pubertät mit vergrößerten Hoden) gekennzeichnet und stellt eine der häufigsten Ursachen der geistigen Behinderung dar. Dieses Syndrom wurde erstmals 1943 von Martin und Bell klinisch beschrieben; in den 70er Jahren wurde eine brüchige Stelle am langen Arm des X-Chromosoms festgestellt, die unter speziellen Bedingungen (folsäurearmes Kulturmedium) sichtbar gemacht werden kann. Das für die Störung verantwortliche Gen (FMR-1) konnte identifiziert und seine Strukturanomalie teilweise aufgeklärt werden, so daß heute eine Diagnose des Syndroms mit Methoden der Molekulargenetik möglich ist (für einen aktuellen Überblick über dieses Syndrom siehe Dykens et al. 1994). Diese neuen Methoden haben geklärt, daß sich die genetische Störung durch Mutation allmählich entwickelt und von einer Generation zur nächsten übertragen werden kann, bis es zur vollen Ausprägung des klinischen Syndroms kommt. Ein größerer Teil der Kinder mit dem fragilen X-Syndrom weist wesentliche Symptome des frühkindlichen Autismus auf – geringen Blickkontakt, Verzögerung der Sprachentwicklung mit Echolalien und Perseveration,

Stereotypien, übermäßige Sensitivität auf Geräusche und Beeinträchtigung des Sozialkontakts. In ersten Untersuchungen wurde demnach relativ häufig die Diagnose eines frühkindlichen Autismus gestellt (Meryash et al. 1982; Brown et al. 1982; August & Lockhart 1984), wie auch umgekehrt bei vielen autistischen Kindern die Diagnose eines fragilen X-Syndroms gestellt wurde. Allerdings gab es dabei große Schwankungen. Es zeigten sich eine Reihe von Problemen bei dieser Diagnosenstellung, die dazu führten, daß die Häufigkeit, mit der bei autistischen Kindern ein fragiles X-Syndrom diagnostiziert wird, in den letzten Jahren deutlich zurückgegangen ist (Dykens & Volkmar 1997). Dies ist einerseits darauf zurückzuführen, daß die Diagnose des fragilen X-Syndroms eindeutiger wurde, seitdem sie aufgrund molekulargenetischer Untersuchungen gestellt werden kann, und außerdem für die zytogenetische Untersuchung Kriterien eingeführt wurden, die Zufallsbefunde ausschließen. Andererseits wurden auch die Unterschiede im Verhalten zwischen autistischen Kindern und dem Verhalten vieler Kinder mit einem fragilen X-Syndrom klarer. Die Kommunikationsprobleme von Kindern mit fragilem X-Syndrom dürften demnach mehr auf sozialer Ängstlichkeit und damit verbundenen Verhaltensweisen (etwa einer Vermeidung des Blickkontakts trotz freundlicher Zugewandtheit) beruhen und nicht auf jenen basalen Schwierigkeiten im sozialen Austausch wie beim frühkindlichen Autismus. Nach Lord und Rutter (1994) dürfte nur bei etwa 2.5 % der Personen mit frühkindlichem Autismus ein fragiles X-Syndrom vorliegen. Trotzdem wird empfohlen, eine spezielle genetische Untersuchung zu veranlassen, wenn bei männlichen Geschwistern autistischer Kinder eine geistige Behinderung und wenn bei den autistischen Kindern selbst leichte körperliche Mißbildungen (ab der Pubertät vor allem eine Hodenvergrößerung) festgestellt werden.

Andere spezifische Erkrankungen, bei denen das Auftreten einer autistischen Störung beobachtet wurde: In seltenen Fällen kann frühkindlicher Autismus auch im Rahmen metabolischer (durch Stoffwechselstörungen bedingter) Erkrankungen auftreten. So wurden einige Fälle beschrieben, bei denen die Kinder neben einem frühkindlichen Autismus gleichzeitig an folgenden Störungen litten (Gillberg & Coleman 1992):

- Phenylketonurie: Bei dieser Krankheit (in der häufigsten Form eine rezessiv erbliche Stoffwechselanomalie infolge eines Enzymdefektes mit Störung des Umbaus von Phenylalanin zu Tyrosin) kommt es, wenn nicht rechtzeitig mit einer Behandlung begonnen

wird, gelegentlich zum Symptombild des frühkindlichen Autismus. Allerdings wird heute meist ein Neugeborenen-Screening durchgeführt und frühzeitig eine Behandlung eingeleitet, so daß dies nicht mehr häufig der Fall sein dürfte.
- Störung des Purin-Stoffwechsels und Hyperurikämie (Vermehrung der Harnsäure im Blut).
- Histidinämie (seltene, autosomal rezessiv erbliche Störung des Histidin-Abbaues infolge Fehlens der Histidase).
- Störungen des Mucopolysaccharidstoffwechsels wie Morbus Pfaundler-Hurler und Sanfilippo-Syndrom.

In einer Reihe von Fällen wurde ein Zusammenhang zwischen intrauterinen Infektionen und frühkindlichem Autismus berichtet (z. B. Stubbs et al. 1984), wobei verschiedene Infektionen als Ursache identifiziert wurden: Röteln, Zytomegalievirus, Varizellen (Windpocken), Toxoplasmose, HIV und Treponema pallidum (Syphilis). In neuerer Zeit wurden auch Beobachtungen, daß autistische Kinder vermehrt im März und August geboren werden, als Hinweis auf mütterliche Infektionen während der Schwangerschaft interpretiert. Eine Häufung von Geburten autistischer Kinder zu bestimmten Jahreszeiten konnte aber nicht verläßlich bestätigt werden (Bolton et al. 1992). Gegen einen Zusammenhang mit intrauterinen Infektionen spricht, daß die Kinder, bei denen diese Infektionen festgestellt wurden, ein eher untypisches autistisches Erscheinungsbild zeigten, daß autistische Symptome erstmals nach dem 30. Lebensmonat auftraten und sich später auch wieder zurückbildeten (Chess 1977), was bei Kindern mit einer autistischen Störung sonst sehr selten beobachtet wird (Dykens & Volkmar 1997).

Frühe Untersuchungen an autistischen Kindern fanden kaum Chromosomenanomalien, in den letzten Jahren aber wurden durch sorgfältige Untersuchungen mehrere Chromosomenanomalien bei autistischen Kindern nachgewiesen. So führen Gillberg und Coleman (1992) die Deletion und Translokation von Teilen der Chromosomen 19 und 23 an, wobei vor allem Veränderungen am Chromosom 15 häufiger vorkommen dürften. Auch bei der häufigsten chromosomal bedingten Störung, dem Down-Syndrom, kommt es gelegentlich zu autistischen Symptomen (siehe auch Howlin et al. 1995). Die Häufigkeit derartiger Chromosomenanomalien (außer dem fragilen X-Syndrom) wird von Bailey et al. (1996) etwa 5% der Personen mit einer autistischen Störung eingeschätzt, was groß genug wäre, um bei allen autistischen Personen eine Routineuntersuchung der Chromosomen zu veranlassen. Ihre Bedeutung für die Entstehung der autistischen

Störung bei den Betroffen ist jedoch fraglich bzw. dürfte eher gering sein. Ferner liegen, wie die Übersicht von Gillberg und Coleman zeigt, Beobachtungen über das gemeinsame Vorkommen von frühkindlichem Autismus und folgenden Störungen vor: Neurofibromatose, Hypomelanose von Ito, Joubert-Syndrom, Moebius-Syndrom, Sotos-Syndrom (cerebraler Gigantismus), Gilles de la Tourette-Syndrom (wobei allerdings auf das Auftreten von Tourette-ähnlichen Symptomen nach langer Einnahme von Neuroleptika geachtet werden muß). Zudem gibt es noch Berichte über einzelne Fälle bei einer Reihe anderer Krankheiten, z. B. bei Mißbildungssyndromen, wie dem Noonan-Syndrom (Paul et al. 1983) (für eine Übersicht siehe Gillberg & Coleman 1992).

3.6.4 Strukturelle Veränderungen des Zentralnervensystems

Die Darstellung der Hirnstrukturen mit der Computer-Tomographie (röntgendiagnostisches Verfahren, durch den Einsatz eines Computers ausgewertet) hat eine relativ hohe Rate von leicht auffälligen bis eindeutig pathologischen Befunden bei Personen mit frühkindlichem Autismus ergeben. Ein Großteil dieser Störungen ist allerdings auf das gleichzeitige Auftreten anderer neurologischer Auffälligkeiten sowie einer geistigen Behinderung bei den untersuchten Personen zurückzuführen. Wenn man die Untersuchung auf Personen mit frühkindlichem Autismus beschränkt, die keine neurologischen Auffälligkeiten zeigen, so lassen sich mit den derzeit verfügbaren bildgebenden Methoden deutlich weniger Abweichungen der Hirnstruktur nachweisen (Minshew & Dombrowski 1994; Minshew et al. 1997). Durch die Einführung der Magnetresonanz-Technik und der Berechnung der Volumina einzelner Hirnstrukturen ist die Untersuchung in ein neues Stadium eingetreten, da nun (ohne Gefährdung durch Röntgenstrahlen) einzelne Gehirnstrukturen minutiös untersucht werden können. Dies bedeutet jedoch gleichzeitig, daß bisher nur Detailberichte vorliegen, die keine Übersicht über gleichzeitige Veränderungen in anderen Teilen des Gehirns erlauben.

Ein großes Problem bei der Beurteilung der vielfältigen Auffälligkeiten, die praktisch alle Hirnstrukturen betreffen können, stellt die Wahl geeigneter Kontrollgruppen dar (um sicher zu gehen, daß die beobachteten Auffälligkeiten auf den frühkindlichen Autismus und nicht auf geistige Behinderung zurückzuführen sind) sowie die Berücksichtigung des Alters und des Geschlechts der untersuchten Personen. Dabei wird die Beurteilung der Befunde auch dadurch erschwert, daß es sich meist um relativ kleine Gruppen handelt und daß nicht genügend Beobachtungen an normalen Personen verfügbar sind, um die Variationsmöglichkeiten in der normalen Entwicklung einschätzen zu können (Minshew et al. 1997).

Eine Ausnahme betrifft die Vergrößerung des Hirnvolumens und (in neuropathologischen Untersuchungen) auch des Hirngewichts mit einer Vermehrung der Nervenzellen und zum Teil auch der Glia, die bei einem Teil der autistischen Kinder nachgewiesen wurden (zusammenfassend berichtet in Minshew et al. 1997). Ein auffällig großes Hirnvolumen läßt sich bereits an der Vergrößerung des Kopfumfangs ablesen, was bei etwa einem Drittel der Menschen mit einer autistischen Störung ab dem späteren Kindesalter der Fall ist (Bailey et al. 1993; Lainhart et al. 1997). Dies steht in deutlichem Kontrast zu der sonst gewöhnlich bei Menschen mit geistiger Behinderung beobachteten Reduktion der Gehirnsubstanz und läßt die Vermutung zu, daß möglicherweise Mechanismen betroffen sind, die die Reduplikation von Nervenzellen steuern (Bailey et al. 1996).

Zudem dürfte eine Erweiterung der Ventrikelräume auch bei einem Teil autistischer Personen ohne neurologischer Auffälligkeiten (etwa 10–15%) vorhanden sein. Dies steht jedoch in keinem Zusammenhang mit der Ausprägung der autistischen Symptome und dem Schweregrad der Störung, daher ist die funktionelle Bedeutung dieses Befundes unklar (Minshew & Dombrowski 1994).

Besondere Beachtung haben Beobachtungen über eine Betroffenheit des Kleinhirns (Cerebellum) gefunden, wobei zunächst vor allem eine Einschränkung der mittleren Strukturen des Kleinhirns (Vermis) auffiel, später jedoch Untergruppen postuliert wurden, von denen die größere eine Verminderung, eine kleinere eine Vergrößerung dieser Region zeigen soll (Courchesne et al. 1994). Diese Befunde konnten jedoch von anderen Forschergruppen nicht verläßlich bestätigt werden, so daß nicht nur die Bedeutung, sondern auch die Zuverlässigkeit dieser Auffälligkeiten umstritten ist (Minshew et al. 1997; Bailey et al. 1996).

Neuropathologische Untersuchungen, die in den letzten Jahren an einigen Patienten mit frühkindlichem Autismus durchgeführt wurden, legen nahe, daß sich mit mikroskopischen Untersuchungsmethoden multiple Auffälligkeiten nachweisen lassen (Bauman und Kemper 1985, 1994). Solche Auffälligkeiten betreffen einmal einen Verlust von Purkinje-Zellen in den Kleinhirnhemisphären (die Beobachtungen stimmen nicht mit den Befunden von MRI-Untersuchungen überein, da bei diesen die mittleren Strukturen des Kleinhirn betroffen waren) und damit zusammenhängend Veränderungen der Nervenzellgröße, aber keinen Verlust von Nervenzellen in der unteren Olive. Zum anderen ist das limbische System betroffen, wo unter anderem die dendritischen Verzweigungen der Pyramidenzellen des Hippocampus reduziert sind.

Insgesamt müssen die bisherigen Befunde über Veränderung der Struktur des Zentralnervensystems als vorläufig betrachtet werden. In Betracht zu ziehen ist, daß es sich dabei um Befunde an kleinen Gruppen von Patienten handelt. Vor allem die neuropathologischen Untersuchungen wurden an Patienten durchgeführt, die vor ihrem Tod viele Auffälligkeiten hatten, zum Teil auch epileptische Anfälle. Die Ergebnisse müssen daher nicht typisch für Personen mit einer autistischen Störung ohne diese zusätzlichen Auffälligkeiten sein.

3.6.5 Neurophysiologische Befunde

EEG-Befunde: Die Häufigkeit pathologischer EEG-Befunde bei autistischen Kindern wird auch in neueren Untersuchungen als sehr hoch angegeben, zwischen 32% und 45% (Minshew et al. 1997). Sie nimmt außerdem deutlich zu, wenn mehrere Ableitungen in verschiedenen Aktivierungsstadien vorgenommen werden. Pathologische EEG-Befunde sind bei autistischen Kindern häufiger als bei anderen geistig behinderten (DeMyer 1975), stehen jedoch in deutlichem Zusammenhang mit ihrem Intelligenzniveau (Small 1975). Die häufigsten pathologischen EEG-Phänomene bestehen aus lokalen oder diffusen Spitzenpotentialen, langsamen Wellen und paroxysmalen Spike-Wave-Komplexen.

Epilepsien: Personen mit einer autistischen Störung leiden außerdem häufig unter einem Anfallsleiden, das sich oft erst in der späteren Kindheit und vor allem um die Pubertät entwickelt (Rutter et al. 1967; Deykin & McMahon 1979; Gillberg & Steffenburg 1987). Die Altersverteilung bei Beginn der Anfälle ist bei autistischen Personen deutlich verschieden von jener der Gesamtbevölkerung, in der das höchste Risiko für die Entwicklung von Anfällen im ersten Lebensjahr und dann wieder nach dem sechzigsten Lebensjahr besteht. Bei Autisten kommt es hingegen relativ häufig während der frühen, aber auch noch in der späten Adoleszenz zum ersten Auftreten von Anfällen. Insgesamt beträgt das kumulative Risiko, daß Autisten bis zum 18. Lebensjahr Anfälle entwickeln, etwa 20–30% (Poustka 1998). Es kommen alle Formen epileptischer Anfälle vor, leicht übersehen werden psychomotorische Anfälle, da deren häufigste Symptome (Anhalten der Aktivität und starres Vor-Sich-Hinblicken sowie Perioden erhöhter

Reizbarkeit, die in aggressives Verhalten übergeht) leicht in das klinische Erscheinungsbild der autistischen Störung eingeordnet wird und abnorme Aktivitäten im EEG eventuell nur unter telemetrischer Ableitung sichtbar werden (Minshew et al. 1997). Nach mehreren Berichten tritt eine Epilepsie häufiger bei schwerer geistiger Behinderung auf, vor allem dann, wenn die epileptischen Anfälle schon in der frühen Kindheit einsetzen. (Hier sollte besonders auf gleichzeitige Anzeichen einer tuberösen Sklerose geachtet werden; Minshew et al. 1997.) Bei einem Intelligenzquotienten über 35 ist allerdings kaum ein Zusammenhang der Intelligenz mit der Wahrscheinlichkeit epileptischer Anfälle vorhanden, auch unter autistischen Personen mit guter intellektueller Begabung kommen bei knapp einem Fünftel epileptische Anfälle vor (Bailey et al. 1996).

Evozierte Potentiale: Durch Mittelung elektrischer Potentiale, die mit dem EEG als Reaktion auf einen Reiz oder eine kognitive Anforderung abgeleitet werden, können diese von der Hintergrundaktivität unterschieden und in ihrem zeitlichen Verlauf untersucht werden. Dabei unterscheidet man zwischen exogenen Potentialen, die von der Reizbeschaffenheit abhängen, und endogenen, die primär etwas über die subjektive Aufmerksamkeit und kognitive Bearbeitung aussagen und nicht von der Reizbeschaffenheit beeinflußt werden.

Untersucht wurden vor allem die Potentiale auf akustische Reize (für eine Übersicht siehe Minshew et al. 1997; Poustka 1998). Mehrere Berichte Anfang der 80er Jahre stellten eine Verzögerung der frühen Potentiale (Hirnstammpotentiale) nach akustischer Stimulation bei einem beträchtlichen Teil der autistischen Kinder fest. Nachfolgende Untersuchungen konnten dies bei vermehrten methodischen Kontrollen allerdings nicht bestätigen und die Hypothese, daß es sich dabei um Hinweise auf eine abnorme Funktion des Hirnstamms handelt, wird daher heute negativ bewertet (Minshew et al. 1997). Auch exogene Potentiale auf akustische Reize mit größerer Latenz zeigen keine eindeutigen Auffälligkeiten. Im Gegensatz dazu wurden die später (mit einer Latenz von 300–400 msec) auftretenden endogenen Potentiale, die die kognitive Verarbeitung anzeigen, etwa Reaktionen auf unerwartete oder fehlende Töne, wiederholt als reduziert beschrieben und dies dürfte Schwierigkeiten bei der Bildung von Erwartungen und Vorhersagen über die Reizfolge andeuten (Übersicht bei Minshew et al. 1997).

Funktionelle Untersuchungen des Gehirnstoffwechsels mit bildgebenden Verfahren: In diesen Untersuchungen wird ein Verfahren (Positron

Emission Tomographie – PET bzw. Single Photon Emission Tomographie – SPET) verwendet, das die Stoffwechselaktivität bzw. die Durchblutung verschiedener Hirnregionen mittels radioaktiver Substanzen, deren Verteilung registriert und bildmäßig dargestellt werden kann, analysiert. Die Befunde der kleinen Anzahl an Untersuchungen, die bisher durchgeführt wurden, sind recht widersprüchlich (siehe Bailey et al. 1996, Poustka 1998). Während manche einen allgemein erhöhten Stoffwechsel im Gehirn feststellten, konnte dies von anderen nicht bestätigt werden. Einige Berichte wiesen auf eine reduzierte Durchblutung der Temporal- (Gillberg et al. 1993) bzw. der Frontallappen (Zilbovicius et al. 1995) hin, die aber nur bei Kindern im Vorschulalter zu beobachten ist und sich nach einigen Jahren normalisiert, so daß eine Reifungsverzögerung der Funktion der Frontallappen angenommen wurde. In anderen Untersuchungen wurde weniger das Niveau der Stoffwechselaktivität des Gehirns bei autistischen Personen als auffällig beschrieben, sondern deren Variabilität und die Heterogenität und geringe Übereinstimmung der Aktivitäten in verschiedenen Hirnregionen (Bailey et al. 1996).

3.6.6 Neurochemische Hypothesen und Befunde

Von neurochemischer Seite wurde vor allem die Rolle der Neurotransmitter (Übertragungssubstanzen zwischen den Nervenendigungen) und der neuroendokrinen Systeme untersucht (für eine neuere Übersicht siehe Anderson & Hoshino 1997; Poustka 1998).

Die größte Aufmerksamkeit hat die Funktion des Serotonins bei autistischen Kindern auf sich gezogen, das als Transmitter im Gehirn eine große Anzahl von Funktionen (u. a. Schlaf, Appetit und Stimmungslage) reguliert. Ursache dieser besonderen Aufmerksamkeit war zunächst der vermutete Zusammenhang mit perzeptuellen Störungen, in den letzten Jahren auch Befunde, die darauf hindeuten, daß Serotonin eine bedeutsame regulierende Rolle in der Entwicklung des Gehirns spielt. Bereits Untersuchungen in den 60er Jahren haben darauf hingewiesen, daß der Serotonin-Gehalt der Blutplättchen, in denen es während seines Transports im Blut gespeichert wird, bei autistischen Kindern erhöht ist (Schain & Freedman 1961). Nachfolgende Untersuchungen haben bestätigt, daß ein Teil der autistischen Kinder (etwa 20%) einen erhöhten Serotoningehalt im Blut aufweist, während die Abbauprodukte des Serotonin (5-HIAA) weder im Urin noch im Liquor wesentlich erhöht sein dürften. Verantwortlich für diese Erhöhung des Blutserotoninspiegels dürften Mechanismen sein, die die Aufnahme und Bindung des Serotonins in den Blutplättchen steuern. Die Relevanz dieser Befunde für das Verständnis der autistischen Störung ist freilich unklar, zumal eine medikamentöse Behandlung mit Fenfluramin, das den Serotonin-Gehalt der Blutplättchen senkt, keine wirksame Therapie der autistischen Störung darstellt (Anderson & Hoshino 1997). Es zeigt sich jedoch eine spezifische familiäre Häufung eines erhöhten Serotonin-Gehalts im Blut, so daß ein Zusammenhang mit genetischen Faktoren in Frage kommt (Poustka 1998).

Eine Störung des dopaminergen Systems könnte in der Genese des frühkindlichen Autismus deshalb eine Rolle spielen, weil dieses System nicht nur die motorische Aktivität reguliert, sondern auch auf kognitive Vorgänge und die Hormonausschüttung Einfluß nimmt. Zudem blockieren die Neuroleptika – die bisher wirksamste medikamentöse Behandlungsform wesentlicher Symptome des frühkindlichen Autismus (u. a. der Stereotypien und der motorischen Unruhe) – die Dopamin-Rezeptoren. Dies würde dafür sprechen, daß die Dopamin-Aktivität bei Personen mit einer autistischen Störung erhöht ist. Auch in Tierversuchen wurde nachgewiesen, daß es bei exzessiver Aktivierung des Dopamin-Systems zu Stereotypien kommt (Anderson & Hoshino 1997). Einige Untersuchungen belegen in der Tat, daß der Gehalt an den Abbauprodukten des Dopamins (HVA) im Liquor (der Flüssigkeit in den Hohlräumen des Gehirns und Rückenmarks) und im Urin erhöht ist (wobei allerdings der Zusammenhang zwischen dem Dopamingehalt im Liquor und im Blut bzw. der Peripherie nur gering ist), ja daß dieser Befund für autistische Kinder spezifisch ist und bei geistig behinderten Kindern nicht festgestellt werden kann (z.B. Gillberg et al. 1983). Allerdings gibt es auch gegenteilige Untersuchungsergebnisse, so daß die Befunde insgesamt über die Rolle des Dopamins beim frühkindlichen Autismus keine klare Aussage zulassen (Anderson & Hoshino 1997). Auch scheint kein Zusammenhang zwischen jenen Genen, die die Dopamin-Rezeptoren regulieren, und den Genen, die für die autistische Störung verantwortlich sein dürften, zu bestehen (Poustka 1998).

Nur wenig Evidenz gibt es auch für eine Störung anderer Neurotransmitter-Funktionen. Dies gilt nicht nur für das noradrenerge System, sondern auch für die Neuropeptide, unter denen vor allem die Opioide besondere Beachtung gefunden haben. Eine Vielzahl an Studien (siehe Anderson & Hoshino 1997; Poustka 1998) konnte keine konsistenten Veränderung der Funktion dieser Substanzen bei Personen mit einer autistischen Störung belegen.

Eine größere Anzahl an Untersuchungen beschäftigte sich auch mit der Regulation der Hormonausschüttung bei autistischen Kindern.

186 Empirische Befunde

Dabei haben vor allem die Cortisolausschüttung und die Streßreaktion besondere Beachtung gefunden. Die vorliegenden Befunde deuten darauf hin, daß bei autistischen Kindern mit geistiger Behinderung die Schwankungen des Cortisols während des Tages bzw. der Tagesrhythmus der Cortisolausschüttung sowie die Reduktion dieser Ausschüttung durch Dexamethason und somit die Regulation durch höhergeordnete Zentren reduziert ist (Anderson & Hoshino 1997).

3.6.7 Neuropsychologische Hypothesen

Der frühkindliche Autismus ist keinem der klassischen neuropsychologischen Syndrome so ähnlich, daß sich Annahmen über die an der Genese dieser Störung beteiligten zerebralen Funktionssysteme aufdrängen würden. Die meisten neuropsychologischen Hypothesen beziehen sich daher auf einzelne Symptome, deren Lokalisation möglich ist, wenn sie bei Erwachsenen auftreten. Sie nehmen an, daß eine Störung der Funktionssysteme, wenn sie frühzeitig erfolgt, zu einer so weitreichenden Beeinträchtigung des Verhaltens führt, wie dies bei autistischen Kindern der Fall ist.

Vier Hypothesen sollen kurz vorgestellt werden:

1. Der frühkindliche Autismus beruht auf einer Funktionsstörung der dominanten Hemisphäre.
2. Eine Beeinträchtigung der Funktionen des mesolimbischen Systems ist für die Symptome des frühkindlichen Autismus verantwortlich.
3. Beeinträchtigung der Funktion des Kleinhirns bzw. der Parietallappen.
4. Beeinträchtigung von Funktionen des Frontalhirns.

Funktionsstörung der dominanten Hemisphäre: Die Annahme, daß dem frühkindlichen Autismus eine Störung der Funktionen der linken, für sprachliche Funktionen dominanten Hemisphäre zugrunde liegt, war in den späten 70er und Anfang der 80er Jahre sehr verbreitet. Die auffälligen Sprachstörungen autistischer Kinder wurden als Hinweis auf eine Beeinträchtigung der linken Hemisphäre interpretiert, da bei deren Schädigung im Erwachsenenalter markante Sprachstörungen (Aphasien) auftreten. Wie Fein et al. (1984) jedoch in einer detaillierten Kritik aufgezeigt haben, entspricht die Art der Sprachstörung bei autistischen Personen in wesentlichen Merkmalen nicht den Sprachstörungen bei einer linkshemisphärischen Läsion, da Syntax und Wortschatz weniger betroffen sind als Pragmatik und Sprachprosodie,

Bereiche der Sprache, die eher bei Läsion der rechten Hemisphäre Beeinträchtigungen zeigen. Auch die Untersuchungen, die eine geringe Ausprägung der Dominanz bei autistischen Kindern (sowohl in der Händigkeit als auch in der perzeptuellen Dominanz, etwa bei dichotischen Tests) zeigen, können nicht als Hinweis auf eine Funktionsstörung der linken Hemisphäre gewertet werden. Denn ähnliches ist auch bei anderen Entwicklungsstörungen, etwa der geistigen Behinderung, zu beobachten und stellt eher ein unspezifisches Zeichen eines Entwicklungsrückstands dar. Zudem sprechen sowohl die EEG- wie auch andere neurologische Auffälligkeiten eher für eine bilaterale Beeinträchtigung als für umschriebene Funktionsstörungen der linken Gehirnhälfte.

Beeinträchtigung der Funktionen des mesolimbischen Systems: Die Hypothese, die am detailliertesten begründet ist, und am ehesten einen Versuch darstellt, der Vielfalt der Symptome autistischer Kinder gerecht zu werden, ist jene, daß der frühkindliche Autismus auf einer Funktionsstörung des mesolimbischen-frontalen Systems beruht (Maurer & Damasio 1982; Bachevalier 1994). Dieses System ist an der hierarchischen Strukturierung des Verhaltens beteiligt. Störungen führen hier bei Erwachsenen zu Bewegungsstörungen, zu spezifischen Sprachstörungen (Mutismus, Schwierigkeiten im Verständnis von Gesten, ungewöhnliche Konkretheit der Sprache, Dysprosodie), Störungen der Aufmerksamkeit sowie zu ritualistischem und zwanghaftem Verhalten. Da dieses System, das gleichsam einen Ring phylogenetisch älteren Materials an der medialen Oberfläche des Frontal- und Temporallappens sowie das Striatum umfaßt, zytoarchitektonisch und phylogenetisch wie auch neurochemisch Gemeinsamkeiten aufweist, könnten genetische Einflüsse seine Entwicklung spezifisch beeinflussen. Die Evidenz für eine spezielle Beeinträchtigung des mesolimbischen Systems bei autistischen Personen ist allerdings nicht sehr groß. Dafür sprechen manche neuropathologischen Befunde sowie die relativ große Häufigkeit psychomotorischer Anfälle. Auch konnte gezeigt werden, daß früh in dieser Region entstandene Tumore ein klinisches Bild verursachen, das viele Auffälligkeiten des frühkindlichen Autismus zeigt (Hoon & Reiss 1992). Ebenso kann eine Herpes simplex Encephalitis, die vor allem die Temporallappen und das limbische System betrifft, auch noch bei etwas älteren Kindern ein dem Autismus recht ähnliches Symptombild hervorbringen.

Beeinträchtigungen der Funktion des Kleinhirns und des Parietallappens: Die Auffälligkeiten im Kleinhirn bei MRI-Untersuchungen sowie bei neuropathologischen Untersuchungen haben zur Hypothese geführt, daß die Beeinträchtigungen von Funktionssystemen dieser Hirnstruktur und möglicherweise als deren sekundäre Folge Entwicklungsstörungen der Parietallappen eine Einschränkung der Flexibilität der Aufmerksamkeit bewirken, die ihrerseits die Entwicklung sozialer Beziehungen behindert (siehe Kapitel 3.1.5; Courchesne et al. 1994).

Beeinträchtigung der Funktion der Frontallappen: Der Nachweis von Problemen bei der Ausbildung exekutiver Funktionen (siehe Kapitel 3.1.7) hat zur Hypothese geführt, daß eine Grundlage für die Entstehung des frühkindlichen Autismus eine Entwicklungsstörung im Bereich der Frontallappen sein könnte. Auch hierfür gibt es gewisse neurophysiologische Hinweise. So legen SPET-Untersuchungen nahe, daß bei autistischen Kindern die Reifung der Funktionen des Frontallappens verzögert ist (Zilbovicius et al. 1995). Kritisch wird freilich angemerkt, daß Probleme bei der Entwicklung exekutiver Funktionen nicht nur bei autistischen Kindern, sondern auch bei Kindern mit hyperkinetischen oder dissozialen Störungen beobachtet werden können. Diese Hypothese wird deshalb als zu wenig spezifisch kritisiert.

Die Schwierigkeiten bei der Lokalisation der Ursachen der autistischen Störung in einer bestimmten Hirnstruktur bzw. einem zentralnervösen Funktionssystem haben zu Überlegungen geführt, daß eine allgemeinere Beeinträchtigung vorliegt, die komplexere Eigenschaften der Organisation des Zentralnervensystems betrifft. Sie könnte die Entstehung spezialisierter Formen der Verzweigung der Nervenendigungen behindern und damit ein allgemeines Defizit bei der Verarbeitung komplexer Informationen hervorrufen (Minshew et al. 1997).

Zusammenfassung

Trotz der großen Fortschritte in der Forschung der letzten Jahre sind wesentliche Fragen über die Bedeutung somatischer Faktoren für die Entstehung des frühkindlichen Autismus nach wie vor offen. Dabei geht es nicht mehr um die Frage, ob die autistische Störung auf eine Beeinträchtigung der Entwicklung des Zentralnervensystems zurückgeführt werden kann, sondern darum, die Art dieser Entwicklungsbeeinträchtigung genauer zu erfassen und die dabei wirksamen Faktoren zu klären.

Die bisherigen Befunde deuteten daraufhin, daß genetischen Faktoren eine entscheidende Bedeutung für die Entstehung des frühkindlichen Autismus zukommt. Es ist jedoch weitgehend unklar, wie der Weg von den Genen zu den verschiedenen Auffälligkeiten der autistischen Störung führt und welche zentralnervösen Funktionen durch die verantwortlichen Gene beeinflußt werden.

3.7 Die Eltern autistischer Kinder

Wir haben gezeigt, wie sich das autistische Kind die Welt aneignet und wie es die Defizite zu kompensieren versucht. Wir setzen uns nun mit der Perspektive der Eltern auseinander und fragen: Wie ergeht es den Eltern, die mit einem autistisches Kind leben?

Es ist zu erwarten, daß die Eltern das gemeinsame Leben mit ihrem autistischen Kind so beginnen, als sei es ein normales Kind.

„Elly wuchs also heran, und obschon wir uns rückblickend an das eine oder andere Detail erinnern, setzte ihr Zustand alles in allem doch ganz unmerklich ein... So fanden wir das Leben mit Elly leicht, bis uns gegen Ende ihres zweiten Lebensjahres allmählich das Gefühl beschlich, daß es nicht mehr leicht war. Dabei hatte sie sich gar nicht verändert. Sie war so anspruchslos wie eh und je. Aber man erwartet von einer beinahe Zweijährigen doch einiges." (aus dem Bericht einer Mutter über ihr Leben mit einem autistischen Kind, Park 1972, 22f).

Die Eltern erfahren in der Regel im zweiten oder dritten Lebensjahr des Kindes, daß es behindert ist. Bis dahin glauben sie, daß ihr Kind normal ist, auch wenn ihnen zuweilen Ereignisse auffallen, die sie beunruhigen. Wenn ihnen dann gesagt wird, daß ihr Kind schwer behindert ist, wenn sie über die Prognose aufgeklärt werden und über die Schwierigkeiten, die zu erwarten sind, so beginnt für sie ein lang andauernder und mühsamer Verarbeitungsprozeß.

Die Probleme beginnen schon bei der Beurteilung der Schwierigkeiten der Kinder. Die Eltern müssen erkennen, daß ihr Kind sich nicht normal entwickelt, und sie müssen es als schwer behindertes annehmen. Das bedeutet, daß sie an ihr Kind nicht die Erwartungen stellen dürfen, die sie an ein normales Kind stellen können. Es bedeutet ferner, daß sie die Anstrengungen einer jahrelangen Therapie auf sich nehmen müssen. Nicht selten wird der Prozeß der Auseinandersetzung um die Behinderung ihres Kindes durch ein falsches Verhalten der beratenden Fachleute zusätzlich belastet. Sie versuchen, die Eltern zu beruhigen, indem sie ihnen versichern, es würde sich nur um eine vorübergehende Störung in der Entwicklung handeln. Eltern machen sich dann Vorwürfe, sie seien überbesorgt. In anderen Fällen wiederum wird der Kontakt mit den Experten dadurch belastet, daß die Bedingungen für die Störung in einer »falschen« Erziehung gesehen werden. Oft vermittelt sich den Eltern dieser Eindruck – auch wenn er nicht direkt ausgesprochen wird – durch die Art, wie ihnen Fragen gestellt werden, und dadurch, daß der Fragende ihnen zuwenig Einblick gewährt in die Zusammenhänge, die sich ihm im Verlauf des Gespräches zeigen.

In den bereits zitierten Aufzeichnungen einer Mutter schreibt diese nach einem Besuch in einem Institut: „Wir kannten diese Unzugänglichkeit, dieses furchtbare Schweigen, diese Augen, die sich abwandten. Und die erschreckendste Entdeckung bei alldem war, daß es uns noch eher gelang, etwas gegen Ellys Burgmauern auszurichten, als an diese Spezialisten heranzukommen." (Park 1972, 132).

Dem Therapeuten kommt eine wichtige Funktion als Informationsträger zwischen den Eltern und ihrem autistischen Kind zu. Seine Aufgabe ist es auch, dem Kind eine Umgebung zu schaffen, die seinen Leidensdruck mindert und in der es sich einigermaßen wohlfühlen kann. Dies setzt von Seiten der Eltern voraus, daß sie ihr Kind verstehen. Der Therapeut kann aber diese Mittlerrolle nur ausüben, wenn er imstande ist, die Störung des Kindes und die Probleme, die sich daraus für die Familie ergeben, aus ihrer Sicht zu erleben. Wenn er ihre Verunsicherung und Enttäuschung als natürliche Reaktion auf eine außergewöhnliche Situation versteht, dann wird er sie richtig beraten und wird ihnen in dieser schweren Zeit beistehen können.

„Wir unterhielten uns mit feinfühligen, intelligenten Leuten über eine Angelegenheit von gemeinsamem Interesse... Mit jedermann dort kam es zu diesem gegenseitigen Sich-Aufeinandereinstellen, das wir Kommunikation nennen... und sie machten uns auch nichts vor. Sie ersetzten ihr fehlendes gesichertes Wissen nicht durch Theorien. Aber sie schenkten uns etwas, was Laie und Spezialist gleichermaßen geben können – Mitgefühl, Verständnis und Unterstützung." (Park 1972, 148f).

Es vergeht auch heute noch oft sehr viel Zeit von dem Moment, an dem die Eltern zum ersten Mal deutliche Auffälligkeiten beim Kind bemerkt haben, bis zur endgültigen Formulierung einer Diagnose. Der Therapeut sollte mit der Aufklärung der Eltern nicht bis zur Formulierung einer endgültigen Diagnose warten, sondern sie schon während des diagnostischen Prozesses einbeziehen und ihnen Feedback geben.

Die konkreten Angaben über die Reaktion der Eltern auf die Schwierigkeiten ihrer autistischen Kinder, die in diesem Abschnitt dargestellt werden, stützen sich weitgehend auf die klassische Untersuchung von DeMyer (1979) über die Erfahrungen von Eltern autistischer Kinder.

3.7.1 Beziehung der Eltern zu ihren autistischen Kindern

Die meisten Eltern fühlen sich den Kindern nahe. Sie lernen allmählich, die Bedürfnisse der Kinder, ihre Stimmungen und Gefühle zu erkennen. Obwohl die Eltern belastende Gefühle bei den Kindern oft nicht lindern können, fühlen sie sich doch von den Kindern nicht emotional getrennt. Die Kinder lernen, die Eltern von anderen Personen zu unterscheiden, und kommen mit ihren Bedürfnissen zu ihnen. Sie unterscheiden dabei auch, mit welchen Bedürfnissen sie zur Mutter bzw. zum Vater kommen können.

Autistische Kinder zeigen zwar von sich aus weniger Zärtlichkeit, die Eltern meinen jedoch, daß sie selbst zu den Kindern nicht weniger zärtlich sind als zu den Geschwistern und daß sie jede Gelegenheit nutzen, um den Kindern verbal und nonverbal ihre Zuneigung und Liebe auszudrücken. Manche Eltern fordern die Kinder zu Zärtlichkeiten auf, etwa einen Kuß zu geben, und die Kinder lernen auch, dies auf Aufforderung hin zu tun, aber es bleibt nach dem Empfinden der Eltern eine automatische Geste.

Die meisten Eltern haben zumindest zu gewissen Zeiten das Gefühl, daß sich die Kinder von ihnen emotional zurückgezogen haben. Manche haben dann auch den Eindruck, von den Kindern nur benutzt zu werden, um Bedürfnisse zu befriedigen, ohne daß die Kinder ihnen Gefühle entgegenbringen.

3.7.2 Auffälligkeiten der Eltern-Kind-Interaktionen

Sprachliche Verständnisschwierigkeiten und Kontaktarmut der Kinder machen es für die Eltern notwendig, sich besonders auf die Kinder einzustellen. Die Eltern müssen z. B. eine einfachere Sprache verwenden. Die häufige Verwendung von Echolalien, von metaphorischer (idiosynkratischer) Sprache erschwert es den Eltern, zu verstehen, was ihnen ihre Kinder mitteilen wollen.

Die Tatsache, daß die autistischen Kinder wenig Sprache in ihren Mitteilungen verwenden, sondern ihre Wünsche oft nonverbal, durch Hinführen, Führen der Hand der Eltern, ausdrücken, stellt die Eltern vor die Frage, wieweit sie im Umgang mit den Kindern Sprache verwenden sollen. Die geringe eigene sprachliche Aktivität und der Mangel an Initiative stellen die Eltern immer wieder vor die Aufgabe, die Kinder anzuregen oder aber sie in der von ihnen gewählten Zurückgezogenheit zu belassen. Auch das mangelnde Ausdrucksverhalten, die mangelnde nonverbale Kommunikation, macht es den Eltern schwer, die Wünsche und Bedürfnisse der Kinder zu erraten, sich auf die Kinder einzustellen. Die vor allem im Vorschulalter auffällige Dissoziation verschiedener Entwicklungsbereiche erschwert es ebenfalls, sich auf die Kinder einzustellen.

3.7.3 Was ist für die Eltern belastend?

Für drei Viertel der Eltern ist die Zeit zwischen dem zweiten und vierten Lebensjahr der Kinder am belastendsten. In dieser Zeit werden die Probleme der Kinder immer deutlicher, ihr Zustand scheint sich zu verschlechtern. Es sind vor allem die zum Teil massiven Auffälligkeiten der Kinder zu beobachten, hingegen nur wenige Entwicklungsfortschritte. Die Kinder haben noch kaum Selbständigkeit erreicht und sind ganz auf die Eltern angewiesen, wobei auch die täglichen Routinen vielfältige Schwierigkeiten bereiten. Die Eltern sind nicht nur sehr besorgt um die Kinder, sie fühlen sich auch hilflos und allein gelassen. In vielen Fällen sind es die störenden Verhaltensweisen der Kinder, die die Eltern als besonders belastend erleben:

- Wutanfälle,
- die Art, Gegenstände unangemessen zu behandeln und dadurch Dinge zu zerstören bzw. sich selbst zu verletzen,
- die Neigung, sich selbst zu verletzen, wobei dies vom Haareausreißen, dem Schlagen mit den Händen gegen den Kopf, sich in die Arme beißen bis zu schwerwiegenden Selbstverletzungen reichen kann.

Zermürbend sind auch die alltäglichen Routineabläufen, die dadurch erschwert werden, daß die Kinder darauf bestehen, dáß gewisse Dinge immer auf die gleiche Art und Weise gemacht werden. Besondere Vorlieben der Kinder etwa beim Essen lassen die Befürchtungen der Eltern aufkommen, die Kinder würden nicht richtig ernährt, oder führen zu Vorwürfen von Seiten der Umgebung. Die Eltern müssen zum Teil den Kühlschrank oder die Küche verschlossen halten, damit die Kinder nicht zuviel trinken oder an ihrer Lieblingsspeise naschen und dann nicht mehr bei den Mahlzeiten essen.

Belastend für die Eltern ist ferner das Zurückbleiben in der Entwicklung von Selbständigkeit (Ausziehen, Waschen, Sauberkeit etc.).

Manches wird zum Teil durch unverständlich große Angst der Kinder erschwert (z. B. vor dem Wasser, was das Baden in der Badewanne unmöglich macht, oder das Waschen der Haare kompliziert).

Die Eltern leiden auch unter den Einschränkungen des Kontaktes mit Freunden und Bekannten, von Ausflügen, des Auswärtsessens, von Unternehmungen in der Freizeit und im Urlaub ganz allgemein, die wegen der Schwierigkeiten der Kinder erforderlich erscheinen.

Eßprobleme: In der Säuglingszeit gibt es häufig Eßprobleme: Ein Fünftel der Kinder nimmt zuwenig Nahrung auf oder hat Probleme mit dem Saugen, Schlucken und später mit dem Kauen. Häufiger als bei den normalen Kindern treten Schwierigkeiten im selbständigen Gebrauch des Eßbesteckes auf, beim Essen kommt es dadurch oft zu einer großen Patzerei. Konflikte entstehen auch dadurch, daß die autistischen Kinder in der Annahme der angebotenen Nahrung sehr wählerisch sind und nur wenige Speisen essen. Dabei kommt es oft vor, daß sie einige Zeit nur eine Speise, dann wieder nur eine andere mögen. Mahlzeiten werden auch dadurch zum Problem, daß diese Kinder kein Verständnis für die Reaktionen anderer haben, oft spielen oder schmieren sie mit dem Essen, verlassen den Tisch, können nicht warten, es kommt zu Wutanfällen, gelegentlich auch zu Angstreaktionen, zu Erbrechen, das neuerliches Füttern notwendig macht. Oft ziehen es die Mütter daher vor, mit den Kindern allein zu essen.

Sauberkeit: Autistische Kinder brauchen länger, um den Sinn des Sauberkeitstrainings zu verstehen und zu begreifen, weshalb sie etwa auf den Topf gesetzt werden. Die Eltern versuchen es erst mit längerem Sitzenlassen, sind dann aber ratlos und warten nach einigen Versuchen nur noch ab, weil sie merken, daß das Kind die Aufgabe nicht verstanden hat. Dabei ist die Einstellung der Eltern autistischer Kinder zur Sauberkeitserziehung nicht anders als bei normalen Kindern, aber sie brauchen mehr Geduld. Probleme bereitet den Eltern das gar nicht so seltene Kotschmieren dieser Kinder.

Schlafprobleme: Bei der Hälfte der Kinder treten wenigstens vorübergehend schwere Schlafstörungen auf. Autistische Kinder schlafen abends schlecht ein, wachen nachts oft auf und können dann nicht mehr erneut einschlafen. Für die Eltern besteht das Problem nicht nur darin, daß autistische Kinder zum Teil einen leichten und unruhigen Schlaf haben, sondern daß sie, wenn sie nachts aufwachen, oft nur sehr schwer zu beruhigen sind und dann gelegentlich bis zur Erschöpfung schreien. Für die Eltern ist es hier – wie auch bei anderen Angst- und Erregungszuständen der Kinder – bedrückend, zu merken, daß sie die Kinder in solchen Stunden auch durch ihre Nähe, dadurch daß sie bei ihnen bleiben und sie in den Arm nehmen, kaum beruhigen können.

Disziplinprobleme: Große Mühe bereitet es den Eltern, ihr autistisches Kind zur Einhaltung gewisser Verhaltensregeln zu veranlassen. Dabei macht ihnen nicht nur das häufige Auftreten von unangenehmen, unerwünschten Verhaltensweisen Sorgen, sondern auch die starke Reizbarkeit, die bei einem Drittel der Kinder zu extremen Wutanfällen mit Um-sich-schlagen, Beißen, Auf-den-Boden-Urinieren führt. Der Anlaß für solche Wutanfälle kann minimal sein. Ein Teil der Eltern denkt, daß die Kinder nicht um die Häßlichkeit ihres Verhaltens wüßten. Die meisten Eltern konnten keine Schuldgefühle bei den Kindern beobachten. Fast alle Eltern meinen, daß ihre autistischen Kinder im Gegensatz zu normalen Kindern den Zweck des Strafens nicht verstehen.

Die Eltern setzen zunächst ähnliche Disziplin-Methoden ein wie bei normalen Kindern. Sie tadeln also die Kinder und schimpfen, geben ihnen auch gelegentlich einen Klaps. Wenn diese Strafen wirkungslos bleiben, so greifen sie zu stärkeren Mitteln, sehen aber bald ein, daß das Strafen nicht nur wirkungslos ist, sondern daß die autistischen Kinder die Strafe auch anders erleben. Während fast alle normalen Kinder auf Strafen betroffen reagieren, zeigen etwa ein Drittel der autistischen Kinder indifferente Reaktionen. Einige allerdings antworten extrem stark mit Angst, Erregung, Stereotypien und Selbstverletzungen. Die Eltern versuchen daher, sie nur zu strafen, wenn sie sich anders nicht mehr zu helfen wissen. Die Unsicherheit über die angemessenen Disziplin-Methoden verstärkt die Sorgen der Eltern und führt nicht selten auch zu Zweifeln an den eigenen Fähigkeiten als Erzieher.

Bei all dem ist die Erfahrung der Hilflosigkeit und die Ratlosigkeit einem Kind gegenüber, das sie nicht verstehen, der Grundton: „Können Sie mir sagen, warum er sich so verhält?", ist denn auch eine immer wiederkehrende Frage, vor allem der Eltern der intelligenteren autistischen Kinder.

3.7.4 Folgen für die Familien

Die Schwierigkeiten der Kinder haben einen Einfluß auf die persönliche Entwicklung der Eltern und der Geschwister. Die ganze Familie muß sich damit auseinandersetzen und ihr Leben darauf einrichten. Die Folgen sind für die Mutter am größten. Während die Väter auf ihren Beruf ausweichen können und dort Bestätigung finden, ist dies den Müttern gerade wegen der intensiven Pflege, die diese Kinder benötigen, kaum möglich. Die Sorge um das autistische Kind verläßt viele Mütter nach eigenen Angaben fast nie. Viele stehen deshalb, aber auch wegen der realen Belastungen, nahezu ständig unter erhöhter körperlicher und psychischer Spannung; dies führt zum Teil zu Tagträumen über Ereignisse, die eine Erlösung von dem Zustand bringen könnten, seien dies neue Therapien, besondere Ereignisse, Wunder, aber auch der Tod der Kinder. Häufig belasten die Eltern Schuldgefühle, wenn sie auch nur bei einer Minderheit quälend werden.

Es sind vor allem die Mütter, die sich immer wieder Vorwürfe machen, das Kind nicht richtig gewollt oder es nicht genug geliebt zu haben. Selbst wenn sie das Unberechtigte dieser Vorwürfe rational einsehen, etwa wenn sie ihr Verhalten gegenüber dem autistischen Kind mit jenem gegenüber seinen Geschwistern vergleichen, so beschäftigt sie der Gedanke doch.

Die Schwierigkeiten in der Erziehung führen darüber hinaus auch zu Zweifeln an den mütterlichen Fähigkeiten. Die Belastung kann außerdem dazu führen, daß Mütter Zorn und ohnmächtige Wut gegen bestimmte Symptome und Eigenheiten der Kinder empfinden.

Schließlich sind die Mütter oft längere Zeit depressiv und können nur unter großer Selbstüberwindung die alltäglichen Pflichten weiter erfüllen. Bei nicht wenigen sind diese depressiven Reaktionen so stark, daß sie von Ärzten Medikamente verordnet bekommen. Mitunter ist die Verzweiflung der Mütter so groß, daß sie ernstlich an einen Suizid denken. Die meisten Mütter versuchen, über die Jahre einfach von einem Tag auf den anderen zu leben, nur wenige können Distanz gewinnen, indem sie eine Arbeit aufnehmen, oder stärker den Kontakt zu Freunden und Bekannten pflegen.

Die Väter sind ebenfalls von den Schwierigkeiten der Kinder belastet, auch wenn sie diese Betroffenheit meist weniger zeigen als die Mütter. Auch sie haben oft Schuldgefühle, sind verletzt über den Mangel an Zuneigung der Kinder. Für viele Väter jedoch steht die Belastung der Mütter im Vordergrund, um die sie sich Sorgen machen. Ein Problem für sie ist auch der Mangel an Familienleben, der durch die Schwierigkeiten der Kinder bedingt ist.

Die Ehen der Eltern autistischer Kinder unterscheiden sich nicht von jenen von Eltern normaler Kinder, aber es finden sich weniger häufig Ehen, die als sehr glücklich bezeichnet werden, und häufiger unglückliche Ehen. Nach dem Urteil der Eltern haben normale Kinder im allgemeinen einen positiven Effekt auf die Beziehung der Eltern zueinander, während in Familien mit einem autistischen Kind Erziehungsprobleme die Beziehung der Eltern zueinander belasten und zu gegenseitigen Vorwürfen führen. Die Eltern sind wohl auch durch die ständigen Sorgen und Belastungen weniger ausgeglichen und reizbarer. Andererseits versucht jeder Elternteil, seine Sorgen für sich zu behalten, um den Partner nicht noch mehr zu belasten. Sie versuchen, Gefühle der Niedergeschlagenheit zu verbergen, wollen sich zuversichtlich geben. Dies kann zu einer zunehmenden Isolierung der Eltern voneinander führen. Das auch bei normalen Eltern anzutreffende Ungleichgewicht in der Sorge für die Kinder ist bei den Eltern autistischer Kinder noch ausgeprägter. Mütter werfen den Vätern – vielfach nur im Stillen – mangelnde Unterstützung vor, wobei neben der konkreten Hilfe bei der Versorgung der Kinder und im Haushalt vor allem eine kritische Haltung und der Mangel an Anerkennung und Lob verletzt. Die Mütter beklagen besonders fehlende Gelegenheiten, ihre Sorge um das autistische Kind mit den Vätern zu besprechen. Zu diesen Belastungen der ehelichen Beziehung und des Familienlebens kommen finanzielle Sorgen. Es findet sich auch seltener Gelegenheit zu einem entspannten Zusammensein sowie zu gemeinsamen Unternehmungen. Nicht selten reagieren die Mütter auf diese Belastungen mit sexuellem Desinteresse, was wiederum zu Spannungen mit dem Ehepartner führt.

Doch nicht nur von negativen Folgen wird berichtet: Eltern betonen, daß sie in ihrer Sorge für diese Kinder enger zusammenfinden können. Gerade das Engagement der Väter um das autistische Kind, das nicht so selten zu finden ist, vertieft die Beziehung der Eltern zueinander.

Beide Möglichkeiten, jene positiver wie negativer Folgen, bestehen auch für die Auswirkungen auf die Geschwister. Negativ kann sich die allgemeine Spannung auswirken. Die Geschwister kommen zu kurz, wenn sich die Sorge der Eltern ausschließlich oder überwiegend auf das autistische Kind konzentriert (ein Drittel der Familien). Auch die Geschwister reagieren besorgt und sind von den Schwierigkeiten betroffen. Sie können mit Eifersucht reagieren, können darunter leiden, von Schulkameraden wegen der autistischen Geschwister „aufgezogen" zu werden, können bei größeren Aufregungen einen Rückschritt in ihrer Entwicklung erfahren, den Schulbesuch vermeiden, von zu Hause fortlaufen usw. Auf der anderen Seite engagiert sich die Mehrzahl der gesunden Kinder stärker in der Familie, hilft mehr mit. Deutliche psychische Störungen treten bei den Geschwistern nicht gehäuft auf.

3.7.5 Besonderheiten der Eltern autistischer Kinder

Soziale Stellung: Kanner (1949) und Eisenberg (1957) haben bei der Beschreibung des Syndroms „frühkindlicher Autismus" auf einige auffallende Gemeinsamkeiten in der Persönlichkeit der Eltern hingewiesen, die für die Genese der Verhaltensauffälligkeiten relevant sein könnten: Dies war zum einen eine auffallende Häufung an Familien, die der oberen Sozialschicht zuzurechnen waren. Zudem schien ein beträchtlicher Teil der Eltern überdurchschnittlich intelligent zu sein. Von ähnlichen Beobachtungen berichtete Asperger (1944). Einige Untersuchungen an größeren Gruppen autistischer Kinder, die in kinderpsychiatrische Einrichtungen überwiesen wurden, kamen zu einem ähnlichen Ergebnis. Dies stand in deutlichem Kontrast zu den Merkmalen der Eltern von Kindern mit anderen Störungen, die in denselben Einrichtungen behandelt wurden (Prior et al. 1976; Rutter & Lockyer 1967; Kolvin et al. 1971).

Vieles spricht jedoch dafür, daß es sich dabei um die Folge spezieller Selektionsvorgänge handelt, die den Kontakt mit spezialisierten Behandlungseinrichtungen bei autistischen Kindern aus Familien der sozialen Oberschicht begünstigen. So haben Schopler et al. (1979) beobachtet, daß der Trend zugunsten autistischer Kinder aus höheren sozialen Schichten mit der Entfernung des Wohnortes der Familien von den Behandlungseinrichtungen zunimmt. Der Trend nimmt ab, sobald in einer Region ein System dezentraler Betreuung autistischer Kinder im normalen Schulsystem eingeführt wird. Außerdem beobachteten Schopler et al. (1979), daß die Eltern autistischer Kinder, die der oberen Sozialschicht zuzurechnen sind, detailliertere Angaben über die frühe Entwicklung ihrer Kinder geben konnten und daß die Eltern den Beginn der Auffälligkeiten bei den Kindern früher datieren. Dies dürfte beides die Diagnose „Frühkindlicher Autismus" wahrscheinlicher machen.

Epidemiologische Untersuchungen über die Häufigkeit autistischer Verhaltensstörungen kamen bisher zu widersprüchlichen Ergebnissen. In einer Untersuchung (Lotter 1967) wurde ein Trend für eine Herkunft autistischer Kinder aus Familien der sozialen Oberschicht gefunden, in zwei anderen Untersuchungen nicht, ohne daß eine Ursache für diese Diskrepanz auszumachen ist (Brask 1972; Wing 1980). Allerdings stützen sich diese Untersuchungen auf relativ kleine Populationen, und die Anzahl der identifizierten autistischen Kinder war zu klein, um Einflußfaktoren erkennen zu können, die den Zusammenhang zwischen der Schichtzugehörigkeit der Familien und dem Auftreten des frühkindlichen Autismus modifizieren könnten.

198 Empirische Befunde

Persönlichkeitsmerkmale der Eltern autistischer Kinder: Kanner (1949) und Eisenberg (1957) fiel an den Eltern der von ihnen untersuchten autistischen Kinder eine gewisse Introvertiertheit sowie eine deutliche Zwanghaftigkeit auf. Vor allem die Väter schienen Mühe zu haben, ihre Gefühle zu zeigen und aus sich herauszugehen. Kanner und Eisenberg notierten, daß die Eltern relativ wenige soziale Kontakte hatten, daß sie in ihrem Verhalten steif, formell und auch ein wenig gefühlskalt wirkten. Auch Asperger (1944) berichtete, daß die Väter öfters Eigenheiten zeigten, die in ihrer Art, vor allem den sozialen „Einordnungsschwierigkeiten", an das Vollbild der Störung bei den Kindern erinnerten.

Spätere, kontrollierte Untersuchungen, die strukturierte Interviews, Beurteilungsskalen und Fragebögen verwendeten, konnten diese Merkmale bei den Eltern autistischer Kinder zunächst nicht häufiger beobachten als bei Eltern anderer behinderter Kinder bzw. bei Eltern normaler Kinder (Cantwell et al. 1978; Cox et al. 1975; Kolvin et al. 1971). In den letzten Jahren haben jedoch sorgsame Untersuchungen darauf hingewiesen, daß sich in der Tat unter den Verwandten ersten Grades häufiger als unter jenen von Kindern mit anderen Störungen eine geringfügiger ausgeprägte Variante der autistischen Störung findet (Bolton et al. 1994; Landa et al. 1991, 1992; Piven et al. 1994; Wolff et al. 1988; Narayan et al. 1990). Dabei wurden zumeist Familien von Kindern mit einem Down-Syndrom (also einer chromosomal bedingten Störung, die mit einer geistigen Behinderung einhergeht) als Vergleichsgruppe herangezogen. Es besteht noch eine gewisse Unsicherheit, worin diese Auffälligkeiten in erster Linie zu suchen sind (siehe auch die Ausführungen zu den genetischen Ursachen der autistischen Störung). Die bisherigen Beobachtungen geben Hinweise darauf, daß es sich um Auffälligkeiten in allen drei für die Definition der autistischen Störung wesentlichen Bereichen handelt, nämlich um Auffälligkeiten in der Kommunikation bzw. der sprachlichen Entwicklung, den sozialen Beziehungen und dem Hang zu Stereotypien und eingeschränkten Interessen (Bolton et al. 1994).

In der sorgfältigsten Studie, was die Auswahl der Stichprobe betrifft, wurden solche Auffälligkeiten immerhin bei 11,3% der Eltern und hierbei in erster Linie bei den Vätern festgestellt (Bolton et al. 1994). Sie waren damit zwar deutlich seltener als bei Geschwistern autistischer Kinder (22,2%), aber immer noch deutlich häufiger als bei den Eltern von Kindern mit einem Down-Syndrom.

Vor allem das Gesprächsverhalten mancher Eltern mit einem fremden Gesprächspartner erscheint auch bei blinder Auswertung (d.h.

ohne Wissen, daß es sich dabei um Eltern autistischer Kinder handelt) auffällig. Ihr Verhalten im Gespräch erscheint ungeschickt und ihre Äußerungen oft schwerer verständlich, da sie sich unklar ausdrücken und sich zu wenig auf das Vorwissen des Gesprächspartners einstellen. Zudem erscheinen die Äußerungen auch manchmal bizarr und merkwürdig (Landa et al. 1992). Insgesamt fallen sie entweder als ungehemmt oder allzu zurückhaltend und einsilbig auf (Wolff et al. 1988; Landa et al. 1992). Auch wenn sie aufgefordert werden eine Geschichte fortzusetzen, so als ob sie einem Kind etwas erzählen würden, sind ihre Geschichten dürftiger und weniger zusammenhängend (Landa et al. 1991).

Neben diesen Auffälligkeiten im Gespräch erscheinen sie auch nach den Beschreibungen ihrer Beziehungen zu anderen Menschen häufiger als Einzelgänger, weniger rücksichtsvoll, aber auch weniger darauf bedacht, bei anderen einen guten Eindruck zu erwecken (Piven et al. 1994). Diese Beobachtung wird auch bei blinder Auswertung von Interviewtranskripten bestätigt. Sie war wenigstens in einer Studie (Wolff et al. 1988) so stark, daß mehr als ein Drittel der Eltern (Väter und Mütter) als schizoide Persönlichkeiten beurteilt wurden.

Unklar ist, wieweit bei den Eltern auch jene kognitiven Auffälligkeiten vermehrt auftreten, die bei autistischen Kindern beobachtet werden, also etwa die Schwierigkeiten in der Wahrnehmung des emotionalen Ausdrucks, der Interpretation dessen, was die Augen über den inneren Zustand eines anderen Menschen aussagen, oder das spezifische kognitive Profil der Untertests von Intelligenztests. Die wenigen Untersuchungen dazu kamen zu keineswegs einheitlichen Ergebnissen: Manche fanden Auffälligkeiten im kognitiven Bereich (Baron-Cohen & Hammer 1997; Piven & Palmer 1997; Smalley & Asarnow 1990), andere nicht (Szatmari et al. 1993). Die größte bisher durchgeführte Untersuchung (Fombonne et al. 1997) fand – bei gleicher nonverbaler Begabung – eine etwas bessere verbale Begabung der Eltern, aber auch der nicht betroffenen Geschwister im Vergleich zu den Angehörigen von Kindern mit einem Down-Syndrom, andere relevante kognitive Leistungen (wie etwa die exekutiven Funktionen) wurden allerdings in dieser Untersuchung nicht berücksichtigt.

Psychiatrische Störungen bei den Eltern autistischer Kinder: Da zunächst immer wieder vermutet wurde, daß es sich bei der autistischen Störung um eine Form der Schizophrenie handelt, galt ursprünglich das Interesse vor allem der Frage, ob bei den Eltern autistischer Kinder häufiger schizophrene Erkrankungen zu finden seien als dies von der allgemeinen Verbreitung dieser Störung her zu erwarten ist. In

Untersuchungen, in denen klare Diagnosekriterien verwendet wurden, konnte aber ein häufiges Auftreten schizophrener Erkrankungen nicht bestätigt werden (Goldfarb et al. 1976). Allerdings gibt es Hinweise darauf, daß emotionale Störungen und vor allem Angststörungen bei den Eltern autistischer Kinder häufiger vorkommen als etwa bei den Eltern von Kindern mit Down-Syndrom (Piven et al. 1991a).

Interpretation

Wir sind es gewohnt, Erziehung als einen einseitigen Prozeß zu betrachten, in dem die Eltern auf der einen Seite die Verantwortung für das Kind übernommen haben, also die Gebenden sind und in dem die Kinder auf der anderen Seite als die Abhängigen mit all den Problemen betrachtet werden, die Abhängigkeit mit sich bringt. Tatsächlich jedoch ist Erziehung ein verschränkter Prozeß, in dem jeder gibt und nimmt, kontrolliert und kontrolliert wird, Dominanz ausübt und dominiert wird.

Wenn wir die Eltern autistischer Kinder verstehen wollen, so müssen wir davon ausgehen, daß sie in ihrem Erziehungsverhalten wie in ihrer Einstellung dem autistischen Kind gegenüber von seinem abnormen Verhalten mitbestimmt werden. Es ist nicht zu erwarten, daß Eltern einem autistischen Kind die gleiche emotionale Zuwendung entgegenbringen wie einem normalen Kind. In gewisser Hinsicht ist die Beziehung der Eltern zu einem autistischen Kind vergleichbar der Beziehung des autistischen Kindes der Umwelt gegenüber. Wie das autistische Kind empfinden auch die Eltern eine starke Überforderung in der Aufgabe, ein autistisches Kind zu erziehen. Überforderung aber macht hilflos, weckt in uns das Bedürfnis nach Vermeidung und nach kompensativen Handlungen. So können sich Eltern für ihr Kind aufopfern, andere Aufgaben und die Erziehung der Geschwister vernachlässigen und ihre Aufmerksamkeit ganz auf das behinderte Kind konzentrieren, oder sie können dazu tendieren, sich von dem Kind zurückzuziehen oder es abzuschieben.

3.7.6 Wie können wir den Eltern wirksam helfen?

- Indem wir uns bewußt sind, daß sie ein schweres Los zu tragen haben und daß wir ihnen dieses Los nicht abnehmen können. Es gibt keinen wirksameren Trost für sie. Es ist ihnen aber eine große Hilfe, wenn sie spüren, daß die Umgebung mit ihnen mitempfindet und darauf verzichtet, billigen Trost zu spenden oder gutgemeinte Ratschläge zu erteilen. Von anderen Eltern können Eltern eines autistischen Kindes vor allem dadurch Hilfe erfahren, daß sie die Integration des behinderten Kindes in die Spielgruppe der Normalen erleichtern und fördern. Gegen die Neigung, sich abzusondern, können Eltern eines behinderten Kindes kaum etwas unternehmen. Die Mutter von Felix berichtet, daß sie nur wenige Male mit ihm auf den Spielplatz ging. Als sie dann sah, daß Felix von den anderen Kindern gemieden wurde, und daß die Mütter ihre Kinder wegholten, wenn er mit ihnen spielen wollte, begann sie die öffentlichen Plätze zu meiden und ging stattdessen lieber mit Felix in den Wald, wo sie alleine mit ihm war. Die Integration behinderter Kinder in die Schule wird heute stark gefördert. Nicht weniger wichtig ist die Integration der Familien behinderter Kinder in die Nachbarschaft.

- Eine wirksame Hilfe können Eltern eines autistischen Kindes auch dadurch erfahren, daß wir ihnen ein Verständnis der Störung und seiner Auswirkungen vermitteln. Eltern erfassen relativ rasch, daß ihr Kind nicht einfach geistig behindert ist. Mehrere Eltern, mit denen wir zu tun hatten, sagten, ihr Kind sei ein emotionales Genie. In einer solchen Äußerung mag ein starker Wunsch wirksam sein, es zeigt sich uns darin aber auch ein Stück richtiger Einschätzung. Sie sind als ganz besondere Fälle zu betrachten und zu behandeln.
- Überforderung ist nicht zuletzt deshalb so schwer zu ertragen, weil sie uns hilflos macht, weil wir etwas tun möchten und nicht wissen wie. Wir können aber heute den Eltern eine Reihe wichtiger Hinweise geben, wie sie die Umgebung für das autistische Kind so gestalten können, daß es sich wohlfühlt, wie sie mit den Verhaltensauffälligkeiten des Kindes besser zurechtkommen. Wir können ihnen auch helfen, Methoden zu lernen, damit sie das Kind fördern können.
- Wir müssen den Eltern sagen, daß sie bei der Erziehung des autistischen Kindes nicht auf das erprobte Verhaltensrepertoire zurückgreifen können, sondern daß hierzu Spezialwissen und Spezialkönnen vonnöten sind. In einer Vielzahl von Einzelfallstudien wurde nachgewiesen, daß Eltern in relativ kurzer Zeit solche Programme erlernen und ausüben können (Innerhofer & Warnke 1983). Bei alledem sollte uns immer bewußt sein, daß die Hilfe, die wir den Eltern geben, ungenügend ist, daß wir ihre Probleme nur mildern können und daß sie den schwereren Teil tragen müssen.
- Bei der Beratung der Eltern sollte auch immer die Gesamtfamilie mit in Betracht gezogen werden. Über die Auseinandersetzungen um die Erziehung und Förderung des behinderten Kindes verges-

sen wir allzuleicht, daß wir die Mutter mit der Betreuung des behinderten Kindes so in Beschlag nehmen, daß sie keine Zeit mehr hat für die Geschwister, vielleicht auch für den Partner. In einem eindringlichen Film konnten wir zeigen, wie die Mutter, sich völlig auf das behinderte Kind konzentrierend, seinen nichtbehinderten Bruder aus den Augen verloren hat. Aber nicht nur die Geschwister, auch das Familienleben und die Ehe müssen beachtet werden. Unter Umständen ist die Einweisung eines Kindes in ein Heim humaner für die gesamte Familie als die Erziehung in der Familie. Schlagwörter wie „ein behindertes Kind nie in ein Heim geben" sind dabei wenig hilfreich. Wir müssen versuchen, realistisch abzuschätzen, was der einzelnen Familie möglich ist und was nicht.

- Ihr zu helfen, solche Entscheidungen so zu treffen, daß keine Schuldgefühle zurückbleiben, ist eine weitere wichtige Aufgabe der Elternbetreuung.

3.8 Epidemiologie des frühkindlichen Autismus

Epidemiologische Untersuchungen zum frühkindlichen Autismus sind mit einer Reihe von Schwierigkeiten behaftet: Das Krankheitsbild ist sehr selten, daher ist es nicht möglich, die autistischen Kinder durch die Untersuchung einer größeren Stichprobe zu identifizieren. Vielmehr muß man sich dabei auf die Angaben jener Institutionen stützen, von denen die Kinder betreut werden. Da die Kinder einen sehr unterschiedlichen Entwicklungsstand aufweisen, werden sie jedoch von sehr unterschiedlichen Institutionen betreut, ein Teil von Einrichtungen für Kinder mit geistiger Behinderung, ein Teil von kinderpsychologischen und -psychiatrischen Einrichtungen. Schwierigkeiten gibt es ferner in der Abgrenzung des frühkindlichen Autismus von schweren Formen der geistigen Behinderung. Bei einem höheren kognitiven Entwicklungsstand ist es auch schwierig, jene Kinder herauszufiltern, die auf Grund ihrer guten intellektuellen Begabung manche Schwierigkeiten teilweise kompensieren können.

In anspruchsvollen epidemiologischen Untersuchungen wird daher ein zweistufiges Verfahren verwendet. In einer wenig zeitintensiven Vorerhebung in Schulen bzw. in Einrichtungen, die mit der Betreuung von Behinderten oder emotional gestörten sowie verhaltensauffälligen Kindern betraut sind, werden alle Kinder erfaßt, die autistische Symptome zeigen. Diese ausgelesene Stichprobe wird dann einer intensiven zeitaufwendigen Untersuchung unterzogen.

Die meisten epidemiologischen Untersuchungen kamen recht übereinstimmend zu einer Häufigkeit von vier bis fünf Fällen mit frühkindlichem Autismus auf 10.000 Kinder. In neueren Untersuchungen wird allerdings die Häufigkeit etwa doppelt so hoch angegeben, also etwa ein Fall auf 1.000 Kinder (Übersicht bei Wing 1993; Bryson 1997). Dieser Unterschied ist zum Teil auf eine etwas weitere Definition der autistischen Störung zurückzuführen, die auch Störungen einschließt, bei denen die Symptome nicht so ausgeprägt vorhanden sind. Allerdings stützen sich auch jene Untersuchungen, die eine größere Häufigkeit der autistischen Störung angeben, auf die Beeinträchtigung in den Bereichen der sozialen Beziehungen, der Kommunikation und auf die bevorzugte Beschäftigung mit umschriebenen Interessen bzw. mit Stereotypien. Zum Teil dürften die Unterschiede auf eine bessere Vertrautheit mit dem Störungsbild zurückzuführen sein, die zur Identifikation einer größeren Anzahl von Fällen auch bei jüngeren Kindern führt (Gillberg et al. 1991).

Größere Unsicherheit gibt es in Bezug auf die Häufigkeit des Asperger'schen Syndroms. Eine Untersuchung von Ehlers und Gillberg (1993) legt nahe, daß diese Störung doch recht häufig auftritt, nämlich etwa bei 0.3–0.7 % der Kinder (siehe Kap. 5.1.2.2).

Unter den autistischen Kindern sind Jungen etwa viermal so häufig wie Mädchen, wobei dieses Überwiegen der Störung bei Jungen vor allem unter den intelligenteren autistischen Kindern festzustellen ist (Wing 1981b; Bryson 1997). Bei Autismus-ähnlichen Störungen, die überwiegend bei Kindern mit einer geistigen Behinderung diagnostiziert werden, sind nur geringfügig mehr Jungen betroffen.

4 Intuitive Informationsverarbeitung – die „Alinguismustheorie"

Die theoretische Auseinandersetzung mit dem frühkindlichen Autismus stellt uns vor die Frage nach dem Zusammenhang des kognitiven und des affektiven Systems, nach dem Zusammenhang zwischen Motivation und Sozialverhalten, denn die Störung betrifft alle diese Bereiche, ohne daß Schwierigkeiten in einem Bereich ohne weiteres als Folge oder Ursache für die Probleme in einem anderen ausgewiesen werden könnten. Unserer Ansicht nach gibt es in diesen Fragen noch immer keine überzeugende Interpretation und dies trotz einer Reihe exzellenter experimenteller Analysen. Unser eigener Erklärungsansatz klang bereits an, jetzt möchten wir ihn zusammenfassend als Alinguismustheorie darstellen. Zunächst aber soll auf die alternativen Theorien, die heute diskutiert werden, nochmals kurz eingegangen werden.

4.1 Psychologische Theorien über die autistische Störung

Es sind im Laufe der letzten Jahrzehnte sehr verschiedene psychologische Theorien zur Erklärung dieses Krankheitsbildes entwickelt worden. Der frühkindliche Autismus wurde von vielen zunächst als eine emotionale Störung verstanden, bedingt durch intensive frühkindliche Versagenserfahrungen. Bald jedoch setzte sich die Überzeugung durch, daß Faktoren der Umwelt und der Erziehung bei der Ausbildung des Störungsbildes nur eine sekundäre Rolle spielten.

Die zunehmenden Belege dafür, daß die Ursachen der autistischen Störung in neurobiologischen und letztlich wahrscheinlich in genetischen Faktoren zu suchen sind, sagt freilich noch nichts darüber aus, wie diese Störung psychologisch verstanden werden kann. Da es sich beim frühkindlichen Autismus um ein erstaunlich homogenes Störungsbild handelt, bei dem bestimmte Auffälligkeiten bei allen Betroffenen zu beobachten sind, auch wenn diese in ihrer Ausformung vom Alter und vom kognitiven Entwicklungsstand bzw. der Intelligenz abhängen, stellt sich die Frage, welche psychologischen Funktionen beeinträchtigt sein müssen, damit es zu einer solch ausgeprägten und spezifischen Störung kommen kann.

Zu erklären ist vor allem das gemeinsame Auftreten von Besonderheiten der Wahrnehmung, der Informationsverarbeitung und der Sprachentwicklung mit einer schweren Störung des Sozialverhaltens und der sozialen Beziehungen zu anderen Menschen. Wir möchten die psychologischen Erklärungsansätze hier noch einmal kurz charakterisieren:

Beeinträchtigung basaler Funktionen: Im Vordergrund standen lange Zeit Theorien, die eine Beeinträchtigung basaler Funktionen annahmen, und zwar entweder in der Aufmerksamkeit oder in der Symbolisierungsfähigkeit. Für diese Theorien sind die Einschränkungen der Kommunikationsfähigkeit und der sozialen Beziehungen Folge des grundlegenden Defizits. Diesen gelingt es kaum, eine Brücke zwischen einem basalen Defizit wie etwa einer Beeinträchtigung der Aufmerksamkeit und den zwar vielfältigen, aber doch recht umschriebenen Schwierigkeiten von Personen mit einer autistischen Störung zu schlagen. Trotzdem versuchen manche Modelle auch heute noch, die Entstehung autistischer Störungen von einem basalen Defizit in der Aufmerksamkeit abzuleiten. So wird etwa von Courchesne (Courchesne et al. 1994) angenommen, daß Personen mit einer autistischen Störung Probleme beim Wechsel der Aufmerksamkeit hätten. Dabei wird der Zusammenhang mit den übrigen Symptomen dadurch erklärt, daß aus dem mangelhaften Aumerksamkeitswechsel Schwierigkeiten bei der Kommunikation (die ebenfalls einen ständigen Wechsel erfordert) und im Herstellen eines gemeinsamen Bezugspunktes entstehen.

Integration von Informationen und mangelnde zentrale Kohärenz: Vielfach werden Probleme bei der Integration von Informationen angenommen, so etwa in dem Modell von Waterhouse et al. (1996), das annimmt, daß eine Tendenz zu selektiver Aufmerksamkeit diese Integration behindert. Frith (1989) hat die viel beachtete Theorie vertreten, daß Autisten einen verminderten Drang nach zentraler Kohärenz hätten, wodurch Einzelinformationen unverbunden nebeneinander gestellt würden und keine ganzheitliche Auffassung einer Handlung oder einer Situation gebildet werden könne. Die einzelnen Informationen würden nicht weiter verarbeitet und zu einer Gestalt bzw. einem bedeutsamen Ganzen verbunden, sondern als Rohinformationen gespeichert und beantwortet. Dieser Hang zum Detail der Sinnesempfindung, nach deren Bedeutung nicht weiter gefragt wird, spiegelt sich auch in den Berichten über die stundenlange Beschäftigung mit sinnlosen Gegenständen wider, über die selbst sehr begabte autistische Menschen berichten (z. B. die Berichte über das Ansehen und durch die Finger Rinnen Lassen von Sandkörnern in der Autobiographie von Grandin 1986). Sowohl Waterhouse et al. (1996) wie Frith (1989) nehmen allerdings an, daß dieser Mangel an Integration nur ein Phänomen unter anderen ist. Für Frith (1989) kommen noch Schwierigkeiten beim Verständnis für andere Menschen (bei der Ausbildung einer Theory-of-Mind) hinzu.

Soziale Verständnisschwierigkeiten als primäre Störung: Einige der in den letzten Jahren besonders stark beachteten Ansätze gehen davon aus, daß die sozialen Kommunikationsprobleme primär sind und die übrigen Schwierigkeiten eine indirekte Folge dieser Kommunikationsprobleme darstellen. Dabei stehen einander vor allem zwei Theorien gegenüber. Die von Hobson (1993) entwickelte Theorie betont die nicht-kognitiven Elemente in diesen Kommunikationsproblemen, während der vor allem von Frith (1989), Baron-Cohen (1993, 1995) und Leslie (Leslie und Roth 1993) vertretene theoretische Ansatz die kognitiven Aspekte der Kommunikationsprobleme betont.

Beeinträchtigung der Empathie als Ursache: Hobson (1989, 1993) sieht in den Schwierigkeiten autistischer Kinder die Folge eines angeborenen Mangels an Empathie bzw. der Fähigkeit zum zwischenmenschlichen Engagement, der es ihnen unmöglich macht, die Gefühle anderer Menschen zu verstehen und ihre Intentionen zu erfassen. Der wichtigste Hinweis auf eine basale Störung der Empathie sind die Schwierigkeiten autistischer Kinder beim Erfassen des emotionalen Ausdrucks in der Mimik, der Gestik und des Tonfalles in der Stimme anderer Menschen. Hobson (1993) meint, daß autistische Kinder vor allem in ihrer Fähigkeit, eine Beziehung zu anderen Menschen aufzunehmen, beeinträchtigt sind, während ihre Fähigkeit, eine Beziehung zu Gegenständen herzustellen, weitgehend erhalten ist. Das Besondere der Beziehung zu anderen Menschen wäre dabei das Wahrnehmen einer Subjektivität bei anderen oder die Vorstellung davon, daß es sich bei den anderen Menschen um Personen handele. In einer anderen Weise könnte man die Beziehung zu anderen Menschen als eine besondere Form einer affektiven Beziehung, als ein koordiniertes Netzwerk von affektiven Erfahrungen interpretieren.

Mangelnde Fähigkeit zum „Mentalisieren" bzw. zur Ausbildung einer Theory-of-Mind: Große Beachtung hat auf der anderen Seite die Auffassung von Frith (1989) und Baron-Cohen (1993, 1995) gefunden, wonach die sozialen Schwierigkeiten in einem spezifischen kognitiven Defizit begründet seien und zwar in der Unfähigkeit zur Entwicklung einer „Theory of mind" bzw. in der Ausbildung von Repräsentationen zweiter Ordnung (Metarepräsentationen). Nach dieser Auffassung haben Personen mit einer autistischen Störung wenig Verständnis dafür, daß Menschen ein Bewußtsein haben, das sie in die Lage versetzt, eigene Annahmen über die äußere Wirklichkeit zu entwickeln, verborgene Absichten zu haben, die nicht unmittelbar an ihren Handlungen erkennbar sind. Wie im Kapitel 3.3.7 ausführlich dargestellt, gibt es verschiedene Ausformungen dieser Hypothese, für wichtige Vertreter (Baron-Cohen, Leslie) handelt es sich dabei um ein eigenes biologisch fundiertes Funktionssystem, das bei Menschen mit einer autistischen Störung beeinträchtigt ist.

Für andere (wie Meltzoff & Gopnik 1993) ist es die Erfahrung eines intentionalen Selbst (im Unterschied zum physischen oder körperlichen Selbst), die der Theory-of-Mind zugrundeliegt. Die Voraussetzungen für die Ausbildung dieser Erfahrung seien bereits in der Imitation von mimischen Ausdrucksbewegungen angelegt, die bei Säuglingen und Kleinkindern beobachtbar wären und durch die die Erfahrung eines autonomen Selbst, das andere imitiere und seinerseits von einem anderen autonomen Selbst imitiert würde, möglich sei. Beeinträchtigungen der Imitationsfähigkeit lägen deshalb auch der autistischen Störung zugrunde.

Wieder andere (Brothers & Ring 1992) haben vorgeschlagen, daß es nicht allein auf die Bildung von Repräsentationen sozialer Situationen ankomme, sondern daß vielmehr die Verbindung dieser Repräsentationen mit affektiven Reaktionen wesentlich sei und daß das Herstellen solcher Verbindungen Menschen mit frühkindlichem Autismus nicht möglich sei. Aus diesem Grund sei es Autisten unmöglich, empathische Reaktionen auszubilden.

Neuropsychologische Modelle – Beeinträchtigung exekutiver Funktionen:
Ein anderer Zugang zur Erklärung der Schwierigkeiten autistischer Kinder wurde von neuropsychologisch orientierten Autoren gewählt. Ausgangspunkt sind Ähnlichkeiten des frühkindlichen Autismus mit den Schwierigkeiten, die nach einer Schädigung des Frontallappens bzw. seiner Verbindungen zum limbischen System auftreten (für eine Übersicht siehe Bishop 1993). Es werden also nicht von vornherein bestimmte psychologische Funktionen als beeinträchtigt angesehen, sondern verschiedene Veränderungen festgehalten, die aus einer umschriebenen hirnorganischen Störung resultieren können. Trotzdem steht auch hier eine bestimmte Störung im Mittelpunkt der Auf-

merksamkeit, nämlich die Beeinträchtigung exekutiver Funktionen, die in der Fähigkeit bestehen, eine geeignete Problemlösungsstrategie für das Erreichen eines künftigen Ziels aufrechtzuerhalten. Autistische Kinder sind demnach nicht ausreichend in der Lage, unabhängig von äußeren Eindrücken zu handeln, Reflexion und Selbstüberwachen des eigenen Standpunkts wären ihnen nicht möglich. Sie haben auch Mühe, ein angemessenes Schema auszuwählen, wenn mehrere in Frage kommen. Daraus resultieren ihre Rigidität und mangelnde Flexibilität.

In der Formulierung von Harris (1993) kommt dieses Defizit dem Theory-of-Mind-Ansatz sehr nahe. Er nimmt an, daß die grundlegende Schwierigkeit darin besteht, Vorstellungen auszubilden, die von der äußeren Realität unabhängig sind. Autistische Kinder wären wegen dieser Schwierigkeiten nicht in der Lage, vorausschauend zu planen, mehrere Möglichkeiten gegeneinander abzuwägen und würden immer wieder in geläufige, starre Schemata zurückfallen.

Vergleichen wir die verschiedenen Erklärungsansätze, so schälen sich durchaus Gemeinsamkeiten heraus: Schwierigkeiten bei der Bildung von Metarepräsentationen und bei der Wahrnehmung von psychischen Gegebenheiten, Schwierigkeiten bei der Ausbildung der Einheit eines Gegenstandes, einer Person oder einer Handlung, mangelnde Zentrierung und Ausbildung von Vorstellungen. Man könnte diese Termini paraphrasierend sagen: Während den normalen Kindern das Ganze einer Person oder einer Sache in der Vorstellung wie angeboren leicht zufällt, stehen die autistischen Kinder davor wie vor einer nur mit Mühe und viel bewußtem Lernen zu lösenden Aufgabe. Damit erscheint etwas sehr Archaisches gestört.

Man kann den frühkindlichen Autismus natürlich auch als eine Kombination sehr unterschiedlicher Beeinträchtigungen verstehen und es ist denkbar, daß eine genetisch bedingte Störung psychologisch nicht unbedingt auf ein umschriebenes Funktionsdefizit rückführbar ist. Trotzdem möchten wir den Versuch machen, eine solche einheitliche Erklärung dieses Störungsbildes vorzuschlagen. Um dies tun zu können, müssen wir zunächst den schon mehrmals verwendeten Begriff des intuitiven Vorverständnisses erläutern.

4.2 Die Alinguismustheorie zur Erklärung des frühkindlichen Autismus

Das intuitive Vorverständnis als Mechanismus zur Bildung von Ganzheiten

Zunächst fünf Beispiele, in denen die Notwendigkeit des intuitiven Vorverständnisses angesprochen wird:

- In den Confessiones berichtet Augustinus von seiner Unfähigkeit, bestimmte Begriffe zu erläutern. Er ist verwundert darüber, weil er glaubt, die Begriffe doch absolut sicher zu beherrschen, und er faßt seine Erfahrung zusammen: „... wenn mich niemand fragt, was ‚Zeit' ist, weiß ich es, wenn ich aber gefragt werde, weiß ich es nicht mehr." (Augustinus, Confessiones)

  Augustinus spricht hier in gut nachvollziehbarer Weise das Vorverständnis eines Begriffes an. Wir fragen nun, ob dieses Vorverständnis nur der Zustand des Wissens über einen Gegenstand zu einem bestimmten Zeitpunkt ist oder ob dieses Vorverständnis ein besonderer Typ von Einsicht, von Erkenntnis ist.

- Wenn wir einem Fremden eine uns vertraute Person beschreiben müssen – vielleicht weil er sie vom Bahnhof abholen muß – so sagen wir z. B.: „Er ist ca. 1,80 m groß, trägt einen Vollbart und Brille, seine Haare sind schwarz usw." Trotz der genauen Beschreibung wird der Fremde Mühe haben, die beschriebene Person zu identifizieren. Wir selbst hingegen würden sie sicher auch dann wiedererkennen, wenn sie sich in der Zwischenzeit die Haare gefärbt sowie den Bart rasiert hätte und statt der Brille Kontaktlinsen trüge.

  In diesem Beispiel tritt uns das Phänomen einer Erkenntnis, die man sprachlich nur schwer vermitteln kann, in einer anderen Form entgegen. Nicht als Vorverständnis sondern als ein Wissen neben dem sprachlichen Wissen. Das Erkennen vertrauter Personen kann mit Hilfe sprachlicher Informationen erfolgen oder auch mit Hilfe von Informationen, die wir kaum in die Sprache übersetzen können. Was wir vom Gesichtererkennen sagen, läßt sich auf andere „innere" Bilder übertragen: der Blick über die Stadt, das Bild des Elternhauses usw.

- Versuchen Sie einmal, eine ganz einfache praktische Tätigkeit, z. B. eine Scheibe von einem Laib Brot herunterschneiden, lückenlos mit Regeln zu beschreiben: das Messer in die rechte Hand, der richtige Griff, das Brot in die linke Hand, aufstellen usw. Es wird

Ihnen kaum gelingen. Allein der Handgriff, wie das Brot richtig anzufassen ist, damit man es gut schneiden kann, würde eine lange Liste von Anweisungen erfordern.

Und wiederum wird uns deutlich, wie sehr unser Leben davon abhängt, daß wir neben unserer Erkenntnisgewinnung in der Sprache noch eine andere besitzen, die geeignet ist, einen alltäglichen Vorgang wie das Brotschneiden in einem Bild festzuhalten, so daß wir die Handlungsschritte daran orientieren können.

- Stellen wir uns eine Mutter vor, die einen Therapeuten aufsucht, weil ihr Kind vielleicht asthmatische Beschwerden hat. Der Therapeut wird mit ihr ein anamnestisches Gespräch führen. Für dieses Gespräch bringt die Mutter hinreichend Verständnis mit auch dann, wenn sie noch nie in ihrem Leben mit einem Therapeuten gesprochen hat. Sie hat – ohne Reflexion und ohne bewußtes Lernen – sich eine Vorstellung von der Situation gemacht.

  Wiederum haben wir eine besondere Form der Erkenntnis vor uns, die man wieder treffend als intuitives Vorverständnis bezeichnen könnte. Jede Handlung als Erkenntnisobjekt ist eingebettet in ein intuitives Vorverständnis, das den Handelnden leitet und das er reflektierend, planend, usw. mit sprachlichen Mitteln vertiefen, präzisieren, sich in sprachlicher Weise bewußt machen kann und auf das er – zur bewußten Orientierung – zurückgreifen kann.

- Deutlich tritt uns dieses Verständnis von einem Gesamtzusammenhang im Satz „Das Haus war aus Kuchen und Marzipan." entgegen. An diesen Satz darf man nicht die Wahrheitsfrage stellen: Wo ist dieses Haus? Denn es ist ein Satz aus dem Märchen Hänsel und Gretel. Wer den Erzähltypus Märchen nicht versteht, kann auch diesen Satz nicht verstehen.

Wir haben nun verschiedene Beispiele aufgezählt, denen gemeinsam ist, daß zu ihrem Verständnis neben Einzelinformationen noch so etwas wie ihre Einheit zu erfassen ist. Diese Einheit kann den Hintergrund betreffen, oder den Zusammenhang der Teilinformationen, oder die Vorstellung einer Sache als Ganzer. Typisch für das Erkennen dieser Einheit ist, daß ihr Inhalt sprachlich kaum darstellbar ist und daß Sprache dafür nicht notwendig ist. Damit haben wir nun einer „sprachlichen Erkenntnis" eine „außersprachliche Erkenntnis" gegenübergestellt (Alinguismus-Theorie, Innerhofer 1992). Ferner nehmen wir an, daß diese vorsprachliche Erkenntnis dem „umgangssprachlichen Vorverständnis der Dinge und Sachverhalte" zuzuordnen ist, von dem die Erkenntnismetaphysiker sprechen. Vor allem Martin Heidegger hat sich mit dieser Form der Erkenntnis auseinandergesetzt.

„Seiendes ist unabhängig von Erfahrung, Kenntnis und Erfassen, wodurch es erschlossen, entdeckt und bestimmt wird. Sein aber ‚ist' nur im Verstehen des Seienden, zu dessen Sein so etwas wie Seinsverständnis gehört." (Heidegger 1979, 183)

Nach Heidegger gehört also zum „in der Welt Sein" ein grundsätzliches Verstehen. Jedes Reflektieren muß von diesem Verstehen ausgehen. Was dieses Verstehen ist, sagt er an anderer Stelle:

„Ein Zeug ‚ist' strenggenommen nie. Zum Sein von Zeug gehört je immer ein Zeugganzes, darin es dieses Zeug sein kann, das es ist. Zeug ist wesenhaft ‚etwas, um zu ...'. Die verschiedenen Weisen des ‚Um zu' wie Dienlichkeit, Beiträglichkeit, Verwendbarkeit, Handlichkeit konstituieren eine Zeugganzheit." (Heidegger 1979, 68)

Hier verweist Heidegger ausdrücklich auf den Ganzheitscharakter, den diese ursprüngliche Vertrautheit des Menschen mit seiner Welt hat. Es ist eine Ganzheit des funktionalen Zusammenhanges.

„In-der-Welt-sein besagt nach der bisherigen Interpretation: das unthematische, umsichtige Aufgehen in den für die Zuhandenheit des Zeugganzen konstitutiven Verweisungen. Das Besorgen ist je schon, wie es ist, auf dem Grunde einer Vertrautheit mit der Welt. In dieser Vertrautheit kann sich das Dasein an das innerweltlich Begegnende verlieren und von ihm benommen sein." (Heidegger 1979, S. 76)

Fassen wir zusammen: Neben der Erkenntnis, die durch Sprache repräsentiert wird, gibt es noch eine Form, die der Sprache nicht bedarf. Genetisch betrachtet geht sie dem sprachlichen Ausdruck als Vorverständnis voraus oder begleitet ihn in Form eines Verständnisses des Hintergrundes oder des übergeordneten Zusammenhangs. Erkenntnismetaphysiker sehen darin ein grundsätzliches Vertrautsein mit den Dingen und Personen. Diese Form der Erkenntnis ist letztlich verantwortlich dafür, daß wir nach der Wahrheit eines Satzes fragen können, und daß wir überhaupt Sprache reflektieren können. Dieses „Vorverständnis", das Bedingung der Reflexion und mithin auch der Sprache ist, wollen wir intuitives Vorverständnis nennen.

Sprachliche Erkenntnis und intuitives Vorverständnis

Wittgenstein hat in seinem Frühwerk, dem Tractatus logico-philosophicus, den viel zitierten Satz geäußert: „Die Grenzen meiner Sprache bedeuten die Grenzen meiner Welt." (Wittgenstein 1922/1984, These 5.62) Sein Spätwerk ist in weiten Teilen eine Auseinandersetzung mit dieser These, an deren Ende ihre Verwerfung stand. Er erkannte, daß Sprache nur möglich ist, wenn es vorgängig zu ihr schon Erkenntnis gibt. Wir haben im vorausgehenden Abschnitt versucht, zwei Erkenntnisweisen voneinander abzuheben. Erstere nannten wir „intuitives Vorverständnis", letztere „sprachliches Erkennen". Wir wollen uns nun noch etwas genauer mit dieser These auseinandersetzen.

Das intuitive Vorverständnis einer Sachlage oder eines Gegenstandes ist eine Erkenntnis, die sich in ihrer Leistung von der sprachlichen Erkenntnis positiv abhebt, sie ist nicht ihr primitiver Vorläufer oder ihr begleitender Schatten. Was aber sind es denn für Inhalte, die in diesem Vorverständnis erfaßt werden?

Jedem Satz, jedem Ausdruck und jeder Handlung geht ein Verständnis voraus und dieses Vorverständnis hat den Charakter einer „übergeordneten Einheit". Das Wissen um das unaussprechlich Individuelle eines Gesichtes, die Kenntnis der Zeitgestalt einer Handlung, das Wissen der Mutter um die Gesprächssituation beim Therapeuten, ohne daß sie je in einer solchen Situation war, das Wissen um die Zeit, ohne daß wir sagen können, was sie ist, das Verständnis des Erzähltypus Märchen – das ist das intuitive Vorverständnis eines Gesichtes, einer Situation, eines Begriffes, einer Sprachgattung. Das intuitive Vorverständnis einer Sache umfaßt Inhalte, die „Einheit" bedeuten, nicht die Elemente in ihrer Differenziertheit und Präzision, sondern das Ganze, in dem mögliche Teile so angedeutet sind, daß Fragen gestellt und Antworten verstanden werden können.

Wir dürfen nicht vergessen, daß jede Aufsplitterung eines Ganzen in Teile immer unser Werk ist und daß wir dabei die Elemente nicht einfach vorfinden, sondern selber bestimmen, indem wir eine Reizgegebenheit ausgliedern und als Teil definieren. Eine bestimmte Gliederung ist daher nie absolut zu sehen, d. h. es sind jederzeit auch andere Gliederungen möglich.

Im intuitiven Vorverständnis eines Sachverhaltes haben wir nicht nur den Einstieg in den Erkenntnisprozeß zu sehen. Das intuitive Verständnis bietet uns eine Sicht eines Sachverhaltes, die die sprachliche Erschließung vorbereitet, ermöglicht und auch im weiteren Verlauf entscheidend ergänzt und begleitet. Intuitives Verstehen ist wie sprachliches Verstehen nie abgeschlossen. Erinnern wir uns an das Beispiel der Mutter, die mit ihrem asthmatischen Kind einen Therapeuten aufsucht. Für das therapeutische Gespräch bringt die Mutter auch dann hinreichend Verständnis mit, wenn sie in ihrem Leben noch nie mit einem Therapeuten gesprochen hat. Dieses Verständnis, das wir von einer Handlung haben, können wir folgendermaßen charakterisieren:

Es ist sprachlich nicht adäquat beschreibbar, da es für die sprachliche Darstellung einerseits zu ungenau und andererseits zu vielschichtig (die Therapiesituation) und differenziert (das individuelle Gesicht) ist. Es ist ferner global (der Zeitbegriff), aber doch wieder so klar, daß wir Fragen stellen und Antworten verstehen können, daß wir eine ungefähre Vorstellung vom Sinn und Zweck haben und von den Umständen. Das intuitive Vorverständnis einer Handlung ist wie der Blick auf eine Landschaft aus großer Distanz: Man erkennt einzelne Objekte nur angedeutet und unscharf, aber man hat die Häuser und Anlagen, die Felder und Waldstücke als Gesamte und in ihrer Relation zueinander vor Augen, man hat das Ganze, und die Teile sind in diesem Ganzen angedeutet. Dieses „Ganze" ist natürlich nicht identisch mit dem Sachverhalt, sondern stellt in anderer Weise wie etwa ein Universalbegriff eine Abstraktion dar, die aus einer bestimmten Absicht gemacht wird, meist aus dem Blickwinkel eines Handlungsplans.

Ein entscheidender Unterschied zwischen sprachlicher und nicht sprachlicher Erkenntnis liegt, wie eben angedeutet, in der Fähigkeit der Sprache zur Präzision und in der Fähigkeit des intuitiven Vorverständnisses zur Integration einer Vielfalt von Informationen unter eine gemeinsame Absicht. In unserem Beispiel von der Mutter im Erstgespräch mit dem Therapeuten ist für sie wichtig, daß sie eine ungefähre Vorstellung davon hat, was hier alles passieren kann. Das gibt ihr die Möglichkeit, mit dem Therapeuten sinnvoll zu sprechen, ein Spektrum möglicher Fragen vorwegzunehmen, sich auf mögliche Ereignisse einzustellen, nichts, was im Detail festgelegt wäre, nur ein ungefährer Horizont von Möglichkeiten, genug, um Fragen verstehen zu können und ausreichend, um sich auf das Gespräch einlassen zu können. Eine genaue Anweisung, wie wir sie etwa für einen Computer programmieren müßten, würde dieser Anforderung nicht genügen können.

Heidegger hierzu: „Der je auf das Zeug zugeschnittene Umgang, darin es sich einzig genuin in seinem Sein zeigen kann, z. B. das Hämmern mit dem Hammer, *erfaßt* weder dieses Seiende thematisch als vorkommendes Ding, noch weiß etwa gar das Gebrauchen um die Zeugstruktur als solche. Das Hämmern hat nicht lediglich noch ein Wissen um den Zeugcharakter des Hammers, sondern es hat sich dieses Zeug so zugeeignet, wie es angemessener nicht möglich ist." (Heidegger 1979, 69)

Die Einheit, die hier zur Diskussion steht, ist das funktionale Aufeinander-Bezogen-Sein von Mensch und Umwelt. Die Natur hat dem Menschen offensichtlich jenes grundsätzliche Weltverständnis mitgegeben, das er braucht, um in ihr zu überleben, das es ihm ermöglicht, sich in ihr zu Hause zu fühlen. Es ist ein grundsätzliches Vertrautsein mit der Umwelt, in der er sich handelnd befindet.

Wir können annehmen, daß die Welt dem Menschen für sein Handeln grundsätzlich erschlossen ist. In seinem Handeln aber bezieht sich der Mensch selbst auf diese Umwelt und stellt jene Verknüpfung mit ihr her, die wir sein Leben nennen. Daß also Handlungen im intuitiven Vorverständnis grundsätzlich und ganzheitlich erschlossen sind, impliziert mithin, daß er sich selbst – als notwendige Bedingung für sein Handeln – erschlossen ist. Und da er in diesem Falle es selbst ist, der sich ihm sich selbst erfahrend erschließt, können wir davon ausgehen, daß das, was erschlossen wird, mit dem, dem es sich erschließt, identisch ist. Das Innenleben des Menschen also, seine Gefühlswelt, seine Selbsterfahrung, seine Erfahrung von Erfolg und Mißerfolg einer Handlung ist der letzte Punkt, auf den hin Erkenntnis angelegt ist und an dem sie Halt gewinnt. Jedes Überprüfen von Aussagen über die Außenwelt ist letztlich ein Beziehen dieser Außenwelt als Wirkung auf die Innenwelt, wie sie in der Selbsterfahrung gegeben ist. Im Vorverständnis von uns selbst, in dieser jeder Reflexion und jeder sprachlichen Bemächtigung vorausliegenden Selbsterkenntnis haben wir die Möglichkeit zu sehen, mittelbare Kenntnisse, in denen wir uns der Welt bemächtigen, überprüfen zu können, und zwar überprüfen in der Wirkung, die sie auf uns selbst ausübt.

Wenn wir uns aber dem Akt dieses Vorverständnisses zuwenden, so wird deutlich, daß es eine Form des Bewußtseins ist, jene Form der Selbsterfahrung, in der wir uns erst für alle weiteren Reflexionen gegeben sind. Darum nennen wir das Vorverständnis den Akt des Bewußtseins. Niemand wird annehmen können, daß wir der Sprache bedürften, um uns selbst zu erfahren, um Kälte und Hitze, Hunger und Durst, Freude und Trauer zu erleben. Und wenn jemand, über sich selbst reflektierend, nachzudenken beginnt, worin sich denn sein Gefühl für diesen und jenen Menschen unterscheide, so wird er nicht die Sprache befragen, sondern versuchen, sein Erleben abzutasten, wie es sich unmittelbar als Bewußtseinszustand gibt.

Betrachten wir also das Bewußtsein inhaltlich, so kommen wir dahin, es Selbstbewußtsein zu nennen. Dieses Selbstbewußtsein ist die Form des intuitiven Vorverständnisses seiner Selbst, in dem sich der Mensch vor aller Sprache und zur Ausbildung derselben gegeben ist.

In gewisser Hinsicht haben wir aber nicht nur ein Bewußtsein von uns selbst, sondern auch ein Bewußtsein anderer Menschen. Die Freude, die wir im Gesicht des anderen wahrnehmen, das Aufgebrachtsein, wenn uns jemand ärgert, wird so unmittelbar erfahren, daß der Schmerz, das Aufgebrachtsein wahrgenommen und zugleich erlebt wird. Diese Erfahrung eines Menschen, indem wir ihn auf uns einwirken lassen, ist wiederum unser intuitives Vorverständnis. Es ist ein Wissen, das zugleich Gefühl ist.

Das intuitive Vorverständnis steht dem affektiven System viel näher als das sprachliche Verständnis. Es wurzelt ursprünglicher als sprachlich repräsentierte Erkenntnis im unmittelbaren Erleben, so daß die Trennung in Erkenntnis und Affekt auf dieser Ebene noch nicht sinnvoll ist. Indem die Freude im Gesicht des anderen wahrgenommen wird, wird sie im Ansatz auch zum eigenen Erleben und die erlebte Freude wird zur Basis des Verständnisses von Freude überhaupt. Der Praktiker weiß von diesen Unterschieden und deshalb bringt er einer sprachlichen Darstellung eines Sachverhaltes Mißtrauen entgegen, weil ihr das fehlt, was nur Erfahrung zu geben vermag, und das ist das intuitive Verständnis. Eine Darstellung sei „theoretisch" meint nicht, daß die Aussagen falsch seien, sondern daß ihr ein wesentlicher Teil fehle.

Das intuitive Verständnis als außersprachliche Erkenntnis steht nicht im Gegensatz zur sprachlichen Erkenntnis, sondern in einem ergänzenden Verhältnis: Das Bewußtsein erhält in der Sprache Ausdruck und damit Präzision und Festigkeit, die sprachliche Erkenntnis gewinnt durch das Bewußtsein Überprüfbarkeit, Vernetzung und gestalthafte Ganzheit.

Verständnis einer Sache ist zunächst die Summe aller Aussagen, die wir über einen Sachverhalt machen können, ist also eine Sprach-Erkenntnis. Diese Ansicht verschweigt aber Wesentliches. Mit den sprachlich aussagbaren Erkenntnissen ist ein „Hintergrund-Verständnis" mitgegeben, das erst die Teile zum Ganzen einer Gestalt macht. Die Gestalt ist zwar nicht etwas, das man gesondert von den Teilen noch benennen könnte, aber es ist auch nicht ohne weiteres mit den Elementen gegeben. Es ist das, was den Elementen ihr isoliertes Für-Sich-Sein nimmt und sie für unser Bewußtsein zu Teilen einer Gestalt werden läßt.

Die intuitive Weltordnung

Wir gehen davon aus, daß es neben der sprachlichen auch eine außersprachliche Ordnung gibt, und diese Ordnung ist auch nach dem Vorhandensein der lingualen Ordnung von dieser verschieden. Sie ist ganzheitlicher, schließt Vorstellung und Emotionen in einer Weise ein, wie sie die Sprache nie mehr erreichen wird. Sie ist ungefähr und unbestimmt, wie es die Sprache nie tolerieren würde. Sie ist so wenig verfügbar, daß sie dem Menschen nicht ausreicht, um das technisch zu realisieren, was ihm zur Instrumentalisierung der Welt notwendig erscheint. Sie ist so ursprünglich, archaisch, daß wir unsere sprachliche Welt im Vergleich zu ihr immer als banal und trivial empfinden werden. Wer das Kreative sucht, wird sich auf sie stützen, weil sie das Ganze in einer Weise darstellt, daß Teile daraus extrahiert, umgeschichtet, neu konzipiert und verändert werden können.

Formen der intuitiven Intelligenz

Das intuitive Vorverständnis begegnet uns in verschiedener Form. Als:

- Ganzheit eines instrumentellen Zusammenhangs;
- Zusammenhang einer Handlung (Motiv: Ziel – Weg);
- Hintergrund eines sprachlichen Ausdrucks z. B. „Sie ist schön wie die Nacht";
- Handlungsspielraum und Handlungsmotiv;
- Redesituation und Hintergrund z. B. „Er ist draußen";
- Einheit einer Gestalt z. B. ein Gesicht;
- Genus literarum z. B. Witze.

Gemeinsam ist diesen Beispielen, daß sie etwas bezeichnen, das als solches nicht erfahrbar ist, nicht adäquat beschrieben werden kann, kaum als solches reflektiert wird und wir uns trotzdem verstehen, wenn wir darüber reden.

Wir haben nun zur exemplarischen Definition des Begriffes intuitives Verständnis Beispiele genommen, von denen wir wissen, daß Menschen mit einer autistischen Störung damit besondere Schwierigkeiten haben. Dabei bestehen hinsichtlich des Schwierigkeitsgrades große Unterschiede. Instrumentelle Zusammenhänge erfassen Autisten relativ gut, während selbst intelligente Autisten kaum in der Lage sind, einen Witz zu verstehen. So wie das sprachlogische Verständnis Schwierigkeitsgrade kennt, so gibt es auch bezüglich der intuitiven Intelligenz Stufen der Anforderung und entsprechend dazu eine genetische Rangreihe.

Fassen wir zusammen: Jeder genuinen Erkenntnishandlung geht ein Vorverständnis voraus, in dem alle Gegenstände als funktionelle Einheit bezogen auf das Erkenntnissubjekt erfaßt sind. Insofern ist dieses Vorverständnis die Möglichkeit nicht nur aller Denkprozesse, sondern auch die Möglichkeit aller bewußten Handlungen, zu denen sich ein Handlungssubjekt entscheidet.

Unsere These

Wir sind bei der Reanalyse der experimentellen Befunde zum frühkindlichen Autismus von der Alinguismustheorie (Innerhofer 1992) ausgegangen und kommen zum Schluß zur These:

> Die Störung des frühkindlichen Autismus liegt primär in einer Störung des intuitiven Vorverständnisses. Wir nehmen an, daß diesen Kindern dieses Verständnis nicht in gleichem Umfang verfügbar ist, wie anderen Kindern, normalen wie retardierten.
> Da das intuitive Vorverständnis der Ausbildung logischer Schemata, der Sprache und auch der Ausbildung sozialer Gefühle zugrundeliegt, manifestiert sich die Störung in diesen Bereichen.

Gehen wir nochmals auf das Experiment mit Sally ein (Kap. 3.3.7), das ja maßgeblich für die Formulierung der Hypothese von Schwierigkeiten bei der Ausbildung einer Theory-of-Mind verantwortlich war. Die Frage, wo Sally glaubt, daß die Murmeln in der Schachtel sind, läßt sich nur aus dem Kontext der Erzählung richtig beantworten. Wird dieser Kontext nicht erfaßt, kann das Kind nur auf sein Teilwissen zurückgreifen und in seinem Teilwissen sind die Murmeln noch in der Schachtel. Anders die Frage, welche Farbe das Kleid auf dem Polaroidfoto hat. Zur Beantwortung dieser Frage ist nur das Wissen um das Foto nötig, der Kontext der Geschichte spielt hierbei keine Rolle.

Ähnlich sehen wir die Auffälligkeiten im semantischen Bereich. Die Aussage „Er ist im Garten" braucht zu ihrer Interpretation ebenfalls ein Kontextwissen. So z. B. „Wir sind im Sommer zu Hause zu Besuch. Zu Hause gibt es Vater und Mutter. Und es gibt einen Garten." Es reicht als Kontext schon die Frage an die Mutter: „Wo ist Vater?" Dieser Kontext interpretiert das Pronomen im Satz „Er ist im Garten", aber ohne das Kontextwissen bleibt „er" ein leeres Wort.

Das erklärt, weshalb autistische Kinder im Sprachbereich die größten Probleme mit Ausdrücken haben, die viel Hintergrundverständnis verlangen (metaphorische Ausdrücke, Ausdrücke ohne festgelegten Referenten wie die Pronomina), und in der Pragmatik, die verlangt, daß der einzelne Satz auf die Ganzheit der Redesituation bezogen wird.

So erklären wir auch das Bedürfnis nach einer gleichbleibenden Umgebung. Wenn „mein vertrautes Zimmer" keine von Einzelmerkmalen abgehobene Ganzheit ist, sondern identisch ist mit dem Tisch, dem Bett, den Stühlen und den Blumen und zwar in einer bestimmten Anordnung, so verliert das autistische Kind allein mit der Umstellung eines Möbelstücks sein vertrautes Zimmer. Identität und Beständigkeit gibt es in einer Welt der ständigen Veränderung nur in Bezug auf eine Ganzheit, die dieselbe bleibt, auch wenn sie in ihren Teilen verändert wird.

Auch die Fähigkeit, flexibel auf sich verändernde Umstände einzugehen, oder die Rolle zu wechseln, fußt auf dem Erfassen einer Ganzheit, in der mehrere Rollen oder Situationen als ihre Teile integriert sind. Nehmen wir die Handlung „Eine Geschichte erzählen". Die Handlung als ganze weist zu Beginn die Rolle des Erzählers zu, im weiteren Verlauf kann der Erzähler in die Rolle eines Beteiligten schlüpfen und in direkter Rede zu sprechen beginnen, um schließlich wieder in die Rolle des Erzählers zurückzukehren. Es ist immer die gleiche Handlung, in der der Erzähler verschiedene Aufgaben übernimmt.

Das erklärt die Schwierigkeiten zur Selbstreflexion, zum Erkennen von Gefühlen und des Gefühlsausdrucks, die mangelnde Fähigkeit, seinen eigenen Gefühlsausdruck dem anderer Kinder anzupassen, das Überfordertsein mit sozialen Situationen wie überhaupt die Schwere der sozialen Störung, weil das Lernen von Gefühlen und das Ordnen sozialer Situationen primär aus dem intuitiven Vorverständnis heraus zu leisten ist. Das Verständnis der eigenen Gefühle geschieht im intuitiven Vorverständnis und dies ist Voraussetzung, um die Gefühle anderer Menschen verstehen zu können.

Und das erklärt schließlich, weshalb diese Kinder sehr viel lernen können, sobald sie über die Sprache verfügen, daß das Gelernte aber eckig und roboterhaft bleibt, selbst wenn es gut beherrscht wird.

5 Diagnostik

Die Diagnostik des frühkindlichen Autismus erscheint vielen Klinikern noch immer nicht ganz befriedigend gelöst. Zwar herrscht auf Grund der Forschung der letzten Jahre weitgehend Einigkeit darüber, welche Merkmale bei einer Diagnose des frühkindlichen Autismus als zentral zu betrachten sind, aber es gibt ein Spektrum an autistischen Störungen, in dessen Randbereichen noch viele Fragen offen sind. Auch bereitet das frühzeitige Erkennen ebenso Probleme wie die Frage der Klassifikation dieser Störung bei älteren Jugendlichen und Erwachsenen.

Die Forschung der letzten Jahre war vor allem daran interessiert, eine Definition zu finden, die eine objektive Zuordnung der Kinder zu diesem Störungsbild gewährleistet. Wir sprechen in diesem Falle von der Aufgabe der Klassifikation, die die Diagnostik zu leisten hat.

Klassifikation: Die Klassifikationsdiagnostik kann verschiedene Zwecke erfüllen, z. B.:

- die Kinder der geeigneten Therapiemethode zuzuführen,
- das Krankheitsbild zu benennen, auf Grund dessen bestimmte Leistungen in Rahmen der gesetzlichen Krankenversicherung zu erbringen sind,
- aufgrund des Rückgriffs auf die bisherigen Erfahrungen bei anderen Kindern eine Grundlage für die Beratung der Familie und der Betroffenen zu gewinnen,
- Auslese von Kindern zu Forschungszwecken, usw.

Therapievorbereitung und -begleitung: Die zweite große Aufgabe der Diagnostik ist die Vorbereitung geplanten erzieherischen und therapeutischen Handelns. Teilziele der therapieorientierten Diagnostik sind:

- Festlegung von Verhaltensweisen, die verändert werden sollen,
- Beschreibung der Abfolge einzelner Verhaltenssequenzen, um Abhängigkeiten zu erkennen,
- Beschreibung der Umwelt, in der das zu verändernde Verhalten auftritt, um Wirkzusammenhänge zu erkennen, die für die Therapie genutzt werden können, usw.

Nach den beiden Hauptaufgaben der Diagnostik, der Klassifikation und der Therapievorbereitung, werden wir diesen Abschnitt gliedern.

5.1 Die Klassifikationsdiagnostik bei autistischen Kindern

In der Literatur wird die Frage nach den diagnostischen Kriterien und der korrekten Klassifikation des frühkindlichen Autismus recht ausführlich behandelt. Das mag daher rühren, daß diese Literatur zum überwiegenden Teil von Forschern geschrieben wurde. In der Forschung stand lange Zeit die Frage im Vordergrund, ob frühkindlicher Autismus ein eigenes Krankheitssyndrom ist und wie man dieses Syndrom definieren sollte, damit eine von anderen Störungen abhebbare Gruppe isoliert werden kann. Die verschiedenen Ansätze sind also darum bemüht, ein homogenes Autismussyndrom zu definieren.

5.1.1 Diagnostische Kriterien für das Syndrom des frühkindlichen Autismus

Die erste ausführliche Beschreibung autistischer Kinder und die Einsicht, daß es sich bei diesen Kindern um eine besondere Gruppe mit einem typischen Störungsbild handelt, stammt von Kanner (1943). In diesem ersten Bericht beschrieb Kanner ausführlich elf Kinder, die eine Reihe von Gemeinsamkeiten aufwiesen. Unter diesen Gemeinsamkeiten war besonders auffallend

- ihre Unfähigkeit, Beziehungen zu anderen Personen zu entwickeln,
- die deutliche Verzögerung der Sprachentwicklung und
- der nichtkommunikative Gebrauch der Sprache, mit verzögerten Echolalien und einer Umkehr der Pronomina,
- repetitives und stereotypes Spielverhalten,
- Mangel an innerer Vorstellungsfähigkeit,
- zwanghaftes Bestehen auf Unverändertheit in der Umgebung und bei gewissen Routinen,
- eine besondere Fähigkeit zum Auswendiglernen und andere weitgehend intakte kognitive Fähigkeiten, sowie in deutlichem Kontrast zu der sonstigen schweren Störung
- ein normales, ja anziehendes körperliches Aussehen.

5.1.1.1 Die Definition von Kernsymptomen

In dieser ersten Beschreibung von Kanner (1943) werden eine Vielzahl von Einzelmerkmalen aufgezählt, die autistischen Kindern gemeinsam sein sollen. Bald jedoch erkannte man, daß die einzelnen Symptome auch bei Kindern zu beobachten waren, die in anderen Verhaltensweisen den autistischen Kindern recht unähnlich waren.

So haben Kanner und Eisenberg (1956) Symptome definiert, die in dieser Kombination nur bei autistischen Kindern gefunden werden. Diese Symptome wurden „Kernsymptome" genannt:

- weitgehender Mangel an affektivem Kontakt zu anderen Menschen,
- zwanghafter Drang nach Aufrechterhaltung von Gleichförmigkeit,
- eine Faszination für Gegenstände, mit denen die Kinder recht geschickt hantieren,
- Mangel an Sprache oder fehlende Verwendung von Sprache zur zwischenmenschlichen Kommunikation.

Die Bemühungen um eine klare Definition der wesentlichen Bereiche, in denen autistische Kinder beeinträchtigt sind, wurden vor allem von Rutter weitergeführt, der 1978 unter Rückgriff auf die Beschreibungen von Kanner sowie die seither durchgeführten Forschungen, jene drei Bereiche bezeichnete, in denen autistische Kinder notwendigerweise Probleme haben müssen:

- Beeinträchtigung und Auffälligkeiten in der sozialen Entwicklung,
- Beeinträchtigung und Auffälligkeiten in der Kommunikation,
- Auffälligkeiten im Verhalten, die durch die Tendenz zu einer Einschränkung der Interessen, dem Bestehen auf Unveränderheit der Umgebung und zu Stereotypien entstehen.

Als weiteres Merkmal wurde hinzugerechnet, daß diese Auffälligkeiten frühzeitig, und zwar im allgemeinen vor dem 30. Lebensmonat beginnen. Diese Definition erwies sich als sehr einflußreich und formte weitgehend die Entwicklung der offiziellen Klassifikationskriterien, wie sie sich heute etabliert haben.

Sie haben sich damit letztlich auch gegen eine Definition durchgesetzt, wie sie von Ritvo und Freeman (1978) im Rahmen einer Arbeitsgruppe der NSAC (National Society for Autistic Children) in den USA vorgeschlagen wurde, die die angenommenen neurobiologischen Grundlagen der autistischen Störung stärker betonte. Danach sollten bei der Diagnose eines frühkindlichen Autismus Störungen in vier Bereichen vorliegen:

- Störungen der Entwicklungsdynamik und Entwicklungssequenz,
- Störungen in der Reagibilität auf Sinnesreize,
- Störungen des Sprechens, der Sprache und des Denkens sowie der nonverbalen Kommunikation und
- Störungen der Fähigkeit, eine angemessene Beziehung zu Personen, Ereignissen und Gegenständen der Umwelt zu entwickeln.

Ende der 70er Jahre wurde auch das Gesamtsystem der Klassifikation psychischer Störungen überarbeitet, in dem die autistische Störung nun als eine spezielle Unterklasse tiefgreifender Entwicklungsstörungen verstanden wurde. Damit sollte ausgedrückt werden, daß bei dieser Störung die Entwicklung mehrerer Funktionen und damit der gesamten Persönlichkeit der Kinder beeinträchtigt ist. Dieses zunächst als DSM-III von der amerikanischen psychiatrischen Vereinigung beschlossene Klassifikationssystem hat sich in seinen Grundzügen bewährt. Es umfaßte ursprünglich neben einem multiaxialen diagnostischen Ansatz, bei dem nicht nur die Art der psychischen Störung, sondern auch gleichzeitig vorhandene organische Krankheiten, psychosoziale Belastungen und das Gesamtausmaß der Beeinträchtigung der sozialen Anpassung festgehalten wird, auch eine operationale Definition der Diagnosekriterien. Dabei wird genau aufgelistet, wie viele Symptome jeweils aus verschiedenen Merkmalsbereichen zutreffen müssen, um die Diagnose einer autistischen Störung zu stellen. Im Verlauf der vergangenen zwanzig Jahre wurde jedoch die Formulierung der diagnostischen Kriterien zweimal etwas abgeändert, was deutliche Auswirkungen auf die diagnostische Praxis hatte und jeweils zu einer etwas weiteren bzw. etwas engeren Definition der autistischen Störung führte. Die derzeit gültige Version des amerikanischen Klassifikationssystems (DSM-IV) wurde gerade bei der Definition des frühkindlichen Autismus in enger Anlehnung an die Neufassung des von der Weltgesundheitsbehörde herausgegebenen internationalen Klassifikationssystems (ICD-10) formuliert und umfaßt folgende Kriterien:

A. Wenigstens sechs der im Folgenden angeführten Merkmale aus den Bereichen eins, zwei und drei, wobei zwei aus dem ersten Bereich und jeweils eines dem 2. und 3. Bereich stammen müssen.

(1) qualitative Beeinträchtigung der sozialen Interaktionen, die sich wenigstens in zwei der folgenden Merkmale zeigen:

(a) markante Beeinträchtigung im Gebrauch von mehreren nonverbalen Verhaltensweisen wie dem Blickkontakt, der Mimik, der Körperhaltung und den Gesten, um soziale Interaktionen zu steuern;

(b) einem Versagen in der Entwicklung von dem Entwicklungsstand angemessenen Beziehungen zu Gleichaltrigen;

(c) einem Fehlen von spontanen Versuchen, die eigene Freude, Interessen oder Erfolge mit anderen Menschen zu teilen (z. B. durch einen Mangel an Herzeigen, Bringen oder Hinweisen auf Dinge, die einen interessieren);
(d) einem Mangel an sozialer oder emotionaler Reziprozität;
(2) qualitative Beeinträchtigung der Kommunikation, die sich wenigstens in einem der folgenden Merkmale zeigt:
(a) Verzögerung oder vollständiger Mangel an gesprochener Sprache (ohne mit einem Versuch einher zu gehen, dies durch alternative Formen von Kommunikation wie Gesten oder mimischen Ausdruck zu kompensieren);
(b) bei Personen mit angemessener Sprachentwicklung eine markante Beeinträchtigung in der Fähigkeit, ein Gespräch mit anderen anzuknüpfen oder fortzuführen;
(c) stereotyper und repetitiver Gebrauch von Sprache oder Verwendung ideosynkratischer Ausdrucksformen;
(d) einem Mangel an vielfältigem spontanem Als-ob-Spiel oder sozialem Rollenspiel, das dem Entwicklungsstand entspricht;
(3) eingeschränkte repetitive und stereotype Verhaltensmuster, Interessen und Aktivitäten, was sich in wenigstens einem der folgenden Merkmale zeigt:
(a) intensive Beschäftigung mit einem oder mehreren stereotypen oder stark eingeschränkten Interessen, was in der Intensität oder der Ausschließlichkeit abnorm ist;
(b) offensichtlich inflexibles Beharren auf speziellen Routinen oder Ritualen, die keinen besonderen Zweck erfüllen;
(c) stereotype und repetitive motorische Manierismen (z. B. Hin- und Herbewegen oder Drehen der Hände oder Finger, komplexe Bewegungen mit dem ganzen Körper);
(d) andauernde Beschäftigung mit gewissen Teilen von Gegenständen;
B. Verzögerung oder abweichende Entwicklung in wenigstens einem der folgenden Bereiche, mit einem Beginn vor dem Alter von drei Jahren: soziale Interaktion, Sprache zur sozialen Kommunikation und dem symbolischen oder imaginativen Spiel.

5.1.1.2 Die Erstellung von diagnostischen Instrumenten zur Erfassung der Kernsymptome

Bereits frühzeitig wurde begonnen, spezielle Merkmalslisten und diagnostische Instrumente zu entwickeln, um die Ausprägung der wesentlichen Merkmale des frühkindlichen Autismus zu erfassen und damit die Zuverlässigkeit der Diagnose zu erhöhen.

Einer der ersten derartigen Versuche stammt von Rimland (1964, 1971), der eine umfangreiche Liste der von Kanner (1943) angegebenen Verhaltensweisen autistischer Kinder (z. B. besonderes Interesse an mechanischen Apparaten wie Staubsaugern, geringe Anschmiegsamkeit der Kinder, Auftreten von Erregungszuständen bei Änderungen in der Wohnung) in einem Fragebogen (Form E1) zusammenstellte. Dieser wurde später noch durch andere Verhaltensweisen ergänzt, die von den Eltern autistischer Kinder häufiger berichtet wurden (Form E2). Empirische Überprüfungen dieses diagnostischen Ansatzes (für eine Übersicht siehe Lord 1997; Newsom & Hovanitz 1997) haben auf eine zu enge Definition des Autismus von Rimland und auf die geringe Übereinstimmung mit der von erfahrenen Klinikern gestellten Diagnose hingewiesen. Eine wesentliche Ursache dürfte darin liegen, daß keine angemessene Gewichtung der Symptome vorgenommen wurde und nur die Anzahl der angegebenen, recht spezifischen Symptome bewertet wird. Zudem wird auch eine geringe Zuverlässigkeit dieser Skala bei der Beurteilung des Verhaltens der Kinder durch verschiedene Beurteiler, die das Kind gut kennen, berichtet (Lord 1997).

Etwa gleichzeitig mit dem Fragebogen von Rimland wurde das Behavior Rating Instrument for Autistic and Atypical Children (BRIAAC, Ruttenberg et al. 1966) entwickelt, das das Verhalten autistischer Kinder in acht verschiedenen Bereichen erfassen soll und von erfahrenen Klinikern auf Grund von Beobachtungen beurteilt werden soll. Bereits Anfang der 70er Jahre wurde auch ein strukturiertes Interview mit den Eltern autistischer Kinder von Lorna Wing entwickelt (Handicaps, Behavior and Skills schedule, HBS), das vor einigen Jahren in einer überarbeiteten Form publiziert worden ist (Wing 1996). In der Zwischenzeit sind eine Reihe anderer Skalen aufgestellt worden, die zum Teil auch ins Deutsche übertragen wurden und in verschiedenen Zentren verwendet werden. Es können nur die wichtigsten erwähnt werden.

Childhood Autism Rating Scale: Am verbreitetsten ist im englischen Sprachraum heute die von Schopler et al. (1980, für eine deutschsprachige Version siehe Steinhausen 1996) entwickelte Childhood Autism Rating Scale, die aus 15 Items besteht, mit denen jeweils auf vierstufigen Skalen das Verhalten der Kinder beurteilt werden soll. Für jedes Item sind dabei Beispiele vorgegeben, die die Ausprägung des Verhaltens in Abhängigkeit vom Entwicklungsstand angeben. Die Skala kann deshalb bei jüngeren Kindern ebenso wie bei Jugendlichen und Erwachsenen verwendet werden. Die Beurteilung anhand der Skala erfordert für erfahrene Kliniker eine relativ geringe Einführung, trotzdem kann eine recht hohe Übereinstimmung erzielt werden. Die Skala diskriminiert recht gut zwischen autistischen und nicht-autistischen Kindern, auch solchen mit einer geistigen Behinderung. Sie ist auf die diagnostischen Kriterien von DSM-III bzw. DSM-III-R zugeschnitten; die empfohlenen Kennwerte für die Diagnose einer autistischen Störung dürften daher für die heute geltenden Kriterien von ICD-10 und DSM-IV zu wenig strikt sein, sie geben jedoch eine ungefähre Richtlinie vor (Lord 1997).

Autismus Diagnostisches Interview: Dieses semistrukturierte Interview (LeCouteur et al. 1989 bzw. Lord et al. 1994; deutsche Übersetzung von Schmötzer et al. 1991) erfordert größere Erfahrung seitens des Interviewers und soll die Symptomatik von Kindern und Jugendlichen mit einer möglichen autistischen Störung auf den drei für die Diagnose des Autismus wesentlichen Dimensionen (Reziprozität des Sozialverhaltens, Kommunikation und Neigung zu restriktiven, repetitiven Verhaltensmustern) erfassen. Das Interview ist im Hinblick auf die in den neuen Diagnoseschemata (ICD-10, DSM-IV) enthaltenen Kriterien entworfen worden und weist bei Anwendung durch erfahrene Kliniker eine recht hohe Zuverlässigkeit auf, allerdings ist ein Training erforderlich. Untersuchungen konnten zeigen, daß aufgrund der in Interviews gewonnenen Einschätzungen autistische Kinder, Jugendliche und Erwachsene von nicht-autistischen Personen, auch solchen mit einer geistigen Behinderung, unterschieden werden können (Lord 1997).

Autism Diagnostic Observation Schedule (ADOS, Lord et al. 1989, deutsche Übersetzung: Beobachtungs- und Interviewinstrument zur Untersuchung von Kindern mit autistischem Syndrom, D. Rühl/ Frankfurt a. M., o. J.): Dieses Instrument wurde als Ergänzung zu dem zuvor vorgestellten Interview entwickelt. Der Beobachter geht mit dem Probanden verschiedene Aufgaben durch (z. B. ein Konstruktionsspiel, eine Pantomime). Die Ausführung der Aufgaben wird beobachtet und anhand vorgegebener Bewertungen beurteilt. Die Aufgaben erfordern in der ersten erarbeiteten Fassung beträchtliches Sprachvermögen und sind deshalb seither durch Versionen bzw. ergänzende Module erweitert worden, die auch mit Kindern durchführbar sind, die entweder über kein oder wenig Sprachvermögen verfügen (ADOS-PL, DiLavore et al. 1995) oder aber im Alter und ihrer sprachlichen Entwicklung relativ weit fortgeschritten sind.

5.1.1.3 Die Diagnose der autistischen Störung in den ersten beiden Lebensjahren

Die Diagnose der autistischen Störung kann mit einer hohen Zuverlässigkeit ab dem zweiten Lebensjahr gestellt werden, da ab diesem Alter die Fähigkeit zur Kommunikation, das Spielverhalten etc. einigermaßen sicher zu beurteilen sind. Schwieriger ist die Diagnose in den ersten beiden Lebensjahren. In dieser Zeit sind vor allem jene Kinder auffällig, die an einer allgemeinen sprachlichen und kognitiven Entwicklungsbeeinträchtigung leiden. Retrospektiv lassen sich aufgrund der Angaben der Eltern bei autistischen Kindern allerdings eher frühe Auffälligkeiten im Kontakt zur Umwelt, in der Kommunikation und dem Spielverhalten feststellen, im Gegensatz zu Kindern mit geistiger Behinderung (Dahlgren & Gillberg 1989). Nachuntersuchungen von Kindern, die im Alter von zwei Jahren wegen eines Verdachts auf eine autistische Störung überwiesen wurden, zeigen auch, daß die Diagnose einer autistischen Störung in diesem Alter mit relativ großer Sicherheit gestellt werden kann (Lord 1995; Gillberg et al. 1990). Das Sozialverhalten von Kindern mit einem kognitiven Entwicklungsstand unter eineinhalb Jahren ist für Eltern allerdings noch schwer zu beurteilen, vor allem das Verständnis für Gesten und der emotionale Ausdruck sowie die Anteilnahme an Vorgängen in der Umwelt. Eltern notieren in der Tendenz vor allem bei jenen Kindern Auffälligkeiten, die in ihrer allgemeinen Entwicklung deutlich zurückgeblieben sind. Infolge ihrer Angaben kommt es zu einer häufigeren Diagnose des frühkindlichen Autismus, die weniger mit dem Urteil übereinstimmt, das sich der Kliniker aufgrund eigener Beobachtungen des Kindes bildet (Lord 1995).

Aufgrund dieser Erfahrungen wurde in Großbritannien ein Screening-Instrument (CHAT) entwickelt, das im Rahmen von Vorsorgeuntersuchungen im Alter von 18 Monaten eingesetzt werden kann und die Angaben der Eltern und des Untersuchers berücksichtigt (Baron-Cohen et al. 1992; Baron-Cohen et al. 1996). Es wurde nachgewiesen, daß sowohl in einer Risikogruppe (Kinder aus Familien, in denen ein anderes Kind bereits an einer autistischen Störung litt) als auch in einer relativ großen Stichprobe aus der Allgemeinbevölkerung Kinder mit frühen Anzeichen einer autistischen Störung recht zuverlässig erkannt werden können. Diese Verdachtsdiagnose ließ sich auch bei einer nochmaligen Untersuchung mit dreieinhalb Jahren bestätigen. Entscheidend für die Verdachtsdiagnose waren vor allem drei Merkmale, die sowohl durch Angaben der Eltern als auch durch Beobachtungen des Untersuchers zu erheben waren:

- das Zeigen auf einen Gegenstand, um andere auf diesen Gegenstand aufmerksam zu machen (protodeklaratives Zeigen);
- das als ob Spiel bzw. das so Tun als ob (in der Untersuchung: das Tee-Machen mit einem kleinen Spielzeug-Set einer Teekanne und Teetasse);
- mit dem Blick der Richtung der Aufmerksamkeit des Interaktionspartners folgen.

5.1.2 Der differentialdiagnostische Ansatz

Diagnostische Differenzierungen, die nicht von der Ursache ausgehen, sondern vom Erscheinungsbild der Störung, haben es einmal mit dem Problem zu tun, daß Kinder, die an einer so komplexen Störung wie dem frühkindlichen Autismus leiden, sehr viele Auffälligkeiten aufweisen. Welche davon sind für die Diagnose wesentlich? Dieses Problem wurde mit der Konzeption von Kernsymptomen bzw. mit der Definition von Merkmalen, die für die Diagnose einer autistischen Störung erforderlich sind, zu lösen versucht. Zum anderen ist problematisch, daß ähnliche Merkmale bei verschiedenen Störungsbildern auftreten, die jeweils eine unterschiedliche Prognose haben und eine andere Therapie verlangen. So findet sich die soziale Zurückgezogenheit auch bei anderen psychiatrischen Syndromen, jedoch in weniger starker Ausprägung. Zudem weisen die Symptome auch eine andere Qualität auf. Der differentialdiagnostische Ansatz will diese Ausprägungsunterschiede für die Zuordnung nutzen. Es ist der Versuch, eine Störung über die Interpretation eines Verhaltensprofils zu definieren. Dieser Ansatz setzt sich daher mit der Abgrenzung des Syndroms von benachbarten Störungsbildern auseinander. Als benachbart gelten die Störungsbilder der schweren geistigen Behinderung, die anderen Psychosen des Kindesalters und schließlich die schweren Sprachentwicklungsstörungen, die rezeptiven Aphasien.

Die Auseinandersetzung mit dem Verhaltensprofil führt jedoch folgerichtig auch zu Differenzierungen innerhalb des Syndroms des frühkindlichen Autismus selbst. Es ist davon auszugehen, daß die wesentlichen Merkmale der autistischen Störung nicht bei allen Kindern, die unter diesen Schwierigkeiten leiden, in gleicher Weise vorhanden sind, sondern daß sie jeweils verschieden akzentuiert sind und so eine Vielfalt an Differenzierungen bedingen. Um diese Variabilität zu kennzeichnen, wurde von Wing das Konzept des Spektrums autistischer Störungen eingeführt, das ihrer Auffassung nach durch die jeweils unterschiedliche Ausprägung der drei wesentlichen

Dimensionen der autistischen Störung (Beziehungen zu anderen, Kommunikation, Einschränkung der Aktivitäten und Interessen) gekennzeichnet ist.

5.1.2.1 Differenzierungen innerhalb umfassender Entwicklungsstörungen

Die jeweils unterschiedliche Ausprägung der autistischen Trias kann so vorgestellt werden, als ob Personen mit einer autistischen Störung eine jeweils unterschiedliche Position in einem mehrdimensionalen Raum einnehmen würden. Als basale Störung ist dabei die Beeinträchtigung der Beziehung zu anderen anzunehmen. Je nach Ausprägung der beiden anderen Dimensionen kann daraus eine unterschiedlich ausgeprägte Störung des Sozialverhaltens sowie des Zurechtkommens in der Umwelt resultieren. Von großer Bedeutung ist jedoch auch das Gesamtniveau der intellektuellen Entwicklung. Die intellektuellen Fähigkeiten können zur Kompensation der Störung eingesetzt werden.

Die psychiatrische Klassifikation unterscheidet innerhalb des Spektrums der umfassenden Entwicklungsstörungen, bei denen die Entwicklung der zwischenmenschlichen Beziehungen beeinträchtigt ist, verschiedene Formen von Störungen:

- Frühkindlicher Autismus bzw. die autistische Störung im engeren Sinn;
- Asperger'sches Syndrom;
- Rett-Syndrom;
- Desintegrative Psychose;
- nicht näher gekennzeichnete umfassende Entwicklungsstörung (einschließlich des atypischen Autismus).

5.1.2.2 Unterschiede und Gemeinsamkeiten zwischen dem frühkindlichen und dem Asperger'schen Autismus

Etwa zur Zeit, als Kanner in den USA das Syndrom des frühkindlichen Autismus beschrieb, beschäftigte sich der Kinderarzt Asperger (1944) in Wien mit einem Krankheitsbild, das er „autistische Psychopathie" nannte und das später unter dem Namen „Asperger'scher Autismus" oder „Asperger Syndrom" bekannt wurde. Er beschrieb eine Reihe von Fällen, die folgende Gemeinsamkeiten aufwiesen: Es handelt sich um Kinder, die bereits frühzeitig durch

– ihre geringe Anteilnahme an der Umwelt und im besonderen durch
– die scheinbar geringe Bindung an die Bezugsperson auffällig werden.

Von klein auf verhalten sich diese Kinder wie Einzelgänger und bleiben am liebsten allein. Sie weigern sich, an den Spielen anderer Kinder und an Gruppenaktivitäten teilzunehmen, vor allem, wenn es sich um rauhere Spiele handelt. Den Müttern erscheinen sie unerreichbar, ihr Verhalten unverständlich, sie scheinen total in ihre eigene Welt und Interessen versunken. Besonders auffällig wird ihr Verhalten in der Schule, wo sie sich oft weigern, am Unterricht teilzunehmen, in der Klasse zu sprechen und zum Teil durch ihr bizarres Verhalten, durch ihre steife, manchmal geradezu würdige Art den Spott der anderen Kinder herausfordern. Im Schulalter wird auch auffällig, daß sie nur wenig Verständnis für die Regeln sozialer Interaktion haben und kein natürliches intuitives Wissen darüber, was sozial angemessen ist. Sie sind anderen gegenüber nie zutraulich, werden nie im Beisein anderer frei und gelöst. Herzlichkeit und Zärtlichkeit scheinen für diese Kinder irritierend und unangenehm zu sein, selbst seitens der Eltern. Gelegentliche Zärtlichkeitsanwandlungen dieser Kinder sind abrupt und irgendwie unangemessen. Es fehlt ihnen ein Gefühl dafür, was andere erwarten, wie sie empfinden, all dies muß erst verstandesmäßig gelernt werden und ist schwer in das Verhaltensrepertoire der Kinder zu integrieren. Mitunter fällt auch der geringe Respekt auf, den diese Kinder vor anderen Menschen haben, und das geringe Gefühl für persönliche Distanz. Sie tun sich daher sehr schwer, Freunde zu finden, und haben nur wenig Kontakt.

Die Kommunikation der Kinder scheint auch deshalb so auffällig, weil sie selbst wenig Mimik zeigen, ihr Gesicht wirkt überwiegend leer und schlaff, die Gesten sind spärlich und wirken plump und unangemessen. Auch in der stimmlichen Intonation zeigen sich viele verschiedene Auffälligkeiten: Die Stimme wirkt oft schrill und der Gesprächssituation nicht angemessen, entweder monoton oder auch übermäßig moduliert.

Ebenso wie beim frühkindlichen Autismus ist auch bei diesen Kindern das Blickverhalten auffällig. Es scheint, als ob der Blick in die Ferne gerichtet sei und nicht auf die Gegenstände der Umgebung. Besonders fällt dies beim Gespräch und in der Interaktion auf, da die Kinder nicht in der Lage sind, ihrem Gesprächspartner durch ihr Blickverhalten den Eindruck zu vermitteln, sie wollten einen Kontakt herstellen.

„Autistische Psychopathen", wie Asperger diese Kinder nannte, sind im allgemeinen gut begabt, ihre Sprachentwicklung erfolgt meist ähnlich rasch wie bei normalen Kindern. Von den typischen Auffälligkeiten der Sprache autistischer Kinder findet sich neben der Tendenz, über längere Zeit die persönlichen Fürwörter zu vertauschen, vor allem häufiger ein metaphorischer Sprachgebrauch. Es werden neue Wörter erfunden, die zum Teil treffend sein können, zum Teil fremdartig anmuten. Die Art, wie diese Kinder Sprache verwenden, vermittelt den Eindruck von Pedanterie und übermäßiger Exaktheit. Sie sprechen frühzeitig wie Erwachsene bzw. wie nach einem Buch und können die Ausführlichkeit des Eingehens auf ein Thema nur schwer auf das Interesse ihres Gesprächspartners oder die Anforderungen der Situation abstimmen. Vor allem aber sind die Sprachinhalte auffällig. Auf Fragen werden im Gespräch oft irrelevante Antworten gegeben und vom Thema ablenkende Bemerkungen gemacht. Die Kinder bevorzugen wenige Themen, an denen sie besonderes Interesse haben, und sie gehen kaum auf Bemerkungen der Gesprächspartner ein. Die Interessen der Kinder liegen oft weit ab von dem, wofür sich sonst Kinder interessieren, und werden mit einer Ausschließlichkeit betrieben, die erstaunlich ist. Die Kinder häufen über ihr Spezialinteresse oft ein großes Wissen an, es fehlt jedoch der Allgemeinverstand.

Von Asperger (1944) ist ihre besondere Kreativität hervorgehoben worden. Er betonte, daß diese Kinder nur in der Lage seien, selbstentdeckten Zusammenhängen nachzugehen, nicht jedoch, von anderen zu lernen. Im Unterschied zu Kanner (1943) hat er auf die Schwierigkeiten beim Auswendiglernen und beim Sich-Aneignen von schulischen Lerngegenständen hingewiesen. Die Kinder können also (nur) originell und kreativ sein, wobei diese Eigenschaften bei guter Begabung dazu führen, daß sie einen wertvollen Beitrag für die Gesellschaft leisten. Im anderen Fall entwickeln sie sich laut Asperger zu eigenartigen Spinnern und kauzigen Originalen. Andere Kliniker hatten nicht den Eindruck einer besonderen Kreativität, das Denken der Kinder schien ihnen eher eng und pedantisch zu sein, und sie betonten, daß diese Kinder oft Schwierigkeiten hätten, abstraktere Ideen zu verstehen (Wing 1981a). Manche dieser Kinder haben auch Teilleistungsstörungen, vor allem im visuell räumlichen Bereich.

Auffällig an der Begabungsstruktur ist nach Asperger (1944) die motorische Ungeschicklichkeit dieser Kinder, die sich bereits frühzeitig in einem motorischen Entwicklungsrückstand zeigt. Sie erschwert ihnen in der späteren Kindheit den Erwerb praktischer Fertigkeiten, wie Schreiben, Sich-Anziehen etc. Dies trägt mit dazu bei, daß die Kinder Schwierigkeiten im Kontakt mit Gleichaltrigen haben und oft verspottet werden.

Außerdem besteht eine starke Empfindlichkeit, die wohl aus der Wahrnehmung der eigenen Schwächen herrührt: Die Kinder beobachten sich selbst oft distanziert und besonders kritisch. Vor allem in der Adoleszenz verursacht diese große Sensibilität häufig starke depressive Reaktionen, die sehr ernst genommen werden müssen, da sie zu Selbstmordversuchen führen können (Wing 1981a; Wolff & Chick 1980). Die Überempfindlichkeit der Kinder führt jedoch auch oft zu einer mißtrauischen Haltung der Umwelt gegenüber, die bis zur Ausbildung paranoider Vorstellungen gehen kann. Die Kinder zeigen zwar keinen Mangel an Emotionen, diese sind jedoch auch für Personen, die ihnen nahe stehen, vielfach nicht einfühlbar. Das Gefühlsleben scheint irgendwie disharmonisch. So wirkt die Lustigkeit dieser Kinder oft verzerrt und übersteigert.

Autistische Psychopathen zeigen ähnlich wie Kinder mit frühkindlichem Autismus gelegentlich Stereotypien. Sie haben besondere Freude an sich drehenden Gegenständen. Während sie oft an der Umwelt keinen Anteil zu nehmen scheinen, sind sie manchmal an bestimmte Gegenstände besonders gebunden. Bei einigen Kindern läßt sich auch der bei autistischen Kindern auffällige Hang feststellen, eine bestimmte unveränderte Ordnung in ihrer Umgebung aufrechtzuerhalten. Nach Asperger (1944) macht sich dies vor allem in starken Heimwehreaktionen bemerkbar, die sich bei einer Trennung von der gewohnten Umgebung einstellen. Manche dieser Kinder scheinen auch sonst zwanghaft zu sein, voller Bedenklichkeit und Umständlichkeit.

Neben Asperger beschrieben auch andere Kliniker Kinder mit einer deutlichen Beeinträchtigung der sozialen Beziehungen bei recht hoher intellektueller Begabung. Vor allem Sula Wolff (1995) hat unter der Bezeichnung „schizoide" Persönlichkeitsstörung solche Fälle beschrieben, die weitgehend jenen gleichen, die auch Asperger (1944) eingehend charakterisiert hat. Sie hob vor allem das Einzelgängertum dieser Kinder hervor, das sie Gruppenaktivitäten und damit das Schulleben als große Belastung erleben läßt, und die nahezu ausschließliche Beschäftigung mit speziellen Interessen. Da viele dieser Kinder von überdurchschnittlicher Intelligenz sind und auffallend kreativ erscheinen, ist von ihr – seit die Arbeit von Asperger durch Wing (1981a) im englischen Sprachraum bekannter geworden ist – die Ähnlichkeit mit dem Asperger-Syndrom, ja eine weitgehende Übereinstimmung in den wichtigsten Merkmalen hervorgehoben worden.

Die ursprünglichen Beschreibungen von Asperger (1944) zeigen ein sehr vielfältiges Bild, das in den vier von ihm berichteten Fallgeschichten eine relativ große Variabilität erkennen ließ. So hebt Asperger (1944) hervor, daß diese Störung auf allen Intelligenzniveaus vorkommen kann und beschreibt selbst einen Fall, der als leicht geistig behindert diagnostiziert wurde. Asperger (1944) hat selbst nicht den Versuch gemacht, die für eine Diagnose wesentlichen Symptome herauszuarbeiten. In seinen Beschreibungen sind daher sowohl Gemeinsamkeiten (bis in Details – z. B. die Vorliebe für das Kreiselnlassen von Gegenständen) als auch gewisse Unterschiede zu den von Kanner (1943) beschriebenen Fällen enthalten. Asperger hat selbst relativ spät und nicht sehr ausführlich zu den Gemeinsamkeiten bzw. Unterschieden zwischen der „autistischen Psychopathie" und dem frühkindlichen Autismus Stellung genommen. Er selbst wie auch andere (z. B. van Krevelen 1971) betonten die stärkere Beeinträchtigung bei Kindern mit frühkindlichem Autismus sowie die bessere Begabung, vor allem im sprachlichen Bereich, bei der „autistischen Psychopathie", die er als eine von Kindheit an bestehende, konstitutionell bedingte Persönlichkeitsstörung auffaßte.

ICD-10 wie auch DSM-IV haben das Asperger'sche Syndrom als eigene Form einer psychischen Störung anerkannt, es jedoch nicht zu den Persönlichkeitsstörungen, sondern zu den tiefgreifenden Entwicklungsstörungen gerechnet. Auch in den Diagnosekriterien wurde ein Näheverhältnis zum autistischen Syndrom betont, indem als entscheidende Kriterien die gleichen Merkmale einer tiefgreifenden Beeinträchtigung der sozialen Beziehungen sowie eingeschränkte repetitive und stereotype Verhaltensmuster, Interessen und Aktivitäten festgelegt wurden, die auch für die autistische Störung gelten. Im Unterschied zur autistischen Störung wird jedoch eine Beeinträchtigung der Kommunikation nicht als Kriterium angenommen und es wird explizit eine geistige Behinderung sowie eine deutliche Verzögerung der Sprachentwicklung von der Diagnose ausgeschlossen.

Diese Definition ist allerdings umstritten, da von Asperger (1944) der abnorme Gebrauch von Sprache (z. B. gestelzte Sprache und pedantischer Sprachgebrauch) sowie der eingeschränkte und häufig abnorme Einsatz nonverbaler Kommunikationsmittel besonders hervorgehoben wurde. So haben etwa Szatmari et al. (1989), wie auch Gillberg und Gillberg (1989) in den diagnostischen Kriterien Auffälligkeiten der verbalen (pedantischer Sprachgebrauch, wörtliches Verständnis von Wörtern mit übertragener Bedeutung) und nonverbalen Kommunikation betont. Gillberg und Gillberg (1989) heben zusätzlich die besondere Beschäftigung mit einzelnen Interessen hervor. Auch wird aus den Fallbeschreibungen von Asperger (1944) sowie von Wing (1981a) deutlich, daß gelegentlich eine deutliche Verzögerung der Sprachentwicklung bei diesen Kindern zu beobachten ist. Umstritten ist auch, wieweit die von Asperger betonte motorische Ungeschicklichkeit als ein zusätzliches Merkmal dieser Störung gelten soll.

Über die Häufigkeit des Vorkommens des Asperger'schen Syndroms ist wenig bekannt. Wolff und Barlow (1979) berichten, daß etwa 3 bis 4% der Überweisungen an kinderpsychiatrische Einrichtungen wegen sozialer Anpassungsschwierigkeiten in der Schule erfolgen, die Ähnlichkeiten mit der autistischen Psychopathie oder, wie Wolff und Barlow (1979) dies nannten, mit einer schizoiden Persönlichkeit haben. Ehlers und Gillberg (1993) haben die Häufigkeit unter Schülern mit durchschnittlicher Intelligenz auf wenigstens 3,6 auf 1.000 (unter Einschluß vermuteter Fälle 7,1 auf 1.000) geschätzt. Sie verwendeten hierfür ein zweistufige Ausleseverfahren, bei dem sie zunächst den Lehrern einen Fragebogen zur Erfassung jener Verhaltensweisen vorlegten, die für Kinder mit einem Asperger-Syndrom besonders typisch sind, und jene Kinder, die nach Einschätzung der Lehrer mehrere dieser Merkmale zeigten, dann persönlich untersuchten.

Manche Beobachtungen deuten darauf hin, daß sich bei einigen autistischen Kindern die autistische Störung, die zunächst dem von Kanner (1943) beschriebenen Bild ähnlich ist, im Verlauf des späteren Vorschul- und frühen Grundschulalters soweit bessern kann, daß bei den Kindern später die Diagnose eines Asperger'schen Syndroms gestellt werden muß. Es gibt also im Einzelfall durchaus einen Übergang zwischen den beiden Störungsbildern (Szatmari 1998; Wing 1991).

Der langfristige Verlauf dieser Störung ist günstiger als beim frühkindlichen Autismus, wobei jedoch die Unterschiede in der kognitiven Begabung in Rechnung zu stellen sind. Den meisten Kindern scheint im Erwachsenenalter wenigstens beruflich eine relativ gute Anpassung zu gelingen, wenn sie ihre besonderen Interessen und Begabungen im Beruf verwerten können. Die Schwierigkeiten im Sozialkontakt, die Rigidität des Denkens und der Interessen, die erhöhte Empfindlichkeit bleiben jedoch lebenslang erhalten (Wolff 1995). Häufig treten allerdings im Verlauf andere psychische Probleme hinzu, vor allem Depressionen (mit dem Risiko eines Suizids). Gelegentlich dürften Kinder mit einem Asperger'schen Syndrom im Erwachsenenalter auch an einer schizophrenen Psychose erkranken. Dies ist allerdings nicht wesentlich häufiger als in der Allgemeinbevölkerung der Fall, wenn man in Rechnung stellt, daß rückblickend gesehen manche der Schwierigkeiten dieser Kinder in der frühen

Tab. 3: Zusammenfassender Vergleich zwischen frühkindlichem und Asperger'schem Autismus

	Frühkindlicher Autismus	Asperger'sches Syndrom
Sprache	oft stumm, Sprache verzögert und abnorm	Syntax und Vokabular gut, Inhalt abnorm, Probleme beim Verstehen komplexer Bedeutungen, pedantischer Sprachstil
Sozialverhalten	isoliert, in sich zurückgezogen, wenig Anteilnahme an anderen Menschen	passiv, unangemessenes, einseitiges Auf-andere-Zugehen
Stereotypien Zwanghaftigkeit	viele Stereotypien, repetitive, gleichförmige Aktivitäten	Auswahl eines besonderen Interessengebietes
Motorik	im Vorschulalter gut bei grobmotorischen Aktivitäten, ältere Autisten oft ungeschickt	schlechte motorische Koordination

Adoleszenz diagnostisch verkannt werden können (Wolff 1995). Im wesentlichen zeigen langfristige Untersuchungen eine hohe Konstanz der sozialen Schwierigkeiten dieser Kinder (Wolff 1995; Tantam 1991).

Ein direkter Vergleich zwischen autistischen Kindern mit Kanner'schem und mit Asperger'schem Syndrom wurde bisher nur selten vorgenommen. Die wenigen Untersuchungen verwendeten zudem recht unterschiedliche Auswahlkriterien, so daß eine Vergleichbarkeit der Ergebnisse nur begrenzt gegeben ist (für eine umfassende Diskussion siehe Schopler et al. 1998).

Nach den Ergebnissen mancher Untersuchungen (Wolff & Barlow 1979; Szatmari et al. 1990; Szatmari et al. 1995) scheint es, als ob sich keine scharfe Grenze zwischen den begabteren frühkindlichen Autisten nach Kanner und den Fällen mit Asperger'schem Syndrom ziehen ließe. So betonten Wolff und Barlow (1979) die große Ähnlichkeit zwischen autistischen und „schizoiden" Kindern sowohl im Profil des Wechsler-Intelligenztests wie in jenem von Sprachtests (ITPA). Beiden Gruppen war zudem gemeinsam, daß sie semantische und syntaktische Ordnungen kaum für die Behaltensleistung ausnutzen konnten, also Gedächtnisstrategien kaum einsetzten. Darüber hinaus fiel auf, daß sich die Personenbeschreibungen beider Gruppen mehr auf äußere als auf innere Merkmale konzentrierten. Insgesamt aber war das Leistungsprofil schizoider Kinder jenem normaler Kinder ähnlicher als das autistischer Kinder. Szatmari et al. (1990) konnten gleichfalls kaum Unterschiede in neuropsychologischen Tests (Untertests des Wechsler Intelligenztests, Sprachverständnistest, Gesichter Erkennen, kognitive Flexibilität und manuelle Geschicklichkeit) feststellen, wenn die beiden Gruppen in ihrer verbalen Intelligenz weitgehend parallelisiert wurden.

Andere Untersuchungen konnten freilich einige bedeutsame Unterschiede zwischen begabten autistischen Kindern und Kindern mit Asperger'schem Syndrom feststellen. So stellten Klin et al. (1995) etwa fest, daß Kinder mit Asperger'schem Syndrom, die nach den ICD-10 Kriterien ausgewählt worden waren (also keine sprachlichen Beeinträchtigungen zeigten) und mit autistischen Kindern in der intellektuellen Begabung vergleichbar waren, eine deutlich größere Diskrepanz zwischen verbaler und nonverbaler Intelligenz (zugunsten der verbalen Intelligenz) hatten. Gleichzeitig fielen bei diesen Kindern jedoch Defizite im nonverbalen Bereich auf, so schnitten sie etwa bei visuell-räumlichen Aufgaben relativ schlecht ab, hatten aber auch eine schlechte motorische Koordination und Auffälligkeiten in der Stimmführung. Ein Großteil dieser Kinder wies somit nach dem klinischen Urteil von Neuropsychologen eine Teilleistungsstörung im nonverbalen Bereich auf, hingegen war dies bei kaum einem der Kinder mit einer autistischen Störung der Fall.

Auch andere Untersucher beobachteten bedeutsame Unterschiede zwischen den beiden Gruppen. So stellten Ozonoff et al. (1991b) fest, daß Kinder mit dem Asperger'schen Syndrom (nach ICD-10) wenig Probleme damit hatten, bei anderen ein inneres, von der äußeren Realität abweichendes Bild der Wirklichkeit anzunehmen (Theory-of-Mind-Aufgaben), was intelligenten autistischen Kindern schwer fiel. Hingegen hatten beide Gruppen Probleme bei Aufgaben, die das flexible Ableiten von Regeln verlangten, also exekutive Funktionen prüften. Die autistischen Kinder in dieser Studie hatten allerdings eine deutlich geringere verbale Begabung als die Kinder mit Asperger'schem Syndrom. Wenn dieser Unterschied durch entsprechende Auswahl reduziert wird, dann zeigt sich, daß zwischen den beiden Gruppen auch bei Theory-of-Mind-Aufgaben kein Unterschied mehr besteht. Verbal gut begabte Kinder mit autistischer Störung bzw. Asperger'schem Autismus zeigen dann bei Aufgaben, in denen sie die Sichtweise einer anderen Person angeben sollen (Theory-of-Mind-Aufgaben 1. Ordnung), keine Probleme, wohl aber bei etwas komplexeren Aufgaben, in denen sie angeben sollen, was eine Person über eine andere Person denkt (Theory-of-Mind-Aufgaben 2. Ordnung; Dahlgren & Trillingsgaard 1996).

Von besonderem Interesse sind Beobachtungen, die sich stärker an den qualitativen klinischen Beschreibungen des Asperger'schen Syndroms orientieren. Ein Merkmal, das von Asperger (1944) besonders hervorgehoben wurde, ist der pedantische Sprachstil der autistischen Kinder. In einer Studie an Jugendlichen wurde dieses Merkmal in einer halb-strukturierten Gesprächssituation beobachtet und von mehreren Beurteilern eingestuft. Dabei zeigte sich, daß Jugendliche mit Asperger'schem Syndrom (nach ICD-10) beim Anhören der Tonbandaufnahmen dieser Gespräche weit öfter als pedantisch eingestuft wurden als intellektuell besonders begabte Jugendliche mit autistischem Syndrom (drei Viertel gegenüber einem Drittel) (Ghaziuddin & Gerstein 1996). Ihre Sprache war also formeller, sie wirkten stärker, als ob sie wie ein Buch redeten, und ihre Antworten auf Fragen blieben weniger bei dem vom Gesprächspartner vorgegebenen Thema. Dies war allerdings auch eine Folge ihrer insgesamt etwas längeren Äußerungen.

Ein Vergleich des Kanner'schen und des Asperger'schen Autismus legt die Hypothese nahe, daß sich beide Gruppen in erster Linie hinsichtlich ihrer verbalen Intelligenz unterscheiden. Diese Unterschiede sind bereits in den derzeit gültigen diagnostischen Kriterien berücksichtigt, indem gefordert wird, daß das Asperger'sche Syndrom nur diagnostiziert wird, wenn kein Sprachentwicklungsrückstand vorhanden ist. Es ist allerdings möglich, daß subtilere qualitative Unterschiede selbst zwischen den hoch begabten autistischen Kindern und Kindern mit Asperger'schem Syndrom bestehen. Solche Unterschiede dürften vor allem im nonverbalen Bereich liegen, könnten sich aber auch in der sozialen Interaktion bemerkbar machen. Die grundlegenden Schwierigkeiten in der Empathie und dem Verständnis für soziale Situationen dürften jedoch weitgehend ähnlich sein.

Unsere Interpretation der Störung als Defizit in der Ausbildung der intuitiven Intelligenz legt die Vermutung nahe, daß viele Schwierigkeiten bei guter sprachlicher Begabung kompensierbar sind, daß aber die grundlegende Schwierigkeit im Zurechtfinden in der sozialen Umwelt trotzdem sichtbar bleibt. Im besonderen finden unsere Hypothesen eine Bestätigung darin, daß die Emotionalität der Asperger'schen Autisten nicht direkt gestört ist, sondern daß vielmehr das emotionale Verhalten interaktionell nicht richtig abgestimmt werden kann.

5.1.2.3 Unterschiede und Gemeinsamkeiten zwischen geistig behinderten und normal intelligenten autistischen Kindern

Wie bereits mehrfach erwähnt, zeigt sich bei autistischen Kindern ein klarer Zusammenhang zwischen der Ausprägung vieler Verhaltensmerkmale und dem kognitiven Entwicklungsstand. Es könnte nun angenommen werden, daß manche Verhaltensauffälligkeiten nicht mehr zu beobachten sind, wenn die Intelligenz der autistischen Kinder im Normalbereich liegt. Dies scheint jedoch für die charakteristischen Merkmale des frühkindlichen Autismus nicht zuzutreffen (Bartak & Rutter 1976; Freeman et al. 1981; Tsai 1992). Die wesentlichen Symptome des Autismus sind sowohl bei geistig behinderten wie bei normal intelligenten Kindern anzutreffen, die Störung ist nur bei niedrigerer Intelligenz in vielen Bereichen stärker ausgeprägt.

Alle autistischen Kinder sind in ihren sozialen Beziehungen deutlich beeinträchtigt, wobei dies bei den intelligenteren autistischen Kindern vor allem in ihren Beziehungen zu Gleichaltrigen deutlich wird. Unterschiede zwischen intelligenteren und geistig behinderten autistischen Kindern sind vor allem in den Interaktionen mit Erwachsenen zu beobachten, da letztere weniger in der Lage sind, auf das Verhalten Erwachsener einzugehen. Das größere Ausmaß der Kontaktstörung bei geistig behinderten autistischen Kindern ist bereits in den ersten Lebensjahren auffällig, weil sie auf Kontaktaufnahme kaum ansprechen und weniger emotionalen Ausdruck zeigen. Die Sprache ist bei ihnen im Vergleich mit intelligenteren autistischen Kindern häufiger verzögert, und sie erreichen ein geringeres Sprachniveau bzw. entwickeln oft überhaupt keine funktionale Sprache. Sie scheinen hingegen weniger überempfindlich gegen Geräusche zu sein, und die besonderen Merkmale des autistischen Sprachgebrauchs (wie etwa das Wechseln von Pronomina) finden sich bei ihnen, wohl wegen des niedrigeren Sprachentwicklungsniveaus, seltener.

Geistig behinderte Autisten zeigen andererseits öfter einen besonderen Widerstand gegenüber Veränderungen in der Umgebung, bei intelligenteren autistischen Kindern sind dafür die Schwierigkeiten bei der Anpassung an neue Situationen häufiger zu beobachten. Geistig behinderte Autisten entwickeln auch eine besondere Anhänglichkeit an ausgefallene Gegenstände. Sie haben eine größere Anzahl an Stereotypien und verbringen mehr Zeit damit.

Selbstverletzende Verhaltensweisen sind bei ihnen gleichfalls häufiger, aber sie zeigen weniger komplexe Rituale. Störende Verhaltensweisen, wie Wutanfälle, sind bei geistig behinderten autistischen Kindern ebenfalls häufiger und treten in einer größeren Anzahl von

Situationen auf, und zwar vor allem in solchen, die den Kindern fremd sind, wie Einkaufen oder Fahren mit öffentlichen Verkehrsmitteln (Bartak & Rutter 1976; Freeman et al. 1981). Freeman et al. zogen daraus den Schluß, daß bei der Diagnosestellung der Entwicklungsstand des Kindes mit in Betracht gezogen werden muß. Eine differenzierte Diagnostik sollte zudem unterschiedliche Kriterien für geistig behinderte und intelligentere autistische Kinder entwickeln.

In den letzten Jahren wurde deutlich, daß die Anliegen von autistischen Kindern und Jugendlichen besser berücksichtigt werden können, wenn diagnostisch das Ausmaß der Entwicklungsbeeinträchtigung besser differenziert wird. Dieses Anliegen führte zu dem Versuch, innerhalb der autistischen Störungen Kinder bzw. Jugendliche mit einem hohen funktionellen Entwicklungsstand besonders zu kennzeichnen. Nach Tsai (1992) sollten darunter Personen verstanden werden, die in ihrer Intelligenz, und dabei sowohl in ihrer nonverbalen wie in ihrer sprachlichen Begabung (Sprachverständnis wie akti-

Tab. 4: Gegenüberstellung der Merkmale geistig behinderter und intelligenter autistischer Kinder

	geistig behinderte autistische Kinder	**intelligente autistische Kinder**
Sprache	● Sprachentwicklung stärker verzögert ● niedrigeres Sprachniveau	● Charakteristika des autistischen Sprachgebrauchs (z. B. Vertauschung von Pronomina) deutlicher
Sozialverhalten	● deutlich abnormere Formen der Kontaktaufnahme ● Störung auch im Kontakt mit Erwachsenen sehr deutlich	● Störung vor allem im Kontakt zu gleichaltrigen Kindern
Zwanghaftigkeit Rituale Stereotypien	● stärkerer Widerstand gegen Veränderungen ● häufigere Anhänglichkeit an ausgefallene Objekte ● viele einfache motorische Stereotypien	● Schwierigkeiten eher bei der Anpassung an neue Situationen ● komplexere Rituale
Störende Verhaltensweisen	● störende Verhaltensweisen (z. B. Wutanfälle) häufiger	
Motorik	● häufigere Verzögerung der motorischen Entwicklung	
organische Befunde	● häufiger epileptische Anfälle	

ver Sprachgebrauch), aber auch in ihrer sozialen Entwicklung nicht mehr als zwei Standardabweichungen unter dem Entwicklungsstand des Durchschnitts der Altersgruppe liegen. Diese Bemühungen haben dazu geführt, die Schwierigkeiten, aber auch die Therapiebedürfnisse dieser Gruppe besser zu verstehen (siehe Schopler & Mesibov 1992).

5.1.2.4 Unterschiede und Gemeinsamkeiten zwischen geistig behinderten Kindern mit bzw. ohne autistische Störung

Jede schwere geistige Behinderung führt zu einer Beeinträchtigung der Kommunikationsfähigkeit und damit der sozialen Beziehung. Bei geistig behinderten Kindern treten zusätzlich verschiedene Verhaltensstörungen auf. Wieweit lassen sich die autistischen Kinder, deren allgemeine Begabung ja oft sehr gering ist, tatsächlich von anderen schwer geistig behinderten Kindern als eine besondere Gruppe abheben? Wie groß ist der Anteil der autistischen Kinder an der Gesamtgruppe der schwer geistig behinderten Kinder?

Nach verschiedenen epidemiologischen Untersuchungen gibt es unter den schwer geistig behinderten Kindern eine Gruppe, die vor allem im Kontaktverhalten stark gestört ist. Ein Teil dieser kaum soziablen geistig behinderten Kinder werden als Autisten im Sinne Kanners diagnostiziert, wobei die Unterschiede zwischen beiden Gruppen eher unbedeutend und für die Betreuer von geringem Wert sind.

Haracopos und Kelstrup (1978) fanden, daß von 392 schwer geistig behinderten Kindern aus elf regionalen Einrichtungen ein Viertel als psychotisch zu beurteilen war. Sie zeigten nur wenig Initiative zur Kommunikations- und Kontaktaufnahme und verhielten sich ablehnend, wenn andere mit ihnen in Kontakt treten wollten. Die meisten dieser Kinder kennzeichnete darüber hinaus auch bizarres Verhalten (Stereotypien etc.). Der Entwicklungsrückstand war im Durchschnitt größer als bei den anderen geistig behinderten Kindern, auch fanden sich öfter Hinweise auf eine eindeutige, mäßige bis schwere Hirnschädigung.

Balthazar (1977) identifizierte in einer größeren Gruppe von gehfähigen, schwer geistig behinderten Anstaltsinsassen eine Gruppe, die er als Stereopathie-Gruppe bezeichnete. Diese Kinder und Jugendlichen verbrachten die Zeit überwiegend inaktiv oder mit ungerichteter Aktivität sowie mit Stereotypien und repetitiven Handlungen einfachster Art. Sie zeigten keine Reaktion auf den Kontakt mit anderen Personen bzw. reagierten auf Kontaktversuche negativ. Die Kinder schienen sozial fast vollständig isoliert, sie zeigten ein extrem niedriges

Niveau an Spielverhalten und viele Verhaltensauffälligkeiten, die ein Eingreifen der Betreuer notwendig machten. Die Gruppe umfaßte 57% der untersuchten Anstaltsinsassen.

Auch Lorna Wing (Wing & Gould 1979; Wing 1981b) beobachtete in einer epidemiologischen Untersuchung aller behinderten Kinder im Distrikt Camberwell von London, daß es unter den geistig behinderten Kindern eine relativ große Untergruppe gibt, die in ihrer Beziehungsfähigkeit deutlich beeinträchtigt ist, so daß sie sich wesentlich von anderen, im sozialen Kontakt nur wenig beeinträchtigten geistig behinderten Kindern unterscheidet. Dabei ist auffallend, daß Störungen

- der sozialen Interaktion,
- der verbalen und nonverbalen Kommunikation und
- der auf eine innere Vorstellungsfähigkeit angewiesenen Aktivitäten
  – vor allem des Spielverhaltens –

oft gemeinsam auftreten, so daß Wing (1981b) von einer Störungstriade spricht. Das Leitsymptom schien jedoch für Wing die Störung der Kontaktfähigkeit zu sein.

Unter den geistig behinderten Kindern, die eine schwere Beeinträchtigung des Sozialverhaltens zeigten, ließ sich ein deutliches Überwiegen der Jungen feststellen (4:1), während die Geschlechtsverteilung unter den anderen geistig behinderten Kindern ausgeglichen war. Auch fanden sich bei den sozial beeinträchtigten Kindern häufiger gewisse organische Schädigungen des zentralen Nervensystems (Phenylketonurie, Tuberöse Hirnsklerose etc.), während eine Trisomie 21 (Down-Syndrom) so gut wie nie vorkam.

Gesellige oder aber in ihrem Sozialverhalten gestörte Kinder gibt es bei allen Schweregraden der geistigen Behinderung, der Anteil der zweiten Gruppe steigt jedoch mit zunehmender Retardierung deutlich an. Etwa ein Viertel der geistig behinderten Kinder mit schweren Kommunikationsstörungen zeigt „typische" autistische Verhaltensweisen. Ein Vergleich von schwer geistig behinderten autistischen mit anderen geistig behinderten Kindern, die Kommunikationsstörungen haben, deutet auf mehr Gemeinsamkeiten als auf Unterschiede hin.

Insgesamt legen die Beobachtungen nahe, daß bei schwer geistig behinderten Kindern die Diagnose eines frühkindlichen Autismus von geringem Wert ist, die Beurteilung der sozialen Kontaktfähigkeit jedoch große Bedeutung hat, da damit viele Verhaltensweisen in einem engen Zusammenhang zu stehen scheinen und die Betreuung der Kinder auf diese Schwierigkeiten Rücksicht nehmen müßte.

In einer nachfolgenden Untersuchung geistig behinderter Erwachsener, die in einer großen Anstalt betreut wurden, konnten ähnliche Beobachtungen gemacht werden (Shah et al. 1982). 38% dieser Erwachsenen waren in ihrer sozialen Kontaktfähigkeit deutlich eingeschränkt. Bei geistig behinderten Erwachsenen unter 35 Jahren war diese Beeinträchtigung häufiger zu beobachten als bei älteren (59% gegen 23%), ohne daß die Gründe dafür eindeutig geklärt werden konnten.

Tab. 5: Gegenüberstellung der Merkmale von geistig behinderten Kindern mit einer autistischen Störung sowie jenen mit bzw. ohne stark beeinträchtigter sozialer Beziehungsfähigkeit

	geistige Behinderung und Autismus	geistige Behinderung und soziale Beeinträchtigung	geistige Behinderung ohne soziale Beeinträchtigung
Kommunikation		• wenig Initiative zur Kommunikation • reagieren mit Vermeidung, wenn sie angesprochen werden • im Vergleich zum allgemeinen Intelligenzniveau ein geringes Sprachverständnis • kaum nonverbale Kommunikation	• Interesse an Kommunikation • nonverbale Kommunikation, wenn Sprache fehlt
Sozialverhalten		• selten spontanes Kontaktverhalten • Vermeiden von Kontaktverhalten, z. B. seltener Blickkontakt • wenig Imitationsverhalten	• suchen Kontakt und gehen auf Kontaktsuche anderer ein • Imitationsverhalten ist häufig
Spielverhalten	• es überwiegen Stereotypien und einfache Handlungen repetitiver Art • kein symbolisches Spielverhalten • auch komplexe Rituale	• nur einfache Rituale • wenig Antrieb	• komplexere Spielhandlungen • Ansätze zu symbolischem Spiel
Verhaltensstörungen		• häufig Verhaltensstörungen, die nicht auf die Umwelt bezogen sind, z. B. Autoaggressionen, Wutausbrüche ohne erkennbaren Anlaß, Kotschmieren, usw.	• die Verhaltensstörungen sind mehr auf die Umwelt gerichtet, wie Konflikte mit anderen Kindern, Distanzlosigkeit usw.
Downsyndrom		• selten	• häufig
Prognose		• eher ungüstig	• eher günstig

Sozial beeinträchtigte und autistische geistig behinderte Personen unterscheiden sich in ihrem Erscheinungsbild nicht wesentlich voneinander. Für die Erziehung und Therapie ist die Unterscheidung von geistiger Behinderung mit schwerer sozialer Beeinträchtigung und autistischer geistiger Behinderung von geringer Bedeutung. In den neuen Klassifikationssystemen werden Menschen mit einer geistigen Behinderung und schwerer sozialer Beeinträchtigung, die nicht das Vollbild des frühkindlichen Autismus zeigen, der Gruppe der atypischen Autisten zugeordnet (Szatmari 1998).

Zusammenfassend können wir sagen: Die Probleme bei der Differenzierung der geistig behinderten Kinder mit schwerer Kontaktstörung von autistischen Kinder zeigen, daß es sich hierbei um ein Spektrum an Beeinträchtigungen im Bereich der sozialen Beziehungen handeln dürfte, wobei diese Beziehungen durch die erhebliche geistige Behinderung bereits stark eingeschränkt sind. Für die Therapie scheint diese Differenzierung von geringem Nutzen zu sein.

5.1.2.5 Unterschiede und Gemeinsamkeiten zwischen autistischen und dysphatischen Kindern

Um zu klären, wieweit die Schwierigkeiten autistischer Kinder in erster Linie auf ihre Sprachstörung zurückzuführen sind, wurden in mehreren Untersuchungen

- die Entwicklung,
- das Verhalten und
- die sprachlichen sowie andere kognitive Fähigkeiten

autistischer und dysphatischer Kinder verglichen. Dabei war es notwendig, sprachentwicklungsgestörte Kinder auszuwählen, die auch Schwierigkeiten beim Sprachverständnis zeigten und nicht nur im sprachlichen Ausdrucksvermögen retardiert waren. Solche rezeptiven Sprachstörungen sind im Kindesalter relativ selten.

Wenn autistische mit dysphatischen Kindern verglichen wurden, die nach ihrer mittleren Äußerungslänge einen ähnlichen Sprachentwicklungsstand erreicht hatten, war auch die grammatikalische Komplexität ihrer Äußerungen vergleichbar. Das Sprachverständnis autistischer Kinder sowie ihr passiver Wortschatz war jedoch trotzdem deutlich geringer als bei den dysphatischen Kindern, die dagegen häufiger Artikulationsstörungen hatten (Bartak et al. 1975). Eine spätere differenziertere, syntaktische Analyse der beiden Gruppen, die diesmal nach dem Alter und dem nonverbalen Intelligenzquotienten exakt vergleichbar waren (Cantwell et al. 1978), zeigte keine Unterschiede in diesem Bereich. Weder der Gebrauch von Flexionen noch die Verwendung der Phrasenstruktur- oder Transformationsregeln ergab einen Unterschied zwischen den beiden Gruppen. Im Sprachgebrauch jedoch unterschieden sie sich deutlich. Autistische Kinder plauderten viel seltener spontan, ihre Fähigkeit, eine Unterhaltung zu führen, war deutlich geringer ausgeprägt als bei dysphatischen Kindern. Sie beantworteten zudem Fragen von Erwachsenen über alltägliche Ereignisse viel weniger ausführlich. Autistische Kinder verfolgten häufiger in ihrem Gespräch ein spezielles Thema, das ihren Interessen entsprach, ohne sich auf den Zuhörer einzustellen. Sie verwendeten Sprache auch häufiger ohne kommunikative Absicht, etwa indem sie ihre eigenen Handlungen kommentierten oder „laut" dachten, und sie verwendeten häufiger Ausdrücke, die keine erkennbare Bedeutung hatten. Bei einer Nachuntersuchung der beiden Gruppen nach zwei Jahren zeigte sich, daß die autistischen Kinder nun auch auf Sprachtests schlechtere Leistungen erzielten, bei denen sie sich zunächst nicht von den Dysphatikern unterschieden hatten, wobei dieser Unterschied auf die nun deutlicher werdenden Schwierigkeiten im semantisch-kognitiven Bereich zurückzuführen sein dürfte.

Eine genauere Analyse der Echolalien in beiden Gruppen zeigte, daß nicht so sehr deren Häufigkeit bei den autistischen Kindern auffällig war (in beiden Gruppen umfaßten die Echolalien etwa 10% aller Äußerungen), als vielmehr bestimmte qualitative Merkmale. So hatten autistische Kinder vor allem die Tendenz, eigene Äußerungen in unangemessener Weise zu wiederholen und zeigten häufiger verzögerte Echolalien als Dysphatiker. Unterschiede zwischen den beiden Gruppen ergaben sich zudem in der Lesefähigkeit: autistische Kinder konnten häufiger einzelne Wörter recht gut lesen, ihr Leseverständnis war jedoch nur gering. Sie besaßen eine deutlich geringere Fähigkeit, Gesten zu verstehen; der spontane Einsatz von Gesten zur Kommunikation war viel weniger ausgeprägt als bei den dysphatischen Kindern, die häufig Gesten verwendeten, um sich besser verständlich zu machen. Autistische Kinder waren auch stärker in jenem Bereich zurückgeblieben, der vielfach als Hinweis auf die Entwicklung innerer Sprache angesehen wird, nämlich in der Entwicklung des Phantasiespiels.

Bei autistischen Kindern fiel hier ebenso wie in anderen Untersuchungen auf, daß das verbale Kurzzeitgedächtnis, also etwa die Zahlenspanne, sehr gut ausgebildet war, während diese Fähigkeit bei den dysphatischen Kindern beeinträchtigt war. Auch in einigen nonverbalen Leistungen erzielten autistische Kinder bessere Ergebnisse als dysphatische. So konnten sie puzzle-artige Aufgaben besser lösen.

Besonders deutliche Unterschiede zwischen den beiden Gruppen zeigten sich im Verhalten. Dysphatische Kinder hatten einen lebhaften Kontakt mit ihrer Umwelt und waren in ihren sozialen Interaktionen kaum auffällig. Sie hatten kaum Schwierigkeiten, sich an neue Situationen anzupassen, zwanghafte Verhaltensweisen und Rituale fielen bei ihnen nicht auf. All dies war jedoch – wie zu erwarten – bei autistischen Kindern ein Problem. Sie zeigten zudem viel häufiger massive störende Verhaltensweisen, etwa Wutanfälle, die vor allem in der Öffentlichkeit und in wenig vertrauten Situationen auftraten. Die soziale Reife der dysphatischen Kinder entsprach etwa ihrer nonverbalen Intelligenz, während die der autistischen deutlich darunter lag. Insgesamt unterschieden sich also die dysphatischen Kinder deutlich von den autistischen, jedoch gab es unter den ersteren eine kleine Gruppe, die sowohl in den Sprachmerkmalen wie im Verhalten in der Mitte zwischen den beiden Gruppen stand.

Langzeitbeobachtungen der Entwicklung dysphatischer und autistischer Kinder zeigen, daß die Unterschiede zwischen den Kindern weitgehend erhalten bleiben, daß der weitere Verlauf jedoch zu einer zusätzlichen Differenzierung führt (Cantwell et al. 1989). Bei den dysphatischen Kindern kommt es in der weiteren Entwicklung zu einer deutlicheren Besserung der sprachlichen Ausdrucksfähigkeit als bei den autistischen Kindern. Im Gegensatz dazu entwickeln sprachentwicklungsgestörte Kinder in der mittleren Kindheit viele Probleme in den sozialen Beziehungen, und zwar vor allem in jenen zu gleichaltrigen Kindern. So nehmen die sozialen Anpassungsschwierigkeiten dieser Kinder im Verlauf eher zu, während jene der autistischen Kinder sich in der Tendenz eher zurückbilden.

Der Vergleich autistischer und dysphatischer Kinder zeigt die Unterschiede zwischen Kindern, die primär in ihrer Sprachentwicklung gestört sind, und Kindern, deren Sprachentwicklung infolge einer tiefergreifenden Störung beeinträchtigt ist. Dieser Vergleich ist somit auch für die Theoriebildung interessant und dokumentiert die Unterschiede im Erscheinungsbild einer primären und einer sekundären Störung.

In den letzten Jahren wurden neben den Problemen in der Beherrschung der strukturellen Merkmale der Sprache (Phonologie, Wortschatz und Syntax) stärker die Probleme bei der Verwendung der Sprache zur Kommunikation beachtet. Dabei wurde die Beobachtung gemacht, daß einige Kinder die strukturellen Merkmale der Sprache recht gut beherrschen, also eine recht flüssige Sprache mit einem

Tab. 6: Gegenüberstellung von Merkmalen autistischer und dysphatischer Kinder

	autistische Kinder	dysphatische Kinder
Sprache		
Artikulation	• nicht besonders beeinträchtigt	• häufig phonologische und artikulomotorische Störungen
Sprachverständnis	• Sprachverständnis oft nicht viel größer als sprachliche Ausdrucksfähigkeit	• Sprachverständnis sogar bei Kindern mit rezeptiver Form der Dysphasie deutlich über sprachlicher Ausdrucksfähigkeit
Semantik	• Wortschatz im Vergleich zu Syntax reduziert • Verwendung ideosynkratischer Ausdrücke	• Wortschatz weniger reduziert
Sprachgebrauch	• spontane Äußerungen selten, Antworten auf Fragen sehr kurz • geringe Fähigkeit sich zu unterhalten und sich im Gespräch auf den anderen einzustellen • verwenden Sprache ohne kommunikative Absicht (Kommentieren eigener Handlungen) echolalieren eigener Ausdrücke	• deutliches Mitteilungsbedürfnis • geringer egozentrischer Sprachgebrauch
Sprachentwicklung	• Rückstand nimmt oft mit Jahren zu	
Nonverbale Kommunikation	• deutlich geringeres Verständnis von Gesten, Gesten werden seltener kommunikativ verwendet	• Gesten werden kompensatorisch zur Kommunikation verwendet
Leseverständnis	• geringes Leseverständnis bei relativ gutem Dekodieren (gute »mechanische« Lesefähigkeit)	• Schwierigkeiten beim Dekodieren von Wörtern
Gedächtnis	• Kurzzeitgedächnis intakt	• akustisches Kurzzeitgedächtnis ist beeinträchtigt
Verhalten	• besonders auffällig ist das Spielverhalten und die geringe Entwicklung symbolischen Spiels • die Anpassung an neue Situationen ist erschwert, häufig zwanghafte Verhaltenweisen und Rituale	• Spielverhalten kaum beeinträchtigt • kaum auffällig

recht großen Wortschatz haben, und keine auffälligen artikulatorischen oder grammatikalischen Schwierigkeiten zeigen. In ihrem Gesprächsverhalten sind sie jedoch recht auffällig, da sie sich nicht an den kommunikativen Wechsel (turn taking) anpassen, sondern perseverieren. Zudem haben sie Schwierigkeiten beim Verständnis infolge der Tendenz, vieles wörtlich zu nehmen. Diese Beeinträchtigung wurde pragmatisch-semantische Störung genannt. Viele dieser Kinder haben nicht nur besondere Probleme in ihren sozialen Beziehungen, sie sind auch in der Neigung zur Einschränkung ihrer Aktivitäten und Interessen sowie dem Hang zu Stereotypien autistischen Kindern ähnlich (Brook & Bowler 1992). Man kann wahrscheinlich davon ausgehen, daß ein Übergang zwischen diesen Schwierigkeiten, die in erster Linie sprachliche bzw. Kommunikationsschwierigkeiten darstellen, und dem Vollbild des frühkindlichen Autismus besteht.

5.1.2.6 Unterschiede und Gemeinsamkeiten zwischen frühkindlichem Autismus und Schizophrenie

Längere Zeit ist der frühkindliche Autismus von verschiedenen Autoren als eine frühe Erscheinungsform jener Grundstörung betrachtet worden, die bei Erwachsenen zu einer schizophrenen Psychose führt. Aus diesem Grund wurde vielfach statt „frühkindlicher Autismus" die Bezeichnung „frühkindliche Schizophrenie" verwendet. Heute jedoch besteht weitgehend Konsens darüber, daß von einer Schizophrenie bei Kindern nur dann gesprochen werden sollte, wenn ähnliche Denkstörungen und Auffälligkeiten wie bei schizophrenen Erwachsenen nachzuweisen sind. Die Diagnose einer Schizophrenie beruht also unabhängig vom Alter auf den gleichen Diagnosekriterien.

Wenn schizophrene Psychosen nach diesen Kriterien diagnostiziert werden, dann sind sie vor dem fünfzehnten Lebensjahr (Schizophrenie mit frühem Beginn) nur selten zu beobachten, vor dem zwölftem Lebensjahr (Schizophrenie mit sehr frühem Beginn) sogar extrem selten. Epidemiologische Untersuchungen geben zwar über die Häufigkeit der Schizophrenie im Kindesalter keinen Aufschluß, doch sind solche Störungen selbst in größeren kinderpsychiatrischen Einrichtungen sehr selten. So konnten etwa Kolvin (1971) in einer der ersten wegweisenden Untersuchungen, an der mehrere Kliniken beteiligt waren, in sieben Jahren nur 33 solcher Fälle identifizieren. Der Beginn einer schizophrenen Störung vor dem fünften Lebensjahr kommt so gut wie nicht vor (Werry 1992). Die Altersverteilung zu Beginn der Erkrankung ist also bei der Schizophrenie eine ganz andere als beim frühkindlichen Autismus, und es gibt diesbezüglich kaum eine Überlappung.

Die Symptomatik der beiden Krankheitsformen unterscheidet sich ebenfalls deutlich. Verschiedene Arten von Denkstörungen sind auch bei Schizophrenien von Kindern und Jugendlichen häufig (Caplan et al. 1990; Kolvin 1971; Russel et al. 1989; Watkins et al. 1988), und zwar sind dies vor allem Störungen des Assoziationsgefüges und Gedankenblockierungen. Relativ häufig werden auch Wahnideen geäußert, allerdings erst von etwas älteren Kindern, sowie das Gefühl der Gedankeneingebung bzw. des Gedankenentzuges. Die Mehrzahl der schizophrenen Kinder und Jugendlichen berichtet über Halluzinationen, wobei eindeutig auditive Halluzinationen (das Hören von Stimmen) überwiegen. Affektive Störungen, vor allem eine auffällige Flachheit und situative Unangemessenheit des Affekts, ein Ausdruck von Verwirrtheit und eine deutliche Niedergeschlagenheit sind ebenfalls häufig zu beobachten. Ängstliche Verstimmungen kommen oft im Zusammenhang mit Wahnvorstellungen vor. Bei autistischen Kindern hingegen treten solche Angstzustände eher in Form chronischer Ängstlichkeit bzw. als akute Angstattacken auf. Auch Aggressionen und Unruhezustände stehen bei Schizophrenen mit Wahnvorstellungen in Zusammenhang, während ähnliche Verhaltensweisen bei autistischen Kindern entweder unmotiviert oder situativ bedingt sind.

Bestimmte Symptome finden sich auf der anderen Seite deutlich häufiger oder sogar nahezu ausschließlich beim frühkindlichen Autismus, so etwa das Vermeiden von Blickkontakt, ein Bestehen auf Unverändertheit der Umgebung, abnorme Bindungen an bestimmte Gegenstände, Stereotypien, Echolalien, Schwierigkeiten im Sozialkontakt und extreme Isolation, ein Sprachentwicklungsrückstand etc. Während bei autistischen Kindern häufig ein kognitiver Entwicklungsrückstand vorhanden ist, ist die Intelligenz bei schizophrenen Kindern und Jugendlichen in den meisten Fällen auch nach Auftreten der Krankheit im Normbereich. Es gibt allerdings eine Untergruppe von etwa 10 % der schizophrenen Kinder und Jugendlichen, bei denen eine allgemeine Beeinträchtigung der kognitiven Entwicklung bereits vor Beginn der Erkrankung bestanden hatte (Werry 1992).

Diagnostisch scheint es nach neueren Untersuchungen wichtig, kurzfristige, vorübergehende psychotische Symptome bei Kindern (die oft mit einer emotionalen Labilität und geringen sozialen Fertigkeiten bei einem unbeeinträchtigten Bedürfnis nach Kontakt verbunden sind und als atypische psychotische Störung diagnostiziert werden sollten) von einer kindlichen Schizophrenie im engeren Sinn abzugrenzen (Jacobsen & Rapoport 1998). Die atypische psychotische Störung hat einen deutlich günstigeren Verlauf als eine früh beginnende Schizophrenie im engeren Sinn, ist wahrscheinlich aber auch zum Spektrum schizophrener Störungen zu rechnen.

Der Beginn der schizophrenen Erkrankung erfolgt nur bei einem Drittel der Fälle akut, während er in den übrigen Fällen allmählich eintritt. Vor allem bei sehr frühem Beginn der Erkrankung gehen der eigentlichen schizophrenen Psychose oft Entwicklungsbeeinträchtigungen und Verhaltensstörungen voraus (Alaghband-Rad et al. 1995; Watkins et al. 1988). Am häufigsten ist die Sprache betroffen, deren Entwicklung bei sehr frühem Beginn der schizophrenen Erkrankung oft deutlich verzögert verlaufen war. Die Verhaltensauffälligkeiten bestehen einerseits in einer erhöhten Sensitivität und Zurückgezogenheit, andererseits auch relativ oft in störenden Verhaltensweisen, häufig verbunden mit erhöhter motorischer Unruhe, Impulsivität und Aufmerksamkeitsstörungen. Zudem lassen sich bei manchen Kindern auch einzelne Symptome des frühkindlichen Autismus (aber kaum je das vollständige Syndrom mit all seinen Auffälligkeiten) vor Beginn der schizophrenen Erkrankung feststellen, vor allem motorische Stereotypien. All diese Auffälligkeiten sind deutlich häufiger bei sehr frühem Beginn der Schizophrenie zu beobachten und stehen teilweise miteinander in Zusammenhang. So treten etwa Stereotypien in erster Linie bei jenen Kindern auf, deren frühe Entwicklung auch in anderer Weise beeinträchtigt ist.

Anamnese und Befund weisen bei autistischen Kindern häufiger auf eine organische Schädigung des Zentralnervensystems hin als bei schizophrenen Kindern und Jugendlichen. Bei diesen dürfte allerdings auch ein früher Beginn der Schizophrenie häufiger mit einer vorausgegangenen Schädigung des Gehirns verbunden sein (Asarnow 1994). Deutliche Hinweise auf eine unterschiedliche Genese der beiden Störungen geben genetische Untersuchungen, die zeigen, daß in den Familien von schizophrenen Kindern eine stärkere familiäre Häufung schizophrener Erkrankungen auftritt (bei frühem Beginn ist dies noch etwas ausgeprägter als bei spätem Beginn, Asarnow 1994), während schizophrene Erkrankungen in den Familien autistischer Kinder nicht häufiger vorkommen als in anderen Familien.

Die Prognose ist für die autistischen Kinder in Bezug auf die langfristige Anpassung deutlich ungünstiger als jene von schizophrenen Kindern und Jugendlichen. Allerdings ist ein früher Beginn der Schizophrenie ebenfalls recht häufig mit einem chronischen Verlauf verbunden, der nur gering auf eine neuroleptische Behandlung anspricht und mit einer Reduktion der intellektuellen Begabung einhergehen kann (Jacobsen & Rapoport 1998). Langzeituntersuchungen deuten darauf hin, daß sich bei Kindern mit frühkindlichem Autismus langfristig in einzelnen Fällen eine schizophrene Erkrankung entwickeln kann (Petty et al. 1984), jedoch ist dies sehr selten und das Risiko für

Tab. 7: Vergleich von frühkindlichem Autismus und Schizophrenie

	autistische Kinder	schizophrene Kinder
Zeitpunkt des Auftretens	• vor dem 30. Lebensmonat	• nach dem dritten Lebensjahr
Wahrnehmung	• zuweilen Hyper- oder Hyposensibilität – sonst normal	• Gedanken laut werden • Hören von Stimmen in Form von Rede und Gegenrede • Hören von Stimmen, die das eigene Tun mit Bemerkungen begleiten • leibliche Beeinflussungserlebnisse
Denken	• retardiert • Schwierigkeiten, umfassendere Zusammenhänge zu verstehen	• Störungen des Assoziationsgefüges • Gedankenblockierungen • Wahnideen • Gedankeneingebung und Gedankenentzug
Affekt	• abnorme Bindungen an Gegenstände • Fehlen von Bindungen an Personen • chronische Ängstlichkeit und Angstattacken, Phobien	• Flachheit des Affekts • situative Unangemessenheit des Affekts • Ausdruck von Verwirrtheit • ängstliche Verstimmungen im Zusammenhang mit Wahnideen
Sozialverhalten	• extreme Isolation • situativ bedingte Aggressionen • Vermeiden von Blickkontakt	• Aggressionen im Zusammenhang mit Wahnvorstellungen
Sprache	• Sprachentwicklungsrückstand oder gar Fehlen der Sprache • Echolalie	• sprachlicher Ausdruck von Denkstörungen • bei frühem Beginn vorausgehende Sprachentwicklungsverzögerung

eine solche Entwicklung ist nicht viel größer als jenes in der Allgemeinbevölkerung (Werry 1992).

5.1.2.7 Unterschiede zwischen frühkindlichem Autismus und desintegrativer Psychose (Heller'sche Demenz)

Die desintegrative Psychose ist eine zwischen dem dritten und sechsten Lebensjahr auftretende Störung, bei der es nach ursprünglich normaler Entwicklung über Monate, eventuell auch über Jahre zu einem zunehmenden Verlust der sozialen Kontaktfähigkeit und zu einem Sprachabbau kommt, der vielfach von schweren Affektstörungen (starke Ängstlichkeit), einem Desinteresse an der Umgebung und Verhaltensstörungen begleitet wird. Oft treten in dieser Zeit auch eine allgemeine Bewegungsunruhe und Stereotypien auf. Bizarre Formen von Verhaltensstörungen können beobachtet werden. Auch die allgemeine kognitive Entwicklung läßt einen Rückschritt erkennen, der jedoch nicht alle Fähigkeiten gleichmäßig betrifft. Einzelne Leistungen können ausgespart bleiben, so sind die motorischen Leistungen und die Sauberkeitsentwicklung weniger betroffen. Der weitere Verlauf dieser Störung zeigt zumeist kein Fortschreiten des Abbaus (in einzelnen Fällen ist die Störung jedoch progredient – Corbett et al. 1977), sondern eine konstante schwere Behinderung (Hill & Rosenbloom 1986). Gelegentlich tritt diese seltene Störung zusammen mit körperlichen Krankheiten (z. B. Masernenzephalitis) auf, ohne daß sich ein eindeutiger kausaler Zusammenhang festmachen ließe (Corbett et al. 1977; Stutte 1969; Volkmar & Cohen 1989). Eine Ausnahme stellen die Fälle mit einem progredienten Verlauf dar, bei denen häufiger spezifische neurologische Krankheiten identifiziert werden können (etwa Stoffwechselkrankheiten; Volkmar 1992).

Tab. 8: Vergleich von frühkindlichem Autismus und desintegrativer Psychose

	Frühkindlicher Autismus	**Desintegrative Psychose**
Zeitpunkt des Auftretens	● vor dem 30. Lebensmonat	● zwischen dem dritten und sechsten Lebensjahr
Entwicklung	● meist von Anfang an retardierter, aber positiver Entwicklungsverlauf	● nach zunächst normaler Entwicklung progressiver Abbau
Kognition	● Retardierung mit spezifischen Defiziten	● Leistungen sehr inhomogen, Sprache frühzeitig vom Abbau betroffen
Verhalten	● Störung des Sozialverhaltens, häufig noch andere Verhaltensstörungen	● ähnlich, nehmen oft bizarre Formen von Verhaltensauffälligkeiten an
Ätiologie	● unklar, Hirnerkrankung nur selten nachweisbar	● Hirnerkrankung häufig nachweisbar, unter Umständen erst nach Jahren

5.1.2.8 Unterschiede zwischen frühkindlichem Autismus und dem Rett-Syndrom

Von der desintegrativen Psychose wurde in de neuen internationalen Klassifikation ein Syndrom abgegrenzt, das zuerst von dem Wiener Kinderarzt Andreas Rett (1966) beschrieben wurde und daher seinen Namen trägt. Bei dieser Störung kommt es – ausschließlich bei Mädchen – nach einer in den ersten 6–8 Monaten nahezu unauffälligen Entwicklung zu einer zunehmenden Entwicklungsverzögerung. Rückblickend allerdings zeigen sich leichte Auffälligkeiten bereits im ersten Lebensjahr, wobei ungewöhnlich häufige Handbewegungen und unwillkürliches Spreizen und Schließen der Finger die charakteristischsten Frühwarnzeichen darstellen (van Acker 1997). Mit etwa drei Jahren tritt eine deutliche Verschlechterung des Verhaltens ein, mit einem Rückgang des Interesses an der Umgebung und der sozialen Kontakte. Dies ist verbunden mit einem Verlust der bisher erworbenen Sprachfähigkeit, des unwillkürlichen Greifens und der willentlichen Handbewegungen. Gleichzeitig tritt das charakteristischste Symptom auf, stereotypes Wringen und ineinander Klatschen der Hände sowie Bewegen der Hände zum Mund. Die Mädchen erscheinen in dieser Zeit besonders reizbar, es kann zu Schrei- und unprovozierten Wutanfällen kommen. Im Wachzustand kann auch die Atmung gestört sein, mit längerem Überatmen und längeren (etwa 30–40 sec) Atempausen. Diese Verschlechterung tritt gewöhnlich innerhalb eines Jahres auf und geht mit einer Abnahme des Kopfwachstums (erworbene Mikrozephalie), ungelenken Bewegungen der Gliedmaßen und des Rumpfes sowie einem steifen, breitbeinigen Gang einher. In der mittleren Kindheit kommt es zu einem Stillstand der Verschlechterung, ja zu einer leichten Verbesserung des Verhaltens, wobei die Mädchen etwas ansprechbarer erscheinen. Häufig treten allerdings auch epileptische Anfälle auf und im weiteren Verlauf kommt es zu einer stärkeren Beeinträchtigung der Motorik mit zunehmender Spastizität der Muskulatur und ataktischen sowie apraktischen Bewegungen, wobei dies auch zu einer Verkrümmung der Wirbelsäule (Skoliose) führen kann.

Insgesamt wurde versucht, den Verlauf durch vier Stadien zu charakterisieren: eine Anfangsphase mit einer Verlangsamung der Entwicklung (Beginn zwischen dem 6. und 18. Monat), eine Phase raschen Abbaus (Beginn zwischen ein und drei Jahren), eine pseudostationäre Phase (Beginn zwischen 2 und 10 Jahren) und ein spätes (nach dem 10. Lebensjahr auftretendes) Stadium der motorischen Degeneration (Hagberg 1993).

Die Störung tritt mit einer Häufigkeit von ca. einem auf 12.000 bis 13.000 Mädchen auf. Ihre Ursachen sind noch weitgehend ungeklärt, manches deutet auf einen genetischen Zusammenhang hin. Unklar sind zur Zeit auch noch die spezifischen neuroanatomischen und -physiologischen Veränderungen, die zu dieser Störung führen (van Acker 1997).

Tab. 9: Vergleich von frühkindlichem Autismus und Rett-Syndrom (nach van Acker, 1997)

	Frühkindlicher Autismus	**Rett Syndrom**
Zeitpunkt des Auftretens	● vor dem 30. Lebensmonat	● nach zunächst 6–18 Monaten normaler Entwicklung
Entwicklungs-rückschritte	● meist von Anfang an verzögerter Entwicklungsverlauf, wenn Entwicklungsrückschritt, dann nur in der Sprache	● betreffen sowohl die Sprache wie die Motorik
Kognition	● ungleichmäßiges Intelligenzprofil	● schwere geistige Behinderung, Beeinträchtigung aller intellektuellen Funktionen
Stereotypien	● komplexe und vielfältige Stereotypien, häufig stereotype Manipulationen von Gegenständen (Kreiseln)	● Leistungen sehr inhomogen, Sprache frühzeitig vom Abbau betroffen
Blickkontakt	● häufiges Vermeiden des Blickkontakts, mangelnde Verwendung zur Steuerung der Kommunikation	● Blickkontakt erhalten, manchmal sehr intensiv
Motorik	● Gehen und grobmotorische Entwicklung nicht beeinträchtigt	● zunehmende Gehprobleme, Gliedmaßen- und Rumpfapraxie und -ataxie ● gelegentlich choreothetotische Bewegungen und Dystonie
andere Auffälligkeiten	● bei etwa 25% komplexe partielle epileptische Anfälle, treten erst spät (Jugendalter) erstmalig auf	● epileptische Anfälle bei wenigstens 70%, verschiedene Anfallstypen ● erworbene Mikrozephalie, Wachstumsverzögerung ● Auffälligkeiten in der Atmung (Hyperventilation, Atemanhalten)

5.2 Therapievorbereitende und -begleitende Diagnostik

Die therapiegeleitete Diagnostik soll uns helfen, Therapieziele zu finden und zu konkretisieren. Sie soll uns helfen, die Frage zu entscheiden, wo wir ansetzen müssen, um bestehende Entwicklungsmöglichkeiten auszubauen und damit weitere Entwicklungsschritte vorzubereiten. Sie soll uns sagen, welcher Anteil an einer Störung den äußeren Umweltbedingungen zukommt oder der Interaktion mit Bezugspersonen und wieweit diese Bezugspersonen oder ein weiteres Umfeld in die Therapie miteinbezogen werden müssen. Und schließlich soll sie uns helfen, die richtige Therapiemethode oder Kombination von Methoden auszuwählen.

Begleitend zur Therapie kann die Diagnostik uns zeigen, daß wir Fortschritte machen, diese auch der Umgebung verdeutlichen und damit die Umgebung zur Mitarbeit und zu Anstrengungen motivieren. Oder sie kann uns zeigen, daß wir keine Fortschritte machen, daß wir unsere Methode ändern müssen. Sie kann uns auf Fehler in der Behandlung aufmerksam machen, darauf, daß ein Schritt erreicht ist und ein weiterer in Angriff genommen werden kann, daß ein Schritt zu groß gewählt worden ist, daß unvorhergesehene Nebenwirkungen auftreten usw. Die therapiegeleitete Diagnostik als eigener formeller Schritt ist nicht gedacht als Ersatz der informellen therapiebegleitenden Diagnostik im Gespräch und in der ständigen Auseinandersetzung mit dem Klienten, sondern als deren Ergänzung. Mit ihrer Hilfe soll vor allem mehr Transparenz in den therapeutischen Prozeß gebracht werden, so daß das therapeutische Verhalten auch für Außenstehende nachvollziehbar und kontrollierbar wird.

Zielfindung für die therapeutische Intervention, Erstellung von Grundkurven, um die Wirksamkeit therapeutischer Maßnahmen zu erkennen, sowie die Beschreibung kritischer Verhaltensweisen im Umgebungskontext, um Abhängigkeiten zu erkennen, dies sind die wichtigsten Aufgaben in der therapiegeleiteten Diagnostik.

Anwendung von Testverfahren zur Analyse des Entwicklungsstands:
Während sich die Selektionsdiagnostik um objektive, trennscharfe und reliable Testinstrumente bemüht hat, ist die praktizierte therapiegeleitete Diagnostik oft zugeschnitten auf einen bestimmten therapeutischen Ansatz. Standardisierte Verfahren, oder annähernd standardisierte Verfahren können jedoch dabei behilflich sein, den Entwicklungsstand der autistischen Kinder in verschiedenen Bereichen zu bestimmen und damit den Förderbedarf der Kinder zu eruieren.

Wesentlich sind dabei sowohl Tests, die die allgemeine kognitive sowie die sensomotorische Entwicklung erfassen, als auch Tests, die den Entwicklungsstand der Sprache und des (verbalen und nonverbalen) kommunikativen Verhaltens prüfen. Standardisierte Skalen helfen bei der Beurteilung des Spielverhaltens und der lebenspraktischen Fertigkeiten.

Wesentliche Informationen für die Förderung können bereits durch die Bestimmung des allgemeinen kognitiven Entwicklungsstands bzw. der Intelligenz der Kinder gewonnen werden. Gerade bei autistischen Kindern besteht die Gefahr, daß die intellektuelle Begabung auf Grund des Verhaltens falsch eingeschätzt und die Kinder bei der Förderung unter- oder überfordert werden. Wie im Kapitel 3.1 ausgeführt, kann durch Intelligenztests (wie den Wechsler Intelligenztests – HAWIK-R, HAWIVA – bzw. Modifikationen wie dem AID oder anderen Ansätzen wie der deutschen Version der Kaufman Assessment Battery for Children, K-ABC) und bei jüngeren Kindern mit allgemeinen Entwicklungstests wie dem Wiener Entwicklungstest (WET) auch bei autistischen Kindern eine reliable Einschätzung des allgemeinen kognitiven Entwicklungsstands gewonnen werden. Für Kinder, die kaum Sprache verwenden, sollten als Alternative nonverbale Intelligenztests wie Ravens Matrizen Tests, die Leiter International Performance Scale oder Snijders-Oomen Non-verbaler Intelligenztest (SON-R 2 $^1/_2$-7 bzw. SON-R 5 $^1/_2$-17) verwendet werden.

Bei autistischen Kindern, die sprechen können, ist eine differenzierte Diagnostik der sprachlichen Fähigkeiten von Bedeutung. Diese sollte sowohl den aktiven und passiven Wortschatz der Kinder, die Beherrschung grammatikalischer Regeln als auch die Sprachverwendung zur Kommunikation erfassen und neben standardisierter Testverfahren auch die Analyse von Sprachproben in natürlichen Situationen einbeziehen.

Von beträchtlichem Wert für eine therapie-begleitende Diagnostik sind im Vorschulalter und bei autistischen Kindern mit großem Entwicklungsrückstand auch Verfahren, die eine Beurteilung des Entwicklungsstands der kommunikativen und symbolischen Fähigkeiten (z. B. des Spielverhaltens) erlauben. Hierbei geben Verfahren, die sich an dem Piaget'schen Entwicklungsmodell orientieren (wie die Ordinalskalen zur Sensomotorischen Entwicklung nach Uzguris & Hunt, ins Deutsche von Sarimski 1987, übertragen), oder andere Verfahren aus dem englischen Sprachraum (z. B. Wetherby & Prizant 1993) Hilfestellung.

Speziell zur Erfassung des Entwicklungsstands autistischer Kinder ist das P. E. P. (Psychoeducational Profile) entwickelt worden, in dem die Entwicklung in sechs allgemeinen Bereichen (Imitation, Wahrnehmung, motorische Entwicklung, Auge-Hand-Koordination, nonverbale und verbale kognitive Leistungen) sowie in fünf Bereichen, in denen autistische Kinder Schwierigkeiten haben (Affekt, soziale Beziehungen, Spiel und Interessen, sensorische Modalitäten, Sprachgebrauch), erfaßt wird. Dieses Verfahren liegt auch in einer deutschsprachigen Fassung vor (im Deutschen Entwicklungs- und Verhaltensprofil genannt, Schopler & Reichler 1981) und stellt ein Zwischenglied zwischen einem Entwicklungstest und einem förderungsorientierten Test dar.

Neben Verfahren zur Bestimmung des Entwicklungsstands können auch jene Verfahren, die zur Diagnose der autistischen Störung erarbeitet wurden (siehe die vorherigen Abschnitte dieses Kapitels), eine Hilfe bei der therapiebegleitenden Diagnostik darstellen, da sie in strukturierter Weise wesentliche Bereiche der autistischen Störung erfassen sollen. Dies gilt vor allem für jene Verfahren, die sich auf die direkte Beobachtung der Kinder stützen (wie das ADOS bzw. das PL-ADOS) oder eine Beurteilung der Ausprägung bzw. des Schweregrads verschiedener Beeinträchtigungen enthalten.

Funktionelle Verhaltensanalyse: In die Überlegungen, welche therapeutischen Maßnahmen bei autistischen Kindern angezeigt sind, gehen natürlich auch Annahmen über die Faktoren mit ein, die das Verhalten hervorgerufen haben und es aufrechterhalten. Eine therapieorientierte Diagnostik muß versuchen, die Wirkung dieser Faktoren für die zu beeinflussende Verhaltensweise bzw. Gruppe von Verhaltensweisen beim einzelnen Kind zu prüfen. Dazu sind Kenntnis und Vertrautheit mit der Funktion dieser Verhaltensweisen, ihrer Rolle im Verhaltensrepertoire und ihrer Einbettung in den Verhaltensstrom erforderlich. Vor allem bei der Therapie auffälliger und störender Verhaltensweisen ist dabei eine genaue Analyse der Funktion, die diese Verhaltensweisen haben und die oft nicht unmittelbar ersichtlich sein muß, erforderlich. In den vergangenen Jahren sind dazu Methoden der verhaltensökologischen Diagnostik entwickelt worden, die eine Hilfestellung für diese recht zeitintensive Aufgabe darstellen (für eine Übersicht siehe etwa Powers 1997; Newsom & Hovanitz 1997).

5.2.1 Detaillierte Analyse der Grundlagen von Sprache, Kommunikation und Sozialverhalten

Standardisierte Testverfahren können in vielen Bereichen die Therapie unterstützen, in manchen Bereichen ist allerdings eine qualitative Analyse des Verhaltens und der Fähigkeiten der Kinder unumgänglich, um die Therapie ihren individuellen Bedürfnissen anpassen zu können. Dies gilt insbesondere für den Bereich des Kommunikations- und Sozialverhaltens sowie für die Grundlagen der sprachlichen Entwicklung.

Voraussetzungen des Spracherwerbs: Wir gehen davon aus, daß das normale Kind zunächst eine Organisation mit Hilfe des intuitiven Wissens aufbaut und erst darauf aufbauend die Sprachschemata ausbildet. Autisten müssen demnach Sprache lernen, ohne sich dabei in gleichem Maße auf ein intuitives Vorverständnis stützen zu können. Autistische Kinder benötigen daher – vor allem bei einer schwereren Beeinträchtigung ihrer allgemeinen kognitiven Begabung – zusätzliche Unterstützung, um prälinguale Ordnungsstrukturen zu entwickeln, die dann in Sprache gefaßt werden können.

Bei einem Kind, das kaum Sprache verwendet, wird der Sprachtherapeut daher zunächst untersuchen, wie weit bei diesem Kind solche prälinguale Ordnungsstrukturen vorhanden sind. Wie weit werden Gegenstände und Handlungen, die in der Sprache als selbständige Einheiten auftreten, als solche vom Kind erfaßt, wie z. B. eine Person, ein Stuhl, ein Tisch, ein Haus. In der Sprachdiagnostik müßte somit vorher abgeklärt werden, wieweit Ordnungsstrukturen vorhanden sind. Erst wenn solche Ordnungsstrukturen einmal nachweisbar sind, könnte die Sprache, auf diesen aufbauend, vermittelt werden. Ein Beispiel dafür bringen wir im Kapitel über den Sprachaufbau.

Kommunikatives Verhalten: Zur Erfüllung ihrer Bedürfnisse sind autistische Kinder auf die Hilfe anderer und damit auf Kommunikation angewiesen. Diese Kommunikation kann auf verschiedene Weise erfolgen. Die Kinder können den Mangel durch störendes Verhalten anzeigen, so daß die Bezugspersonen erst durch Beobachtung ihres Verhaltens auf die Idee kommen bzw. erraten, daß ihnen etwas Unbehagen bereitet. Oder sie können sich (auf mehr oder weniger angemessene Weise) an die anderen wenden. In der Diagnostik wäre zunächst festzustellen, in welchen Situationen bzw. bei welchen Bedürfnissen autistische Kinder kommunizieren, um dann im weiteren die verwendeten Kommunikationsmittel zu analysieren (Schuler et al. 1997). Vieles kann dabei schon im Gespräch mit den Eltern, Lehrern oder Betreuern geklärt werden. Da der Einsatz kommunikativer Mittel je nach Situation variieren kann, ist es nach Schuler et al. (1997) sinnvoll, das Verhalten der Kinder (bzw. die Art und Weise, wie das Kind seine Wünsche verständlich macht) in folgenden Situationen detailliert zu erfragen:

- Verlangen nach affektiver Zuwendung und Interaktion mit anderen (z. B. Kind will neben einem Erwachsenen sitzen);
- Verlangen nach Essen, Spielzeug oder anderen Gegenständen;
- Verlangen nach einem Eingreifen bzw. einer Handlung des Erwachsenen (z. B. Hilfe beim Anziehen);
- Protest gegen eine Situation oder eine Handlung;
- Hinweisen, Kommentieren (z. B. die Aufmerksamkeit des Erwachsenen darauf richten, was das Kind tut; dem Erwachsenen etwas zeigen).

Ziel der Therapie ist in weiterer Folge, die kommunikativen Möglichkeiten zu erweitern bzw. ineffektive, sozial wenig angemessene kommunikative Ausdrucksformen durch sozial angemessenere zu ersetzen. Dies bezieht sich auf nonverbale Kommunikationsformen wie auf verbale. So kann es z. B. Ziel der Therapie sein, daß das autistische Kind den Erwachsenen nicht mehr zu dem Gegenstand hinzieht, den es haben möchte, sondern hinzeigt. Ein weiteres Ziel ist es, auch den Bereich der Funktionen, des Einsatzes von Kommunikation zu erweitern. Von autistischen Kindern wird Kommunikation vor allem eingesetzt, um Veränderungen in der Umgebung zu bewirken. Deutlich später wird die Funktion wahrgenommen, die Aufmerksamkeit auf sich selbst zu richten, und noch später erfolgt mit Hilfe der Kommunikation ein gemeinsamer Bezug auf die Umwelt. Aufgabe der Sprachtherapie ist es, das Verständnis für die Funktion kommunikativer Handlungen zu erweitern und einen motivierenden Kontext zu schaffen, in dem diese Handlungen für die Kinder Sinn haben.

Das Sozialverhalten: Elemente des Sozialverhaltens stehen dem autistischen Kind nicht so zur Verfügung wie dem normalen Kind. Für den Therapeuten ergeben sich die Fragen: Wieweit ist das Kind imstande, soziale Handlungen als ganze zu begreifen und in seine Teilkomponenten zu gliedern? Wie weit sind auf der kognitiven Ebene die Voraussetzungen für das Sozialverhalten vorhanden? Solche Voraussetzungen sind:

- Vorhandensein eines Verständnisses von Personen, die eine je eigene Sichtweise der Welt, besondere Anliegen und Bedürfnisse haben,
- Vorhandensein einer Vorstellung von den Rollen, die verschiedene Personen wahrnehmen, ihren Aufgaben und Erwartungen,
- Kenntnis davon haben, daß die eigenen Reaktionen beim Partner emotionale Reaktionen auslösen,

- Verständnis für elementare Beziehungen z. B. Beziehungen zwischen Freunden,
- Verständnis für soziale Situationen und deren Anforderungen, z. B. miteinander ein Gespräch führen, miteinander spielen, usw.

Die Emotionalität: Die Regulation ihrer emotionalen Reaktionen kann autistischen Kindern aus verschiedenen Gründen schwerfallen. Die abnormen perzeptuellen Erfahrungen, die sie schwer einordnen können, tragen ebenso dazu bei wie die Probleme bei der Selbstreflexion und der Entwicklung eines stabilen Bildes von sich selbst. Zudem können wir die Emotionalität als Reflex der Sachbezüge ansehen. Wo also die Sachbezüge gestört sind, wird auch die Emotionalität sich nicht frei entwickeln können.

Der Therapeut muß deshalb u. a. auf folgende Frage eine Antwort suchen: Durch welche Anforderungen im Alltag wird das autistische Kind überfordert und erlebt Hilflosigkeit und Streß, auf die es mit Angst und Vermeidung oder mit Aggression und Wutanfällen reagiert? Solche überfordernde Situationen können sein:

– Zusammensein in der Gruppe mit mehreren Kindern,
– erzieherische Maßnahmen,
– Interaktionsanforderungen im Gespräch oder
– Handeln mit Erwachsenen usw.

Eine genaue Kenntnis aller Situationen und Handlungen und der damit verbundenen Anforderungen, die das Kind überfordern, gibt dem Therapeuten Hinweise, wo er als erstes Hilfestellung leisten muß, welche Anforderungen er ausblenden muß, wo er die Situation für das autistische Kind übersichtlicher und einfacher gestalten muß, so daß die Erfahrung von Überforderung abgebaut werden kann und damit auch Angst und Vermeidung

5.2.2 Anregungen aus dem theoretischen Verständnis der autistischen Störung für die therapiebegleitende Diagnostik

Das theoretische Verständnis der autistischen Störung, das wir im Verlauf der bisherigen Ausführungen versucht haben zu entwickeln, sollte auch Einfluß auf die therapiebegleitende Diagnostik haben. Wenn die spezifisch autistische Störung in einem Mangel an intuitivem Vorverständnis von Sachverhalten und Prozessen besteht, stellt sich für die Diagnostik die Aufgabe, die entsprechenden Schwierigkeiten bzw. die kompensatorischen Muster zu erfassen.

Vom theoretischen Verständnis der autistischen Störung her erwarten wir vor allem Schwierigkeiten in den folgenden Bereichen:

Handlungen und Sachverhalte, bei denen es auf die Reichhaltigkeit der Wahrnehmung ankommt: Erkenntnis ist das Bilden von Einheit. Sprachliches Wissen stützt sich dabei auf wenige Elemente und Aspekte und ist hierin ausschließend. Intuitives Wissen hingegen vermag eine Fülle von Einzelelementen zu integrieren, wobei es tolerant ist in Hinblick auf Unterschiedlichkeiten und Veränderungen der Teile. Vor allem bei folgenden drei Gruppen kommt es auf die Reichhaltigkeit an: das Verstehen des Ausdrucksverhaltens, des Imitationsverhaltens und sozialer Interaktionen, wobei letztere einen hohen Anteil an Ausdrucks- und Imitationsverhalten beinhalten.

In allen drei Bereichen kann natürlich auch viel im einzelnen gelernt werden. Imitationstests z. B. verwenden klar differenzierbare Gesten, wie z. B. mit der Hand an die Stirne fahren. Diagnostisch bedeutsam ist zu sehen, wie reichhaltig die Imitationsgeste wirkt, wie viele Details die Art eines Menschen zu gehen, zu sprechen, nachzuahmen usw. enthält, die sprachlich nicht beschreibbar sind. Deutlich wird uns dieser Aspekt vor allem in der sozialen Interaktion, in der eine Fülle von Ausdrucksmitteln in situativer Abhängigkeit und in rascher Folge zu realisieren sind.

Handlungen, bei denen es auf die Flexibilität ankommt: Verhalten, das aus dem Vorverständnis einer Situation erwächst, ist flexibel und kann sich auf die situativen Bedingungen einstellen. Fällt dieses Vorverständnis weg, wird der Handlungsspielraum erheblich eingeschränkt. Personen mit einer autistischen Störung werden daher Probleme mit Situationen haben, in denen sie sich auf ihr Gegenüber oder die konkreten Bedingungen einstellen müssen.

Anweisungen, deren Ausführung vom Verständnis des Lebenszusammenhangs abhängt: Es gibt Anweisungen, die semantisch bestimmt sind in dem Sinne, daß keine weiteren Informationen zur Ausführung notwendig sind. Es gibt auf der anderen Seite Anweisungen, die in einer Weise vage sind, daß sie erst zusammen mit einem Verständnis der Situation, in der sie ausgeführt werden sollen, realisierbar sind. Das Kind muß sie also aus seinem Situationsverständnis heraus konkretisieren.

Beispiele für solche semantisch offenen Anweisungen: „Schau, ob es etwas zu tun gibt!", „Bereite Dich vor!", „Stell' Dich auf den Gesprächspartner ein!".

Eine Sonderform dieser offenen Anweisungen stellen offene Fragen dar etwa: „Was ist mit Dir los?", „Was war gestern Nachmittag?", „Was gab's heute in der Schule?".

Situativ zu interpretierende Anweisungen können nur befolgt werden, wenn die Situation erfaßt wird; und das Erfassen differenzierter Situationen geschieht wiederum mit Hilfe des intuitiven Vorverständnisses, da Sprache nur einzelne Elemente dieser Situation isolieren und erfassen kann. Die Beantwortung offener Fragen wiederum setzt voraus, daß ein Feld möglicher Antworten vorgestellt wird, aus denen die zur Frage passenden ausgewählt werden können.

Kommunikative Ausdrücke, die nur aus dem situativen Kontext heraus verstanden werden können: Die Bedeutung kommunikativer Ausdrücke, sprachlicher wie nichtsprachlicher Art, ist festgelegt durch die Sprachregeln. Es gibt jedoch auch eine Fülle von Ausdrücken, die lexikalisch unbestimmt sind, und die nur aus dem Kontext der Rede oder aus ihrem situativen Kontext verstanden werden können. Klassische Beispiele für solche Ausdrücke sind deiktische Gesten und Pronomina, aber auch Ausdrücke mit einer übertragenen Bedeutung.

Informationen über das Verhalten in diesen Situationen helfen dem Therapeuten, Personen mit einer autistischen Störung besser zu verstehen, es können auch Kommunikationsprobleme vorhergesehen und damit zumindest teilweise vermieden werden. Daraus ergibt sich die Aufgabe, kompensatorische Handlungen zu identifizieren bzw. deren Ausbildung zu fördern. Vier Fertigkeiten vor allem kann das autistische Kind kompensatorisch einsetzen:

– das gute Gedächtnis,
– die Ausbildung von Sprachschemata,
– die Ausbildung von visuellen Erinnerungen und
– die Fähigkeit zur Ausbildung von Reaktions-Schemata.

Kompensation des intuitiven Wissens durch Gedächtnisleistungen: Selbst komplexe Verhaltensmuster können in der Weise gelernt werden, daß die Aufeinanderfolge der einzelnen Reaktionen im Gedächtnis gespeichert wird. Die Ausführung ist dann nicht abhängig vom Vorhandensein eines Gesamtplanes, sondern es genügt, wenn eine Reaktion gleichsam zum Auslöser für die folgende wird. Bedeutsam ist das Gedächtnis vor allem im Zusammenhang mit den Sprach-Schemata, wie wir gleich sehen werden, und bei der Verwendung visueller Erinnerungen zur Strukturierung von Handlungen.

Kompensation des intuitiven Wissens durch Sprachschemata: Sprache kann verwendet werden, um Probleme bei der Wahrnehmung und

Einschätzung von Situationen und Interaktionen sowie bei der Verhaltenssteuerung zu kompensieren. Der Einsatz der Sprachschemata zur Verhaltenssteuerung geschieht im wesentlichen durch Verhaltensregeln. Beispiele aus dem Alltag für derartige Verhaltenssteuerungen stellen die Gebrauchsanweisungen von Geräten dar. In analoger Weise können Verhaltensregeln auch eingesetzt werden, um Muster des Sozialverhaltens zu erlernen oder lebenspraktische Aufgaben zu erledigen. Solche Handlungen wirken dann eckig und einstudiert. Es fehlt ihnen die Elastizität und die Reichhaltigkeit jenes Verhaltens, das durch das intuitive Vorverständnis gesteuert wird. Es fehlt ihnen die Möglichkeit zu individuellen Variationen bei gleichbleibender Struktur. Für den Therapeuten ist bedeutsam zu sehen, in welchem Ausmaß das Kind bereits Sprachschemata zur Verhaltenssteuerung einsetzt und wie das Kind sie einsetzt. Daraus gewinnt er Hinweise, wie es diese kompensative Fertigkeit auch in anderen Bereichen benützen kann.

Kompensation des intuitiven Wissens durch visuelle Erinnerungen: Neben Sprachschemata können auch visuelle Erinnerungen Personen mit einer autistischen Störung helfen, komplexe Handlungsfolgen und Situationen zu gliedern. Hinweise für die Verwendung solcher Hilfen entnehmen wir sowohl den Selbstaussagen von Betroffenen (z. B. Grandin 1995) wie auch einigen Therapieberichten (Quill 1997). Solche visuellen Strukturierungshilfen sind vor allem in vereinfachter Piktogramm-ähnlicher Form in der Therapie sinnvoll und setzen ein gutes visuelles Gedächtnis voraus.

Kompensation des intuitiven Wissens durch einfache Reaktions-Schemata: Reaktions-Schemata werden vom autistischen Kind vor allem eingesetzt, um Situationen der Erholung und Entspannung auszufüllen. Dem Erwachsenen stellen sich diese Schemata als Stereotypien dar, er neigt dazu, sie als Störverhalten zu bewerten, also als Verhaltensweisen, die abgebaut werden sollten. Wir dagegen glauben, daß man in den Stereotypien vielfach Ersatzhandlungen sehen kann, die solange notwendig sind für das Kind, als kein Ersatz für sie vorhanden ist.

Einfache Reaktions-Schemata könnten aber wahrscheinlich auch in größerem Umfang eingesetzt werden, um komplexere Verhaltensweisen einzuüben. Manche autistischen Kinder dürften komplexere Handlungen des Alltags ähnlich lernen wie Ski- oder Radfahren. In der Diagnostik käme es darauf an zu erkennen, wo diese Fähigkeiten kompensatorisch eingesetzt werden können.

Diese Kompensationsmechanismen bzw. -strategien haben für die längerfristige Entwicklung eine große Bedeutung. In der Diagnostik wäre es wichtig, zu erkennen, welche Kompensationen für welche Kinder und in welchen Situationen geeignet sind. Durch diese Kompensationen kann die sonst fast unausweichliche Einengung der Lebenserfahrungen von Personen mit einer autistischen Störung vermieden und in optimaler Weise über Alltagserfahrungen allmählich das Verständnis für soziale Situationen erweitert werden.

Kompensatorisches Verhalten ist bei Autisten allerdings in einem umfassenden Sinne zu sehen. Ihre Tendenz, die Umgebung gleichförmig zu halten oder ihr Rückzugsverhalten zählen wir dazu. In die gleiche Richtung weist auch ihre Neigung zu eingeschränkten Interessen, denn diese enthebt die Kinder der Notwendigkeit, immer wieder neue Ordnungen ausbilden zu müssen. Dem Diagnostiker muß es ein Anliegen sein, diese Verhaltensweisen als kompensatorisches Bemühen des Kindes zu erkennen, weil er damit insgesamt einen Zugang zu den Problemen erhält, die das Kind im täglichen Umgang hat, und damit auch eine Vorstellung von den Belastungen, die es zu tragen hat.

6 Behandlung: Erziehung und Therapie

Viel Einfühlungsvermögen ist notwendig, um einem autistischen Kind richtig begegnen zu können. Ihm seine mögliche Welterfahrung nicht zu verleiden, sondern ihm Mut zu geben, es zu unterstützen, zu fördern ist unsere Aufgabe. Ihm das zu geben, was ihm von Natur aus verwehrt ist, wird trotz aller Therapie und Pädagogik unmöglich sein. Wir müssen erkennen, was ihm möglich ist, und dieses Mögliche fördern und vor zerstörenden Einflüssen schützen.

6.1 Hinweise zur Gewinnung von Therapiezielen

Die Frage, welche Ziele sich die Erziehung, die Beschulung oder die Therapie bei autistischen Kindern setzen kann, ist nicht allein von der Beurteilung der Störung abhängig. Dabei ist auch das Leben der Bezugspersonen zu berücksichtigen, vor allem der Familien der autistischen Kinder, sowie die Förderungsmöglichkeiten, die in der Umgebung der Familie angeboten werden. Es sind im Einzelfall auch Überlegungen zur Relation von Aufwand und Nutzen anzustellen, die ethischen Vorstellungen der Familien oder anderer Personengruppen müssen berücksichtigt werden usw. Die Festlegung der Therapieziele ist nicht nur eine Angelegenheit des Therapeuten, sondern auch all derer, die mit dem Kind arbeiten und für das Kind Verantwortung übernommen haben. Wir wollen, wenn wir Anregungen zur Festlegung von Therapiezielen geben, nur allgemeine Gesichtspunkte hervorheben, die aus der Kenntnis der Störung und aus der Kenntnis der Möglichkeiten zur Hilfe resultieren, wobei der individuelle Rahmen der einzelnen Familie völlig außer Betracht bleibt.

Die Formulierung globaler Ziele soll für die Erziehung und für die Therapie eine Perspektive aufzeigen, auf die Teilziele und Teilschritte ausgerichtet und an denen sie relativiert werden. Beides ist nötig. Einerseits bedarf der Therapeut oder der Erzieher einer weiterreichenden Orientierung, andererseits aber muß gerade bei diesen Kindern der Tag mit kleinen Schritten ausgefüllt werden, die Erfolgserlebnisse möglich machen und die Überforderung vermeiden helfen. Die Therapie- und Erziehungsziele legt der Therapeut nicht alleine, sondern in

Absprache mit den Bezugspersonen unter möglichst weitreichender Einbeziehung des Kindes fest. Nicht alle Therapieschulen akzeptieren diese Einengung. Psychoanalytiker äußern oft die Überzeugung, daß die »wahren Therapieziele« erst im Verlauf der Therapie festgelegt werden können, weil der Patient sich nur langsam im Verlauf der Therapie öffnet, so daß der Therapeut die tieferliegenden Störungen erst im Verlauf der Therapie erfahren kann. Wir schließen uns dieser Auffassung grundsätzlich an und schränken die Forderung nach Festlegung der Therapieziele zu Beginn einer Therapie in der Weise ein, daß jede Festlegung im Verlauf der Therapie revidiert werden kann. Therapieziele können also vorläufig festgelegt und nur für einen Abschnitt der Therapie bindend sein und sie werden auch kaum jemals umfassend formuliert werden können.

Wenn aber auf die Festlegung von Zielen gänzlich verzichtet wird, ist die therapeutische Arbeit nicht mehr kontrollier- und beurteilbar. Wir halten es daher für notwendig, daß der Therapeut die Einschränkung durch die Festlegung objektivierter Therapieziele auf sich nimmt.

Das pädagogisch-therapeutische Bemühen kann grundsätzlich auf drei Ebenen erfolgen: Als erstes bietet sich an, das Defizit direkt zu beheben, d. h. *dem Kind zu helfen, an intuitivem Verständnis zu gewinnen*. Da jedoch diesem Versuch einer direkten Beeinflussung der Störung enge Grenzen gesetzt sind, besteht ein zweiter Weg darin, *mögliche Kompensationen der Defizite zu stärken und aufzubauen*. Beides zusammen, der Versuch, die Störung direkt zu beeinflussen oder indirekt, indem wir Kompensationshandlungen anbieten oder ermöglichen, hat große Bedeutung für die Kinder selbst, wie auch für die Bezugspersonen, vor allem für die Eltern. Den wichtigsten Teil des pädagogisch-therapeutischen Bemühens sehen wir aber darin, *der Familie zu helfen, mit einem autistischen Kind zu leben*.

6.2 Gestaltung des Alltags in Zusammenarbeit mit den Eltern

Autismus ist keine Störung, die geheilt werden kann. Daher ist es für autistische Kinder und ihre Familien (vor allen Versuchen, Einzelfertigkeiten zu fördern und auszubilden) bedeutsam, eine Lebensform zu finden, die ein erfülltes gemeinsames Leben ermöglicht. Auf die Ausgestaltung des Alltagslebens sollten wir somit nicht weniger Anstrengung verwenden, als auf die Durchführung von Förderung und Therapie. Mit der Gestaltung des Alltags verbinden wir ein dreifaches Anliegen:

1. *Eltern* müssen einen Weg finden, wie sie mit einem autistischen Kind ein befriedigendes Familienleben führen können. Die Erziehung und Therapie des autistischen Kindes kann darin nicht die dominierende Rolle spielen.
2. Das gleiche gilt für das *autistische Kind* selbst. Zu leicht wird das autistische Kind für den Fachmann zur Gelegenheit, Therapie durchzuführen und Forschung zu betreiben. Die Ermöglichung eines auf seine Fähigkeiten und Probleme zugeschnittenen Lebens ist für das autistische Kind alles andere als selbstverständlich.
3. Erst das dritte Anliegen bezieht sich auf die Förderung oder Heilung und artikuliert sich in der Frage: Wie muß die *Umgebung* für das autistische Kind strukturiert und gestaltet sein, daß es möglichst ohne störende Einflüsse von außen lebenspraktische Fertigkeiten und Sprache lernen kann, um in die Gemeinschaft hineinzuwachsen?

Zusammenfassend können wir die Situation der Eltern autistischer Kinder folgendermaßen darstellen: Sie haben ein Kind, dessen Behinderung von einem Teil der Therapeuten als durch die erzieherische Umwelt verursacht angesehen wird. Der Grad der Behinderung ist nicht endgültig, sondern mit der Hoffnung auf Heilung verbunden, ohne daß Heilung tatsächlich erreicht wird. Annehmen und Helfen wird dem Erzieher seitens der Kinder dadurch erschwert, als ihr sozial abweisendes Verhalten Helfen bestraft und in keiner Weise ermuntert. So bleiben diese Kinder auch dem engagierten Erzieher in einer Weise fremd, daß der Aufbau einer personalen Erziehung kaum gelingt. Eltern autistischer Kinder können also nicht auf ein dankbares Verhalten des Kindes hoffen, und da die Ursachen ungeklärt sind, müssen sie auch mit der Kritik der Umwelt leben lernen. In der Erziehung erfahren sie aber, daß das behinderte Kind anders ist als die Kinder, die sie kennen, und daß ihre Vorstellungen von Erziehung nicht genügen. Als besondere Belastung kommt die ständige Überforderung hinzu: Besondere Rücksichtnahme auf das Kind, soweit es die alltägliche Lebensplanung betrifft, den Urlaub usw. Auch die rein pflegerische Arbeit nimmt mehr Zeit und Kraft in Anspruch, als dies bei normalen Kindern der Fall ist.

Folgerungen für die Zusammenarbeit: Aus dieser Einschätzung der Situation der Eltern ergeben sich einige Richtlinien für die Zusammenarbeit mit dem Therapeuten:

1. Eltern erwarten mit Recht, daß sie vom Arzt oder Psychotherapeuten genau aufgeklärt werden über die Störung und über das heute

verfügbare Wissen bezüglich der Verursachung der Störung. Eine ausführliche, mutige und kompetente Aufklärung erleichtert es den Eltern wesentlich, das Kind anzunehmen, sich damit abzufinden, daß sie ein behindertes Kind haben und daß sie ihr Leben darauf einstellen müssen. Zur Aufklärung gehört aber auch die Beratung der Eltern über Fördermöglichkeiten und über deren Grenzen, wie sie die fachliche Hilfe bekommen können, sowie eventuelle finanzielle Unterstützung, die heute von der öffentlichen Hand gewährt wird.
2. Wir müssen den Eltern helfen, ihre Aufgabe als Eltern eines behinderten Kindes zu sehen und wahrzunehmen. Dies beeinhaltet Verschiedenes: Den Eltern fällt zuerst die Aufgabe zu, die Umgebung so zu gestalten, daß das autistische Kind sich darin wohlfühlen kann und daß es optimale Bedingungen für das natürliche Lernen findet. Des weiteren müssen sie lernen, Kompromisse einzugehen zwischen den Ansprüchen des Kindes einerseits und ihren Ansprüchen als Familie andererseits, damit keiner in der Familie überbelastet wird und das Zusammenleben die Erfüllung bringt, die jeder in seiner Familie finden muß.
3. Wir müssen den Eltern klar machen, daß sie in erster Linie die Eltern und nicht die Therapeuten des Kindes sind und daß das autistische Kind auf der Welt ist, um zu leben und Freude am Leben zu haben, und nicht, um therapiert zu werden. Soweit die Eltern therapeutische Aufgaben übernehmen, müssen sie lernen, diese ihren Aufgaben als Eltern unterzuordnen.
4. Den Eltern ist es eine große Hilfe, wenn sie mit einem Therapeuten ihre familiäre Situation besprechen können. Die Beratung reicht hier von Anregungen bezüglich der Wohnungseinrichtung, der Wohnhausgestaltung, über die Einbeziehung der Therapie in das Familienleben bis zum Reden mit dem Partner über die Behinderung und ähnliches mehr. Sind Geschwister da, so muß der Therapeut auch darauf achten, daß die Geschwister nicht durch die verstärkte Zuwendung der Eltern zum autistischen Kind vernachlässigt, Rivalitätsgefühle abgebaut, Benachteiligungen, Zurücksetzungen und unnötige Verletzungen vermieden werden.

Es sei zum Schluß noch einmal betont, wie sehr die Eltern auf unser Fachwissen angewiesen sind und darauf, daß wir uns die Mühe machen, ihnen die Störung, soweit sie dem Fachmann heute verständlich ist, zu erklären. Je besser sie ihr autistisches Kind in seinem abnormen Verhalten verstehen, desto weniger Unsicherheit und Hilflosigkeit erfahren sie und desto eher gelingt es ihnen, eine positive Beziehung zum Kind aufzubauen und damit das Zusammenleben mit dem autistischen Kind als befriedigend zu erleben.

6.2.1 Lernen, mit autistischen Kindern zu leben

Eine Therapie ist ein massiver Eingriff in das Leben eines Menschen. Jeder Eingriff von außen birgt die Gefahr in sich, den Klienten sich selbst zu entfremden. Aus Achtung vor dem Leben des Kindes und auch aus realistischer Einschätzung unserer therapeutischen Möglichkeiten halten wir es für wichtig, vor der Wahl von Therapiezielen und Methoden, zu versuchen, das Kind einmal so anzunehmen, wie es ist. Wir wollen Kraft und Anstrengung darauf verwenden, ein sinnvolles und reiches Familienleben mit dem Kind, so wie es heute ist, zu gewinnen. Ein Teil unseres therapeutischen Bemühens sollte darauf gerichtet sein, den Eltern zu einer solchen Haltung zu verhelfen.

Es ist nicht wesentlich, daß die Eltern diese Haltung aussprechen, sondern daß diese Haltung in der Lebensgestaltung der Familie ihren Ausdruck findet. Welchen Beitrag kann der Therapeut dabei leisten, welche Hilfe können sich die Eltern dabei vom Therapeuten erwarten? Im Mittelpunkt dieses Bemühens wird der Versuch stehen müssen, den Eltern das Störungsbild verständlich zu machen und aus diesem Verständnis heraus mit ihnen die familiäre Situation durchzusprechen und so zu gestalten, daß dem Kind eine positive Entwicklung möglich wird und der Alltag des Zusammenlebens für Kinder und Eltern nicht zu belastend wird. Der Therapeut wird sich aber zuvor ganz intensiv diagnostisch mit dem Kind auseinandersetzen müssen, damit er den Zustand des Kindes und seine Entwicklungsmöglichkeiten realistisch einschätzen kann und die richtigen Worte für die Eltern findet. Die fachliche Aufklärung kann den Eltern eine große Hilfe sein, aber es ist nicht leicht, sie in einer Weise vorzutragen, daß die Eltern nicht schockiert, zurückgestoßen und verletzt werden. Diese Gefahr besteht vor allem dann, wenn den Eltern das Kind im Gespräch entfremdet wird. Sie müssen in der Darstellung des Therapeuten ihr Kind wiedererkennen, sie müssen den Eindruck gewinnen, daß sie nun dem Kind verständnismäßig nahekommen. Ihr behindertes Kind anzunehmen wird den Eltern umso leichter fallen, je mehr sie erfahren, daß der Therapeut es annimmt und auch die soziale Umwelt, die Nachbarschaft, die Verwandtschaft, die Schule, die Gesellschaft.

Wir halten die soziale Integration dieser Kinder in die Regelschule, in den Kindergarten und ins Berufsleben für eine Verpflichtung der Gesellschaft, die sie leisten muß, um zu zeigen, daß sie ihre behinderten Mitglieder annimmt. Wenn die Eltern das Gefühl haben müssen, mit ihrem Kind alleine gelassen zu werden, durch ihr behindertes Kind selbst zu Außenseitern der Gesellschaft zu werden, dann können wir nicht erwarten, daß die Eltern die Kraft aufbringen, ihre behinderten Kinder anzunehmen.

Wir gewinnen in der fachlichen Auseinandersetzung mit diesem Störungsbild nicht nur neue und bessere Therapiemethoden, sondern auch ein neues Verständnis für diese Kinder.

Ein weiterer Punkt, der die Entwicklung einer normalen Beziehung zwischen Eltern und ihrem behinderten Kind vereitelt, sind Schuldgefühle. Eltern haben oft das Gefühl, an der Störung ihres Kindes schuld zu sein, wobei sie manchmal irreführende Zusammenhänge annehmen, die ans Abergläubische grenzen. Was wir heute über das Störungsbild wissen, deutet darauf hin, daß es nicht durch die Erziehung verursacht oder mitbedingt ist, sondern im Gegenteil, daß die Störung grundsätzlicher ist und die auffällige Erziehung als sekundäre Folge der Störung anzusehen ist. Wir können und müssen also den Eltern sagen, daß sie keine Schuld trifft.

Das behinderte Kind mit seiner Behinderung annehmen bedeutet nicht, nichts zu tun, sondern allem therapeutischen Tun den richtigen Stellenwert zuzuweisen, und zu wissen, daß der Behinderung nur sekundäre Bedeutung zukommt. Aber auch das Wenige, das wir tun können, sollen wir mit »beiden Händen« anfassen.

6.2.2 Beschützende Lebenshilfe für das Kind

Die Umgebung muß einfach gestaltet sein, mit einer einprägsamen Ordnung der Gegenstände und des Tagesablaufs. Nach unseren Erfahrungen ist das autistische Kind in der normalen Umwelt besonderen Belastungen ausgesetzt. Wir haben einen Teil seiner emotionalen Labilität und seiner abnormen Verhaltensweisen, die wir zusammenfassen können als den Versuch, die Umwelt einförmig zu gestalten, darauf zurückgeführt. Dem autistischen Kind fehlt die Fähigkeit, Ordnung in seine Umwelt zu bringen, und darum ist es ständig in Gefahr, im Chaos zu versinken. Von diesem Verständnis lassen wir uns bei der Gestaltung des Lebensraumes leiten:

- *Zunächst die Gestaltung der Wohnung bzw. Therapie- und Klassenräumen.* Wir müssen bei der Einrichtung der Wohnung ganz besonders darauf achten, daß Einfachheit und Sparsamkeit der Einrichtung auch einem Kind Orientierung ermöglicht, das nur schwer Ordnungsstrukturen aufbauen kann. Hilfen können dabei (etwa in Kin-

dergärten und Schulen) das visuelle Kenntlichmachen von Räumen bzw. Bereichen für unterschiedliche Funktionen durch Farben, Raumteilungen u. ä. sein. Zu bedenken ist auch, daß Veränderungen das autistische Kind verwirren können und daher auf Kontinuität zu achten ist.
- *Dasselbe gilt auch für das Verhalten.* Es ist für das autistische Kind eine Erleichterung, wenn es nur mit wenigen Personen zu tun hat und sich nicht auf verschiedene einstellen muß. Solange die Störung noch sehr schwer ist und wenig kompensatorische Strategien entwickelt sind, ist vor allem das Leben in der Gruppe recht schwierig, da das Kind mit mehreren Personen gleichzeitig interagieren muß.

Der Tagesablauf soll eine für das Kind klar erkennbare und gleichbleibende Struktur mit vorhersehbaren Übergängen zwischen Aktivitäten, die durch Erinnerungszeichen angekündigt werden, haben. Bewährt haben sich hier visuelle Hilfen wie Symbole oder ein Tages- bzw. Wochenspiegel, an dem sich die Kinder orientieren können. Auch im Verhalten des Erziehers dem autistischen Kind gegenüber sind Orientierungshilfen von Bedeutung. Diese können darin bestehen, daß auf die Einführung von Routinen geachtet wird, die dem autistischen Kind die Möglichkeit zur Wiederholung von Erfahrungen bieten. Zudem sollte sowohl durch Gesten wie durch Mimik und Tonfall für das Verständnis besonders Bedeutsames hervorgehoben werden.

Im Rahmen der Therapie und nach den Entwicklungsfortschritten kann die Situation schrittweise komplexer gestaltet werden. Es können neue Elemente eingeführt und auf eine größere Flexibilität geachtet werden, damit das Kind nicht beim Erreichten stehen bleibt.

6.2.3 Gestaltung der Umgebung unter der Rücksicht der Lernerleichterung

Die Gestaltung der Umgebung soll nicht nur Orientierungshilfe für das autistische Kind sein, sondern auch Zeit und Raum für Lernmöglichkeiten bieten. Die Erfahrungen in diesem Bereich haben in den letzten 30 Jahren eindeutig auf die Bedeutung solcher Lernerleichterungen hingewiesen. In den 60er und Anfang der 70er Jahre waren in den speziellen Einrichtungen für Menschen mit einer autistischen Störung vielfach psychoanalytisch geprägte Konzepte vorherrschend, die die Bedeutung des freien Ausdrucks von Gefühlen und der damit verbundenen Regression betonten und möglichst wenig Kontrolle und

Strukturierung einführen wollten. In der Auseinandersetzung mit diesen Konzepten sind Programme entstanden, die eine intensive Gestaltung des Alltags zur Lernerleichterung und das Schaffen von strukturierten Lernmöglichkeiten betonten. Im Gegensatz zu früheren Positionen wird heute davon ausgegangen, daß autistische Kinder nicht sich selbst überlassen werden sollen und es nicht der Initiative der Kinder anheimgestellt werden darf, Aktivitäten auszuwählen, da sie sonst einfachen stereotypen Handlungen nachgehen, in sich selbst verschlossen und ohne sozialen Kontakt bleiben.

Entscheidend zur Veränderung der Einstellung hat eine Studie von Bartak und Rutter (1973; Rutter & Bartak 1973) beigetragen. Die Forschungsgruppe um Rutter in London hat verschiedene therapeutische Einrichtungen mit der Fragestellung untersucht, unter welchen Umweltbedingungen das autistische Kind sich besser entwickelt. Sie konnte zeigen, daß – wenn autistischen Kindern die Möglichkeit gegeben wurde, bei minimalen Anforderungen seitens der Umgebung auf einen Entwicklungsstand zu regredieren, der ihnen besser entsprach, und sich die Erwachsenen dann auch jeglichem Verhalten der Kinder gegenüber positiv verhielten – sich die autistischen Kinder überwiegend mit Stereotypien beschäftigten, herumliefen und teilnahmslos die Umgebung betrachteten. Das Verhalten der Kinder in den gleichen Einrichtungen hatte sich auch nach etwa eineinhalb Jahren und nach drei bis vier Jahren nicht geändert. In Einrichtungen, die dem psychodynamischen Prinzip der Regression große Bedeutung zumaßen, entwickelte sich auch über einen längeren Zeitraum weniger aufgabenorientiertes Verhalten, aber auch weniger gemeinsames Spiel der Kinder. Der deutlichste Unterschied freilich ergab sich in Bezug auf die Entwicklung der Sprache und der kognitiven Fähigkeiten. Je mehr Zeit Einrichtungen für den formellen Unterricht autistischer Kinder einräumten, desto größer war der Fortschritt, den die Kinder in der Sprachentwicklung und beim Erwerb basaler schulischer Fertigkeiten machen.

Von den Programmen, die in den letzten 30 Jahren entwickelt wurden und die die Prinzipien einer gezielten Förderung, die sich auch auf die Gestaltung der Alltagssituationen erstreckt, verwirklicht haben, ist international das an der Universität von North Carolina entwickelte TEACCH-Programm am bekanntesten geworden (Schopler 1997). Über die Jahre der Entwicklung dieses Therapieansatzes wurden ständig neue Elemente aufgenommen, dabei aber an gewissen Prinzipien festgehalten, zu denen die strukturierte Gestaltung des Alltags und die enge Zusammenarbeit mit den Eltern gehört.

6.3 Spezielle therapeutische Förderung

Die Gestaltung des Alltags muß möglichst frühzeitig mit einer gezielten therapeutischen Förderung verbunden werden. Je früher diese Förderung einsetzt, umso eher ist zu erwarten, daß negative Auswirkungen der autistischen Störung auf die weitere Entwicklung reduziert werden können.

Da sich die autistische Störung auf fast alle Lebensbereiche auswirkt, muß auch die therapeutische Förderung eine umfassende sein. Die Ziele dieser Förderung können sich an dem Verständnis der Schwierigkeiten in den verschiedenen Funktionsbereichen, wie der Kognition, der Kommunikation und der sozialen Interaktion, orientieren. In einem umfassenderen Sinn bietet auch unser Konzept eines Mangels an intuitivem Vorverständnis eine Orientierung für die Erstellung von Förderzielen, indem die Förderung von Erfahrungsbildung betont wird, die es autistischen Kindern ermöglicht, allmählich ein Vorverständnis zu entwickeln.

Viele autistische Kinder machen wegen ihres Problems, von einer Aufgabe eine Gesamtvorstellung zu gewinnen, deren Teile als Teile eines Ganzen begriffen werden können, spontan keine Erfahrung mit Dingen, mit denen normale Kinder bereits frühzeitig in der Entwicklung vertraut werden. Wir denken dabei an einfache Tätigkeiten wie das Bauen eines Turmes, das Herstellen von Sandfiguren, das Umschütten von Wasser von einem Becher in den anderen usw. Diese Tätigkeiten erweitern für die Kinder den Lebensraum und den Raum ihrer Interessen, so daß störende Verhaltensweisen wie Stereotypien, Autoaggressionen usw. vermindert auftreten. Teilweise dürfte sich auch ein grundlegenderes Verständnis entwickeln, das es ihnen ermöglicht, gegliederte Handlungen als ein Ganzes zu erfahren und – um es an einem konkreten Beispiel zu sagen – das Aufeinanderlegen von Klötzen als das Bauen eines Turmes zu begreifen.

Ein wichtiges Ziel der Autismus-Therapie ist der Aufbau und die Förderung kompensatorischer Fähigkeiten und Handlungen. Ähnlich wie im TEACCH-Programm empfehlen wir, in der Therapie primär von den vorhandenen Fähigkeiten und Stärken autistischer Kinder auszugehen und sie kompensatorisch einzusetzen.

Im folgenden wollen wir die Umsetzung dieser allgemeinen Förderziele für einige wichtige Bereiche darstellen.

6.3.1 Aufbau lebenspraktischer Fertigkeiten

Viele autistische Kinder haben, ähnlich wie andere geistig behinderte Kinder, große Mühe, alltägliche praktische Fertigkeiten zu erwerben. Das Lernen basaler lebenspraktischer Fertigkeiten ist jedoch von großer Bedeutung für die Kinder selbst wie auch für ihre Familien. Im Vordergrund stehen dabei Tätigkeiten, die den Kindern eine gewisse Selbständigkeit ermöglichen, wie z. B. die Fähigkeit, selbständig zu essen, sich alleine an- und auszuziehen, sich zu waschen sowie die Toilette zu benutzen. Das Erlernen dieser Tätigkeiten erleichtert es der Familie, ihr autistisches Kind innerhalb der Familie zu erziehen und gibt dem Kind selbst die Möglichkeit, sich als selbständige Personen zu erfahren.

Auch der Aufbau einfacher Fertigkeiten des Spielverhaltens und anderer Formen der Beschäftigung kann zu diesen basalen Fertigkeiten des Alltags gerechnet werden, da sie es erlauben, den Alltag zu gestalten und damit die Notwendigkeit ständiger Aufsicht reduzieren. In den letzten Jahren sind Programme erprobt worden, die es schwer behinderten Kindern ermöglichen, basale lebenspraktische Fertigkeiten zu erwerben. Gemeinsam ist diesen Programmen, daß der Lernprozeß in kleine, aufeinander aufbauende Schritte gegliedert ist, die miteinander verkettet werden.

Kane und Kane (1976) beginnen ihr Programm damit, daß der Erzieher bzw. Therapeut gemeinsam mit den Eltern genau festlegt, was das Kind lernen muß. Im nächsten Schritt wird beobachtet, was das Kind von dem, was es lernen soll, bereits beherrscht. Das erste Teilziel wird dort angesetzt, wo das Kind momentan steht. Jede Therapiestunde wird protokolliert, so daß der Therapeut am Ende weiß, was das Kind gelernt hat, ob es Fortschritte gemacht hat, ob der Schritt richtig gewählt war, oder ob Veränderungen im Programm vorgenommen werden müssen. Erst wenn ein Teilziel erreicht ist, wird zum nächsten übergegangen und so fort.

Die meisten Programme fußen auf dem Prinzip des übenden Lernens, d. h. daß praktische Fertigkeiten über den Aufbau von S-R-Schemata (Stimulus-Reaktion) bzw. motorischer Schemata erworben werden. Den Kindern wird dabei das gewünschte Verhalten demonstriert, und es werden ihnen bei der Ausführung der Imitation Hilfestellungen bis hin zur passiven Formung der Bewegungen gegeben. Die Grenzen dieses therapeutischen Ansatzes sind allerdings recht deutlich, der Transfer auf andere verwandte Handlungen ist gering. Dies liegt daran, daß eine Gesamtvorstellung von der Handlung nicht ausgebildet wird. Die Handlung kann daher nur schwer in Teile gegliedert werden, die zu neuen Mustern zusammengefügt werden können. Sie muß immer als Ganze abgerufen werden. Ergänzend zur Einübung des Verhaltensmusters sollte dem Kind daher die Einheit der Handlung vermittelt werden. Dies kann über den Umweg der Sprachschemata geschehen. Dazu müssen die wesentlichen Schritte des Handlungsablaufs in Form einer Art von Verhaltensregeln beschrieben werden, so daß das Gesamt an Regeln die Handlung darstellt. Lernt das Kind diese Verhaltensregeln, so kann es die Tätigkeit ausführen im Sinne des Regelfolgens. Damit hat es zwar noch keine Vorstellung vom Ganzen, aber wir erwarten, daß die Ausführung der Handlung zusammen mit der Kenntnis der Verhaltensregeln auch die Ausbildung einer Vorstellung vom Gesamten begünstigt. Und dies müßte das Ziel der Therapie sein: Ausbildung einer inneren Repräsentation der Tätigkeit. Erst wenn dies geschehen ist, kann das Kind Teile aus der Handlung ausgrenzen und sie in veränderter Form zusammenfügen. Es kann dann das Muster auf ähnliche Handlungen generalisieren, da nach der Idee des Gesamten wesentliche von unwesentlichen Elementen unterschieden werden können.

Die Ausbildung einer Vorstellung vom Gesamtablauf des Geschehens bei komplexeren Handlungen kann dadurch erleichtert werden, daß den Kindern bzw. auch älteren Personen die wesentlichen Schritte der Handlungskette bild- oder symbolhaft (etwa auf Karten, die aneinandergereiht werden) dargestellt werden. Auch Kinder, Jugendliche und Erwachsene mit einer autistischen Störung, die sich sprachlich verständigen können, haben vielfach noch Probleme beim Erfassen der wesentlichen Momente einer Situation und damit der Handlungsanforderungen. Hier hat sich bewährt, diese Situationsmerkmale und die Erwartungen, wie man sich in diesen Situationen verhält, in kurzen Sätzen übersichtlich festzuhalten und damit die Schwierigkeiten autistischer Menschen zu kompensieren (Gray 1998).

6.3.2 Aufbau sozialer Verhaltensmuster

Das normale Kind erwirbt soziale Verhaltensmuster, indem es mit Gleichaltrigen spielt, indem es anderen Menschen zuschaut und indem es angewiesen wird, etwas zu tun oder zu lassen. Diese komplexe soziale Situation als Lernumgebung überfordert das autistische Kind und es tendiert dazu, sich ihr durch Vermeidung zu entziehen. Damit es soziale Verhaltensmuster erwerben kann, muß die soziale Situation vereinfacht werden, z. B. dadurch, daß es zunächst nur mit einer Person solche Muster einübt. Die Anforderungen sollen schrittweise gesteigert werden, indem die Situation komplexer gestaltet und neue Handlungen eingeführt werden. Erst zu einem späteren Zeitpunkt können neue Personen hinzugenommen werden. Zum anderen kann die Lernsituation – wenn nötig – vereinfacht werden durch die Einführung einfacher ritualistischer Interaktionen, die allmählich zu variableren und komplexeren Interaktionen ausgeweitet werden können. Wie beim Aufbau praktischer Fertigkeiten, so kann auch beim Aufbau sozialer Verhaltensmuster übendes Lernen und Lernen der Verhaltensregeln Hand in Hand gehen.

Basale soziale Kompetenzen: Als basale soziale Fertigkeiten können das Eingehen auf soziale Initiativen anderer Kinder und das Zugehen auf andere Kinder bzw. eigene Initiativen zur Kontaktaufnahme betrachtet werden. Um dies zu erreichen, ist es wichtig, daß autistische Kinder Fertigkeiten lernen, die eine gemeinsame Basis für die Interaktion mit anderen Kindern darstellen, wobei hier bei jüngeren Kindern vor allem ein ihrem Entwicklungsstand entsprechendes Spielverhalten wesentlich sein dürfte. Mit Hilfe der weiter unten beschriebenen Interventionsmethoden (Training von Ankerreaktionen) und des Vorführens des erwünschten Verhaltens ist es möglich, nicht nur das funktionelle Spielverhalten mit Spielzeug, das auch für andere Kinder attraktiv ist, zu erhöhen, sondern sogar eine Teilnahme an Rollenspielen zu ermöglichen (Stahmer 1995; Thorp et al. 1995).

Trotzdem ist es recht schwer zu erreichen, daß autistische Kinder von sich aus die Kontaktaufnahme initiieren. Dies müssen viele Kinder für verschiedene Situationen eigens üben, wobei sich bewährt hat, solche Initiativen mit den autistischen Kindern unmittelbar vor einer gemeinsamen Aktivität mit anderen Kindern nochmals durchzugehen und dadurch diese Verhaltensweisen zu aktivieren (Zanolli et al. 1996).

Förderung spontanen Sozialverhaltens: Ein grundsätzliches Problem, das sich bei der Therapie autistischer Kinder stellt, liegt darin, daß diese Kinder vielfach gerade jene Verhaltensweisen nur mangelhaft zeigen, die wir als Ausdruck von Spontaneität und echtem Interesse an anderen Menschen bewerten, wie z. B. jemanden anlächeln. Sie sollen also ein Verhalten lernen und bewußt einsetzen, das für uns Ausdruck spontaner Zuwendung ist. Mit ein Grund für eine Intervention in diesem Bereich ist die häufige Beobachtung, daß bei autistischen Personen die Inhalte ihrer Interaktionen mit dem dabei (unwillkürlich) gezeigten Ausdruck auseinanderklaffen, daß sie also z. B. interessiert mit jemandem sprechen und sich dabei abwenden.

Ein Problem eigener Art ist der gezielte Aufbau „spontanen Verhaltens". Wir unterscheiden deutlich zwischen spontanem Verhalten und bewußtem, willentlich gesteuertem Verhalten. Ein bewußtes Lächeln empfinden wir als künstlich und aufgesetzt. Es kann allerdings erwartet werden, daß auch bewußtes Ausdrucksverhalten, wenn es lange genug geübt ist, automatisiert wird und damit in spontanes Verhalten übergeht. Neben dem Überlernen dieses Verhaltens sind die häufige Konfrontation mit einem Modell sowie ein situativer Kontext wichtig, der die autistischen Kinder motiviert, dieses Verhalten auch zu zeigen (Garfin & Lord 1986).

Berücksichtigung des Entwicklungsstandes der Kinder: Eine grundsätzliche Voraussetzung aller Interventionen zur Förderung des Sozialverhaltens ist die Berücksichtigung des Entwicklungsstandes der Kinder sowohl bei der Bestimmung der Therapieziele als auch bei der Wahl der Interventionsmethoden. Dabei liegt es nahe, sich an jenen Verhaltensweisen zu orientieren, die in der Eltern-Kind-Interaktion bei Kindern mit entsprechendem Entwicklungsstand als förderlich beschrieben wurden. Als eine konkrete Konsequenz wurde daraus die Empfehlung abgeleitet, zur Förderung der sozialen Interaktion das Verhalten autistischer Kinder zu imitieren, wie es bei Müttern mit Kleinkindern beobachtet werden kann (Dawson & Galpert 1986). Diese Imitation führt den Kindern deutlich vor Augen, daß ihr Verhalten das Verhalten der Interaktionspartner beeinflußt, und fördert so das Erkennen einfacher Regelmäßigkeiten in der Umgebung und damit die aufmerksame Zuwendung. Eine solche Imitation des Verhaltens zur Anbahnung von Interaktion ist in erster Linie bei jüngeren Kindern sinnvoll.

Erleichterung sozialer Interaktionen durch Vorgabe von Regeln: Die Komplexität sozialer Situationen ist so groß, daß autistische Kinder, denen die Bildung übergreifender Einheiten Mühe macht, leicht überfordert werden. Es ist daher für sie hilfreich, wenn ihnen gewisse Regeln für die Gestaltung sozialer Situationen vermittelt werden. Dies muß im Bewußtsein geschehen, daß solche Regeln nur eine Erleichterung darstellen, sozusagen eine Art Hilfskonstruktion, die eingesetzt wird, wenn die Situation zu unübersichtlich für sie wird.

Ein Beispiel für eine schwierige Situation, in der Routinen und Regeln helfen können, stellt etwa der Gesprächseinstieg dar. Das Lernen von Routinen wie „Ich bin interessiert an... Du auch?" erleichtert es autistischen Kindern, ein Gespräch zu eröffnen, in das sich der Gesprächspartner mit seinen Interessen gleichfalls einbringen kann. Ein andere sinnvolle Hilfe stellt es dar, wenn autistische Menschen gelernt haben, ihre Verwirrung anzuzeigen („Ich verstehe das nicht") (Garfin & Lord 1986). Auch in diesem Fall läßt sich durch die Einführung von Interaktionsregeln eine Erleichterung schaffen.

In einer Einzelfallstudie haben wir für einen autistischen siebenjährigen Jungen einfache Interaktionsspiele jeweils mit einem Set von Verhaltensregeln beschrieben und anschließend mit ihm eine Regel nach der anderen eingeübt. Auf diese Weise lernte er rasch eine Reihe von Spielen und konnte im Spiel mit zwei weiteren Kindern jede Rolle übernehmen. In einer Ausweitung dieser Spiele führten wir noch die Rolle des Schiedsrichters ein. Er hatte darauf zu achten, daß die Spieler keine Regel verletzten, gab das Startzeichen, beendete das Spiel, verteilte Gewinn- und Strafpunkte usw. Er mußte sich in der Rolle des Schiedsrichters gegenüber seinen Mitspielern durchsetzen. Auch diese sozial komplexere Rolle konnte er rasch erlernen, sobald seine Tätigkeiten in Form von einzelnen Regeln beschrieben waren und er diese Regeln gelernt hatte.

Überraschend für uns war, daß er über Regeln auch komplexe Rollen der Sozialinteraktion lernte, daß er aber Regeln nicht selber kombinieren konnte. Er hatte offenbar noch keine Vorstellung vom gesamten Spiel als einer Einheit ausbilden können.

In einer weiteren Fallstudie versuchten wir, die Ausbildung der Vorstellung von der Einheit des Spieles unmittelbar zu beeinflussen. Wir begannen mit einer einfachen Form des Ballspieles: den Ball hin- und zurückrollen. In wiederholter Anwendung dieser einen Regel wurde das Spiel zunehmend komplexer gestaltet, indem neue Personen eingeführt und die Strategien des Hin- und Zurückrollens ausgebildet wurden. Insgesamt aber waren alle Formen des Spieles nur eine Abwandlung dieser einen Regel.

Eine Weiterführung dieses Ansatzes besteht darin, den Kindern das Verhalten in bestimmten sozialen Situationen wie eine Rolle in einem Skript vorzugeben. Sie sollen lernen, sich entsprechend den Anweisungen, die zunächst schriftlich vorgegeben werden, zu verhalten, wobei die Situationsbedingungen wie auch die Interaktionspartner variiert werden und somit eine gewisse Flexibilität notwendig wird. Allmählich können diese Hilfen ausgeblendet werden. Es konnte gezeigt werden, daß die Kinder das Gelernte auf neue Situationen übertragen und daß das neue Verhalten auch nach Ende der Intervention stabil bleibt (Krantz & McClannahan 1993).

Training von sozialen Ankerreaktionen (Pivotal Response Training): Beim Bemühen um den Aufbau eines altersgemäßen Sozialverhaltens wurde sehr bald klar, daß nicht alles Verhalten, das für soziale Interaktionen wesentlich ist, geübt werden kann. Aus diesem Grund ist es notwendig, sich auf jene Verhaltensweisen zu konzentrieren, die die größte Bedeutung haben und von denen am ehesten eine Übertragung auf andere ähnliche Verhaltensweisen zu erwarten ist (sogenannte Ankerreaktionen). Von der Gruppe um Koegel ist dazu in den letzten Jahren eine Methode zur Förderung des Sozialverhaltens entwickelt worden, deren Ziel es ist, Verhaltensweisen, die für das Zurechtkommen in der Peergruppe wesentlich sind, in möglichst natürlichen Interaktionssituationen aufzubauen (siehe z. B. Koegel & Frea 1993). Wesentliche Elemente dieser Methode, die dem verhaltenstherapeutischen Ansatz des übenden Lernens verpflichtet ist, dieses jedoch verfeinert und weiter entwickelt hat, sind:

- das gleichzeitige Training verschiedener Verhaltensweisen, die eine ähnliche Funktion erfüllen;
- häufiger Wechsel zwischen verschiedenen, aber ähnlichen Aufgaben;
- Wechsel zwischen Aufgaben, die die Kinder bereits beherrschen, und solchen, die für die Kinder noch schwierig sind;
- Orientierung an den Vorlieben der Kinder, so daß sie eine Wahl zwischen verschiedenen Aufgaben haben und ihre Motivation erhalten bleibt;
- ständiger Wechsel zwischen Aktivitäten des Trainers und des Kindes;
- Belohnung von Versuchen, auch wenn diese nicht vollständig korrekt sind;
- Belohnung durch natürliche Konsequenzen des gelernten Verhaltens.

Selbstkontrolle des Sozialverhaltens: Die Wirksamkeit von Maßnahmen zur Weiterentwicklung sozialer Kompetenzen kann dadurch gesteigert werden, daß die autistischen Kinder lernen, die Angemessenheit ihrer sozialen Interaktionen zu beurteilen, auf das Auftreten angemessenen Verhaltens zu achten und sich dafür zu belohnen. Dies ist auch bei autistischen Kindern mit geistiger Behinderung und sogar schon bei Kindern im Vorschulalter möglich und führt zu größerer Unabhängigkeit vom Eingreifen der Erwachsenen und zu größerer Generalisation der erlernten Verhaltensweisen (Strain et al. 1994).

Unterricht im Verständnis für die Perspektiven von Interaktionspartnern: Die Forschung der letzten Jahre hat auf die großen Schwierigkeiten hingewiesen, die autistische Kinder dabei haben, ihre eigene Perspektive von jener anderer zu unterscheiden und eine „Theory-of-Mind" zu entwickeln. Aus diesem Grund ist vorgeschlagen worden, ein Training im Verständnis der Perspektive von Interaktionspartnern in die Förderung sozialer Kompetenzen zu integrieren. Die bisherigen Versuche zeigen, daß ein solches Training das Verständnis dafür verbessern kann, daß die Sichtweise eines Menschen von der Realität und der Perspektive eines anderen Menschen abhängen kann. Diese Verbesserung erfolgt aber eher auf Grund des Lernens spezifischer Strategien als auf Grund einer genuinen Einsicht. Dies ist wohl der Grund dafür, daß eine Generalisation dieser Sichtweise eher schwer zu erreichen ist und unmittelbare Auswirkungen auf die soziale Kompetenz im Alltag nicht zu erwarten sind (Hadwin et al. 1996; Howlin 1997; Ozonoff & Miller 1995). Dabei muß man allerdings berücksichtigen, daß die bisherigen Versuche eher kurzfristige Interventionen waren und ein längerfristiges Bemühen durchaus Auswirkungen haben könnte, vor allem dann, wenn stärker auf die Übertragbarkeit der gelernten Strategien auf alltägliche Interaktionssituationen geachtet wird.

Erklärung sozialer Situation in Form von Skripten und Geschichten: Soziale Interaktionen sind in vielen Fällen situationsgebunden. Die Probleme der autistischen Personen entstehen vielfach dadurch, daß sie die wesentlichen Merkmale der sozialen Situationen nicht erfassen, deshalb verwirrt sind und sich an die Situationen nicht anpassen können bzw. mit Angst, Wutausbrüchen, Stereotypien oder anderem unangemessenem Verhalten reagieren. Gray (1998) erprobte einen Ansatz, der eine Reaktion auf diese Probleme darstellt und sich um die Verbesserung des Situationsverständnisses bei autistischen Personen bemüht. Ausgangspunkt sind dabei stets beobachtete Anpassungsprobleme. Ziel ist es, die Merkmale der Situationen in Form einer kurzen „sozialen Geschichte" so zu beschreiben, daß der regelmäßige Ablauf und die Anforderungen an das Verhalten in diesen Situationen verständlich werden. Um diese Geschichten schreiben zu können, muß einerseits erfaßt werden, worin das Verständnisproblem der autistischen Personen liegt (z. B. in der Schule bei Problemen mit einer Lehrerin, die die gewohnte Klassenlehrerin zeitweise vertritt, oder beim Verhalten in den Pausen), und andererseits, welche Merkmale regelmäßig mit solchen Situationen verbunden sind, die eine Orientierung erleichtern können (etwa die Signale, die den Beginn oder das Ende einer Pause anzeigen, was man in der Pause tun kann und was nicht, wo die Pause – in Abhängigkeit vom Wetter – stattfindet).

Soziale Geschichten sollen den Kindern helfen, im Gedächtnis eine Art Schema für den Ablauf sozialer Situationen aufzubauen. Der Schwerpunkt liegt daher auf der Beschreibung der Situationen, die jedoch mit Anweisungen, wie man sich in solchen Situation verhalten soll, verbunden werden (allerdings soll das Verhältnis von Beschreibung zu Anweisung etwa 5:1 betragen). Solche Geschichten werden mit den Kindern in ruhigen Zeiten durchgegangen, gemeinsam gelesen oder (bei jüngeren bzw. schwächer begabten Kindern) vom Tonband angehört, wozu sie idealerweise auch mit Bildern kombiniert werden. Sie sollen mehrmals durchgegangen werden, eventuell täglich, bis die Kinder mit den Geschichten vertraut sind. Sie können im Folgenden revidiert oder erweitert werden, den Bedürfnissen der Kinder entsprechend.

Eine Erweiterung dieses Ansatzes stellt die Kombination mit der Darstellung von Interaktionen dar. Gray (1998) schlägt dafür das Medium von Comic Strip Darstellungen vor, bei der eine Folge von Interaktionen (eventuell mit Sprechblasen) gezeichnet wird. Sie hat diesen Ansatz so ausgearbeitet, daß auch bestimmte Aspekte der inneren Vorgänge der interagierenden Personen dargestellt werden (etwa die Gefühle mit bestimmten Farben, Gedanken mit besonders gekennzeichneten Sprechblasen). Der Einsatz dieses Mediums ermöglicht eine Strukturierung von Gesprächen über soziale Situationen, bei denen nicht nur das soziale Geschehen, sondern auch die eigenen Gefühle und Gedanken sowie jene der anderen im Vordergrund stehen und neue Möglichkeiten des Reagierens im Umgang mit anderen erkundet werden können.

Curricula für die Entwicklung sozialer Fertigkeiten: Die Forderung nach individuellen Erziehungsplänen für jedes behinderte Kind gab den Anstoß zur Entwicklung von Curricula für soziale Fertigkeiten (Olley 1986). Der Ansatz, der dabei in dem bereits erwähnten TEACCH-Programm verwendet wird, dürfte einer der am weitesten entwickelten und am besten erprobten sein. Er zeichnet sich dadurch aus, daß eine globale Erfassung der sozialen Fertigkeiten in verschieden strukturierten Situationen nach sechs für das Sozialverhalten wichtigen Merkmalen (Nähe/Distanz, Gebrauch von Gegenständen, Initiieren sozialer Interaktionen, Reaktion auf Kontaktaufnahme durch andere, Ausmaß interferierenden Verhaltens, Anpassung an wechselnde Umstände) angestrebt wird. Für jedes Merkmal und für jede Situation wird das Ausmaß der Selbständigkeit bzw. der Angemessenheit des Verhaltens beurteilt, um dann in einem weiteren Schritt gemeinsam mit den Eltern und den Lehrern bzw. Betreuern Förderungsmaßnahmen und Aktivitäten auszuwählen, durch die bei dem autistischen Kind Fortschritte im Sozialverhalten zu erreichen sind (Olley 1986).

Mithilfe gleichaltriger nicht-behinderter Kinder: Eine besondere Herausforderung für die Entwicklung sozialer Fertigkeiten stellt der integrative Unterricht im Kindergarten und in der Schule dar. Um in dieser Situation ein Sozialverhalten aufzubauen, das eine bessere soziale Eingliederung autistischer Kinder ermöglicht, ist es sinnvoll, die gleichaltrigen nicht-behinderten Kinder einzubeziehen und sie darin zu unterweisen, wie sie mit autistischen Kindern interagieren können. Ohne diese Vorbereitung dauert es, selbst bei einer starken Strukturierung, längere Zeit, bis die nicht-behinderten Kinder von selbst Strategien entwickeln, wie sie die autistischen Kinder in ein gemeinsames Spiel einbeziehen können.

Ein Vorteil von Kindern als Interaktionspartnern ist, daß die Anforderungen an die autistischen Kinder gering bleiben. Sie können sich abwenden oder weggehen, wenn es ihnen zuviel wird. Da die Interaktionen in Spielsituationen stattfinden, ist keine Aufgabe vorgegeben, die erfüllt werden muß. Es ist Spielzeug vorhanden, das die Interaktionen anregen kann und zu dessen Benutzung wenig Sprache erforderlich ist.

Die Entwicklung angemessener Verhaltensweisen bei autistischen Kindern kann durch gleichaltrige Kinder in mehrfacher Weise gefördert werden:

- Sie stellen ein Modell für angemessenes Verhalten dar und zeigen damit den autistischen Kindern, welche Verhaltensweisen zu einem auch von ihnen gewünschten Ziel führen. Autistische Kinder imitieren eher andere Kinder als Erwachsene und sie lernen leichter, indem sie das Verhalten anderer Kinder beobachten, als indem sie selber (mit Unterstützung) die richtigen Lösungen finden.
Die Tendenz zur Imitation kann durch ein spezielles Training unterstützt werden, indem die autistischen Kinder unter Mitwirkung eines Betreuers aufgefordert werden, das Verhalten nachzuahmen, und dafür belohnt werden. Die Hinweise sowie die Verstärkung werden dann allmählich wieder ausgeblendet. Auch der Kontext soll so gestaltet werden, daß ein Modellernen begünstigt wird. Dies setzt im Allgemeinen voraus, daß die autistischen Kinder mit einem nicht-behinderten Kind allein sind. Modellernen ist auch eher wahrscheinlich, wenn das autistische Kind die erforderliche Fertigkeit bereits besitzt, sie aber spontan kaum anwendet (Strain et al. 1986).

- Nicht-behinderte Kinder können das Verhalten autistischer Kinder auch direkt beeinflussen, indem sie versuchen, sie in ein Spiel einzubeziehen. Kinder sind damit sogar bei sehr zurückgezogenen autistischen Kindern erfolgreich (Strain et al. 1986). Allerdings nur, wenn sie auf diese Aufgabe vorbereitet sind und ihnen erklärt wird, daß ihre Versuche zunächst fehlschlagen werden.
- Das Zusammensein von autistischen und nicht-behinderten Kindern kann indirekt durch die Schaffung kooperativer Lernsituationen gefördert werden, in denen der Erfolg der Gruppe von der Zusammenarbeit bzw. dem Bemühen aller abhängig ist. Dies ist natürlich nur bei besonderen Aufgabenstellungen möglich und an die Voraussetzung gebunden, daß die Kinder die Möglichkeit haben, das Verhalten anderer zu beeinflussen.

Über die Förderung sozialer Kompetenzen hinaus kann durch Mithilfe nicht-behinderter Kinder und Jugendlicher ein soziales Netzwerk geschaffen werden, das zu einer stärkeren Einbindung autistischer Kinder in soziale Interaktionen und zu einer größeren Häufigkeit und höheren Qualität dieser Interaktionen führt. Es geht also nicht nur darum, einzelne nicht-behinderte Kinder und Jugendliche zu motivieren, damit sie sich um eine Verbesserung der Interaktionen mit einem autistischen Kind oder Jugendlichen bemühen, sondern eine Gruppe zu schaffen, der Integration und gemeinsames Spiel ein Anliegen ist und die sich als eine Gemeinschaft versteht. Eine solche Gruppe benötigt allerdings eine gewisse Unterstützung, die etwa durch regelmäßige Diskussionen, Rückschau auf das Erreichte, gemeinsame Vorhaben und Rollenspiele geleistet werden kann (Haring & Breen 1992).

Gruppen zur Förderung sozialer Fertigkeiten: Gleichfalls bewährt haben sich Spielgruppen von autistischen und nicht-behinderten Schulkindern (Wooten & Mesibov 1986). Unstrukturierte Gruppensituationen stellen allerdings eine Überforderung dar, vielmehr sollten die autistischen Kinder zuerst Erfahrung im Spielen mit einem anderen nichtbehinderten Kind sammeln, und zwar in Spielen, die sie recht gut beherrschen, wie das Zusammenlegen eines Puzzles. Allmählich können dann die Anforderungen gesteigert werden, bis die Kinder in einer größeren Gruppe spielen und sich an dem begleitenden sozialen Geschehen beteiligen können.

Solche Aktivitäten können auch in den Stundenplan der Schule eingebaut werden. Während bei manchen Tätigkeiten jeweils ein autistisches und ein nicht-behindertes Kind zusammen sind (miteinander etwas Kochen, Brett- und Kartenspiele), kann bei anderen Aktivitäten (z B. Spiele im Freien) das Spiel in einer größeren Gruppe im Vordergrund stehen. Diese Spiele sollten allmählich aufgebaut werden, so daß alle Kinder die nötigen Fertigkeiten und Regeln beherrschen, um teilnehmen zu können.

Bei Jugendlichen und Erwachsenen können die Gruppen einen formelleren Charakter haben und als soziale Lerngruppen angekündigt werden (Mesibov 1986; Williams 1989). Ziel dieser Gruppen ist einerseits, Kontakte zwischen den Gruppenteilnehmern und einen langfristigen Zusammenhalt zu fördern, andererseits sollen spezifische soziale Fertigkeiten geübt und verbessert werden, wodurch das Selbstbewußtsein der Gruppenteilnehmer steigt.

Solche Gruppen sollten durch eine bestimmte Struktur gekennzeichnet sein, die autistischen Jugendlichen, die in ihren sprachlichen Fähigkeiten nicht allzu beeinträchtigt sind, notwendig und hilfreich ist:

- Durchspielen konkreter sozialer Situationen im Rollenspiel, mit Rückmeldung durch die anderen Gruppenmitglieder und durch Videoaufnahmen (z. B. jemanden begrüßen, ein Restaurant besuchen).
- Gelegenheit, in 2er Gruppen vorstrukturierte Gespräche zu führen, in denen sie zuhören und Fragen stellen lernen können.
- Gruppendiskussionen, in denen Schwierigkeiten im Umgang mit anderen Menschen behandelt und Lösungen erarbeitet werden.
- Lernen und Erfahrung Sammeln mit Gesellschaftsspielen, die auch bei nichtbehinderten Alterskollegen beliebt sind.

Durch vorausgehende Diagnostik sollten für jeden Teilnehmer individuelle Lernziele erarbeitet und seine Stärken und Schwächen im Umgang mit anderen erfaßt werden. Ergänzend können Einzelsitzungen mit jedem Teilnehmer durchgeführt werden, in denen die Teilnehmer individuell auf die Anforderungen der Gruppensitzungen vorbereitet werden.

Für die Gruppensitzungen hat es sich als sinnvoll erwiesen, eine relativ feste Struktur vorzugeben, die über längere Zeit unverändert bleibt. Durch eine konstante Zusammensetzung der Gruppe ist zudem die Möglichkeit gegeben, daß sich die Mitglieder der Gruppe gegenseitig kennenlernen. Dies sollte in den Sitzungen auch dadurch unterstützt werden, daß besonderer Wert darauf gelegt wird, daß jeder einzelne immer wieder von seinen Erfahrungen, seinen Interessen und Plänen berichtet, so daß jeder für alle Gruppenmitglieder in seiner Individualität erfahrbar wird. Erfahrungsberichte geben darüber Auskunft, welche Schwierigkeiten in diesen Gruppen besprochen und in Rollenspielen konkret geübt wurden:

- besprechen, wie man von anderen gesehen wird, besonders auch in Bezug auf eigene auffallende Verhaltensweisen;
- Reaktion darauf, wenn man von anderen aufgezogen wird;
- Verhalten in Situationen, die einen ärgerlich machen;
- sich mit berechtigten Anliegen gegenüber anderen durchsetzen;
- Interessen anderer im Gespräch herausfinden.

6.3.3 Aufbau von Kommunikation

Eltern, Erzieher und Lehrer autistischer Kinder geben oft als wichtigstes Therapieziel die Ermöglichung oder Erweiterung von Kommunikation an. Das Kind nicht zu verstehen und sich ihm nicht mitteilen zu können wird als besonders belastend empfunden. Die Fähigkeit zur Kommunikation ist eng mit der Entwicklung von Zeichen- bzw. Symbolsystemen verbunden. Hierbei ist sicher zuallererst an die Förderung der Sprachentwicklung zu denken, da der Sprache für die Entwicklung dieser Kinder ein besonderer Stellenwert zukommt. Durch die Sprache können – wie bereits mehrmals betont – viele ihrer Schwierigkeiten kompensiert werden. Auf der anderen Seite zeigen nahezu alle autistischen Kinder bei der Ausbildung der Sprache große Schwierigkeiten, so daß oft mit einfacheren Zeichensystemen gearbeitet werden muß.

Vor etwa 30 Jahren wurden die ersten, auf lerntheoretischen Prinzipien basierenden, systematischen Interventionsformen entwickelt, um autistischen Kindern, die keinerlei Sprache verwendeten, sprachliche Kommunikationsformen zu vermitteln. Diese Versuche, die heute vielleicht etwas streng anmuten, bedeuteten damals jedoch einen großen Durchbruch in den therapeutischen Bemühungen. Elemente der damals entwickelten verhaltenstherapeutischen Sprachaufbauprogramme sind in nahezu alle Sprachtherapieansätze eingegangen. In den letzten Jahren haben jedoch auch die Psycholinguistik und die Sprachentwicklungsforschung die Sprachtherapie nachhaltig beeinflußt und zu neuen Ansätzen geführt.

6.3.3.1 Klassische verhaltenstherapeutische Sprachaufbauprogramme

In den verhaltenstherapeutischen Sprachaufbauprogrammen werden neben der konsistenten Verwendung von auslösenden Reizen und der systematischen Verstärkung der sprachlichen Äußerungen vor allem zwei Hilfsmittel eingesetzt, damit die Kinder sprachliche Reaktionen auf diskriminative Reize lernen:

- das allmähliche Herausbilden der Reaktionsform (shaping),
- die Hilfestellung bei der Auswahl und Initiierung der Reaktion in Form von Hinweisen auf die erwartete Reaktion (prompting).

Das Lernen der richtigen Reaktion findet dadurch statt, daß die Reaktion zu positiven Konsequenzen führt, d. h. verstärkt wird. Die anfangs nötigen Hilfestellungen können dann allmählich wieder ausgeblendet werden.

Bei einem Kind, das bislang nicht gesprochen hat, unterscheiden die klassischen verhaltenstherapeutischen Sprachaufbauprogramme vier Therapieschritte (Harris 1975; Lovaas 1977).

Im 1. Therapieschritt steht das Ziel im Vordergrund, die Aufmerksamkeit des Kindes auf den Therapeuten zu richten und damit die Voraussetzungen für wirksame Hilfestellung und Verstärkung auf Sprachreaktionen zu schaffen. Um dieses Ziel zu erreichen, wird zunächst meist der Blickkontakt bzw. das Anschauen des Gesichtes des Therapeuten verstärkt. Anfangs wartet der Therapeut, bis ein spontaner Blickkontakt erfolgt, oder führt diesen selbst herbei, indem er den Kopf des Kindes zu sich dreht. Dann sollen die Kinder lernen, den Therapeuten auf eine entsprechende Aufforderung hin anzusehen. Die Aufmerksamkeit des Kindes wird somit durch einen diskriminativen Reiz gesteuert, d. h. die Aufmerksamkeit kommt unter Stimulationskontrolle. In diesem und auch in den weiteren Therapieabschnitten wird außerdem durch die Gestaltung der äußeren Bedingungen (reizarme Umgebung, Therapeut sitzt möglichst nahe beim Kind) versucht, jede Ablenkung auszuschalten und es den Kindern zu erleichtern, ihre Aufmerksamkeit auf den Therapeuten zu richten.

Im 2. Therapieschritt wird versucht, bei den autistischen Kindern eine nonverbale Imitation des Therapeuten aufzubauen. Es wird mit der Imitation grobmotorischer Reaktionen begonnen, um dann zur Nachahmung feinerer Bewegungen und vor allem zur Imitation von Mundbewegungen überzugehen. Das Ziel dieses Therapieschrittes ist es, bei den Kindern eine allgemeine Tendenz zur Imitation des Therapeuten aufzubauen.

Im 3. Therapieschritt geht es darum, allmählich verbales Imitationsverhalten aufzubauen. Dies ist ein kritischer Therapieschritt und er kann bei Kindern, die kein spontanes Imitationsverhalten zeigen, in mehrere Einzelschritte zerlegt werden. Werden zu Anfang alle Vokalisationen des Kindes in den Therapiesitzungen belohnt, so werden im weiteren nur mehr solche Vokalisationen verstärkt, die unmittelbar auf die Vokalisation des Therapeuten erfolgen. Anfangs wird nicht darauf geachtet, ob die Vokalisation des Kindes jener des Therapeuten entspricht, allmählich jedoch werden nur noch die Vokalisationen belohnt, die jenen des Therapeuten ähnlich sind. Bei diesen Imitationen werden anfangs Laute ausgewählt, bei denen manuelle Hilfen möglich und die Artikulationsstellungen deutlich sichtbar sind oder aber jene, die von den Kindern bereits vor der Therapie spontan geäußert wurden. Der Umfang der zu imitierenden Laute wird sukzessiv erweitert. Über die Imitation von Lautfolgen wird schließlich die Nachahmung von vorgesprochenen Wörtern eingeführt, wobei der Übergang von Einzellauten zu Lautfolgen durch Vorwärts- bzw. Rückwärtsverkettung erfolgt.

Der letzte und umfangreichste Therapieschritt hat den Aufbau kommunikativer Sprachverwendung zum Ziel. Hier unterscheiden sich verschiedene verhaltenstherapeutische Sprachaufbauprogramme darin, in welcher Reihenfolge grammatikalische Formen eingeführt werden. Als Orientierung dienen einerseits die tradierte Praxis der Sprachtherapie, andererseits Beobachtungen an der normalen Sprachentwicklung. Als Beispiel sei hier das Sprachaufbauprogramm von Krantz et al. (1981) angeführt, die folgende Reihenfolge empfehlen: Hauptwörter, Verben, besitzanzeigende Fürwörter, Wörter für abstrakte Konzepte (Größe, Form, Farbe) sowie Konzepte wie Ja und Nein.

Während des allmählichen Aufbaus des Sprachgebrauchs im dritten und vierten Abschnitt muß darauf geachtet werden, daß parallel dazu das Sprachverständnis der Kinder erweitert wird. Dies gilt insbesondere für den Unterricht von Wörtern, die Abstraktionen erfordern, wie Farbnamen oder Größenbezeichnungen. Andererseits werden Wörter, die Zeitkonzepte oder Ereignisfolgen bezeichnen, meist direkt, durch Beispiele ihrer richtigen Anwendung, in den aktiven Wortschatz der Kinder eingeführt, ähnliches gilt für den Gebrauch der persönlichen Fürwörter (Lovaas 1977). So kann die Übung des Sprachverständnisses mit dem aktiven Sprachgebrauch Hand in Hand gehen.

Die Sprachaufbauprogramme, die sich an Prinzipien der Verhaltensmodifikation orientieren, zeichnen sich durch die systematische Unterteilung der jeweils zu lernenden Sprachformen in einzelne Lernschritte aus, die auf der Analyse der syntaktisch-semantischen Elemente in weitere Komponenten beruhen. Für die Durchführung der Therapie stehen Therapiemanuale (z. B. Lovaas 1977) zur Verfügung, in denen konkrete Anweisungen für jeden Therapieschritt enthalten sind.

So werden etwa für das Therapieziel „Beantwortung von Fragen" die mit verschiedenen Frageformen verbundenen Konzepte und entsprechende Antwortformen unterschieden, die der Reihe nach unterrichtet und geübt werden. Das Erlernen wird nicht nur durch diese Aufgliederung in Einzelschritte unterstützt, sondern zusätzlich auch durch die genaue Erprobung von Hilfestellungen, die das Verständnis und die Formulierung von Antworten in unterschiedlichem Ausmaß erleichtern. Durch die Abstufung der Hilfestellung kann diese allmählich ausgeblendet werden, sobald die Kinder eine Aufgabe selbständig ausführen können (Krantz et al. 1981).

Ein grundsätzliches Problem, das sich in verhaltenstherapeutischen Sprachaufbauprogrammen stellt, ist das Problem der Generalisation. In diesen Programmen wird die Beherrschung sprachlicher Ausdrucksformen letztlich als Problem der Generalisation verstanden und zwar sowohl der Reiz- wie der Reaktionsgeneralisation. Eine Generalisation soll durch das Üben einer genügend großen Anzahl von Beispielen der jeweiligen Sprachformen erreicht werden. Daß dies gelungen ist, kann erst dann als nachgewiesen gelten, wenn die Kinder spontan neue sprachliche Äußerungen, unter Verwendung der geübten Ausdrucksformen, bilden. Eine solche Generalisation kann, wie viele Beispiele belegen (Lovaas 1977; Howlin 1981), erreicht werden; dies gelingt jedoch nicht immer und wenn, dann nur mit großer Mühe.

Bewertung und Kritik der klassischen verhaltenstherapeutischen Sprachaufbauprogramme: Insgesamt kann den verhaltenstherapeutischen Sprachaufbauprogrammen bei autistischen Kindern ein beträchtlicher Erfolg zugesprochen werden, ihre Wirksamkeit erwies sich jedoch als begrenzt (Howlin 1981). Vor allem wenn der Sprachentwicklungsstand der autistischen Kinder zu Anfang der Behandlung gering ist, wenn die Kinder vor Beginn der Therapie stumm sind oder sehr wenig Sprache verwenden, scheinen die erreichbaren Fortschritte auch bei intensiven Bemühungen gering. Ein Viertel dieser Kinder bleibt weiter stumm, mehr als die Hälfte erlernt nur, einzelne Gegenstände zu benennen. Ein deutlicher Erfolg ist erst dann zu erzielen, wenn die Kinder bereits vor Beginn der Behandlung wenigstens Gegenstände benennen, und vor allem, wenn sie eine Tendenz zum Echolalieren zeigen, Sprache also imitieren können. Vor allem die Fähigkeit, innerhalb der ersten drei Monate nach Beginn eines Sprachtrainings Fortschritte im Imitieren zu machen, sagt den langfristigen Erfolg voraus (Lovaas 1993).

Nicht nur der aktive Sprachgebrauch, auch das Ausmaß des anfänglichen Sprachverständnisses ist für die Wirksamkeit der Therapie entscheidend. Je geringer das Sprachverständnis vor der Behandlung, desto unwahrscheinlicher ist es, daß die Sprachentwicklung der Kinder durch ein Sprachaufbauprogramm einen deutlichen Anstoß erhält. Das gleiche gilt aber auch für den Entwicklungsstand in anderen Bereichen. Nur wenn Kinder die Fähigkeit zu einem gewissen Verständnis sozialer Interaktionen erkennen lassen, scheint ein Sprachaufbau durch systematische Übungen möglich zu sein.

Lovaas (1987; McEachin et al. 1993) berichtet jedoch von deutlichen Erfolgen verhaltenstherapeutischer Sprachaufbauprogramme, wenn autistische Kinder sehr früh (beginnend noch vor dem 4. Lebensjahr) und intensiv behandelt werden. In dieser Studie wurden 19 autistische Kinder über 2 Jahre 40 Stunden wöchentlich in Einzelsitzungen gefördert. (Allerdings umfaßte das Programm mehr als die Sprachtherapie, es wurden etwa 500 Fertigkeiten gefördert.) Bei Nachuntersuchungen mit 7 Jahren und in der Adoleszenz wies etwa die Hälfte einen normalen Entwicklungsstand auf. In zwei Kontrollgruppen hingegen, die zu Beginn einen ähnlich stark beeinträchtigten Entwicklungsstand hatten wie die Kinder der Therapiegruppe, bei denen jedoch keine intensive Behandlung möglich war, zeigte sich die üblicherweise beobachtete ungünstige Prognose. Nur 2% hatten hier bei der Nachuntersuchung einen normalen kognitiven Entwicklungsstand erreicht.

Derzeit wird in einer längerfristigen Studie von Lovaas selbst eine Replikation dieser Ergebnisse versucht. Solange die neuen Ergebnisse ausstehen, fällt eine Bewertung schwer, da in der ersten Studie die Kinder nicht zufällig der Therapie- bzw. Kontrollgruppe zugewiesen wurden und daher nicht klar ist, wieweit die beiden Gruppen wirklich vollständig vergleichbar waren. Deshalb wurde die Studie mit relativ großer Zurückhaltung aufgenommen (z. B. Howlin 1989).

In den letzten Jahren ist an den klassischen verhaltenstherapeutischen Sprachaufbauprogrammen vielfach Kritik geübt worden und in der Tat erscheinen einige Elemente dieser Sprachaufbauprogramme fragwürdig.

- Kritisiert wird vor allem, daß bei den Sprachaufbauprogrammen die kognitiven Voraussetzungen der von den Kindern zu lernenden sprachlichen Formen nicht beachtet werden, sondern unmittelbar jene Formen als Lernziele gelten, die für die Kommunikation als wesentlich erachtet werden.
- Die Formulierung konkreter Lernziele hat in vielen verhaltenstherapeutischen Sprachaufbauprogrammen auch dazu geführt, daß Syntax, Semantik und Pragmatik isoliert unterrichtet werden, obwohl erst das Zusammenspiel dieser Elemente ein sinnvolles

Ganzes ergibt (Yoder & Calculator 1981). Die verhaltenstherapeutischen Sprachaufbauprogramme konzentrieren sich auch zu sehr auf den Unterricht bestimmter syntaktischer Strukturen und Regeln, ohne den Kontext und den Mitteilungswert der Äußerungen für die Kinder zu beachten.
- In den Therapien wird häufig auch kein echter Anreiz zur Benutzung der Sprache gegeben, da die Informationen meist schon beiden Interaktionspartnern zugänglich und sie daher nicht auf eine sprachliche Mitteilung angewiesen sind.

  Es wird auch darauf hingewiesen, daß die Verstärkung sprachlicher Äußerungen aus der Kommunikation kommen soll, und daß lebensnahe, d. h. auch im Alltagsleben der Kinder vorhandene Anreize zur Kommunikation gegeben sein sollten. Wenn solche Anreize im Sprachtraining nicht vorhanden sind, kommt es notwendigerweise nicht zur Anwendung des Gelernten außerhalb der Therapie. Das von den Verhaltenstherapeuten immer wieder notierte Problem der Generalisation der Trainingserfolge scheint somit teilweise eine Folge der Vorgangsweise beim Sprachaufbautraining zu sein. Diese Probleme lassen sich nur vermeiden, wenn die Sprache in natürlichen Sprechsituationen gelernt wird.
- Da es für verhaltenstherapeutische Sprachaufbauprogramme wesentlich ist, daß die Kinder die jeweils zu lernenden sprachlichen Reaktionen zeigen, damit diese verstärkt werden können, setzen diese Programme in erster Linie die Imitation als Lernmedium ein. Kritisch erscheint dabei, daß das Verlangen einer Imitation und einer Annäherung an bestimmte Wörter und Konstruktionen ebenfalls den Kommunikationsvorgang stören kann, indem die Aufmerksamkeit mehr auf die Wörter als auf die Mitteilung gerichtet wird (Seibert & Oller 1981).

6.3.3.2 Psycholinguistisch orientierte Sprachaufbauprogramme

An der Psycholinguistik orientierte Sprachtherapeuten betonen, man müsse sich in der Sprachtherapie autistischer Kinder in erster Linie an der Sprachentwicklung normaler Kinder orientieren. Nur aus einer genauen Kenntnis des jeweiligen Sprachentwicklungsstandes der Kinder könnten deshalb die Schritte der Sprachtherapie abgeleitet werden. Es sollten jene Fertigkeiten geübt werden, die dem derzeitigen Sprachentwicklungsstand der Kinder entsprächen bzw. auf ihm aufbauen und ihn fortführen.

Psycholinguistisch orientierte Sprachtherapeuten verstehen Sprache vor allem als Kommunikationsmittel, mit dessen Hilfe es möglich ist, sich an der Umwelt zu orientieren, Informationen zu erhalten, Bedürfnisse mitzuteilen und sich des Beistandes anderer zu versichern. Diese Einsicht, daß Sprache nur in einer kommunikativen Absicht existiere, zeigt sich auch in ihren Versuchen, Sprache zu vermitteln. Bei dem Aufbau von Sprache ist demnach ständig darauf zu achten, daß das Ziel echten kommunikativen Sprachgebrauchs erreicht wird. Verschiedene Komponenten bilden dafür die Voraussetzung: Der Erwerb von Sprachformen, von kognitiven Konzepten und Interaktionsformen. Die gleichzeitige Berücksichtigung dieser Komponenten ist auch deshalb nötig, da es vielfältige Interaktionen zwischen diesen Komponenten gibt. In der normalen Sprachentwicklung kann etwa festgestellt werden, daß sich die Verwendung bestimmter Sprachkonstruktionen zunächst für den Ausdruck einiger besonderer kognitiver Konzepte entwickelt, und daß erst später mit den gleichen Sprachkonstruktionen andere Konzepte ausgedrückt werden können. Ähnliches gilt für den Sprachgebrauch. Kinder lernen, Sprache zunächst für bestimmte Funktionen zu verwenden. Andere Mitteilungsfunktionen bedienen sich der Sprache als Mittel erst später.

Die psycholinguistisch orientierten Sprachaufbauprogramme betonen, daß Sprache nicht in einzelnen isolierten Komponenten, sondern als System von aufeinander bezogenen Kategorien gelernt werden soll, da nur dadurch eine produktive Aneignung erreicht werden kann. Die Rolle der Sprachtherapie besteht darin, Prozesse der Induktion von Regelmäßigkeiten zu begünstigen. Die Aufgabe des Sprachtherapeuten wird daher so verstanden, daß er sowohl als Fazilitator wie auch als Lehrer fungieren soll. Um die Induktion von Regelmäßigkeiten zu erleichtern, muß er die Variabilität des zu lernenden Materials beschränken. Es muß sich um einen Set von Regeln handeln, der systematisch variiert und geübt werden kann. Nach Möglichkeit sollen dabei die Regelmäßigkeiten der Sprache den Kindern anschaulich und konkret vor Augen geführt werden (Bloom & Lahey 1978).

Die Abhängigkeit der Sprachentwicklung von der kognitiven Entwicklung der Kinder und von der Herausbildung von Konzepten, die sprachlich kodiert werden können, macht es notwendig, die Sprachtherapie eng mit der gesamten Behandlung der Kinder zu koordinieren. Damit die Kinder die sprachlichen Zeichen lernen können, müssen die entsprechenden Konzepte zunächst als Regelmäßigkeiten in der Umwelt erkannt werden. So ist die Entwicklung der Sprache auf die Ausbildung von Konzepten über die Objektkonstanz, über Ursache und Wirkung angewiesen, sowie auf die Ausbildung von Konzepten über die Ähnlichkeit von Gegenständen bzw. deren spezifische Merkmale. Die Förderung dieser Entwicklung muß mit der eigentlichen Sprachtherapie verbunden werden, soll es zu einer gegenseitigen Erleichterung verschiedener Entwicklungslinien kommen. Das Erlernen bestimmter sprachlicher Symbole, das Erfassen von Regelmäßigkeiten in der Sprache, das Erkennen von Wiederholungen bestimmter Sprachformen regen dann auch die kognitive Entwicklung der Kinder an.

Ebenso gehen der Verwendung von Sprache bestimmte nonverbale Kommunikationsformen voraus, in denen die Kinder erfassen, daß das eigene Verhalten das Verhalten anderer steuern und kontrollieren kann und daß durch das Setzen von Zeichen die Aufmerksamkeit anderer auf bestimmte Gegenstände gelenkt werden kann.

Natürliche Sprechsituationen als Therapiemedium: Aus dem Verständnis der Sprache als Kommunikationsform folgt, daß die Sprachförderung möglichst in natürlichen Kommunikationssituationen stattfinden soll, und daß sie daher nicht auf einige Therapiestunden beschränkt sein darf. Es geht in der Kommunikationsförderung und Sprachtherapie zunächst darum, solche Kommunikationssituationen zu identifizieren. Es kann dies z. B. das Gespräch über stattgefundene Ereignisse (wie ein Ausflug oder ein Besuch) sein oder die Aufforderung zu einem gemeinsamen Spiel.

Soziale Interaktion zur Stärkung der Sprechmotivation: Für den Erfolg einer Sprachtherapie ist außerdem entscheidend, auf die Sprechmotivation der Kinder einzugehen. Wegen des geringen Motivationswertes sozialer Interaktionen für autistische Kinder ist dies ein kritischer Punkt in der Sprachtherapie. Die Erfahrung zeigt allerdings, daß gewisse Interaktionsformen auch für autistische Kinder intrinsisch motivierend sind, etwa die Möglichkeit, an andere Personen Aufforderungen zu richten (Prizant 1982).

Der Sprachgebrauch muß ein natürliches Mittel dafür sein, gewisse Dinge zu erreichen, die für die autistischen Kinder erstrebenswert sind, selbst wenn die Dinge, um die sie sich bemühen, ideosynkratisch und abnorm sind. So kann z. B. die besondere Vorliebe eines Kindes dafür, Türschlösser aufgesperrt zu erhalten, eine Motivation darstellen, um eine entsprechende verbale Aufforderung an den Erwachsenen zu richten.

Ein weiteres Mittel, die Sprechmotivation der Kinder zu fördern, besteht darin, daß sich der Therapeut bemüht, durch Einfühlung bzw. sein Verständnis der sozialen Situation jene Dinge auszusprechen, die das autistische Kind in einer Situation empfindet und somit selbst gern aussprechen möchte.

Inzidenteller Unterricht: Die Orientierung an den kommunikativen Ansätzen hat dazu geführt, daß auch innerhalb der Verhaltenstherapie den traditionellen Ansätzen andere Paradigmen gegenübergestellt wurden, die „natürlicher Sprachunterricht" oder „inzidenteller Unterricht" genannt werden. Koegel et al. (1987) haben die besonderen Merkmale dieser beiden Therapieansätze herausgearbeitet:

Zwischen den beiden therapeutischen Vorgehensweisen gibt es eine Reihe wesentlicher Unterschiede. Ganz allgemein kann man feststellen, daß im natürlichen Sprachunterricht die aktuelle Situation und die Interessen der Kinder im Vordergrund stehen und die Kinder damit stärker motiviert werden.

Aufbau des Wortschatzes nach den Gesichtspunkten der kommunikativen Erleichterung: Aus der Orientierung an den kommunikativen Anforderungen folgt, daß die Kinder Wörter lernen sollen, die für ihren unmittelbaren Lebenszusammenhang notwendig sind und kommunikative Absichten ausdrücken, die sie bisher nonverbal angedeutet haben. Dies ermöglicht, daß die Wörter auch häufiger verwendet werden können (Prizant et al. 1997). Solche Wörter umfassen semantische Funktionen, die Kinder in der Entwicklung bereits früh erfassen, wie etwa die Wiederholung (z. B. „mehr"), das Vorhandensein (z. B. Namen von Gegenständen, „dort"), der Besitz bzw. die Zugehörigkeit (z. B. „mein"), Ablehnung (z. B. „nein") und Zustimmung (z. B. „gut", „ja"). Besonders zu beachten ist, daß die Kinder auch

Tab. 10: Traditioneller versus natürlicher Sprachunterricht

Merkmale	traditionelles Sprachtraining	natürlicher Sprachunterricht
Auswahl der Inhalte	Therapeut	Interesse des Kindes
Reihenfolge der Inhalte	Konzentration auf ein Item bis zur Beherrschung	Variabel, dem Interesse des Kindes folgend
Verstärkung	durch den Therapeuten	als natürliche Konsequenz der Situation
Kriterium für Verstärkung	korrekte Äußerung	auch kommunikative Ansätze
Situationsmerkmale	Unterricht im Vordergrund	Natürliche Interaktion (Spiel)

Wörter lernen, die es ihnen ermöglichen, die Interaktion mit anderen zu bestimmen (z. B. „Stop", „Hilfe", „mehr") und Gefühle auszudrücken (z. B. „traurig"). Das Verfügen über solche Wörter kann die Entwicklung unangemessener und störender Verhaltensweisen verhindern.

Einüben von Sprecherrollen: Autistische Kinder müssen allmählich lernen, verschiedene Rollen in Sprechsituationen einzunehmen. Wegen ihrer Passivität besteht die Gefahr, daß sich ihre Rolle in der Kommunikation auf jene eines Partners, der Fragen beantwortet, beschränkt. Deshalb muß besonderer Wert darauf gelegt werden, daß sich die Kinder daran gewöhnen, einen kommunikativen Austausch selbst zu initiieren.

Krantz et al. (1981) haben über einen Ansatz berichtet, der sowohl plausibel wie praktikabel erscheint und auch von den Eltern autistischer Kinder mit großer Bereitwilligkeit aufgegriffen wurde. In Zusammenarbeit zwischen Elternhaus und Schule wurde vereinbart, daß autistische Kinder zu Hause über Ereignisse in der Schule berichten sollten und umgekehrt. Die Eltern bzw. die Lehrer teilten sich gegenseitig solche Ereignisse mit, sowie die entsprechenden Antworten und Fragen. Die Aufgabe der Eltern bzw. der Lehrer bestand darin, den Kindern Fragen über die Ereignisse in der Schule bzw. zu Hause zu stellen. Die Kinder sollten diese Fragen ausführlicher, d. h. mit mehr als zwei Sätzen beantworten. Während des Trainings wurden die Antworten auf solche Fragen zunächst geübt. Nach einiger Zeit, in der den Kindern von den Lehrern und Eltern noch Hilfen gegeben wurden, lernten die Kinder allmählich, die Fragen nicht mehr auswendig, sondern mit selbstgebildeten Sätzen zu beantworten.

Vereinfachung der Sprachmuster der Erwachsenen als Hilfe für die Kinder:
Im Kontakt mit den meisten autistischen Kindern muß der Erwachsene seine Sprache vereinfachen. Prizant et al. (1997) haben einige hilfreiche Richtlinien erarbeitet, wie diese Vereinfachung der Sprache zu vollziehen sei. Die Aufmerksamkeit der Kinder wird erreicht, indem Dinge angesprochen werden, die für die Kinder relevant sind, und indem die Sprache durch Gesten, aber auch durch ihre Einbettung in Handlungen auf die Dinge, über die gesprochen wird, bezogen bleibt.

Daneben kann das Verständnis auch durch Wiederholung und Redundanz gefördert werden sowie dadurch, daß komplexere Äußerungen durch Aufbrechen in kleinere Einheiten vereinfacht werden, und zwar entweder durch allmähliches Zusammensetzen oder durch nachträgliches Aufspalten einer längeren Äußerung (Prizant et al. 1997). Diese Aufspaltung (z. B. „Nimm deinen Löffel und iß die Suppe." „Nimm Löffel, Löffel, nimm Suppe, iß Suppe") bzw. stufenweise Zusammensetzung (z. B. „Zieh an", „Mantel an", „Zieh Mantel an") von Äußerungen macht für die Kinder den Aufbau sprachlicher Strukturen durchsichtiger und hilft ihnen, ihre Äußerungen allmählich zu erweitern. Für das Verständnis ist wesentlich, daß diese Äußerungen auf einen konkreten Handlungskontext bezogen sind und durch Hilfestellungen (wie etwa hinweisende Gesten) unterstützt werden.

Wesentlich ist auch, daß die Erwachsenen Ausdrucksweisen vermeiden, die autistischen Kindern besondere Schwierigkeiten bereiten und von ihnen häufig mißverstanden werden. So sollten etwa indirekte Aufforderungen durch direkte ersetzt werden (statt „Könntest Du mir das Salz geben?" „Gib mir bitte das Salz!"). Dies gilt auch für Ausdrücke, die eine übertragene bzw. metaphorische Bedeutung haben, wie auch für viele umgangssprachlich verkürzte Redewendungen und vage Formulierungen, die die Kinder verwirren (Howlin 1998).

Erlernen von verbalen Routinen, die die eigenständige Aneignung von Sprache unterstützen: Ein wesentlicher Fortschritt kann dadurch erzielt werden, daß die Kinder sprachliche Routinen erlernen, die es ihnen ermöglichen, selbst Wörter und sprachliche Ausdrucksformen kennenzulernen und sich anzueignen. Ein geeignetes Hilfsmittel stellen Frageformen dar. Autistische Kinder verwenden selten Ausdrücke wie „Was ist das?" oder ähnliche Fragen, die den Wortschatz deutlich erweitern können. Fortschritte können bereits dadurch erzielt werden, daß die Kinder solche Frageformen als eine Routine in ihr Sprach- bzw. Kommunikationsrepertoire übernehmen. Die Kinder werden dadurch weniger abhängig von Anstößen von außen und können selbständig ihr Sprachrepertoire erweitern.

In der Sprachtherapie können solche Fragen dadurch aufgebaut werden, daß sich der Therapeut an den Dingen orientiert, die das Kind interessieren, und eine Situation schafft, in der diese Fragen Sinn machen (für die Frage „Was ist das?" etwa dadurch, daß für die Kinder interessante Gegenstände in einen undurchsichtigen Plastikbehälter gegeben werden, so daß eine Art Ratespiel entsteht). Außerdem soll Gelegenheit zur Verstärkung des Fragestellens und Benennens der Gegenstände vorhanden sein (die Kinder können, wenn sie wollen, nach dem Fragenstellen und Benennen mit dem für sie attraktiven Gegenstand kurz spielen). Diese Hilfestellungen können im weiteren wieder allmählich ausgeblendet werden (Koegel 1995). Andere Frageformen, die eine ähnliche Funktion erfüllen, sind die Fragen: Wo ist das? Wem gehört das? Was ist geschehen? Entscheidend ist, daß diese Fragen als Routine in das Sprachrepertoire der Kinder eingehen.

Aufbau von Regelverständnis als Grundlage für die Sprachaneignung: Die Förderung der sprachlichen Entwicklung muß – wie bereits betont – mit der Förderung der Fähigkeit zur kognitiven Strukturierung der Umwelt einhergehen. Bei weitgehendem Fehlen von Sprachverständnis beginnt die Therapie mit dem Aufbau des Verständnisses für einfache Verhaltensregeln.

1. Schritt: Aufbau von Regelverständnis: Mit einem viereinhalbjährigen Mädchen ohne Sprachverständnis begannen wir mit dem Aufbau von Regelverständnis. Es wurden einfache Spiele durchgeführt, wie z. B. den Ball hin- und zurückrollen, einen Gegenstand unter der Decke verstecken und hervorholen. In diesen Spielen lernt das Kind, Regeln zu bilden und das Verhalten durch Regeln zu steuern (der Erwachsene rollt den Ball zu mir, ich rolle den Ball zurück). Diese Strukturierung ist nicht nur die kognitive Voraussetzung für die Bildung von Begriffen, sondern soll dem Kind auch helfen, Sprachschemata über Regelfolgen aufzubauen.

2. Schritt: Erweiterung des Spiels – Einbeziehung von Prädikatorenregeln: Durch Einbeziehung von Wörtern soll das Regelverständnis in einem zweiten Schritt auf Prädikatorenregeln ausgedehnt werden. So wie das Mädchen (in unserem Versuch) relativ rasch einfache Verhaltensregeln lernte, so sollte es auch einfache Prädikatorenregeln lernen, indem wir Begriffe in das Spiel miteinbezogen. Dazu legten wir in eine Ecke des Therapieraumes einen Schuh, in die andere einen Ball, in der Mitte war ein Kreis mit Belohnung. Auf das Wort des Therapeuten „Schuh" sollte das Kind den Schuh bringen und wurde belohnt, auf das Wort „Ball" den Ball und wurde belohnt. Bald zeigte sich jedoch, daß das Kind die kognitiven Voraussetzungen für dieses Spiel noch nicht beherrschte. Das Kind differenzierte nicht die beiden Wörter „Ball" und „Schuh", sondern handelte nach dem Schema: „Wenn der Therapeut etwas sagt, hol ich einen der beiden Gegenstände und bekomme die Belohnung." Nach einer Reihe von Versuchen änderte das Kind seine Strategie dahingehend, daß es nun nach dem Schema handelte: „Wenn der Therapeut etwas sagt, dann bringe ich den Schuh bis ich keine Belohnung bekomme, dann bringe ich den Ball, bis ich keine Belohnung mehr bekomme usw." Offensichtlich beherrschte das Kind noch nicht das grundlegende Schema: „Verschiedene Wörter bedeuten verschiedene Gegenstände", und deshalb hatte für das Kind die Differenzierung von Lauten keinen Sinn.

Unser Anliegen war es nun, dem Kind den Sinn von Lautdifferenzierungen beizubringen, indem es lernte, daß verschiedene Wörter verschiedene Gegenstände bedeuteten. Dazu änderten wir die therapeutische Anordnung in folgender Weise: In die eine Ecke gaben wir ein Bild einer Schokolade, in die andere ein Bild von Saft. Sagte der Therapeut „Schokolade", hatte das Kind das Bild der Schokolade zu bringen und wurde mit Schokolade belohnt, sagte er das Wort „Saft", sollte das Kind das Bild vom Saft bringen und wurde mit Saft belohnt. Wir gingen von der Annahme aus, daß das Kind das Schema „Bild und Gegenstand gehören zusammen" bereits beherrschte, so daß es jetzt diese Kette nur noch zu erweitern hatte: „Bild, Wort und Gegenstand gehören zusammen". So wie es verschiedene Bilder zu differenzieren hatte, sollte es nun auch beginnen, verschiedene Wörter zu differenzieren. Obwohl das Kind in 24 vorausgehenden Therapiestunden nicht lernte „Ball" und „Schuh" zu differenzieren, lernte es in dieser Sitzung „Saft" und „Schokolade" sicher zu differenzieren. In weiteren 14 Sitzungen lernte das Kind 15 Begriffe sicher zu unterscheiden. Nach diesen 14 Sitzungen führten wir einen Generalisationstest durch und prüften mit Hilfe des Peabody Picture Vocabulary Test, ob und wie viele andere Begriffe das Kind außerhalb der Therapiesituation gelernt hatte. Es zeigte sich, daß es 7 weitere Begriffe waren. Ein zweiter Generalisationstest mit Hilfe eines Bilderlottos zeigte, daß es 19 von 48 neuen Bildern sicher zuordnen konnte. Auch Beobachtungen in der Gruppe ergaben, daß Elisa nun begann, auf Aufforderungen des Therapeuten sinnvoll zu reagieren (z. B. Davonlaufen bei Anforderungen).

Den Kern der psycholinguistischen Therapieansätze *zusammenfassend* können wir feststellen: Die Sprachtherapie der autistischen Kinder muß in Schritte gegliedert werden, deren Anordnung und Konzeption von der Sprachentwicklung normaler Kinder abgeleitet wird. Folgende Aspekte der Sprachentwicklung sind dabei besonders bedeutsam:

- Die Sprachentwicklung des normalen Kindes erfolgt im wesentlichen im Rahmen der sozialen Interaktion, die Interaktion ist also die favorisierteste Lernsituation für den Spracherwerb.
- Es wird von Anfang an das System erworben und nicht zunächst einzelne Komponenten, so daß schon von Anfang an die Sprache auch funktionell eingesetzt werden kann zur Kommunikation und zur Steuerung anderer Personen.
- Dies legt nahe, daß die Hauptmotivation des Spracherwerbs in der Funktion der Sprache als Steuerung des Verhaltens anderer und auch des eigenen Verhaltens liegt.

- Die Sprachentwicklung ist als Teil der gesamten kognitiven Entwicklung aufzufassen, von der sie Unterstützung erfährt. Dabei ist besonders zu beachten, daß die Sprachentwicklung des normalen Kindes aus einer präverbalen Ordnung erwächst, daß mithin, bevor Sprache ausgebildet wird, schon ein intuitives Vorverständnis von Gegenständen und Prozessen vorhanden sein muß.

6.3.3.3 Aufbau komplexer Interaktions- und Kommunikationsstrukturen

Kommunikation ist immer auch soziale Interaktion, und komplexere Kommunikationsvorgänge fußen auf der sozialen Interaktion. Hierzu zählen der Rollenwechsel in der Interaktion wie überhaupt die Einnahme einer bestimmten Rolle, die Unter- und Einordnung der Kommunikation in ein weiter gefaßtes soziales Interaktionsschema usw. Die Einnahme einer Sprecherrolle ist nur möglich aus dem Gesamtverständnis der sozialen Interaktion, aus der heraus komplementäre Rollen ausdifferenziert werden, von denen dem Sprechenden eine bestimmte zukommt. Damit also der Redner sich entscheiden kann, ob er eine Vorlesung halten will, eine Rede oder ein Streitgespräch mit Rede und Gegenrede usw., ist es nötig, daß er den gesamten sozialen Rahmen richtig interpretiert. Dazu muß er von der Gesamtsituation ein Vorverständnis haben. Mangels dieses Vorverständnisses ist es dem autistischen Kind nur begrenzt möglich, eine adäquate Sprecherrolle zu finden, bzw. diese im Verlaufe des Gespräches, wenn sich die Situation verändert hat, zu ändern. Wir glauben nicht, daß diese Schwierigkeiten allein durch Üben behoben werden können. Dadurch kann das Kind wohl verschiedene Sprecherrollen in sein Repertoire aufnehmen, also verfügbar haben, aber es fehlt ihm immer noch die Einschätzung, wann es welche Rolle zu übernehmen hat. Wir glauben, daß das Kind diese Schwierigkeiten teilweise kompensieren kann, indem der Therapeut versucht, ihm die Situation sprachlich zu beschreiben. So wie das normale Kind aus der richtigen Einschätzung der Gesamtsituation die Wahl für seine Sprecherrolle trifft, so müßten wir das autistische Kind anleiten, bestimmte Merkmale der Situation zu diagnostizieren und nach ihnen zu entscheiden, welche Rolle es nun einnehmen soll. Unser therapeutisches Bemühen zielt also immer wieder darauf ab, das fehlende Vorverständnis des autistischen Kindes durch sprachliche Einheitsstrukturen zu ersetzen. Da Sprachstrukturen wenig ausgeführt sind, kann die so gewonnene Ordnung immer nur eine angenäherte sein und erreicht nie den Differenzierungsgrad eines intuitiven Verständnisses. So wird das Verhalten des autistischen Kindes immer auch eckiger sein als jenes des normalen.

Die Situationsgebundenheit kommunikativen Austauschs kann in der Sprach- und Kommunikationstherapie auch dadurch berücksichtigt werden, daß die Kinder auf die spezifischen Kommunikationsformen, die in gewissen Situationen verlangt werden, speziell vorbereitet werden. Diese Situationsspezifität der Kommunikation wird dadurch berücksichtigt, daß den Kindern gleichsam Regieanweisungen (Skripts) vermittelt werden, wie sie sich anderen gegenüber in gewissen Situationen verhalten können. Eine Möglichkeit der Ausgestaltung dieses Ansatzes, die Darstellung der Merkmale und Anforderungen sozialer Situationen sowie die Erweiterung in Comic-Strip-Darstellungen von Interaktionen (Gray 1998) haben wir bereits in dem Abschnitt über die Förderung sozialer Fertigkeiten dargestellt.

6.3.3.4 Die Berücksichtigung besonderer Merkmale autistischer Kinder in der Sprachtherapie

Die meisten der mit der Behandlung autistischer Kinder betrauten Sprachtherapeuten betonen die Notwendigkeit einer für die Kinder erkennbaren Struktur der Behandlungsform. Der besondere Hang autistischer Kinder zum Aufstellen und Aufrechterhalten von Routinen muß in der Therapie ausgenützt werden. Autistische Kinder haben nicht nur eine besondere Freude an Ritualen, sie werden auch verwirrt, wenn einmal aufgestellte Formen aufgegeben werden. Auf der anderen Seite muß von Anfang an darauf geachtet werden, eine gewisse Flexibilität in der Therapie zu wahren. Diese Flexibilität ist der sprachlichen Kommunikation inhärent, und sie muß mit den autistischen Kindern systematisch geübt werden, insbesondere

– der Wechsel des Gesprächsgegenstandes,
– der Wechsel des Sprachstils,
– das Hervorheben bzw. im Hintergrund Lassen von Informationen,
– der Wechsel von Rede und Gegenrede.

Die Förderung von Flexibilität ist ein Anliegen, das nicht nur in der Sprachtherapie einen hohen Stellenwert hat, sondern auch ein wichtiger Aspekt der gesamten kognitiven Förderung ist. So wird z. B. vorgeschlagen, mit den Kindern das Gruppieren bzw. Sortieren von Gegenständen nach verschiedenen Merkmalen zu üben (etwa nach ihrer Form, der Farbe, der Funktion). Kontrollierte Untersuchungen zeigen, daß solche Übungen zu einem gewissen Grad auch eine erhöhte Flexibilität bei anderen Aufgaben fördern (Ozonoff 1998).

Ein besonderes Problem in der Sprachtherapie autistischer Kinder stellt ihre mangelnde sprachliche Spontaneität dar. Dadurch sind einem Sprachaufbau, der ausschließlich auf den spontanen Äußerungen der Kinder fußt, Grenzen gesetzt. Es muß deshalb besonders viel mit Fragen und Antworten sowie mit unterstützenden Hinweisen (prompts) gearbeitet werden. Besonders wichtig ist, daß in erster Linie der Ausdruck einer kommunikativen Absicht beachtet und belohnt und nicht zu sehr auf die Korrektheit der Form geachtet wird.

Die geringe sprachliche Spontaneität äußert sich auch in einer Tendenz zur Reduktion sprachlicher Äußerungen auf minimale Formen. Mit den autistischen Kindern muß deshalb geübt werden, in vollständigen Sätzen zu reden, sobald sie die notwendigen Komponenten der Sätze zu gebrauchen gelernt haben (Blank & Milewski 1981). Es dürfte dabei sogar notwendig sein, sprachlich mögliche Kurzformen, etwa bei Antworten, nicht zu akzeptieren und auf die kontinuierliche Bildung ganzer Sätze zu achten, um eine gewisse Routine herauszubilden. Sonst fallen die Kinder sehr bald zurück, sind verwirrt und gebrauchen ideosynkratische, abnorme Abkürzungen von Äußerungen. Auch die bei normalen Kindern übliche spontane Erweiterung von Phrasen, etwa durch Einfügung weiterer adjektivischer Ergänzungen, wodurch eine größere Spezifität des Ausdrucks erreicht wird, ist bei autistischen Kindern nicht selbstverständlich, sondern muß geübt werden (Krantz et al. 1981).

Die Sprachtherapie autistischer Kinder kann sich auf eine besondere Stärke dieser Kinder stützen, nämlich auf ihr gutes auditives Kurzzeitgedächtnis. Deshalb kommt der Imitation in der Sprachtherapie autistischer Kinder wahrscheinlich eine größere Bedeutung zu als in der Therapie anderer sprachgestörter Kinder. Die Verwendung formelhafter Ausdrücke stellt für viele autistische Kinder ein wichtiges Übergangsstadium dar, indem allmählich die aus dem Gedächtnis reproduzierten Äußerungen abgewandelt werden und dieses somit als Brücke zu einer angemesseneren und freieren Verwendung von Sprache dient.

In der Bewertung von *Echolalien* zeigt sich besonders deutlich ein Wandel im therapeutischen Vorgehen. In manchen verhaltenstherapeutischen Ansätzen wurde die Tendenz zu echolalieren als ein Hemmnis für die weitere Sprachentwicklung betrachtet. Man hat daher versucht, diese Tendenz zu unterdrücken und durch angemessenere sprachliche Äußerungsformen zu ersetzen.

Dieser Ansatz hat sich aber nur bedingt bewährt. So hat es sich nicht als zielführend erwiesen, echolalierenden Kindern, die wenig kommunikativen Sprachgebrauch haben, beizubringen, Fragen mit Ja bzw. Nein zu beantworten, statt die Frage zu echolalieren. Auch nach ausgedehnten Übungen mit der gleichen Art von einfachen konkreten Fragen gelingt diesen Kindern der Lernschritt nicht.

Sprachtherapeuten, die von einer funktionalen Betrachtungsweise der Kommunikation ausgehen, raten dazu, die Funktion der Echolalien bei den Kindern genau zu analysieren. Dort, wo die Echolalien eine kommunikative Funktion haben, sollte in erster Linie auf die Absicht der Kinder eingegangen werden. Da Echolalien jedoch gleichzeitig Überforderung mit der sprachlichen Form ausdrücken können, sollte versucht werden, sie durch einfachere sprachliche Formen oder durch Verwendung alternativer Kommunikationsformen (z.B. unter Zuhilfenahme von Bildern) zu ersetzen (Howlin 1998; Prizant et al. 1997).

Echolalien stellen unanalysierte Äußerungen dar, die als Ganzes abgerufen werden, da den Kindern eine sprachliche Analyse dieser Einheiten nicht gelingt. Um diese Analyse anzuregen, sollten sich die Erwachsenen bemühen, in ihrer Sprechweise möglichst viele Hinweise für eine Segmentation der Sprache zu geben (durch Intonation, Pausen etc.; Prizant et al. 1997).

Einige Ansätze zeigen, wie die Tendenz zu echolalieren in der Sprachtherapie ausgenutzt und in ein kommunikatives Verhalten umgeformt werden kann. *Philips & Dyer* (1977) gehen davon aus, daß es autistischen Kindern leichter gelingt, die Stufe des Echolalierens zu verlassen, wenn in der Therapie eine ähnliche Situation hergestellt wird, in der sich auch Kleinkinder während des Spracherwerbs befinden. Da autistische Kinder, wenn sie echolalieren, meist viel älter als jene Kinder sind, bei denen eine natürliche Imitationstendenz besteht, gehen die Erwachsenen auf autistische Kinder nicht mehr so ein wie auf Kleinkinder und geben ihnen nicht die gleiche Hilfestellung. Deshalb ist es wichtig, daß in einer Anfangsphase der Sprachtherapie bei echolalierenden Kindern ein Therapeut die Rolle eines Fragestellenden und ein anderer die Rolle des Hilfestellungsgebenden übernimmt. Dadurch ist es dem Kind möglich zwischen Fragen, die nicht imitiert werden sollen, und der Hilfestellung, d.h. dem Vorsprechen der Antwort, die imitiert werden soll, zu unterscheiden. Auf diese Weise kann die Imitationsleistung der Kinder wieder belohnt werden und die Kinder können dadurch ein Repertoire an Antworten aufbauen, das es ihnen ermöglicht, allmählich die Transformation von Antworten zu lernen.

Bei älteren Kindern, Jugendlichen und Erwachsenen ist zu beachten, daß Echolalien und andere stereotype Sprachformen einen Versuch der Kontaktaufnahme darstellen können, der aus Mangel an anderen sozialen Fertigkeiten gewählt wird, und daß es darum geht, geeignetere Formen der Gesprächs- bzw. Kontaktanbahnung zu fördern.

Das repetitive Fragen über bestimmte Themen (oft in echolalischer, sterotyper Form), das bei älteren Kindern und bei Erwachsenen ein Problem darstellen kann, resultiert zum Teil auch daraus, daß keine anderen Quellen zur Auseinandersetzung mit den spezifischen Interessen vorhanden sind. Das zur Verfügung Stellen von Bildern oder schriftlichem Material, mit dem sie ihren Interessen auf andere Weise nachgehen können, kann dieses problematische Verhalten oft wesentlich reduzieren (Howlin 1998).

6.3.3.5 Der Einsatz alternativer Kommunikationsformen

Die geringen Erfolge der Sprachaufbauversuche bei stummen autistischen Kindern sowie die beträchtlichen sprachlichen Ausdrucksschwierigkeiten auch eines Großteils jener Menschen mit autistischer Störung, die Sprache verwenden, haben zu dem Bemühen geführt, diesen Personen den Umgang mit Formen der Verständigung beizubringen, die sich anderer Modalitäten bedienen als der auditiven. Solche Verständigungsmittel können von einfachen Hinweisen, wie etwa dem Zeigen auf bestimmte Gegenstände oder dem Herzeigen von Photos, die ihre Wünsche andeuten, bis zu ausgefeilteren Kommunikationssystemen wie Kommunikationsbrettern, kleinen tragbaren Computern oder Gesten- bzw. Zeichensprachen reichen (Quill 1995).

Die Unterweisung in solchen Kommunikationsformen kann zum zentralen Ziel der Therapie autistischer Menschen gerechnet werden, nämlich ihnen sowohl die Bildung einer Ordnung in ihrer räumlich und zeitlich strukturierten Umgebung wie auch die Kommunikation zu ermöglichen. Sowohl der Gebrauch als auch das Verständnis von Sprache scheint oft ein schwer erreichbares Ziel zu sein, da etwa die Hälfte der Erwachsenen mit frühkindlichem Autismus niemals Sprache zur Kommunikation verwenden wird. Es bietet sich deshalb an, auf andere Formen der Repräsentation zurückzugreifen, die es den Kindern ermöglichen, Folgen von Ereignissen abzubilden und ihre Wünsche und Anliegen mitzuteilen bzw. sich mit ihrer Umgebung auf einfache Weise zu verständigen. Solche Repräsentationsformen können Bilder darstellen, die dazu dienen, von den Kindern gewünschte Gegenstände oder Handlungen anzuzeigen. Im einfachsten Fall kann es sich um Fotografien der Gegenstände handeln oder aber um vereinfachte Zeichen, die die Kinder herzeigen oder auf die sie deuten können, wenn sie einen Wunsch haben. Bildfolgen können es den Kindern auch erleichtern, eine längere Handlungsfolge zu behalten und zu wissen, welche Schritte in welcher Reihenfolge von ihnen erwartet werden. Solche Bildfolgen können helfen, Alltagsroutinen in die erforderlichen Schritte aufzugliedern, wie etwa das Aufstehen, Waschen und Anziehen am Morgen. Sie können auch – auf einen Karton aufgeklebt – helfen, den Ablauf des Tages und die nächste anstehende Aktivität darzustellen.

Der erste Schritt beim Erlernen eines Repräsentationssystems mit Bildern besteht darin, daß die Kinder die Zuordnung von Fotografie und Gegenstand bzw. gewünschter Aktivität lernen. Diese Zuordnung soll zunächst an einigen wenigen, für die Kinder relevanten Beispielen erlernt werden. Dabei ist es notwendig, sich an den Wünschen der Kinder bzw. den Bedürfnissen, die sich durch den Tagesablauf ergeben, zu orientieren. Der Umfang an derartigen Bildsymbolen kann allmählich erweitert werden.

Wesentlich für die Verwendung dieser Kommunikationssysteme ist natürlich, daß sie ständig verfügbar sind. Die Kinder können die Bilder in einer Mappe (die eventuell an ihrem Gürtel befestigt ist) mit sich herumtragen. Solche Bild- bzw. Kommunikationssysteme können auch Teil eines kleinen Computers sein, wobei inzwischen auch spezielle interaktive Computersysteme für autistische Kinder verfügbar sind (Howlin 1998).

Kommunikation mit Hilfe der Zeichensprache: Eine Möglichkeit, die kommunikative Kompetenz autistischer Kinder zu erweitern, stellt der Sprachaufbau mit Hilfe der Zeichensprache, wie sie von taubstummen Kindern verwendet wird, dar. Einem Teil der autistischen Kinder ist es mit Hilfe der Zeichensprache möglich, sich zu verständigen. Sie erlernen das Benutzen dieses Symbolsystems, selbst wenn sie bis dahin keine Sprache gelernt haben.

Die Zeichensprache bietet für das Lernen gegenüber der mündlichen Sprache einige Vorteile. Zum einen sind die Handzeichen der Zeichensprache leichter durch den Therapeuten passiv formbar, als dies für die Artikulationsstellungen gilt. Durch den statischen Charakter der meisten Zeichen ist auch ein Vergleich zwischen den von den Kindern geformten Zeichen und den Zeichen, die der Therapeut vormacht, leichter möglich. Die Kinder können mit Hilfe dieser Rückmeldung die von ihnen geformten Zeichen besser korrigieren. Viele dieser Gesten sind auch ikonisch, d. h. sie haben eine bildhafte Ähnlichkeit mit den Gegenständen oder Ereignissen, auf die sie hinweisen.

Für die meisten autistischen Kinder stellt das Erlernen der Zeichensprache nur eine Komponente in einer Therapie der simultanen

Kommunikation dar. Hier werden die Zeichengesten gleichzeitig mit den entsprechenden Worten vorgegeben. Wenn es den Kindern gelingt, die Gesten zu verstehen und sich mit ihrer Hilfe zu verständigen, dann gelingt es oft auch, in einer weiteren Stufe eine rein sprachliche Kommunikation aufzubauen. Die Gesten scheinen hier eine Hilfe für die Identifikation der Wörter darzustellen, sie erleichtern es, den Beginn und das Ende der Wörter zu erkennen und ähnliche Wörter zu unterscheiden.

Die Erfahrungen mit dieser Form der Sprachtherapie zeigen, daß einem Teil jener Kinder, für die verbale Kommunikation ein zu hohes Förderziel darstellt, mit Hilfe einfacher Zeichen eine rudimentäre Kommunikation mit ihrer Umwelt möglich ist. Die Beherrschung einer komplexeren Zeichensprache hingegen ist nicht-sprechenden autistischen Kindern nur schwer zu vermitteln (Howlin 1998).

6.3.4 Abbau störender Verhaltensweisen

Personen mit einer autistischen Störung haben eine Vielzahl von störenden Verhaltensauffälligkeiten, die eine besondere Belastung für die unmittelbare Umgebung darstellen können. Obwohl zu einer großen Toleranz gegenüber auffälligem Verhalten geraten werden muß, liegt es oft nahe, störende Verhaltensweisen direkt zu beeinflussen, um eine Gefährdung der Gesundheit, einen Stillstand in der Entwicklung oder andere negative Konsequenzen zu vermeiden. Den Interventionen sollte jedoch eine funktionale Analyse der Faktoren, die diese Verhaltensweisen bedingen, vorausgehen, um die konkreten Ursachen für das Auftreten bzw. eine Zunahme störenden Verhaltens zu identifizieren. Manchmal ist das störende Verhalten durch Belastungen bedingt und zeigt – bei einem Mangel an anderen Mitteilungsmöglichkeiten – an, daß ein wichtiges Bedürfnis des autistischen Menschen nicht genügend berücksichtigt wurde. Unter diesen Umständen mag es genügen, die Situationsbedingungen zu ändern. Längerfristige Hilfe kann auch eine Verbesserung des Kommunikationsvermögens (etwa mit Zeichensystemen) bringen. Oft jedoch werden die Verhaltensweisen durch Reaktionen der Bezugspersonen aufrechterhalten bzw. dadurch, daß sich die Kinder durch diese Verhaltensweisen den Anforderungen entziehen können, die an sie gestellt werden. Gelegentlich aber sind diese Verhaltensweisen weitgehend unabhängig von der Reaktion der Umgebung und scheinen selbst motivierend bzw. verstärkend zu wirken.

Solche unangemessenen Verhaltensweisen können in vielen verschiedenen Situationen auftreten, beim Essen, beim An- und Ausziehen, in der Schule, und sie können die verschiedensten Formen annehmen. Um die Möglichkeiten zu veranschaulichen, solche störenden Verhaltensweisen zu reduzieren, werden wir im folgenden die Behandlung von Stereotypien ausführlicher darstellen.

6.3.4.1 Behandlung von Stereotypien

Stereotypien tragen wesentlich dazu bei, daß autistische Kinder sozial auffällig erscheinen, und dürften auch mit ihrer Lernbereitschaft und ihrer Motivation zu sozialen Interaktionen interferieren. Aus diesem Grunde wurde den Behandlungsmöglichkeiten von Stereotypien in der verhaltenstherapeutischen Literatur große Aufmerksamkeit gewidmet. Da stereotype Handlungen von unterschiedlichen Bedingungen aufrechterhalten werden können, muß – wie erwähnt – eine funktionale Verhaltensanalyse abklären, welche Bedingungen im Einzelfall von Bedeutung sind (Carr 1977; Durand 1990; Howlin 1998).

- In den letzten Jahren ist der soziale bzw. kommunikative Charakter von Stereotypien stärker beachtet worden. Diese Verhaltensweisen können demnach die Funktion einer Mitteilung haben, wenn keine andere, angemessenere Form der Mitteilung zur Verfügung steht.
- Auch ist zu beobachten, ob die Stereotypien überwiegend dann auftreten, wenn die Kinder besonders beachtet werden, oder ob sie in Gegenwart bestimmter Erwachsener besonders häufig sind. Dies würde darauf hindeuten, daß die Stereotypien unbeabsichtigt *sozial verstärkt* werden.
- Ob es zu einer *negativen Verstärkung* von Stereotypien kommt, muß ebenfalls festgestellt werden. Dabei ist darauf zu achten, ob durch die Stereotypien Anforderungen oder andere Bedingungen, die den Kindern unangenehm sind, vermieden werden können.
- Außerdem ist die Frage zu stellen, ob bestimmte *Krankheiten* die Stereotypien bzw. deren Intensität beeinflussen. Solche Krankheiten können Mittelohrentzündungen, Zahnwurzelabszesse u. a. sein.
- Läßt sich für all dies kein Anhaltspunkt finden, so kann angenommen werden, daß die Stereotypien die Funktion der *Selbststimulation* haben. Hierbei spielt auch der Anregungscharakter der Umgebung eine beträchtliche Rolle, wobei sowohl bei mangelnder Stimulation als auch bei Überforderung durch übermäßige bzw. schwer zu verarbeitende Informationen Stereotypien zunehmen.

Nehmen Stereotypien die Form selbstverletzenden Verhaltens an, so ist natürlich in erster Linie darauf zu achten, daß die Verletzungen, die sich die Kinder zufügen, keine ernste Bedrohung für ihre Gesundheit darstellen. Besteht diese Gefahr, so müssen Schutzmaßnahmen für die Kinder getroffen werden. Solche Schutzmaßnahmen sind bei heftigem Schlagen des Kopfes gegen harte Unterlagen, bei starken Manipulationen an den Augen (Gefahr einer Netzhautablösung) und beim Sich-selbst-Beißen angezeigt (Tragen eines Helmes, Anlegen eines Verbandes an den Händen sowie Bewegungsrestriktionen der Arme).

Vermeidung von auslösenden Umgebungsbedingungen, Aufbau angemessener Verhaltensweisen und Hilfen zur Strukturierung der Erfahrung als Alternative zu Stereotypien: Bei Stereotypien, die die Funktion haben, die Umgebung auf die Bedürfnisse der autistischen Kinder aufmerksam zu machen, sollte man den Kindern Möglichkeiten vermitteln, ihre Bedürfnisse auf eine angemessenere Weise mitzuteilen und zu befriedigen. Besondere Bedeutung kommt dabei der Förderung von einfachen Mitteln zur Kommunikation bei Kindern, die keine funktionale Sprache entwickelt haben, zu.

Sind Stereotypien ein Hinweis auf Überforderung der Kinder, so sollte man die Umgebung so strukturieren, daß eine Überforderung vermieden wird. Auch hier kommt der Verhaltensanalyse eine besondere Bedeutung zu, indem vorausgehende Bedingungen identifiziert werden, die die Wahrscheinlichkeit des Auftretens von Stereotypien erhöhen. Solche Bedingungen können neben einer Veränderung von Routinen im Tagesablauf ein Zuviel an visuellen Reizen sein, zu schwierige Aufgaben, zu langes Schlafen am Morgen etc. (Bregman & Gerdtz 1997). Es können dies also sowohl den Stereotypien unmittelbar vorausgehende Bedingungen wie auch längerfristig wirkende Einflüsse sein. Eine verläßliche Identifikation ist nur durch längere Beobachtung und die Analyse der Häufigkeitsverteilung der Stereotypien unter den verschiedenen Bedingungen möglich.

Sollten die Stereotypien die Funktion der Selbststimulation haben, so besteht eine Möglichkeit zur Therapie darin, andere Verhaltensweisen zu eruieren, die die Stereotypien ersetzen können, und zu versuchen, solche Verhaltensweisen aufzubauen, zu verstärken und mit den Kindern zu üben. Auch der Veränderung der Reizbedingungen kommt in diesem Zusammenhang eine gewisse Bedeutung zu, um die Selbststimulation zu reduzieren (z. B. das Beschweren der Hände mit Gewichten bei Handstereotypien, vor allem wenn diese selbstverletzenden Charakter annehmen). Solche Veränderungen der Reizbedingungen können für einige Zeit Stereotypien weniger attraktiv machen und damit eine Gelegenheit geben, alternatives Verhalten aufzubauen. Sie werden daher auch als eine Art Krisenintervention bezeichnet (Bregman & Gerdtz 1997; Carr et al. 1990).

Ein Beispiel für den Einfluß antezedenter Bedingungen stellt die Bewegungsarmut und der daraus resultierende Mangel an motorisch-kinästhetischer Stimulation dar. Die Kinder versuchen daher, sich auf abnorme Weise die fehlende Bewegung zu verschaffen. Wird den Kindern stärker die Möglichkeit zu gezielter Bewegungsübung gegeben, etwa durch Jogging, nimmt die Häufigkeit von Stereotypien merkbar ab, auch wenn sie nicht völlig verschwinden (Kern et al. 1982). Neben den positiven Auswirkungen auf Stereotypien werden auch positive Auswirkungen auf andere störende Verhaltensweisen beobachtet, z. B. auf aggressives Verhalten. Wichtig ist dabei, daß es tatsächlich zu einer stärkeren körperlichen Anstrengung kommt. Durch regelmäßige sportliche Betätigung wird eine sozial auffällige und nicht-akzeptierte Form der Selbststimulation durch eine sozial anerkannte Form ersetzt.

Reduzierung von Stereotypien durch aversive Konsequenzen und alternative Verfahren: Seit Ende der 70er Jahre wird unter Fachleuten und engagierten Laien eine zeitweise erbitterte Auseinandersetzung über die in der Behandlung von Stereotypien und von selbstverletzenden Verhaltensweisen vertretbaren Behandlungsmethoden geführt. Von einem Teil werden verhaltenstherapeutische Maßnahmen, die direkt eine Reduzierung dieser Verhaltensweisen anstreben, entschieden abgelehnt, weil sie all diesen Maßnahmen den Charakter einer Bestrafung zuschreiben und damit das Recht behinderter Menschen auf persönliche Integrität verletzt sehen (Guess et al. 1986). Manche Vertreter der Verhaltenstherapie sehen in diesen Stellungnahmen ein ideologisch bedingtes Mißverständnis, da sie die Steuerung des Verhaltens durch aversive Konsequenzen als eine natürliche, in gewisser Weise überall anzutreffende Form der Verhaltensbeeinflussung betrachten, die die Verhaltenstherapie nur systematisch zum Wohl der Betroffenen einsetzt (Mulick 1990).

Wir schließen uns im Prinzip Stellungnahmen an, wie sie von einer Kommission des National Institute of Health in den USA erarbeitet wurden (National Institute of Health Consensus Development Conference Statement 1990). Die dort erarbeiteten Richtlinien sehen vor, daß aversive Methoden nur als Teil eines Gesamtbehandlungsplans und nur dann eingesetzt werden sollen, wenn sie mit dem Versuch verbunden werden, positive Verhaltensweisen aufzubauen.

Viele sogenannte aversive Maßnahmen stellen in erster Linie einen Entzug von positiver Verstärkung für diese Verhaltensweisen dar.

Dies gilt für das bewußte Ignorieren von Stereotypien *(Löschungsverfahren)* und das *Ausschlußverfahren (Time out)*, bei dem die Kinder unmittelbar nach Stereotypien aus der momentanen Situation entfernt werden sollen, wobei dies entweder durch Abbrechen der momentanen Aktivität oder Abwenden des Erwachsenen geschieht oder in schweren Fällen durch das Einsperren der Kinder für ein bis zwei Minuten in einen Isolierraum (Kane 1979). Die Effektivität dieser Behandlung ist davon abhängig, wieweit die Stereotypien für die Kinder nicht schon selbststimulierende Funktion haben und damit selbstverstärkend sind.

Ein kontingenter Entzug von Aufmerksamkeit hat bei einigen Kindern Erfolg, aber meist nur teilweise. Die autistischen Kinder sind oft, während sie ihren Stereotypien nachgehen, sozialen Reaktionen gegenüber wenig ansprechbar, so daß sie ein Ignorieren und Abwenden des Erwachsenen gar nicht zu bemerken scheinen.

Eine andere Form kontingenten Entzugs positiver Verstärkung stellt die sogenannte *Response-Cost-Methode* dar, bei der unmittelbar nach der Stereotypie ein den Kindern angenehmer Reiz (z. B. Musik) unterbrochen wird.

Eine weitere Form, Stereotypien zu unterdrücken, besteht darin, die Kinder, nachdem sie Stereotypien gezeigt haben, für einige Zeit festzuhalten, und zwar vor allem jene Körperteile, mit denen die Stereotypien ausgeführt wurden. Bei einzelnen Kindern kann es durch diese Methode zu einer anhaltenden Reduktion der Stereotypien kommen.

Auch die Methode der *Überkorrektur* ist zur Reduktion von Stereotypien bei autistischen Kindern erfolgreich eingesetzt worden. Prinzipiell kann man hier zwei verschiedene Arten unterscheiden, einmal die Restitution, das Wiedergutmachen des durch die negativen Handlungen bewirkten Schadens (also etwa das Aufwischen bei stereotypem Spucken) oder die positive Übung, bei der das Kind angehalten und manuell geführt wird, unmittelbar nach einer Stereotypie andere positive Handlungen auszuführen. Der Vorzug der Überkorrekturmethode besteht darin, daß nicht bloß unerwünschtes Verhalten unterdrückt, sondern daß es durch angemessenes Verhalten ersetzt wird. In der Durchführung dieser Methode ergeben sich aber oft Probleme, da sie die kontinuierliche Überwachung des Verhaltens erfordert, und die Kinder rasch merken, ob die Situation und die Nähe des mit der Durchführung der Überkorrektur betrauten Erwachsenen die Anwendung dieser Methode ermöglicht.

Alternativen stellen sogenannte nicht-aversive Methoden zur Reduzierung von Stereotypien dar (LaVigna 1987). Größere Erfahrung besteht vor allem mit der Verstärkung für kurze Zeitperioden, in denen die Autisten keine oder nur wenig stereotypes Verhalten zeigen (DRL – differential reinforcement of low rates of responding, DRO – differential reinforcement of other behavior). Solche Verfahren sind relativ leicht einzusetzen und bieten genügend Variationsmöglichkeit, um sie verschiedenen situativen Bedingungen anpassen zu können.

Aus der Erkenntnis heraus, daß Stereotypien bei autistischen Kindern als eine Form sensorischer Selbststimulation betrachtet werden können, ergibt sich das Verfahren der sensorischen Extinktion. Wenn bei den Kindern individuell erfaßt wird, welche sensorischen Modalitäten diese Selbstverstärkung vermitteln, und versucht wird, die durch die Stereotypien induzierten Reize zu verhindern, so kommt es zu einer deutlichen Abnahme der Stereotypien (Rincover 1978). Diese Unterdrückung der sensorischen Rückmeldung kann durch entsprechende Gestaltung der Umgebung geschehen (z. B. Flanelltücher auf Tischen, um die auditive Rückmeldung von kreiselnden Gegenständen zu verhindern).

Selbstkontrolle von Stereotypien: Eine neue Methode, um Stereotypien abzubauen, ist das Self-Management Treatment Package (Koegel & Koegel 1990). Dabei lernen autistische Personen, ihre eigenen stereotypen Verhaltensweisen zu identifizieren, sich selbst zu beobachten, die Stereotypien zu diskriminieren und von angemessenem Verhalten abzugrenzen. Das Training verläuft in folgenden Einheiten:

- Diskriminationstraining: Der Schüler lernt, sein Verhalten (stereotypes und angemessenes Verhalten) zu diskriminieren, indem der Trainer die Verhaltensweisen zunächst vormacht und mit Ausdrücken bezeichnet, die dem Schüler geläufig sind. Der Schüler sollte 80% der Verhaltensweisen richtig diskriminieren können, bevor die nächste Trainingseinheit begonnen werden kann. Für die Diskriminationsleistungen werden die Schüler fortlaufend oder intermittierend mit sozialen Verstärkern bekräftigt.
- Einführung der Selbstverstärkung: Der Schüler wird aufgefordert, sich selber nach Intervallen ohne stereotypem Verhalten eine Belohnung zu geben (z. B. Tokens, die später gegen größere Belohnungen eingetauscht werden). Dies kann so ablaufen: Der Trainer sagt: „Zeig mir ‚Kein Flügeln' Fertig, los!" Dies ist der Start für das Zeitintervall (das mit Hilfe einer Uhr mit Alarmsignal angekündigt wird). Jedesmal wenn der Alarmton erklingt, werden die Schüler aufgefordert, die Self-Management Aktivitäten zu ergreifen. Nach

Ablauf der Zeit sagt der Trainer: „Die Zeit ist um! Hast du geflügelt?" Nach einem Intervall, in dem kein stereotypes Verhalten aufgetreten ist, wird der Schüler verbal und wenn notwendig physisch bestärkt, ein Token in eine Dose zu werfen. Richtiges Registrieren von stereotypem Verhalten durch den Schüler – er kann sich keine Marke nehmen – wird ebenso verbal verstärkt.
- Training von unabhängigem Self-Management: Der Trainer reduziert nach und nach seinen Kontakt zum Schüler und vermindert die Gabe von »prompts« durch »fading out«, indem er zuerst noch intermittierend eingreift, wenn der Schüler sein Verhalten nicht richtig registriert und dann gar nicht mehr eingreift. Die Schüler sind dann auf sich alleine gestellt und unabhängig.

Koegel und Koegel (1990) konnten mit dieser Methode bei 4 autistischen Schülern mit einem hohen Grad an Stereotypien das stereotype Verhalten bis auf 0% abbauen, wobei diese Abnahme auch nach Ende der eigentlichen Intervention bestehen blieb.

Der Vorteil dieser Methode ist, daß sie wenig Trainerunterstützung erfordert, auch in einer natürlichen Umgebung, in der fremde Personen zugegen sind (z. B. im Park), angewandt werden kann und die Personen mit einer autistischen Störung in einem hohen Maße einbezieht. So ist sie nicht nur praktikabel, sondern hilft auch, Passivitätsprobleme zu überwinden, die sonst bei autistischen Kindern häufig auftreten (Koegel et al. 1994).

Obwohl wir unter bestimmten Umständen die Reduzierung von stereotypen Handlungen empfehlen, sei doch abschließend noch einmal betont, daß Stereotypien auch eine Ersatzhandlung darstellen und die Funktion der Erregungsmodulation erfüllen können. Diese Sicht macht uns vorsichtig gegenüber Verfahren, die sich primär die Unterbindung der Stereotypien zum Ziel setzen.

6.3.4.2 Medikamentöse Behandlung

Psychopharmaka können dazu beitragen, daß schwerwiegende Verhaltensauffälligkeiten autistischer Kinder zurückgehen und die Kinder damit besser erzieherischen und therapeutischen Hilfen zugänglich werden. Die Kernsymptome des Autismus freilich haben sich bisher als einer medikamentösen Behandlung kaum zugänglich erwiesen (Sloman 1991; McDougle 1997).

In Untersuchungen am besten kontrolliert ist die Verwendung von Neuroleptika, die sich als hilfreich in der Reduzierung aggressiven

Verhaltens, motorischer Unruhe und von Stereotypien erwiesen. Sie führen auch zu einer größeren Aufmerksamkeit der autistischen Kinder gegenüber Erwachsenen, die eine Interaktion mit den Kindern initiieren (Cohen et al. 1980), und zu einer Verbesserung der Leistungen in einfachen Lernsituationen (Campbell et al. 1982). Die Besserung der Unruhe und der Stereotypien ist unter strukturierten Bedingungen wesentlich deutlicher als in unstrukturierten Situationen.

Die meisten kurzfristigen Nebenwirkungen von Neuroleptika (neben Müdigkeit eine Gewichtszunahme sowie extrapyramidale Symptome) treten bei Kindern ähnlich häufig auf wie bei Erwachsenen. Allerdings ist bei Medikamenten mit einer stärker sedierenden Komponente schon bei niedriger Dosierung eine starke Müdigkeit der Kinder zu beobachten. Thioridazin ist daher bei Kindern mit Entwicklungsstörungen dem Chlorpromazin vorzuziehen. Das in der Behandlung von Verhaltensstörungen autistischer Kinder effektivste Neuroleptikum, Haloperidol, führt allerdings zu einer recht hohen Rate (nach Lord & Rutter 1994, bei etwa 25 % der Kinder) von beeinträchtigenden motorischen Nebenwirkungen (unwillkürliche Muskelanspannungen, Dyskinesien und Dystonien), sodaß es in der Behandlung erst verwendet werden sollte, wenn andere Maßnahmen keinen Erfolg gezeigt haben. Diese motorischen Störungen treten bei Kindern bei längerer Einnahme oft auch nach dem Absetzen der Medikamente auf. Sie bilden sich im allgemeinen nach einiger Zeit (Tagen bis Monaten) wieder zurück, in einigen Fällen wurden jedoch bleibende motorische Beeinträchtigungen beobachtet.

Trizyklische Antidepressiva haben keinen ausschließlich günstigen Effekt auf autistische Kinder. Neben positiven sind auch negative Wirkungen auf das Verhalten zu beobachten (zum Teil vermehrte Unruhe, zum Teil vermehrte Müdigkeit).

Lithium hat im allgemeinen keinen deutlichen Einfluß auf das Verhalten autistischer Kinder, insgesamt werden die motorische Unruhe und die Stereotypien ein wenig gebessert. In einem gut dokumentierten Fall kam es unter dieser Behandlung zu einer deutlichen Abnahme von selbstverletzenden Verhaltensweisen (Campbell et al. 1972), in einem anderen Fall stellte sich eine Besserung unter gleichzeitiger Gabe von Fluvoxamin ein (McDougle 1997).

Obwohl Psychostimulantien (Amphetamine, Ritalin) bei einem Teil der autistischen Kinder (vor allem wenn keine schwerere geistige Behinderung vorliegt) mit starker Ablenkbarkeit und motorischer Unruhe in geringer Dosierung zu einer Besserung führen, gibt es noch relativ wenig kontrollierte Ergebnisse und die vorliegenden klinischen Berichte zeigen, daß es unter dieser Behandlungsform auch zu einer Verschlechterung im Befinden und Verhalten (erhöhte Reizbarkeit, Negativismus und Depression) kommen kann (McDougle 1997).

Für andere medikamentöse Behandlungsformen (ausgenommen natürlich eine antiepileptische Behandlung bei Anfallsleiden) liegen noch zu wenige, unter kontrollierten Bedingungen gewonnene Erfahrungsberichte vor, um die Effektivität beurteilen zu können. Dies gilt etwa für Substanzen, die den Serotonin-Metabolismus beeinflussen. Erste Berichte, wonach Fenfluramin zu einer deutlichen Besserung autistischer Kinder führt, haben sich in der Folge in groß angelegten Untersuchungen nicht bestätigen lassen. Anderen Serotonin-Aufnahme Hemmern (Fluvoxamin, Fluoxetin, Sertralin) wurde in kontrollierten Studien eine gewisse Wirkung bei einem Teil der Kinder, Jugendlichen und Erwachsenen mit einer autistischen Störung zugesprochen, wobei es vor allem zu einer Abnahme zwanghaften, aber auch aggressiven und selbstverletzenden Verhaltens und zu einer Zunahme der sozialen Ansprechbarkeit kam (McDougle 1997, 1998).

Eine Reihe anderer Substanzen, die auf den Neurotransmitter-Haushalt im Zentralnervensystem wirken, befinden sich in Erprobung (u. a. Beta-Blocker, ACTH-analoge Substanzen, atypische Neuroleptika wie Risperdone), die bisherigen Erfahrungen sind jedoch für eine zuverlässige Bewertung ihres Nutzens zu gering (für eine Übersicht siehe McDougle 1997). Negativ bewertet wird hingegen die bereits vor längerer Zeit propagierte Megavitamin-Therapie sowie die Therapie mit Substanzen, die auf den Neuropeptid-Haushalt (Endorphine) einwirken und zu einer Reduktion selbstverletzenden Verhaltens führen sollen (wie Naltrexon). Ihnen wird nur eine minimale positive Wirkung bei Personen mit einer autistischen Störung zugeschrieben (Lord & Rutter 1994; McDougle 1997).

6.4 Förderung von Integration

Da die autistische Störung schwerwiegende Beeinträchtigungen der sozialen Beziehungen zur Folge hat, müssen besondere Anstrengungen unternommen werden, um die Integration von Menschen mit dieser Störung in das natürliche Netzwerk der Gemeinde zu fördern. Da diese Integration nicht bloß ein fernes Ziel sein darf, sollte mit diesen Bemühungen möglichst frühzeitig begonnen werden. Zur Unterstützung der Integration in den verschiedenen Lebensphasen sind eine Reihe therapeutischer Maßnahmen entwickelt worden.

Vorschulische Betreuung: Die Wirksamkeit von Fördermaßnahmen bei autistischen Kindern ist in besonderem Maße von einem frühen Einsetzen abhängig. Die wenigen Berichte, die von großen Fortschritten sprechen, beziehen sich alle auf Kinder, bei denen die Förderung zwischen dem 2. und 4.Lebensjahr begonnen hat (Lovaas 1987; Simeonsson et al. 1987). Neben intensiver Einzeltherapie, Anleitung und Beratung der Eltern ist dabei die Einbeziehung anderer Kinder in die Förderung der sozialen Fertigkeiten ein wichtiges Moment. Eine integrative Betreuung im Kindergarten ist daher auch für autistische Kinder wünschenswert und spezialisierten Sonderkindergartengruppen vorzuziehen. Dies setzt allerdings eine kontinuierliche therapeutische Begleitung voraus (Strain et al. 1986; Harris & Handleman 1994).

Schulische Betreuung: Die schulische Betreuung von Kindern mit einer autistischen Störung stellt eine Aufgabe dar, zu deren Bewältigung vielerlei Anstrengungen nötig sind. Die Vielzahl und die große Variabilität der Schwierigkeiten von Kind zu Kind macht es notwendig, den Erziehungsplan individuell auf die einzelnen Kinder abzustimmen. Ihre Tendenz zur Selbstisolierung, die Schwierigkeiten im Sozialkontakt und zum Teil auch ihr auffälliges und störendes Verhalten stellen große Probleme bei der Integration der Kinder in einen Klassenverband dar. Vielfach ist es notwendig, besondere Organisationsformen für die Erziehung und den Unterricht dieser Kinder zu entwickeln, die ein individuelles Eingehen auf ihre Bedürfnisse ermöglichen. Erforderlich sind zunächst sicherlich kleinere Klassengrößen, als dies sonst im Schulsystem, auch im Sonderschulbereich, üblich ist. Mit ein Grund für diese Forderung ist die Beobachtung, daß autistische Kinder durch zunehmende Gruppengröße und den Anstieg der möglichen Interaktionen stärker überfordert werden als Kinder mit anderen Behinderungen. Auch innerhalb des Unterrichts können besondere Anpassungen der Gestaltung der Aufgabenvorgabe und des Curriculums hilfreich bzw. notwendig sein. So haben sich etwa visuelle Hilfen, die die Aufgaben für die Kinder strukturieren und ihnen signalisieren, was sie als nächstes zu tun haben, bewährt. Die Größe und Schwierigkeit der Aufgaben muß individuell angepaßt werden etc. (Olley & Reeve 1997).

In den meisten Fällen ist eine besondere Vorbereitung autistischer Kinder auf die Anforderungen des schulischen Unterrichts unbedingt nötig. Dabei ist einmal auf das Erlernen einer bestimmten Arbeitshaltung zu achten: ruhig zu sitzen, vorgelegte Lernmaterialien zu beachten und Arbeitsaufforderungen nachzukommen. Zudem ist es oft wichtig, mit den Kindern ähnliche Aufgaben schon vorher zu üben, damit sie mit den besonderen Anforderungen der Aufgabenstellung in der Klasse zurechtkommen.

Von besonderer Bedeutung ist die Reduktion störender Verhaltensweisen. Autistische Kinder können in der Schule umso besser gefördert werden, je weniger sie durch ihr Verhalten andere Kinder stören und je weniger ihre eigene Aufmerksamkeit durch selbststimulierendes Verhalten beeinträchtigt wird. Der Abbau störender Verhaltensweisen stellt auch eine Voraussetzung für die Akzeptanz autistischer Kinder durch Klassenkameraden und für das Initiieren von Interaktionen mit diesen Kindern dar.

Für die Bewältigung dieser Aufgaben sind besondere Rahmenbedingungen notwendig, deren wichtigste wir kurz anführen wollen:

- Eine enge Zusammenarbeit der Schule mit dem Elternhaus, so daß die Eltern ihre Erfahrungen einbringen können. Eltern sollten dabei auch Einfluß auf die Festlegung des individuellen Erziehungsplans nehmen können.
- Zusätzliche Betreuung der autistischen Kinder in kleinen Gruppen bzw. in Einzelförderung während einiger Stunden pro Woche.
- Begleitung der schulischen Erziehung durch eine klinisch orientierte Institution (die die Vorbereitung der Kinder übernimmt, bei der Diagnostik und der Entwicklung individueller Erziehungspläne behilflich ist und die Lehrer berät und fortbildet).

Spezielle schulische Einrichtungen für autistische Kinder können manche Vorteile bieten. Sie ermöglichen es, daß sich einige Lehrer mit den besonderen Schwierigkeiten dieser Kinder intensiv auseinandersetzen und so Erfahrung in geeigneten Unterrichtsstrategien sammeln. In derartigen Einrichtungen ist auch eine Kontinuität in der Betreuung gewährleistet, die eine intime Kenntnis und damit ein individuelles Eingehen auf jedes einzelne Kind ermöglicht. Erforderliche therapeutische Angebote sind auf diese Art leichter zu organisieren.

Diesen Vorteilen stehen allerdings eine Reihe von Nachteilen gegenüber. Der wichtigste Einwand gegen die Unterrichtung autistischer Kinder in Sonderschulen liegt darin, daß diese Segregation das gesamte weitere Leben autistischer Kinder bestimmen kann. Wenn autistische Kinder nicht bereits während der Schulzeit lernen, in der Gemeinschaft mit nicht-behinderten Kindern zurechtzukommen, werden sie später als Jugendliche und Erwachsene unüberwindliche Schwierigkeiten damit haben. Gleichzeitig wird auch den nicht-behinderten Kindern die Möglichkeit genommen, sich auf die besondere Eigenart autistischer Menschen einzustellen (Innerhofer & Klicpera 1991; Mesaros & Donnellan 1987). Nicht-behinderte Kinder können zudem als Modell für angemessenes Sozial- und Spielverhalten dienen und die autistischen Kinder direkt unterstützen, sich in gemeinsamen Interaktionen einzubringen.

Berichte zeigen, daß sich der gemeinsame Unterricht von autistischen und nicht-behinderten Kindern bewährt hat. Autistische Kinder dürften bei einer integrativen Beschulung größere Fortschritte in ihrem Sozialverhalten und zum Teil auch in der sprachlichen Entwicklung machen als bei getrenntem Unterricht in der Sonderschule (Harris & Handleman 1997). Es muß jedoch bedacht werden, daß diese Fortschritte nur bei einem besonderen Bemühen um eine Förderung der Interaktionen zwischen den autistischen und den nicht-behinderten Kindern erzielt werden können und daß die nicht-behinderten Kinder und nicht zuletzt auch deren Eltern auf die Anforderungen der Interaktion mit den autistischen Kindern vorbereitet werden müssen. Als organisatorisches Modell dient vielfach die kooperative Klasse, in der in flexibler Weise zu gewissen Zeiten die autistischen getrennt von den übrigen Kindern, zu anderen Zeiten mit ihnen gemeinsam unterrichtet werden.

Arbeitseingliederung: Heute werden viele erwachsene Menschen mit geistiger Behinderung in eigenen Werkstätten beschäftigt. Menschen mit einer autistischen Störung sind in dieser Umgebung gelegentlich überfordert, da viele Aktivitäten wenig strukturiert sind (Hayes 1987). Für diese Gruppe sind besondere Anpassungen erforderlich. In einigen Werkstätten sind daher mit gutem Erfolg spezielle Programme initiiert worden, die über Zeichensysteme auch eine Strukturierung des Tagesablaufs für Personen mit einem geringen Sprachverständnis ermöglichen.

In den letzten Jahren haben die verstärkten Bemühungen um eine Arbeitseingliederung von Menschen mit Behinderungen auch einer größeren Anzahl Erwachsener mit einer autistischen Störung Zugang zu unterstützten Arbeitsplätzen in regulären Betrieben verschafft. Voraussetzung ist dabei in vielen Fällen eine kontinuierliche Betreuung durch einen Arbeitseingliederungshelfer oder Job-Coach (Gerhardt & Holmes 1997; Klicpera & Innerhofer 1992; Smith et al. 1995). Dieser Eingliederungshelfer übernimmt einen Teil der Anleitung für die Tätigkeiten am Arbeitsplatz und unterstützt die betreuten Arbeitnehmer sowohl bei den Kontakten mit Mitarbeitern und Management, als auch beim Aufrechterhalten einer angemessenen Genauigkeit und Arbeitsproduktivität. Auch hier ist ein systematisches Vorgehen hilfreich, der Einsatz und das Ausblenden abgestufter Hilfestellungen sowie die Bekräftigung angemessenen Verhaltens. Manche

Tätigkeiten erscheinen als Arbeitsplätze für Erwachsene mit einer autistischen Störung auch bei schwerwiegenderer Behinderung besonders geeignet. Dies gilt etwa für die Tätigkeit des Regalbetreuers, Verpackungs- und Lagerarbeiten. Erwachsene mit ausreichender verbaler Begabung haben sich unter anderem bei Bürotätigkeiten und in Bibliotheks- und Archivarbeiten bewährt (Smith et al. 1995).

Hilfen beim Wohnen und der Freizeitgestaltung: Förderprogramme können die Möglichkeiten zu einer selbständigen Lebensführung im Wohnbereich und die Fähigkeit zur Teilnahme am Leben der Gemeinschaft (z. B. Benutzung öffentlicher Verkehrsmittel, Teilnahme an Freizeitveranstaltungen und Veranstaltungen der Erwachsenenbildung) weiter erhöhen (Morgan 1996). Große Flexibilität ist jedoch nötig, da man zu Recht allmählich von dem Konzept gestufter Wohneinrichtungen mit einem unterschiedlichen Grad an Selbständigkeit der Bewohner abkommt, um statt dessen in kleinen Wohneinrichtungen jedem Bewohner so viel Unterstützung zu geben, wie er benötigt (Klicpera & Gasteiger-Klicpera 1996; Van Bourgondien & Reichle 1997).

6.5 Einbeziehung der Eltern in die Therapie der autistischen Kinder

Das Einbeziehen der Eltern in die Therapie ihrer autistischen Kinder und die Unterstützung ihrer Rolle als Erzieher hat sich fast überall als wesentlicher Bestandteil von Förderprogrammen durchgesetzt. Die Gründe für dieses Vorgehen liegen auf der Hand:

- Zunächst spielt die Erkenntnis eine Rolle, daß Autismus nicht auf das erzieherische Fehlverhalten der Eltern zurückzuführen ist, so daß wir annehmen können, daß die Eltern die Fähigkeiten normaler Eltern für die Erziehung und Betreuung von Kindern mitbringen. Dies soll nicht heißen, daß es den Eltern im allgemeinen leicht fällt, sich auf die besonderen Probleme der Kinder einzustellen, aber sie können dies lernen.
- Die Einbeziehung der Eltern in die spezielle Förderung ist deshalb wichtig, weil die Therapie und das Training autistischer Kinder möglichst frühzeitig beginnen sollte und nicht erst im Schulalter, wenn geeignete pädagogische Einrichtungen zur Verfügung stehen.
- Die Therapie der autistischen Kinder ist auch nicht eine Aufgabe, die auf wenige Stunden in der Woche beschränkt werden kann,

vielmehr sollten in einer Vielzahl von Situationen die Ansätze aufgegriffen werden, die den Kindern zu einer Verbesserung ihres Verständnisses der Umwelt und zu einer Verbesserung der Kommunikation verhelfen können.
- Autistische Kinder haben große Probleme mit der Generalisation von Verhaltensweisen. In Therapien erreichte Fortschritte können nur fortgeführt werden, wenn auch außerhalb und nach der Therapie das Gelernte in einer den Kindern bekannten Form angewandt werden kann. Geschieht dies nicht, so kommt es sehr rasch wieder zum Verlernen des bereits Erreichten.
- Es ist bei autistischen Kindern nicht nötig, daß der Therapeut einen persönlichen Kontakt herstellt und zur Bezugsperson wird, um in der Beziehung zu den Eltern Versäumtes nachzuholen bzw. um eine in abnormer Weise entwickelte Kommunikation zu ersetzen. Die Eltern sind vielmehr jene Personen, zu denen autistische Kinder im allgemeinen das größte Vertrauen haben, und die auch durch ihre genaue, jahrelange Kenntnis der Kinder diese am besten motivieren können. Dies soll nicht heißen, daß eine vertrauensvolle Beziehung zu anderen Erwachsenen für autistische Kinder keinen Wert hat. Vor allem bei älteren Kindern und Jugendlichen dürfte eine verständnisvolle, sensibel auf die Probleme der Kinder reagierende therapeutische Interaktion sehr bedeutsam für ihre Entwicklung sein. Allerdings gilt dies eher für Autisten, deren sprachliche Fähigkeiten sich bei guter intellektueller Begabung entwickelt haben.
- Die Entwicklung autistischer Kinder verläuft eher ungünstig, wenn diese frühzeitig in einem Heim untergebracht werden, selbst wenn sie über das Wochenende nach Hause können (Bartak & Rutter 1973). Autistischen Kindern fällt es offensichtlich schwer, sich von der Heimumgebung jeweils am Wochenende auf die Situation zu Hause umzustellen, und es kommt dann zu Hause zu deutlich größeren Verhaltensproblemen als bei Kindern, die die ganze Zeit zu Hause sind. Dies bedeutet jedoch, daß die Eltern die Erziehung so lange wie möglich wahrnehmen und am besten ambulant oder über kürzere stationäre Aufnahmen in einer therapeutischen Einrichtung unterstützt werden sollen.

Die Ansicht, daß autistische Kinder am besten gefördert werden, wenn die Eltern frühzeitig in die Therapie der Kinder miteinbezogen und durch Psychologen, Pädagogen und Kinderpsychiater unterstützt werden, kann sich auch auf empirische Befunde stützen. Dabei wurden verschiedene Wege der Unterstützung beschritten und ihre Wirksamkeit erprobt. Manche Programme, wie etwa jenes der Maudsley-Gruppe (Howlin et al. 1973; Hemsley et al. 1978), sahen eine ambulante Beratung und eine Einführung der Eltern in Behandlungsmethoden im häuslichen Milieu vor. Andere begannen die Therapie in der Klinik, wiesen jedoch die Eltern frühzeitig in die Behandlung ein und ließen sie durch die Eltern fortführen (z. B. Koegel et al. 1982).

Die Maudsley-Gruppe (Howlin et al. 1973; Hemsley et al. 1978) orientierte sich in der Behandlung stark an verhaltenstherapeutischen Methoden. Für die seitens der Eltern als wesentlich erachteten Schwierigkeiten wurde gemeinsam eine detaillierte Verhaltensanalyse und darauf aufbauend ein Behandlungsplan entwickelt, in dem neben dem gezielten Einsatz von Verstärkung und Aufmerksamkeitsentzug auch andere Therapiemethoden (z. B. systematische Desensibilisierung bei Ängsten) eingesetzt wurden. Besonders betont wurde den Eltern gegenüber die Notwendigkeit von Konsequenz und Konsistenz im Verhalten den Kindern gegenüber. Schließlich sollten die Eltern täglich Zeit für den planmäßigen Unterricht kommunikativer und sozialer Fertigkeiten reservieren. Eine Gruppe von Eltern, die auf diese Weise sechs Monate in der Behandlung ihrer Kinder unterrichtet wurde, wurde mit einer Kontrollgruppe von Eltern verglichen, denen dieses Behandlungsangebot nicht gemacht werden konnte. Durch systematische Beobachtung und Testung der Kinder wurden Unterschiede in der Entwicklung während der sechs Monate sowie während eines weiteren Jahres, in dem keine Betreuung der Eltern mehr stattfand, erfaßt. Dabei zeigte sich, daß die autistischen Kinder der betreuten Eltern deutliche Fortschritte in der sozialen Kommunikation gemacht hatten. Außerdem war es zu einer Zunahme im sinnvollen Umgang mit Spielgegenständen um fast das Doppelte und zu einer Halbierung der Stereotypien und Rituale gekommen. In diesen Bereichen waren in der Kontrollgruppe während der sechs Monate keine Änderungen eingetreten. Die Änderungen im Verhalten der autistischen Kinder ließen sich – wie systematische Beobachtungen in den Familien zeigten – auf ein geändertes Erziehungsverhalten der betreuten Eltern zurückführen. Diese Eltern beschäftigten sich aktiver mit den Kindern, gaben ihnen mehr Hilfestellungen und mehr unmittelbare Rückmeldung.

Die Eltern sollten in der Therapie als echte Partner akzeptiert werden. Dies bedeutet, daß ihnen die Gelegenheit geboten wird, die therapeutischen Bemühungen zu beobachten, es schließt aber auch sonst eine große Offenheit den Eltern gegenüber ein. So gehört es etwa zu den Grundsätzen des TEACCH-Programms (eines der wegweisenden, umfassenden Betreuungsprogramme in den USA, siehe Schopler 1997), daß die Eltern in alle Unterlagen Einsicht nehmen können. Eltern stellen zugleich eine Quelle der Anregung für die Therapie dar. Sie können ihre Beobachtungen beisteuern, neue Möglichkeiten erschließen, wie mit den Kindern gearbeitet werden kann, und ihr Wissen an die Therapeuten weitergeben, so daß die Therapeuten auch von den Eltern lernen können (für eine Zusammenstellungen von Problemlösungen, die von den Eltern erarbeitet wurden, siehe z. B. Schopler 1995).

Die Einbeziehung der Eltern ist nicht nur wegen der größeren Effektivität der Förderung anzustreben, sondern hat auch den Sinn, die Eltern zu entlasten, da sie oft das Gefühl haben, daß sie die Kinder nicht verstehen und ihre Hilfe nicht angemessen ist (siehe Kapitel 3.7). Im Rahmen der Therapie können Eltern ein neues Verständnis für ihr autistisches Kind gewinnen und ihr Gefühl der Hilflosigkeit wird verringert, indem sie lernen, auf bestimmte Schwierigkeiten mit spezifischen Hilfen zu reagieren.

Die Einbeziehung der Eltern als Co-Therapeuten ihrer Kinder birgt aber auch die Gefahr in sich, daß die Elternrolle auf die Therapeutenrolle reduziert wird (Innerhofer & Warnke 1983). So ist bei der Einbeziehung der Eltern in die Therapie stets auf die gesamte Familie zu achten, wobei die optimale Förderung des autistischen Kindes nur ein Gesichtspunkt unter vielen sein darf. Um zu einer langfristigen, für die Eltern zufriedenstellenden Zusammenarbeit zu gelangen, müssen die Bedürfnisse der Familie stets im Vordergrund stehen. Howlin (1989) rät zu Recht, von jenen Anliegen auszugehen, die für die Eltern eine hohe Priorität haben, auch wenn sie für die Gesamtentwicklung des Kindes aus der Sicht des Therapeuten nur eine untergeordnete Bedeutung haben.

6.6 Umstrittene Therapieansätze

Mehr noch als bei anderen Entwicklungsstörungen gibt es bei der Behandlung des frühkindlichen Autismus Methoden, die von einzelnen Therapeuten propagiert werden und für einige Zeit die Hoffnung der Eltern auf Heilung ihrer Kinder erwecken. Es ist nicht verwunderlich, daß Eltern aus der Notlage heraus, in der sie sich befinden, nichts unversucht lassen wollen, was ihren Kindern helfen könnte, auch wenn die Chancen auf eine Besserung noch so gering sind. Aus einer längeren Zeitperspektive betrachtet wird deutlich, daß diese Therapieansätze zunächst eine recht große Beachtung finden, aber nach einiger Zeit wieder in den Hintergrund treten und sich nur in einigen Zentren halten, wo sie von Therapeuten vertreten werden.

6.6.1 Die Festhaltetherapie

Anfang der achtziger Jahre hat eine Methode großes Aufsehen erregt: die „Festhaltetherapie". Der Ansatz geht auf die amerikanische Kinderpsychiaterin Martha Welch (1984) zurück. Sie selbst faßt die Methode zusammen:

- Die Mutter wird veranlaßt, das Kind körperlich an sich zu halten.
- Autistische Kinder leisten gegen das Gehaltenwerden Widerstand.
- Man darf der Mutter nicht erlauben aufzugeben. Sie muß das Kind fest an sich drücken und versuchen, Blickkontakt herzustellen.
- Daraus entwickelt sich vielleicht ein heftiger Kampf. Das Kind wird oft vor Wut und Schrecken schreien, wird beißen, spucken und schlagen.
- Die Mutter darf nicht nachlassen, bis das Kind sich entspannt, seinen Körper an den ihren anschmiegt, sich anklammert, ihr in die Augen sieht, ihr Gesicht liebevoll mit den Händen betastet und vielleicht spricht.
- Die Mutter muß auch zu Hause dieses Halten durchführen. Dies muß sie mindestens einmal am Tag tun und überdies jedesmal, wenn das Kind zeigt, daß es unglücklich ist. Jedes Halten muß mindestens eine Stunde dauern.

Da die autistischen Kinder diese hautnahe Umklammerung durch die Eltern eher meiden, löst das Festhalten bei ihnen Streß und Kummer aus, bis sie erschöpft sind. In dieser Erschöpfungsphase wird das Kind ruhig, nimmt Kontakt mit den Eltern auf, und es wird berichtet, daß die Kinder in dieser Phase keine typisch autistischen Verhaltensweisen mehr zeigen.

Nach Tinbergen und Tinbergen (1983) stellt die Festhaltetherapie vor allem eine Behandlung der Ängste autistischer Kinder dar, die sich wie ein roter Faden durch ihr Leben ziehen und zur Vermeidung von Sozialkontakten führen. Es ist eine Ähnlichkeit zur verhaltenstherapeutischen Technik der Reizüberflutung („Flooding") zu erkennen, bei der die Patienten bis zur Erschöpfung mit Angststimuli überhäuft werden, worauf die Löschung der Angst folgt. Es könnte auch sein, daß das Festhalten eine Regulation des körperlichen Erregungszustands bewirkt. (Es ist jedenfalls von Interesse, daß Temple Grandin, eine autistische Erwachsene, 1986 in ihrer Autobiographie berichtet, selbst eine Maschine konstruiert zu haben, die sie festhielt und Druck auf ihren Körper ausübte, und daß sie die Benutzung dieser Maschine als beruhigend und befreiend erlebte. Der wesentliche Unterschied freilich war, daß sie den ausgeübten Druck selbst regulierte.)

In einer ausgewogenen Darstellung kamen Kane und Kane (1986) zum Schluß, daß das Festhalten bei knapp einem Drittel der autistischen Kinder zu einer kurzfristigen deutlichen Besserung führt. Formelle Evaluationen dieses Therapieansatzes sind unserem Wissen nach (trotz längerer Literatursuche) nicht durchgeführt worden. In der anglo-amerikanischen Fachliteratur wird der Ansatz als in seiner Wirksamkeit nicht erwiesen bezeichnet (Howlin 1998).

6.6.2 Fazilitierte Kommunikation

Anfang der 90er-Jahre hat eine Methode der „Kommunikationsunterstützung" auch im deutschen Sprachraum Verbreitung gefunden, deren Anliegen es ist, Menschen die Verwendung von Sprache zu ermöglichen, die sich mündlich kaum ausdrücken oder sogar offensichtlich nicht sprechen können. Es wird von der Annahme ausgegangen, daß die Menschen, die diese Unterstützung benötigen, Sprache an sich beherrschen und (durch das Fernsehen und Anschauen von Büchern) schriftsprachliche Fertigkeiten besitzen, diese jedoch auf Grund motorischer Störungen (einer Apraxie) nicht auf gewöhnliche Art verwenden können. Es wird daher nicht mit alternativen Symbolsystemen gearbeitet, sondern von Anfang an mit Buchstaben (entweder einer Buchstabentafel oder einer Computertastatur).

Zu Beginn der Arbeit mit fazilitierter Kommunikation (FC) soll die Hand des FC-Benutzers von einem „Fazilitator" so gehalten werden, daß sich diese etwa 20 cm über dem Buchstabenfeld befindet und der Zeigefinger isoliert ist. Der Fazilitator soll nun den Bewegungsimpulsen, die er beim Benutzer spürt, folgen, bis ein Buchstabe erreicht ist und kein weiterer Bewegungsimpuls zu spüren ist. Anschließend wird wieder die Ausgangsposition bezogen. In weiterer Folge kann das Ausmaß der Unterstützung reduziert werden, so daß eine Unterstützung des Unterarms, ein Anfassen des Ellbogengelenks oder der Schulter ausreichend ist.

Für sehr wichtig wird nicht nur die manuelle Unterstützung, sondern auch die emotionale Beziehung zwischen Benutzer und Fazilitator gehalten, der vor allem zu Anfang mit einer geringen Frustrationstoleranz und Konzentrationsproblemen konfrontiert ist und viel an emotionaler Unterstützung anbieten muß, um den Benutzer bei der Aufgabe zu halten.

Die Kommunikation soll sich von Anfang an auf Bereiche beziehen, die für die Benutzer relevant sind, und durch Fragen gesteuert werden, die mit minimalen Reaktionen zu beantworten sind.

Eine Hinführung autistischer Menschen zur Anwendung der Methode der fazilitierten Kommunikation sollte nach Meinung der Proponenten wenigstens mehrere Monate dauern, bevor man feststellt, ob der Betreffende diese Methode anwenden kann. Inzwischen wird auch für die Fazilitatoren eine mehrmonatige Ausbildung mit Supervision gefordert (Crossley 1994).

Diese Methode ist in der heute propagierten Form zuerst in Australien von einer Lehrerin, Rosemary Crossley, in einem Langzeitspital für Kinder mit geistiger und körperlicher Behinderung angewandt worden und hat dort von Anfang an zu heftigen, auch rechtlichen Kontroversen geführt. (Es ging z. B. um die Frage, wieweit Mitteilungen, die mit fazilitierter Kommunikation gemacht wurden, als eigene Entscheidung der Benutzer anzuerkennen sind. Ähnliche Kommunikationsformen sind allerdings unabhängig davon auch an anderen Orten mit Kindern mit geistiger Behinderung und einer autistischen Störung verwendet worden, ohne allerdings weite Verbreitung gefunden zu haben; siehe etwa Kezuka 1997). Crossley, die diese Methode propagierte, konnte jedoch – trotz ablehnender Haltung der Fachleute und der sozialen Dienste – die Unterstützung einer privaten Stiftung gewinnen und die Arbeit in einem Institut fortführen (Hudson 1995). Verbreitung fand die Methode durch Biklen, einem Pädagogen an der Universität von Syracus in den USA, und durch eine seiner Mitarbeiterinnen dann auch in Deutschland. Die Methode wurde von Biklen vor allem für Menschen mit einer autistischen Störung für geeignet erachtet, von denen er ursprünglich behauptete, daß sich viele, wenn nicht alle mit dieser Methode verständigen könnten (Biklen 1990; Biklen et al. 1992). Bei der Verbreitung haben einzelne Personen, die bei Anwendung dieser Methode eine nie für möglich gehaltene Produktivität entwickelten (in Deutschland etwa Birger Sellin) und in den Medien viel Beachtung fanden, eine große Rolle gespielt.

Die Methode hat vor allem in den USA heftige Kontroversen ausgelöst, die sich um die Frage drehten, ob die Mitteilungen der FC-Nutzer tatsächlich deren eigene Mitteilungen wären oder jene der Fazilitatoren. Dazu haben nicht nur die erstaunlichen sprachlichen und kognitiven Leistungen, die keine Entsprechung im Verhalten der Autisten fanden, beigetragen, sondern vor allem auch die Tatsache, daß unter fazilitierter Kommunikation relativ häufig Anschuldigungen wegen sexuellen Mißbrauchs sowohl seitens der Eltern wie auch der Betreuer gemacht wurden, mit denen sich die Gerichte befassen mußten (Levine et al. 1994). Wegen dieser Kontroversen wurde in den letzten Jahren eine Vielzahl von Untersuchungen durchgeführt, die jedoch bisher die verschiedenen Standpunkte nicht beseitigen konnten (Biklen & Cardinal 1997; Spitz 1997).

In diesen Untersuchungen (für eine Übersicht siehe Hudson 1995; Spitz 1997) wollte man den Ursprung der Mitteilungen, die mit fazilitierter Kommunikation gemacht wurden, durch Fragen klären, deren Inhalt nur dem FC-Benutzer und nicht dem Fazilitator zugänglich war.

- Von den bisher etwa 30 veröffentlichten Untersuchungen kam die überwiegende Mehrzahl zu dem Schluß, daß bei sehr wenigen FC-Benutzern unter diesen Umständen eine Beantwortung der gestellten Fragen und eine Weitergabe von Mitteilungen möglich ist.
- Darüber hinaus ist in einer größeren Zahl von Untersuchungen dadurch, daß man dem FC-Benutzer und dem Fazilitator unterschiedliche Fragen stellte bzw. unterschiedliche Informationen gab, gezeigt worden, daß die Mitteilungen bzw. Antworten, die unter diesen Bedingungen mit der fazilitierten Kommunikation gegeben wurden, vom Fazilitator und nicht vom FC-Benutzer stammten.
- Analysen von Muskelpotentialen machten wahrscheinlich, daß die Bewegungen häufiger vom Fazilitator ausgingen und nicht vom FC-Benutzer (Beck et al. 1992, zitiert nach Hudson 1995). Videoanalysen von Aufnahmen mit einer zeitlich gut auflösenden Kamera (30 Bilder pro sec) legen zudem ein Muster nahe, wonach der FC-Nutzer mit der Hand über die Buchstabentafel gleitet und dabei auf Signale, d. h. geringe Bewegungen, die vom Fazilitator ausgehen, wartet (Kezuka 1997). Kezuka (1997) konnte darüber hinaus in einer besonderen Versuchsanordnung, in der der Bewegungsdruck zwischen Fazilitator und FC-Benutzer gemessen wurde, zeigen, daß die Bewegungssteuerung durch den Fazilitator erfolgte.
- Linguistische Analysen von Mitteilungen mehrerer FC-Benutzer, die vom gleichen Fazilitator unterstützt wurden, zeigen eine relativ große Gemeinsamkeit im Sprachstil und deuten damit gleichfalls darauf hin, daß die Quelle dieser Mitteilungen in einem hohen Ausmaß die Fazilitatoren und nicht die FC-Benutzer waren (Hudson 1995).

Von den Befürwortern der fazilitierten Kommunikation werden die Ergebnisse dieser kontrollierten Untersuchungen nicht oder nur sehr beschränkt akzeptiert. Sie verweisen darauf, daß solche Untersuchungen von den FC-Benutzern als eine Bedrohung und als Zweifel an ihrer Wahrhaftigkeit empfunden werden und daß eine ernsthafte Überprüfung eine Reihe von Bedingungen erfüllen muß, die kaum eine der bisherigen Untersuchungen aufzuweisen hat (Cardinal & Biklen 1997b). So sollte die Überprüfung dem FC-Benutzer genügend Gelegenheit geben, mit den später gestellten Aufgaben vertraut zu werden, und sie sollte sich im Inhalt und der Form an den Gewohnheiten und Interessen der FC-Benutzer orientieren, die zumindest schon mehrere Monate mit der FC-Methode und dem Fazilitator, der sie bei der Überprüfung unterstützt, gearbeitet haben sollen. Die Überprüfung sollte zudem unter möglichst natürlichen und gewohnten Umständen stattfinden, kein oder wenig Risiko beinhalten, und für den FC-Benutzer Lernmöglichkeiten (mit Rückmeldung über die Ergebnisse der bisherigen Versuche) beinhalten. Diese Kriterien – wenn auch schwer realisierbar (so ist etwa das Kriterium der natürlichen Umstände, unter denen eine Überprüfung stattfinden soll, schwer mit einer Kontrolle experimenteller Bedingungen, bei denen der Ursprung der Mitteilungen durch Einschränkung der Informationsweitergabe an den Fazilitator überprüft werden soll, zu vereinbaren) – lassen hoffen, daß der wissenschaftskritische Standpunkt vieler FC-Proponenten (siehe dazu etwa Jacobson et al. 1995) eingeschränkt wird.

Obwohl Biklen und Cardinal (1997) einige Studien berichten, die eine eingeschränkte Validität einfacher Mitteilungen von FC-Benutzern wahrscheinlich machen, deutet die bisherige Evidenz eindeutig darauf hin, daß die Behauptung, unter fazilitierter Kommunikation würden viele angeblich schwer geistig behinderte Menschen mit autistischer Störung hohe intellektuelle Leistungen zeigen, kaum zu halten ist. In einer vor einigen Jahren zusammengestellten Übersicht berichtete das Autismus Research Institute in den USA, daß von 187 Personen, bei denen in experimentellen Untersuchungen die Fähigkeit zur validen Mitteilung getestet wurde, nur 3 Personen nachweislich echte Kommunikation zeigten (Hudson 1995). Wie Spitz (1997) recht überzeugend demonstrierte, dürften die Mitteilungen fast immer durch unbewußte bzw. unwillkürliche Bewegungen der Fazilitatoren, mit denen diese die Bewegungen der FC-Benutzer steuern, verursacht sein. Spitz (1997) stellt den Glauben an die fazilitierte Kommunikation daher wohl zu Recht in einen Zusammenhang mit dem Glauben an Wünschelruten und an die Parapsychologie. Auch unabhängig von der Evidenz über den Ursprung der fazilitierten Mitteilungen lassen sich Einwände gegen die Methode vorbringen:

- Sie führt bei den Nutzern nicht zu einer Zunahme der mündlichen Kommunikation, wie dies bei anderen Methoden der augmentativen Kommunikation beobachtet wurde, sondern im Gegenteil zu einer Abnahme (Bebko et al. 1996).
- Beunruhigung bei Fachleuten und Angehörigenorganisationen löst vor allem die Tatsache aus, daß unter fazilitierter Kommunikation relativ häufig Anschuldigungen wegen Mißbrauchs (vor allem sexuellen Mißbrauchs) sowohl seitens der Eltern wie der Betreuer vorgebracht werden, von denen sich viele als haltlos erwiesen, die

aber trotzdem beträchtliche Belastungen und negative Konsequenzen für die Betroffenen zur Folge hatten (Margolin 1994; Spitz 1997). Dies dürfte zum Teil damit zusammenhängen, daß Fazilitatoren in ihrer Ausbildung explizit darauf hingewiesen werden, solche Botschaften zu erwarten, dürfte aber auch mit dem erheblichen Aufsehen und unbewußten Motiven der Fazilitatoren zusammenhängen (Spitz 1997). Bei einer derartigen mit der FC-Methode vorgebrachten Anschuldigung sollte unbedingt eine Überprüfung der Fähigkeit zur validen Kommunikation beim FC-Benutzer vorgenommen werden (siehe z. B. Bligh & Kupperman 1993).

- Zudem lösen die überraschenden Fähigkeiten, die unter fazilitierter Kommunikation (ohne Kontrolle) gezeigt werden, aber völlig dem alltäglichen Verhalten widersprechen, große Verunsicherung bezüglich der Planung von Fördermaßnahmen aus, da nicht klar ist, welche Förder- bzw. Unterstützungsmaßnahmen angemessen sind. (Es ist beunruhigend, daß an manchen Orten der Ansatz der fazilitierten Kommunikation vor allem von Befürwortern der schulischen und gesellschaftlichen Integration von Menschen mit Behinderungen aufgegriffen wird und daß mit dieser Befürwortung eine Negation der Tatsache einer Behinderung sowie eine starke wissenschaftskritische Haltung einhergeht).
- Vielleicht mit der wichtigste Einwand gegen die fazilitierte Kommunikation ist die mangelhafte theoretische Begründung dieser Methode. Zumeist wird auf eine motorische Störung verwiesen. Dieses Konzept ist jedoch zu diffus (da sehr unterschiedliche motorische Störungen angeführt werden) und es wird in Anbetracht der Tatsache, daß die FC-Benutzer mit einer autistischen Störung bei anderen Aktivitäten (auch solchen, die die Mundmuskulatur erfordern) nicht beeinträchtigt sind, nur auf die Variabilität und Instabilität ihrer Leistungen verwiesen.

Von wichtigen Proponenten der fazilitierten Kommunikation (z. B. Cardinal & Biklen 1997b) wird heute zugestanden, daß nur ein Teil der Personen mit autistischer Störung zu einer fazilitierten Kommunikation in der Lage ist. Es gibt allerdings keinerlei Vorschläge dazu, wie diese Personen zu erkennen sind und was sie auszeichnet.

Abschließende Reflexionen

Wir haben ein Krankheitsbild beschrieben und versucht, es zu erklären. Wir haben versucht, Menschen mit den Mitteln zu verstehen, die uns verbleiben, wenn ein Einfühlen nicht mehr möglich ist. Würden sich Menschen mit einer autistischen Störung, wenn sie es beurteilen könnten, in dieser Darstellung verstanden fühlen? Auf diese Frage werden wir keine Antwort bekommen, aber sie legt uns eine andere in den Mund: Werden sich die Eltern verstanden fühlen, die am Fremden, das diese Kinder ausstrahlen, schier verzweifeln? Werden sich Ärzte und Therapeuten verstanden wissen, die oft ratlos und doch unermüdlich bestrebt sind, Brücken zu schlagen zwischen ihnen und uns?

In den Reaktionen der Menschen mit einer autistischen Störung spiegelt sich eine Welt, die uns allen fremd ist. Sie ist in einer Intensität und Radikalität anders als unsere vertraute, daß im Laufe der Auseinandersetzung mit ihnen die Entfremdung als solche immer mehr zum Thema wird. Was bedeutet es, einem Menschen gegenüber zu stehen, der uns fremd ist, und mit ihm vielleicht das Leben zu teilen? Welche Möglichkeiten einer Verständigung, welche Möglichkeiten, ein gemeinsames Leben zu führen, verbleiben uns? Ist Fremdheit nicht auch ein wesentlicher Zug des Zusammenlebens von Eltern mit ihren unauffälligen Kindern?

Die Erfahrung, den anderen nicht zu verstehen, sammeln wir in vielfältiger Weise: „Warum hast du das getan?", „Was ist mit dir los?", „Wie konntest du nur?" Wird uns dabei aber auch bewußt, daß Nicht-Verstehen auch bedeutet, über den anderen nicht urteilen zu dürfen, daß wir nicht wissen können, was für den anderen gut und richtig ist? In der Regel klammern wir das Nicht-Verstehen aus, wir verdrängen es, wir tun so, als sei dieser Teil zumindest nicht wichtig. Oder wir versuchen, das Fremde im anderen auszulöschen, ihn in der Erziehung, in der Therapie, im Lernprozeß uns wieder ähnlich, uns gleich zu machen. Ist jedoch dieser Umgang mit dem Fremden richtig?

In der Auseinandersetzung mit dem frühkindlichen Autismus haben wir versucht, andere Wege des Umgangs mit dem Phänomen des Fremden aufzuzeigen. Wir haben versucht zu zeigen, daß dort, wo eine gemeinsame Erfahrung fehlt, ein verstehendes Einfühlen nicht möglich ist. Versuchen wir es trotzdem, so werden wir zu einem Pseudoverstehen kommen und zu Fehlentscheidungen. Wir verstehen damit nur uns selbst im anderen, aber nicht den anderen wirklich und der andere mag sich dabei noch fremder fühlen, noch unverstandener in unserem Verstehen. Es ist aber möglich, den anderen zu beobachten, Informationen zusammenzutragen und in ihrer Widersprüchlichkeit stehen zu lassen. Zu wissen, ich werde dich nie ganz verstehen, aber ich kann versuchen, dich kennenzulernen. Die Welt, die sich in deinen Reaktionen spiegelt, als eine mir fremde Welt stehenzulassen und sie in deiner Spiegelung zu beschreiben als deine Welt. Es wird eine große Distanz bleiben, eine Distanz, die wir annehmen und die wir respektieren müssen. Das genaue Sehen des anderen gibt uns auch die Möglichkeit, uns einzustellen auf den anderen. Ein gewisses Maß an Abstimmung wird möglich.

In der Botschaft des Autismus wird uns aber noch etwas anderes mitgeteilt: In unserem Traum von der Eltern-Kind-Beziehung spielt das wortlose Sich-Verstehen eine wichtige Rolle. Die Mutter versteht das Kind, weil sie seine innersten Regungen nachempfinden kann, und das Kind weiß sich in den vielen Überraschungen seiner Entwicklung verstanden. Ein hohes Maß also an Identifikation der Eltern mit dem Kind. Die Madonna mit dem Kind auf dem Arm ist in der europäischen Kultur zum Sinnbild dieses Traums geworden. Die Mutter des autistischen Kindes weiß, daß sie diesen Traum nicht leben kann.

Aber ist dieser Traum überhaupt mit einem Kind zu leben? Was bedeutet dieser Traum für das ganz gewöhnliche Kind? Wie sind die Chancen des Kindes auf ein individuelles eigenes Leben, wenn die Mutter in ihrem Mitgefühl und in ihrer Einfühlung das einmalig Individuelle des Kindes doch nicht zu erfassen vermag und sie dabei zu einer Vorstellung vom Leben des Kindes kommt, das nur der Mutter, aber nicht dem Kind entspricht? Die oft gehörten, entschuldigenden Worte: „Wir haben nur das Beste gewollt", sind sie nicht Ausdruck eines fundamentalen Mißverständnisses? Was heißt das, die Eltern wollen das Beste für ihr Kind? Es klingt wie das Verbot, sich selbst zu leben.

Die Eltern autistischer Kinder wissen, daß sie ihre Kinder nie verstehen werden, und sie können den Traum der Identifikation nicht leben. Mit ihnen können wir erfahren, was es für Eltern bedeutet, ihr Kind nicht zu verstehen. Die Einsicht in das Nichtverstehen schafft jedoch auch Raum für gegenseitigen Respekt, und dieser Respekt gibt dem Kind die Möglichkeit, sein Leben selbst zu leben.

Literatur

Ando, H. & Yoshimura, I. (1979): Effects of age on communication skill levels and prevalence of maladaptive behaviours in autistics and mentally retarded children. Journal of Autism and Developmental Disorders, 9, 83–93.

Alaghband-Rad, J., McKenna, K., Gordon, C. T., Albus, K. E., Hamburger, S.D., Rumsey, J. M., Frazier, J. A., Lenane, M. C. & Rapaport, J. L. (1995): Childhood-onset schizophrenia: The severity of premorbid course. Journal of the American Academy of Child and Adolescent Psychiatry, 34, 1273–1283.

Anderson, G. M. & Hoshino, Y. (1997): Neurochemical studies of autism. In: D. J. Cohen & F. R. Volkmar (Eds.) Handbook of autism and pervasive developmental disorders. 2nd Edit. New York: J. Wiley.

Antons-Brandi, V. (1982): Elternerfahrung bei der Therapie: Festhalten nach Tinbergen/Welch. Autismus, Nr. 14, 1982.

Asarnow, J. R. (1994): Childhood-onset schizophrenia. Journal of Child Psychology and Psychiatry, 35, 1345–1371.

Asperger, H. (1944): Die autistischen Psychopathen im Kindesalter. Archiv für Psychiatrie, 117, 76–136.

Attwood, A., Frith, U. & Hermelin, B. (1988): The understanding and use of interpersonal gestures by autistic and Down syndrome children. Journal of Autism and Developmental Disorders, 18, 241–258.

August, G. J. & Lockhart, L. H. (1984): Familial autism and the fragile-X chromosome. Journal of Autism and Developmental Disorders, 14, 197–204.

August, G. J., Stewart, M. A. & Tsai, L. (1981): The incidence of cognitive disabilities in the siblings of autistic children. British Journal of Psychiatry, 138, 416–422.

Augustinus, A. (ca. 400): Confessiones/ Bekenntnisse. (deutschsprachige Ausgabe z. B. Stuttgart: Reclam, 1977.

Bachevalier, J. (1994): Medial temporal lobe structures and autism: A review of clinical and experimental findings. Neuropsychologia, 32, 627–648.

Bailey, A., LeCouteur, A., Gottesman, I. & Bolton, P. (1995): Autism as a strongly genetic disorder: Evidence from a British twin study. Psychological Medicine, 25, 63–77.

Bailey, A., Luthert, P., Bolton, P., LeCouteur, A. & Rutter, M. (1993): Autism and megalencephaly. Lancet, 341, 1225–1226.

Bailey, A., Phillips, W. & Rutter, M. (1996): Autism: Towards an integration of clinical, genetic, neuropsychological, and neurobiological perspectives. Journal of Child Psychology and Psychiatry, 37, 89–126.

Baltaxe, C. (1977): Pragmatic deficits in the language of autistic adolescents. Journal of Pediatric Psychology, 2, 176–180.

Baltaxe, C. A. & D'Angiola, N. (1992): Cohesion in the disclosure interaction of autistic, specifically language-impaired, and normal children. Journal of Autism and Developmental Disorders, 22, 1–21.

Balthazar, E. E. (1977): Assessment of autistic behaviours in the severely retarded. Research to Practice in Mental Retardation, Vol. 2, (19–25).

Baron-Cohen, S. (1987): Autism and symbolic play. British Journal of Developmental Psychology, 5, 139–148.

Baron-Cohen, S. (1988): Social and pragmatic deficits in autism: Cognitive or affective? Journal of Autism and Developmental Disorders, 18, 379–402.
Baron-Cohen, S. (1989a): Perceptual role taking and protodeclarative pointing in autism. British Journal of Developmental Psychology, 7, 113–127.
Baron-Cohen, S. (1989b): The autistic child's theory of mind: A case of specific developmental delay. Journal of Child Psychology and Psychiatry, 30, 285–297.
Baron-Cohen, S. (1989c): Are autistic children „behaviorists"? An examination of their mental-physical and appearance-reality distinctions. Journal of Autism and Developmental Disorders, 18, 379–402.
Baron-Cohen, S. (1992): Out of sight or out of mind? Another look at deception in autism. Journal of Child Psychology and Psychiatry, 33, 1141–1155.
Baron-Cohen, S. (1993): From attention-goal psychology to belief-desire psychology: the development of a theory of mind, and its dysfunction. In: S. Baron-Cohen, H. Tager-Flusberg & D. J. Cohen (Eds.) Understanding other minds: Perspectives from autism. Oxford: Oxford University Press.
Baron-Cohen, S. (1995): Mindblindness: An essay on autism and theory of mind. Cambridge, MA: MIT-Press/Bradford.
Baron-Cohen, S., Allen, J. & Gillberg, C. (1992): Can autism be detected at 18 months? The needle, the haystack, and the CHAT. British Journal of Psychiatry, 161, 839–843.
Baron-Cohen, S., Cox, A., Baird, G., Sweettenham, J., Nightingale, N., Morgan, K., Drew, A. & Charman, T. (1996): Psychological markers in the detection of autism in infancy in a large population. British Journal of Psychiatry, 168, 158–163.
Baron-Cohen, S., Hammer, J. (1997): Parents of children with Asperger syndrome: What is the cognitive phenotype? Journal of Cognitive Neuroscience, 9, 548–554.
Baron-Cohen, S., Leslie, A. M. & Frith, U. (1985): Does the autistic child have a „theory of mind"? Cognition, 21, 37–46.
Baron-Cohen, S., Leslie, A. M. & Frith, U. (1986): Mechanical, behavioural and intentional understanding of picture stories in autistic children. British Journal of Developmental Psychology, 4, 113–125.
Baron-Cohen, S., Spitz, A. & Cross, P. (1993): Do children with autism recognize surprise? A research note. Cognition and Emotion, 7, 507–516.
Bartak, L. & Rutter, M. (1973): Special educational treatment of autistic children: A comparative study. 1. Design of study and characteristics of units. Journal Child Psychology and Psychiatry, 13, 161–179.
Bartak, L. & Rutter, M. (1976): Differences between mentally retarded and normal intelligent autistic children. Journal of Autism and Childhood Schizophrenia, 6, 109–120.
Bartak, L., Rutter, M. & Cox, A. (1975): A comparative study of infantile autism and specific developmental receptive language disorder: I. The children. British Journal of Psychiatry, 126, 127–145.
Bartolucci, G. & Albers, R. J. (1974): Deictic categories in the language of autistic children. Journal of Autism and Childhood Schizophrenia, 4, 131–131.
Bartolucci, G., Pierce, S. J. & Streiner, D. (1980): Cross-sectional studies of grammatical morphemes in autistic and mentally retarded children. Journal of Autism and Developmental Disorders, 10, 39–50.
Bartolucci, G., Pierce, S., Streiner, D. & Eppel, P. T. (1976): Phonological investigation of verbal autistic and mentally retarded subjects. Journal of Autism and Childhood Schizophrenia, 6, 303–316.
Bauman, M. & Kemper, T. L. (1985): Histoanatomic observations of the brain in early infantile autism. Neurology, 35, 866–874.
Bauman, M. L. & Kemper, T. L. (1994): Neuroanatomic observations of the brain in autism. In: M. L. Bauman & T. L. Kemper (Eds.) The neurobiology of autism. Baltimore: John Hopkins University Press.
Baumeister, A. A. (1978): Origins and control of stereotyped movements. In: C. E. Meyers (Ed.): Quality of life for severely and profoundly retarded people. Research founda-

tions for improvement, Series 3. Washington, DC: American Academy for Mental Deficiency.
Bebko, J. M., Perry, A. & Bryson, S. (1996): Multiple method validation study of facilitated communication: II. Individual differences and subgroup results. Journal of Autism and Developmental Disorders, 26, 19–42.
Beck, B., Warburg, M., Parving, A., Jansen, E., Arendt-Nielsen, L., Elbro, C. & Klewe, L. (1992): The Copenhagen investigation of assisted communication between severely handicapped persons and their assistants. Paper presented at the 9th World Congress of the International Association for the Scientific Study of Mental Deficiency. Broadbeach, Queensland.
Bemporad, J. R. (1979): Adult recollections of a formerly autistic child. Journal of Autism and Developmental Disorders, 9, 179–197.
Benda, U. v. (1983): Untersuchungen zur Intonation autistischer, sprachentwicklungsgestörter und sprachunauffälliger Kinder. Dissertation: München. 1983.
Bennetto, L., Pennington, B. F. & Rogers, S. J. (1996): Intact and impaired memory functions in autism. Child Development, 67, 1816–1835.
Biklen, D. (1990): Communication unbound: Autism and praxis. Harvard Educational Review, 60, 291–314.
Biklen, D. & Cardinal, D. N. (Eds.) (1997): Contested words, contested science: Unraveling the facilitated communication controversy. New York: Teachers College Press.
Biklen, D., Morton, M. W., Gold, D., Berrigan, C. & Swaminathan, S. (1992): Facilitated communication: Implications for individuals with autism. Topics in Language Disorders, 12(4), 1–28.
Bishop, D. V. M. (1993): Autism, executive functions and theory of mind: A neuropsychological perspective. Journal of Child Psychology and Psychiatry, 34, 279–293.
Blank, M. & Milewski, J. (1981): Applying psycholinguistic concepts to the treatment of an autistic child. Applied Psycholinguistics, 2, 61–64.
Bligh, S. & Kupperman, P. (1993): Facilitated communication evaluation procedure accepted in a court case. Journal of Autism and Developmental Disorders, 23, 553–557.
Bloom, L. & Lahey, M. (1978): Language development and language disorders. New York: J. Wiley.
Bolton, P., Macdonald, H., Pickles, A., Rios, P., Goode, S., Crowson, M., Bailey, A. & Rutter, M. (1994): A case-control family history study of autism. Journal of Child Psychology and Psychiatry, 35, 877–900.
Bolton, P., Murphy, M., Macdonald, H., Whitlock, B., Pickles, A. & Rutter, M. (1997): Obstetric complications in autism: consequences or causes of the condition? Journal of the American Academy of Child and Adolescent Psychiatry, 36, 272–281.
Bolton, P. F., Pickles, A., Harrington, R., Macdonald, H. & Rutter, M. (1992): Season of birth: Issues, approaches and findings for autism. Journal of Child Psychology and Psychiatry, 33, 509–530.
Borden, M. C. & Ollendick, T. H. (1992): The development and differentiation of social subtypes in autism. In: B. B. Lahey & A. E. Kazdin (Eds.): Advances in Clinical Child Psychology, Vol. 14 (S. 61–106). New York: Plenum.
Borden, M. C. & Ollendick, T. H. (1994): An examination of the validity of social subtypes in autism. Journal of Autism and Developmental Disorders, 24, 23–37.
Bormann-Kischkel, C. (1990): Erkennen autistische Kinder Personen und Emotionen? Regensburg: S. Roderer.
Bormann-Kischkel, C., Vilsmeier, M. & Baude, B. (1995): The development of emotional concepts in autism. Journal of Child Psychology and Psychiatry, 36, 1243–1259.
Boucher, J. (1976): Articulation in early childhood autism. Journal of Autism and Childhood Schizophrenia, 6, 207–302.
Boucher, J. (1978): Echoic memory capacity in autistic children. Journal of Child Psychology and Psychiatry, 19, 161–166.

Boucher, J. (1981a): Memory for recent events in autistic children. Journal Autism and Developmental Disorders, 11, 293–301.
Boucher, J. (1981b): Immediate free recall in early childhood autism: Another point of behavioural similarity with the amnesic syndrome. British Journal of Psychology, 72, 211–215.
Boucher, J. (1988): Word fluency in high-functioning autistic children. Journal of Autism and Developmental Disorders, 18, 637–645.
Boucher, J. (1996): What could possibly explain autism? In: P. Carruthers & P. K. Smith (Eds.): Theories of theory of mind. Cambridge: Cambridge University Press.
Boucher, J. & Lewis, V. (1989): Memory impairments and communication in relatively able autistic children. Journal of Child Psychology and Psychiatry, 30, 99–122.
Boucher, J. & Lewis, V. (1992): Unfamiliar face recognition in relatively able autistic children. Journal of Child Psychology and Psychiatry, 33, 843–859.
Boucher, J. & Warrington, E. K. (1976): Memory deficits in early infantile autism: Some similarities to the amnesic syndrome. British Journal of Psychology, 67, 73–87.
Brask, B. H. (1972): A prevalence investigation of childhood psychosis. In: Nordic Symposium on the Care of the Psychotic Children. Oslow: Barnepsykatrist Forening.
Braverman, M., Fein, D., Lucci, D. & Waterhouse, L. (1989): Affect comprehension in children with pervasive developmental disorders. Journal of Autism and Developmental Disorders, 19, 301–316.
Bregman, J. D. & Gerdtz, J. (1997): Behavioral interventions. In: D. J. Cohen & F. R. Volkmar (Eds.): Handbook of autism and pervasive developmental disorders. 2nd Edit. New York: J. Wiley.
Brian, J. A. & Bryson, S. E. (1996): Disembedding performance and recognition memory in autism. Journal of Child Psychology and Psychiatry, 37, 865–872.
Brook, S. L. & Bowler, D. M. (1992): Autism by another name? Semantic and pragmatic impairments in children. Journal of Autism and Developmental Disorders, 22, 61–82.
Brothers, L. & Ring, B. (1992): A neuroethological framework for the representation of minds. Journal of Cognitive Neuroscience, 4, 107–118.
Brown, W. T., Jenkins, E. C., Friedman, E., Brooks, J., Wisniewski, K., Ragurhu, S. & Frech, J. (1982): Autism is assoziated with the fragile-X syndrom. Journal of Autism and Developmental Disorders, 12, 303–308.
Bruner, J. & Feldman, C. (1993): Theories of mind and the problem of autism. In: S. Baron-Cohen, H. Tager-Flusberg & D. J. Cohen (Eds.) Understanding other minds: Perspectives from autism. Oxford: Oxford University Press.
Bryson, S. E. (1997): Epidemiology of autism: Overview and outstanding issues. In: D. J. Cohen & F. R. Volkmar (Eds.): Handbook of autism and pervasive developmental disorders. 2nd Edit. New York: J. Wiley.
Buitelaar, J. K., van Engeland, H., de Kogel, K. H., de Vries, H. & van Hooff, J. A. R. (1991): Differences in the structure of social behaviour of autistic children and non-autistic retarded controls. Journal of Child Psychology and Psychiatry, 32, 995–1015.
Burack, J. A. & Volkmar, F. R. (1992): Development of low- and high-functioning autistic children. Journal of Child Psychology and Psychiatry, 33, 607–616.

Cain, A. C. (1969): Special isolated abilities in severely psychotic young children. Psychiatry, 32. Jg., 137–149.
Campbell, M., Anderson, L. T., Small, A. M., Perry, R., Green, W. H. & Caplan, R. (1982): The effects of Haloperidol on learning and behaviour in autistic children. Journal of Autism and Developmental Disorders, 12, 167–175.
Campbell, M., Fish, H., Korein, J., Shapiro, T., Collins, P. & Koh, C. (1972): Lithium and Chlorpromazine: A controlled crossover study of hyperactive severly disturbed young children. Journal of Autism and Childhood Schizophrenia, 2, 234–263.

Campbell, M., Hardesty, A. S., Breuer, H. & Polevoy, N. (1978): Childhood psychosis in perspective: A follow-up of 10 children. Journal of the American Academy of Child Psychiatry, 17, 14–28.

Cantwell, D. P. & Baker, L. (1978): Imitations and echoes in autistic and dysphasic children. Journal of the American Academy of Child Psuchiatry, 17, 614–624.

Cantwell, D. P., Baker, L. & Rutter, M. (1978a): Family factors. In: M. Rutter & E. Schopler (Eds.) Autism. New York: Plenum Press, 1978.

Cantwell, D. P., Baker, L. & Rutter, M. (1978b): A comparative study of infantile autism and specific developmental receptive language disorder – IV. Analysis of syntax and language function. Journal of Child Psychology and Psychiatry, 19, 351–362.

Cantwell, D. P., Baker, L., Rutter, M. & Mawhood, L. (1989): Infantile autism and developmental receptive dysphasia: A comparative follow-up into middle childhood. Journal of Autism and Developmental Disorders, 19, 19–31.

Caplan, R., Perdue, S., Tanguay, P. E. & Fish, B. (1990): Formal thought disorder in childhood onset schizophrenia and schizotypal personality disorder. Journal of Child Psychology and Psychiatry, 31, 1103–1114.

Capps, L., Kasari, C., Yirmiya, N. & Sigman, M. (1993): Parental perception of emotional expressiveness in children with autism. Journal of Consulting and Clinical Psychology, 61, 475–484.

Capps, L., Sigman, M. & Mundy, P. (1994): Attachment security in children with autism. Development and Psychopathology, 6, 249–261.

Capps, L., Yirmiya, N. & Sigman, M. (1992): Understanding of simple and complex emotions in nonretarded children with autism. Journal of Child Psychology and Psychiatry, 33, 1169–1182.

Cardinal, D. N. & Biklen, D. (1997a): Suggested procedures for confirming authorship through research: An initial investigation. In: D. Biklen & D. N. Cardinal (Eds.) Contested words, contested science: Unraveling the facilitated communication controversy. New York: Teachers College Press.

Cardinal, D. N. & Biklen, D. (1997b): Summing up: What should not and what can be said about facilitated communication. In: D. Biklen & D. N. Cardinal (Eds.): Contested words, contested science: Unraveling the facilitated communication controversy. New York: Teachers College Press.

Carr, E. G. (1977): The motivation of self-injurious behavior: A review of some hypotheses. Psychological Bulletin, 84, 800–816.

Carr, E. G., Robinson, S. & Palumbo, L. W. (1990): The wrong issue: Aversive versus nonaversive treatment. The right issue: Functional versus nonfunctional treatment. In: A. C. Repp & N. N. Singh (Eds.): Perspectives on the use of nonaversive and aversive interventions for persons with developmental disabilities. Sycamore, IL: Sycamore.

Carr, E. G., Schreibman, L. & Lovaas, O. J. (1975): Control of echolalic speech in psychotic children. Journal of Abnormal Child Psychology, 3, 331–351.

Castell, R. (1970): Physical distance and visual attention as measures of social interaction between child and adult. In: J. Hutt & C. Hutt (Eds.): Behaviour studies in psychiatry, Oxford: Pergamon Press.

Charman, T. & Baron-Cohen, S. (1992): Understanding drawings and beliefs: A further test of the metarepresentational theory of autism. Journal of Child Psychology and Psychiatry, 33, 1105–1112.

Charman, T. & Baron-Cohen, S. (1995): Understanding photos, models, and beliefs: A test of the modularity thesis of theory of mind. Cognitive Development, 10, 287–298.

Chess, S. (1977): Follow-up report on autism in congenitial rubella. Journal of Autism and Childhood Schizophrenia, 7, 69–61.

Chung, S. Y., Luk, S. L. & Lee, P. W. H. (1990): A follow-up study of infantile autism in Hong Kong. Journal of Autism and Developmental Disorders, 20, 221–232.

Churchill, D. W. (1971): The effects of success and failure in psychotic children. Archives of General Psychiatry, 25, 208–214.

Clark, P. & Rutter, M. (1977): Compliance and resistance in autistic children. Journal of Autism and Childhood Schizophrenia, 7, 33–48
Clark, P. & Rutter, M. (1981): Autistic children's reponses to structure and to interpersonal demands. Journal of Autism and Developmental Disorders, 11, 201–217.
Coggins, T. E. & Frederickson, R. (1988): The communicative role of a highly frequent repeated utterance in the conversations of an autistic boy. Journal of Autism and Developmental Disorders, 18, 687–694.
Cohen, J. L., Campbell, M., Posner, D., Small, A. M., Tiebel, D. & Anderson, L. T. (1980): Behavioral effects of Haloperidol in young autistic children. Journal of the American Academy of Child Psychiatry, 19, 665–677.
Corbett, J., Harris, R., Taylor, E. & Trimble, M. (1977): Progressive disintegrative psychosis of childhood. Journal of Child Psychology and Psychiatry, 18, 211–219.
Courchesne, E., Townsend, J., Akshoomoff, N. A., Yeung–Courchesne, R., Lincoln, A., James, H., Saitoh, O., Haas, R. & Schreibman, L. (1994): A new finding: Impairment in shifting attention in autistic and cerebellar patients. In: S. H. Broman & J. Grafman (Eds.): Atypical cognitive deficits in developmental disorders: Implications for brain function. Hillsdale, N. J.: L. Erlbaum.
Cox, A., Rutter, M., Newman, S. & Bartak, L. (1975): A comparative study of infantile autism and specific developmental receptive language disorder: II.Parental characteristics. British Journal of Psychiatry, 126, 146–159.
Crossley, R. (1994): Facilitated communication training. New York: Teachers College Press.
Cunningham, M. A. (1966): A five year study of the language of an autistic child. Journal of Child Psychology and Psychiatry, 7, 143–154
Cunningham, M. A. (1968): A comparison of the language of psychotic and nonpsychotic children who are mentally retarded. Journal of Child Psychology and Psychiatry, 9, 229–244.
Cunningham, M. A. & Dixon, D. (1961): A study of the language of an autistic child. Journal of Child Psychology and Psychiatry, 2, 193–202.
Curcio, F. (1978): Sensorimotor functioning and communication in mute autistic children. Journal of Autism and Childhood Schizophrenia, 8, 281–292.
Curcio, F. & Piserchia, E. A. (1978): Pantomimic representation in psychotic children. Journal of Autism and Childhood Schizophrenia, 8, 181–189.

Dahlgren, S. O. & Gillberg, C. (1989): Symptoms in the first two years of life: a preliminary population study of infantile autism. European Archives of Psychiatry and Neurological Science, 283, 169–174.
Dahlgren, S. O. & Trillingsgaard, A. (1996): Theory of mind in non-retarded children with autism and Asperger's syndrome: A research note. Journal of Child Psychology and Psychiatry, 37, 759–763.
Davies, S., Bishop, D., Manstead, A. S. R. & Tantam, D. (1994): Face perception in children with autism and Asperger's syndrome. Journal of Child Psychology and Psychiatry, 35, 1033–1057.
Dawson, G. & Galpert, L. (1986): A developmental model for facilitating the social behavior of autistic children. In: E. Schopler & G. B. Mesibov (Eds.): Social behavior in autism. New York und London: Plenum Press.
Dawson, G., Hill, D., Spencer, A., Galpert, L. & Watson, L. (1990): Affective exchanges between young autistic children and their mothers. Journal of Abnormal Child Psychology, 18, 335–345.
de Gelder, B., Vroomen, J. & Van der Heide, L. (1991): Face recognition and lip-reading in autism. European Journal of Cognitive Psychology, 3, 69–86.
DeMyer, M. K. (1975): The nature of neuropsychological disability in autistic children. Journal of Autism and Childhood Schizophrenia, 5, 109–128.
DeMyer, M. K. (1979): Parents and children in autism. Washington, D. C.: V. H. Winston.

DeMyer, M. K., Alpern, G. D., Barton, S., Myer, W. E., Churchill, D. W., Hingten, J. N., Bryson, C. Q., Pontius, W. & Kimberlin, C. (1972): Imitation in autistic, early schizophrenic and non-psychotic subnormal children. Journal of Autism and Childhood Schizophrenia, 2, 264–287.

DeMyer, M. K., Barton, S., Allen, J. & Steel, R. (1973): Prognosis in autism: A follow-up study. Journal of Autism and Childhood Schizophrenia, 3, 199–246.

DeMyer, M. K., Barton, S., Alpern, G. D., Kimberlin, C., Allen, J., Young, E. & Steele, R. (1974): The measured intelligence of autistic children. Journal of Autism and Childhood Schiizophrenia, 4, 42–60.

Dewey, M. & Everard, P. (1974): The near normal autistic adolescent. Journal of Autism and Childhood Schizophrenia, 4, 348–356

Deykin, E. Y. & MacMahon, B. (1979): The incidence of seizures among children with autistic symptoms. American Journal of Psychiatry, 136, 1310–1312.

DiLavore, P. C., Lord, C. & Rutter, M. (1995): Pre-linguistic autism diagnostic observation schedule. Journal of Autism and Developmental Disorders, 25, 355–379.

Dissanayake, C. & Crossley, S. A. (1996): Proximity and sociable behaviours in autism: Evidence for attachment. Journal of Child Psychology and Psychiatry, 37, 149–156.

Dunn, M., Gomes, H. & Sebastian, M. J. (1996): Prototypicality of responses of autistic, language disordered and normal children in a word fluency task. Child Neuropsychology, 2, 99–108.

Durand, V. M. (1990): Severe behavior problems: A functional communication approach. New York: Guilford Press.

Dyer, C. & Hadden, A. J. (1981): Delayed echolalia in autism: Some observations on differences within the term. Child: Care, Health and Development, 7, 331–345.

Dykens, E. M., Hodapp, R. M. & Leckman, J. F. (1994): Behavior and development in fragile X syndrome. Beverly Hills, London: Sage.

Dykens, E. M. & Volkmar, F. (1997): Medical conditions associated with autism. In: D. J. Cohen & F. R. Volkmar (Eds.): Handbook of autism and pervasive developmental disorders. 2nd Edit. New York: J. Wiley.

Eales, M. J. (1993): Pragmatic impairments in adults with childhood diagnoses of autism or developmental receptive language disorder. Journal of Autism and Developmental Disorders, 23, 593–617

Eaves, L. C. & Ho, H. H. (1996): Stability and change in cognitive and behavioral characteristics of autism through childhood. Journal of Autism and Developmental Disorders, 26, 557–569.

Ehlers, S. & Gillberg, C. (1993): The epidemiology of Asperger syndrome. A total population study. Journal of Child Psychology and Psychiatry, 34, 1327–1350.

Eisenberg, L. (1957): The fathers of autistic children. American Journal of Orthopsychiatry, 27, 715–724.

Epstein, L. H., Doke, L. A., Sajwaj, T. E., Sorell, S. & Rimener, B. (1974): Generality and side effects of overcorrection. Journal of Applied Behaviour Analysis, 7, 385–390.

Fay, W. & Schuler, A. L. (1980): Emerging Language in Autistic Children. Baltimore: University Park Press.

Fein, D., Humes, M., Kaplan, E., Lucci, D. & Waterhouse, L. (1984): The question of left hemisphere dysfunction in infantile autism. Psychological Bulletin, 95, 258–281.

Fein, D., Lucci, D., Braverman, M. & Waterhouse, L. (1992): Comprehension of affect in context in children with pervasive developmental disorders. Journal of Child Psychology and Psychiatry, 33, 1157–1167.

Fine, J., Bartolucci, G., Ginsberg, G. & Szatmari, P. (1991): The use of intonation to communicate in pervasive developmental disorders. Journal of Child Psychology and Psychiatry, 32, 771–782.

Fish, B. (1959): Longitudinal observations of biological deviations in a schizophrenic infant. American Journal of Psychiatry, 116, 25–31.
Fish, B. (1961): The study of motor development in infancy and its relationship to psychological functioning. American Journal of Psychiatry, 117, 1113–1118.
Folstein, S. & Rutter, M. (1977): Infantile autism: A genetic study of 21 twin pairs. Journal of Child Psychology and Psychiatry, 18, 297–321.
Fombonne, E., Bolton, P., Prior, J., Jordan, H. & Rutter, M. (1997): A family study of autism: Cognitive patterns and levels in parents and siblings. Journal of Child Psychology and Psychiatry, 38, 667–683.
Frankel, F., Freeman, B. J., Ritvo, E. & Pardo, P. (1978): The effects of environmental stimulation upon the stereotyped behaviour of autistic children. Journal of Autism and Childhood Schizophrenia, 8, 389–394.
Freeman, B. J., Rahbar, B., Ritvo, E. R., Bice, T. L., Yokota, A. & Ritvo, R. (1991): The stability of cognitive and behavioral parameters in autism: A twelve–year prospective study. Journal of the American Academy of Child and Adolescent Psychiatry, 30, 479–482.
Freeman, B. J., Ritvo, E. R., Schroth, P. D., Tonick, J., Guthrie, D. & Wake, L. (1981): Behavioural characteristics of high- and low-IQ autistic children. American Journal of Psychiatry, 138, 25–29.
Frith, U. (1969): Emphasis and meaning in recall in normal and autistic children. Language and Speech, 12, 29–38.
Frith, U. (1971): Spontaneous patterns produced by autistic, normal and subnormal children. In: M. Rutter (Ed.): Infantile Autism: Concepts, Charakteristics and Treatment. London: Churchill.
Frith, U. (1989): Autism: Explaining the enigma. Oxford: Basil Blackwell.
Frith, U. & Happé, F. (1994): Autism: Beyond „theory of mind". Cognition, 50, 115–132.
Frith, U., Happé, F. & Siddons, F. (1994): Autism and theory of mind in everyday life. Social Development, 3, 108–124.
Frith, U. & Snowling, M. (1983): Reading for meaning and reading for sound in autistic and dyslexic children. British Journal of Developmental Psychology, 1, 329–342.

Garfin, D. G. & Lord, C. (1986): Communication as a social problem in autism. In: E. Schopler & G. B. Mesibov (Eds.): Social behavior in autism. New York und London: Plenum Press.
Gerhardt, P. F. & Holmes, D. L. (1997): Employment: Options and issues for adolescents and adults with autism. In: D. J. Cohen & F. R. Volkmar (Eds.) Handbook of autism and pervasive developmental disorders. 2nd Edit. New York: J. Wiley.
Ghaziuddin, M. & Gerstein, L. (1996): Pedantic speaking style differentiates Asperger syndrom from high–functioning autism. Journal of Autism and Developmental Disorders, 26, 585–595.
Gillberg, C. (1990): Autism and pervasive developmental disorders. Journal of Child Psychology and Psychiatry, 31, 99–119.
Gillberg, C. (1991): Outcome in autism and autistic-like conditions. Journal of the American Academy of Child and Adolescent Psychiatry, 30, 375–382.
Gillberg, C. (1992): Autism and autistic-like conditions: Subclasses among disorders of empathy. Journal of Child Psychology and Psychiatry, 33, 813–842.
Gillberg, I. C., Bjure, J., Uvebrant, P., Vestergren, E. et al. (1993): SPECT (Single Photon Emission Computed Tomography) in 31 children and adolescents with autism and autistic-like conditions. European Child and Adolescent Psychiatry, 2, 50–59.
Gillberg, C. & Coleman, M. (1992): The biology of the autistic syndromes. 2. Edit. London: Mac Keith Press.
Gillberg, C., Ehlers, S., Schaumann, H., Jakobsson, G., Dahlgren, S. O., Lindblom, R., Bagenholm, A., Tjuus, T. & Blidner, E. (1990): Autism under age 3 years: A clinical

study of 28 cases referred for autistic symptoms in infancy. Journal of Child Psychology and Psychiatry, 31, 921–934.
Gillberg, C. & Gillberg, I. C. (1983): Infantile autism: A total population study of reduced optimality in the pre-, peri- and neonatal period. Journal of Autism and Developmental Disorders, 13, 153–166.
Gillberg, C. & Schaumann, H. (1981): Infantile autism and puberty. Journal of Autism and Developmental Disorders, 11, 365–371.
Gillberg, C. & Steffenburg, S. (1987): Outcome and prognostic factors in autism and similar conditions: a population-based study of 46 cases followed through puberty. Journal of Autism and Developmental Disorders, 17, 273–287.
Gillberg, C., Steffenburg, S. & Schaumann, H. (1991): Is autism more common now than ten years ago? British Journal of Psychiatry, 158, 403–409.
Gillberg, C., Svennerholm, L. & Hamilton-Hellberg, C. (1983): Childhood psychosis and monoamine metabolites in spinal fluid. Journal of Autism and Developmental Disorders, 13, 383–396.
Gillberg, I. C. & Gillberg, C. (1989): Asperger syndrome – some epidemiological considerations: A research note. Journal of Child Psychology and Psychiatry, 30, 631–638.
Goldfarb, W., Goldfarb, N., Braunstein, P. & Scholl, N. (1972): Speech and language faults in schizophrenic children. Journal of Autism and Childhood Schizophrenia, 2, 219–233.
Goldfarb, W., Spitzer, R. L. & Endicott, J. (1976): A study of psychopathology of parents of psychotic children by structured interview. Journal of Autism and Childhood Schizophrenia, 6, 327–338.
Grandin, T. (1995): Thinking in pictures and other reports from my life with autism. New York: Doubleday.
Grandin, T. & Scanario, M. (1986): Emergence labelled autistic. Tunbridge Wells: Costello.
Gray, C. A. (1998): Social stories and comic strip conversations with students with Asperger syndrome and high-functioning autism. In: E. Schopler, G. B. Mesibov & L. J. Kunce (Eds.): Asperger syndrome or high functioning autism? New York: Plenum Press.
Green, A. H. (1967): Self-mutilation in schizophrenic children. Archives of General Psychiatry, 17, 234–244.
Guess, D. & Carr, E. (1991): Emergence and maintenance of stereotypy and self-injury. American Journal on Mental Retardation, 96, 299–319.
Guess, D., Helmstetter, E., Turnbull, H. R. III, & Knowlton, S. (1986): Use of aversive procedures with persons who are disabled: An historical review and critical analysis. Seattle: The Association for Persons with Severe Handicaps.

Hadwin, J., Baron-Cohen, S., Howlin, P. & Hill, K. (1996): Can we teach children with autism to understand emotions, belief, or pretence? Development and Psychopathology, 8, 345–365.
Hagberg, B. (Ed.) (1993): Rett syndrome – clinical and biological aspects. Cambridge: Cambridge University Press.
Hammes, J. G. W. & Langdell, T. (1981): Precursors of symbol formation and childhood autism. Journal of Autism and Developmental Disorders, 11, 331–346.
Happé, F. G. E. (1993): Communicative competence and theory of mind in autism: A test of relevance theory. Cognition, 48, 101–119.
Happé, F. G. E. (1994): An advanced test of theory of mind: understanding of story characters' thoughts and feelings by able autists, mentally handicapped and normal children and adults. Journal of Autism and Developmental Disorders, 24, 129–154.
Happé, F. G. E. (1995a): The role of age and verbal ability in theory of mind task performance of autistic subjects. Child Development, 66, 843–855.
Happé, F. (1995b): Autism: An introduction to psychological theory. Cambridge, MA: Harvard University Press.

Happé, F. G. E. (1996): Studying weak central coherence at low levels: Children with autism do not succumb to visual illusions. Journal of Child Psychology and Psychiatry, 37, 873–877.
Haracopos, D. & Kelstrup, A. (1978): Psychotic behaviour in children under the institutions for the mentally retarded in Denmark. Journal of Autism and Childhood Schizophrenia, 8, S. 1–12.
Hargrave, E. & Swisher, L. (1975): Modifying the verbal expression of a child with autistic behaviours. Journal of Autism and Childhood Schizophrenia, 5, 147–154.
Haring, T. G. & Breen, C. G. (1992): A peer-mediated social network intervention to enhance the social integration of persons with moderate and severe disabilities. Journal of Applied Behavior Analysis, 25, 319–333.
Harris, P. L. (1993): Pretending and planning. In: S. Baron-Cohen, H. Tager-Flusberg & D. J. Cohen (Eds.): Understanding other minds: Perspectives from autism. Oxford: Oxford University Press.
Harris, S. L. (1975): Teaching language to nonverbal children – with emphasis on problems of generalization. Psychological Bulletin, 82, 565–580.
Harris, S. L. & Handleman, J. S. (Eds.) (1994): Preschool education programs for children with autism. Austin, TX: Pro-Ed.
Harris, S. L. & Handleman, J. S. (1997): Helping children with autism enter the mainstream. In: D. J. Cohen & F. R. Volkmar (Eds.): Handbook of autism and pervasive developmental disorders. 2nd Edit. New York: J. Wiley.
Hauck, M., Fein, D., Waterhouse, L., Feinstein, Carl (1995): Social initiations by autistic children to adults and other children. Journal of Autism and Developmental Disorders, 25, 579–595.
Hayes, R. P. (1987): Training for work. In: D. J. Cohen, A. M. Donnellan & R. Paul (Eds.): Handbook of autism and pervasive developmental disorders. New York: J. Wiley.
Heidegger, M. (1979): Sein und Zeit. Max Niemeyer Verlag: Tübingen.
Hemsley, R., Howlin, P., Berger, M., Hersov, L., Holbrook, D., Rutter, M. & Yule, W. (1978): Treating autistic children in a family context. In: M. Rutter & E. Schopler (Eds.): Autism. New York: Plenum Press.
Hermelin, B. & O'Connor, N. (1967): Remembering of words by psychotic and subnormal children. British Journal of Psychology, 58, 213–218.
Hermelin, B. & O'Connor, N. (1970): Psychological experiments with autistic children. Oxford: Pergamon Press.
Hermelin, B. & O'Connor, N. (1985): Logico-affective states and nonverbal language. In: E. Schopler & G. B. Mesibov (Eds.): Communication problems in autism. New York: Plenum Press.
Hermelin, B., Pring, L. & Heavey, L. (1994): Visual and motor functions in graphically gifted savants. Psychological Medicine, 24, 673–680.
Hertzig, M. E., Snow, M. E. & Sherman, M. (1989): Affect and cognition in autism. Journal of the American Academy of Child and Adolescent Psychiatry, 28, 195–199.
Hildebrand-Nielson, M. (1980): Die Entwicklung der Sprache. Frankfurt/M.
Hill, A. E. & Rosenbloom, L. (1986): Disintegrative psychosis of childhood: Teenage follow-up. Developmental Medicine and Child Neurology, 28, 34–40.
Hobson, R. P. (1983): The autistic child's recognition of age-related features of people, animals and things. British Journal of Developmental Psychology, 1, 343–352.
Hobson, R. P. (1984): Early childhood autism and the question of egocentrism. Journal of Autism and Developmental Disorders, 14, 85–104.
Hobson, R. P. (1986): The autistic child's appraisal of expressions of emotion. Journal of Child Psychology and Psychiatry, 27, 321–342.
Hobson, R. P. (1987): The autistic child's recognition of age- and sex-related characteristics of people: an experimental investigation. Journal of Autism and Developmental Disorders, 17, 63–79.

Hobson, R. P. (1989): Beyond cognition: A theory of autism. In: G. Dawson (Ed.) Autism: Nature, diagnosis, and treatment. New York und London: Guilford Press.
Hobson, R. P. (1991): Methodological issues for experiments on autistic individuals' perception and understanding of emotion. Journal of Child Psychology and Psychiatry, 32, 1135–1158.
Hobson, R. P. (1993): Autism and the development of mind. Hove: Erlbaum.
Hobson, R. P. & Lee, A. (1989): Emotion-related and abstract concepts in autistic people: Evidence from the British Picture Vocabulary Scale. Journal of Autism and Developmental Disorders, 19, 601–623.
Hobson, R. P., Ouston, J. & Lee, A. (1988a): What's in a face? The case of autism. British Journal of Psychology, 79, 441–453.
Hobson, R. P., Ouston, J. & Lee, A. (1988b): Emotion recognition in autism: Coordinating faces and voices. Psychological Medicine, 18, 911–923.
Holroyd, S. & Baron-Cohen, S. (1993): How far can people with autism go in developing a theory of mind? Journal of Autism and Developmental Disorders, 23, 379–385
Hoon, A. H. & Reiss, A. L. (1992): The mesial-temporal lobe and autism: Case report and review. Developmental Medicine and Child Neurology, 34, 252–259.
Hoshino, Y., Kumashiro, H., Yashima, Y., Waranabe, M. & Furukawa, H. (1982): Early symptoms of autistic children and its diagnostic significance. Folia Psychiatrica and Neurologica, 36, 367–374.
Howlin, P. A. (1981): The effectiveness of operant language training with autistic children. Journal of Autism and Developmental Disorders, 11, 89–105.
Howlin, P. A. (1982): Echolalic and spontaneous phrase speech in autistic children. Journal of Child Psychology and Psychiatry, 23, 281–293.
Howlin, P. A. (1989): Help for the family. In: C. Gillberg (Ed.): Diagnosis and treatment of autism. New York und London: Plenum Press.
Howlin, P. A. (1997): Autism: Preparing for adulthood. London: Routledge & Kegan Paul.
Howlin, P. A. (1998). Psychological and educational treatments for autism. Journal of Child Psychology and Psychiatry, 39, 307–322.
Howlin, P., Marchant, R., Rutter, M., Berger, M., Hersov, L. & Yule, W. (1973): A home-based approach to the treatment of autistic children. Journal of Autism and Childhood Schizophrenia, 3, 308–336.
Howlin, P., Wing, L. & Gould, J. (1995): The recognition of autism in children with Down syndrome: Implications for intervention and some speculations about pathology. Developmental Medicine and Child Neurology, 37, 406–413
Hudson, A. (1995): Disability and facilitated communication: A critique. In: T. H. Ollendick & R. J. Prinz (Eds.): Advances in clinical child psychology, Vol. 17. New York: Plenum Press.
Hughes, C. H. & Russel, J. (1993): Autistic children's difficulty with mental disengagement from an object: its implications for theories of autism. Developmental Psychology, 29, 498–510.
Hurtig, R., Ensreed, S. & Tomblin, J. B. (1982): The communicative function of question production in autistic children. Journal of Autism and Developmental Disorders, 12, 57–69.
Hutt, C., Hutt, J., Lee, D. & Ounsted, C. (1965): A behavioural and electroencephalographic study of autistic children. Journal of Psychiatric Research, 5, 181–198.
Hutt, C. & Ounsted, C. (1970): Gaze aversion and its significance in childhood autism. In: J. Hutt & C. Hutt (Eds.): Behaviour Studies in Psychiatry, Oxford: Pergamon Press.
Hutt, C. & Vaizey, M. J. (1966): Differential effects of group density on social behaviour. Nature, 209, 1371–1372.

Innerhofer, P. (1992): „Alinguismus" – Theorie der Intuition. Abteilung für angewandte und klinische Psychologie der Universität Wien: Unveröffentlichtes Manuskript.
Innerhofer, P. & Klicpera, C. (1991): Integration und Schulreform: Eine Untersuchung

zur Integration Behinderter an den Pflichtschulen Südtirols. Heidelberg: Schindele Verlag.
Innerhofer, P. & Warnke, A. (1983): Die Zusammenarbeit mit Eltern nach dem Münchner Trainings-Modell in der Praxis der Frühförderung. In: O. Speck, A. Warnke (Hrsg.) Frühförderung mit den Eltern. München und Basel: E. Reinhardt Verlag, S. 151–184.
Iwata, B. A., Zarcone, J. B., Vollmer, T. R. & Smith, R. G. (1994): Assessment and treatment of self-injurious behavior. In: E. Schopler & G. B. Mesibov (Eds.): Behavioral issues in autism. New York: Plenum Press.

Jacobsen, L. K. & Rapoport, J. L. (1998). Childhood-onset schizophrenia: Implications of clinical and neurobiological research. Journal of Child Psychology and Psychiatry, 39, 101–113.
Jacobson, J. W., Mulick, J. A. & Schwartz, A. A. (1995): A history of facilitated communication: Science, pseudoscience and antiscience science working group on facilitated communication. American Psychologist, 50, 750–765.
Jaedicke, S., Storoschuk, S. & Lord, C. (1994): Subjective experience and causes of affect in high-functioning children and adolescents with autism. Development and Psychopathology, 6, 273–284.
Jarrold, C., Boucher, J. & Smith, P. (1993): Symbolic play in autism: a review. Journal of Autism and Developmental Disorders, 23, 281–307.
Jarrold, C., Boucher, J. & Smith, P. K. (1994a): Executive function deficits and the pretend play of children with autism: A research note. Journal of Child Psychology and Psychiatry, 35, 1473–1482.
Jarrold, C., Boucher, J. & Smith, P. K. (1996): Generativity defects in pretend play in autism. British Journal of Developmental Psychology; 14, 275–300.
Jarrold, C. & Russell, J. (1997): Counting abilities in autism: Possible implications for central coherence theory. Journal of Autism and Developmental Disorders, 27, 25–37.
Jarrold, C., Smith, P., Boucher, J. & Harris, P. (1994b): Comprehension of pretense in children with autism. Journal of Autism and Developmental Disorders, 24, 433–455.
Johnson, M. H., Siddons, F., Frith, U. & Morton, J. (1992): Can autism be predicted on the basis of infant screening tests? Developmental Medicine and Child Neurology, 34, 316–320.
Jolliffe, T. & Baron-Cohen, S. (1997): Are people with autism and Asperger syndrome faster than normal on the Embedded Figures Test. Journal of Child Psychology and Psychiatry, 38, 527–534.
Jordan, R. R. (1989): An experimental comparison of the understanding and use of speaker-addressee personal pronouns in autistic children. British Journal of Disorders of Communication, 24, 169–172.

Kane, G. & Kane, J. F. (1986): Möglichkeiten und Grenzen der Festhaltetherapie. Geistige Behinderung, 25, 113–123.
Kane, J. F. (1979): Behandlung schwerer Verhaltensstörungen bei geistig Behinderten. Heilpädagogische Forschung, 8, 143–175.
Kane, J. F. & Kane, G. (1976): Geistig schwer Behinderte lernen lebenspraktische Fertigkeiten. Bern; Stuttgart; Wien: Huber.
Kanner, L. (1943): Autistic disturbances of affective contact. Nervous Child, 2, 217–250.
Kanner, L. (1946): Irrelevant and metaphorical language in early infantile autism. American Journal of Psychiatry, 103, 242–246.
Kanner, L. (1949): Problems of nosology and psychodynamics of early infantile autism. American Journal of Orthopsychiatry, 19, 412–426.
Kanner, L. (1971): Follow-up study of 11 autistic children originally reported in 1943. Journal of Autism and Childhood Schizophrenia, 1, 119–145.
Kanner, L. & Eisenberg, L. (1956): Early infantile autism, 1943–1955. American Journal of Orthopsychiatry, 26, 55–65.

Kanner, L., Rodriguez, A. & Ashenden, B. (1972): How far can autistic children go in matters of social adaption? Journal of Autism and Childhood Schizophrenia, 2, 9–33.

Kant, I. (1787/ 1966): Kritik der reinen Vernunft. Stuttgart: Reclam.

Kasari, C., Sigman, M. D., Baumgartner, P. & Stipek, D. J. (1993): Pride and mastery in children with autism. Journal of Child Psychology and Psychiatry, 34, 353–362.

Kasari, C., Sigman, M. D., Mundy, P. & Yirmiya, N. (1990): Affective sharing in the context of joint attention interactions of normal, autistic, and mentally retarded children. Journal of Autism and Developmental Disorders, 20, 87–100.

Kavanaugh, R. D. & Harris, P. L. (1994): Imagining the outcome of pretend transformations: Assessing the competence of normal children and children with autism. Developmental Psychology, 30, 847–854.

Kazak, S., Collis, G. M. & Lewis, V. (1997): Can young people with autism refer to knowledge states? Evidence from their understanding of „know" and „guess". Journal of Child Psychology and Psychiatry, 38, 1001–1009.

Kern, L., Koegel, R. L., Dyer, K., Blew, P. A. & Fenton, L. R. (1982): The effects of physical exercise on self–stimulation and appropriate responding in autistic children. Journal of Autism and Developmental Disorders, 12, 399–419.

Kezuka, E. (1997): The role of touch in facilitated communication. Journal of Autism and Developmental Disorders, 27, 571–593.

Klicpera, C. & Gasteiger-Klicpera, B. (1995): Psychologie der Lese- und Schreibschwierigkeiten – Entwicklung, Ursachen, Förderung. Weinheim: Beltz & Psychologie Verlags Union.

Klicpera, C. & Gasteiger-Klicpera, B. (1996): Soziale Dienste – Anforderungen, Organisationsformen und Perspektiven. 2. Auflage. Wien: Wiener Universitätsverlag.

Klicpera, C. & Innerhofer, P. (1992): Integration behinderter Menschen in die Arbeitswelt. Neue Formen der Arbeitsintegration und traditionelle Beschäftigungseinrichtungen. Heidelberg: Roland Asanger Verlag.

Klicpera, C., Mückstein, E. & Innerhofer, P. (1988): Die Ergänzung von Implizitsätzen durch autistische, lernbehinderte und normale Kinder. Praxis der Kinderpsychologie und Kinderpsychiatrie, 37, 79–83.

Klin, A., Volkmar, F. R. & Sparrow, S. S. (1992): Autistic social dysfunction: Some limitations of the theory of mind hypothesis. Journal of Child Psychology and Psychiatry, 33, 861–876.

Klin, A., Volkmar, F. R., Sparrow, S. S., Cicchetti, D. V. & Rourke, B. P. (1995): Validity and neuropsychological characterization of Asperger syndrome: Convergence with nonverbal learning disabilities syndrome. Journal of Child Psychology and Psychiatry, 36, 1127–1140.

Koegel, L. K. (1995): Communication and language intervention. In: R. L. Koegel & L. K. Koegel (Eds.): Teaching children with autism. Strategies for initiating positive interactions and improving learning opportunities. Baltimore: P. Brookes.

Koegel, R. L. & Covert, A. (1972): The relation of self-stimulation to learning in autistic children. Journal of Applied Behavior Analysis, 5, 381–387.

Koegel, R. L., Firestone, P. B., Kramme, K. W. & Dunlap, G. (1974): Increasing spontaneous play by suppressing self-stimulation in autistic children. Journal of Applied Behavior Analysis, 7, 521–528.

Koegel, R. L. & Frea, W. D. (1993): Treatment of social behavior in autism through the modification of pivotal social skills. Journal of Applied Behavior Analysis, 26, 369–377.

Koegel, R. L., Frea, W. D. & Surratt, A. V. (1994): Self-management of problematic social behavior. In: E. Schopler & G. B. Mesibov (Eds.) Behavioral issues in autism. New York: Plenum Press.

Koegel, R. L. & Koegel, L. K. (1990): Extended reductions in stereotypic behavior of students with autism through a self-management treatment package. Journal of Applied Behavior Analysis, 23, 119–127.

Koegel, R. L., O'Dell, M. & Koegel, L. K. (1987): A natural learning paradigm for nonverbal autistic children. Journal of Autism and Developmental Disorders, 17, 187–200.
Koegel, R. L., Schreibman, L., Britten, K. R., Burke, J. C. & O'Neill, R. E. (1982): A comparison of parent training to direct child treatment. In: R. L. Koegel, A. Rincover & A. L. Egel (Eds.) Educating and understanding autistic children. San Diego, CA: College-Hill Press.
Kolvin, I. (1971): Psychoses in childhood – a comparative study. In: M. Rutter (Ed.): Infantile autism: Concepts, characteristics and treatment. London: Churchill.
Kolvin, I., Garside, R. F. & Kidd, J. S. H. (1971): Studies in the childhood psychoses: IV. Parental personality and attitude to childhood psychoses. British Journal of Psychiatry, 118, 403–406.
Krantz, P. J. & McClannahan, L. E. (1993): Teaching children with autism to initiate to peers: Effects of a script-fading procedure. Journal of Applied Behavior Analysis, 26, 121–132.
Krantz, P. J., Zalenski, S., Hall, L. J., Fenske, E. C. & McClannahan, L. E. (1981): Teaching complex language to autistic children. Analysis and Intervention in Developmental Disabilities, 1, 259–297.
Kurita, H. (1985): Infantile autism with speech loss before the age of 30 months. Journal of the American Academy of Child Psychiatry, 24, 191–196.

Lainhart, J. E., Piven, J., Wzorek, M., Landa, R., Santangelo, S. L., Coon, H. & Folstein, S. (1997): Macrocephaly in children and adults with autism. Journal of the American Academy of Child and Adolescent Psychiatry, 36, 282–290.
Landa, R., Folstein, S. & Issacs, C. (1991): Spontaneous narrative-discourse performance of parents of autistic individuals. Journal of Speech and Hearing Research, 34, 1339–1345.
Landa, R., Piven, J., Wzorek, M., Gayle, J., Chase, G. & Folstein, S. (1992): Social language use in parents of autistic individuals. Psychological Medicine, 22, 245–254.
Langdell, T. (1978): Recognition of faces: An approach to the study of autism. Journal of Child Psychology and Psychiatry, 19, 255–268.
Langdell, T. (1981): Face perception. An approach to the study of autism.. PH. D. Thesis, London: London University College.
LaVigna, G. W. (1987): Non-aversive strategies for management behavior problems. In: D. J. Cohen, A. M. Donnellan & R. Paul (Eds.): Handbook of autism and pervasive developmental disorders. New York: J. Wiley.
LeCouteur, A., Rutter, M., Lord, C., Rios, P., Robertson, S., Holdgrafer, M. & McLennan, J. D. (1989): Autism Diagnostic Interview: a semi-structured interview for parents and care-givers of autistic persons. Journal of Autism and Developmental Disorders, 19, 363–387.
Lee, A., Hobson, R. P. & Chiat, S. (1994): I, you, me and autism: An experimental study. Journal of Autism and Developmental Disorders, 24, 155–176
Leekam, S. R. & Perner, J. (1991): Does the autistic child have a metarepresentational deficit? Cognition, 40, 203–218.
Leekam, S. R. & Prior, M. (1994): Can autistic children distinguish lies from jokes? A second look at second-order beliefs. Journal of Child Psychology and Psychiatry, 35, 901–915.
Leslie, A. M. (1987): Pretense and representation: The origins of „theory of mind". Psychological Review, 94, 412–426.
Leslie, A. M. & Frith, U. (1988): Autistic children's understanding of seeing, knowing and believing. British Journal of Developmental Psychology, 6, 315–324.
Leslie, A. M. & Happé, F. (1989): Autism and ostensive communication: The relevance of metarepresentation. Development and Psychopathology, 1, 205–212.
Leslie, A. M. & Roth, D. (1993): What autism teaches us about metarepresentation. In: S.

Baron-Cohen, H. Tager-Flusberg & D. J. Cohen (Eds.): Understanding other minds: Perspectives from autism. Oxford: Oxford University Press.

Leslie, A. M. & Thaiss, L. (1992): Domain specifity in conceptual development: Neuropsychological evidence from autism. Cognition, 43, 225–251.

Leventhal, H. (1980): Toward a comprehensive theory of emotion. In: Berkowitz, L. (Ed.): Advances in Experimental Social Psychology, Vol. 13. New York: Academic Press. (139–207).

Levine, K., Shane, H. C. & Wharton, R. H. (1994): What if ...: A plea for professionals to consider the risk-benefit ratio of facilitated communication. Mental Retardation, 32, 300–304.

Lewy, A. L. & Dawson, G. (1992): Social stimulation and joint attention in young autistic children. Journal of Abnormal Child Psychology, 20, 555–566.

Lincoln, A. J., Courchesne, E., Kilman, A., Elmasian, R. & Allen, M. H. (1988): A study of intellectual abilities in high-functioning people with autism. Journal of Autism and Developmental Disorders, 18, 505–524.

Lockyer, L. & Rutter, M. (1970): A five to fifteen year follow-up study of infantile psychosis: IV. Patterns of cognitive ability. British Journal of Social and Clinical Psychology, 9, 152–163.

Lösche, G. (1992): Entwicklung autistischer Kinder in den ersten dreieinhalb Lebensjahren. Weinheim: Psychologie Verlags Union.

Lord, C. (1984): The development of peer relations in children with autism. In: F. J. Morrison, C. Lord & D. P. Keating (Eds.): Applied developmental psychology, Vol. 1. (S. 165–225). New York: Academic Press.

Lord, C. (1993): The complexity of social behavior in autism. In: S. Baron-Cohen, H. Tager–Flusberg & D. J. Cohen (Eds.): Understanding other minds: Perspectives from autism. Oxford: Oxford University Press.

Lord, C. (1995): Follow–up of two–year–olds referred for possible autism. Journal of Child Psychology and Psychiatry, 36, 1365–1382.

Lord, C. (1997): Diagnostic instruments in autism spectrum disorders. In: D. J. Cohen & F. R. Volkmar (Eds.): Handbook of autism and pervasive developmental disorders. 2nd Edit. New York: J. Wiley.

Lord, C. & Paul, R. (1997): Language and communication in autism. In: D. J. Cohen & F. R. Volkmar (Eds.): Handbook of autism and pervasive developmental disorders. 2nd Edit. New York: J. Wiley.

Lord, C. & Rutter, M. (1994): Autism and pervasive developmental disorders. In: M. Rutter, E. Taylor & L. Hersov (Eds.): Child and adolescent psychiatry: Modern approaches. 3rd Ed. Oxford: Blackwell (S. 569–593).

Lord, C., Rutter, M., Goode, S., Heemsberen, J., Jordan, H. & Mawhood, L. (1989): Autism Diagnostic Observation Schedule: standardized observation of communicative and social behavior. Journal of Autism and Developmental Disorders, 19, 185–212.

Lord, C., Rutter, M., Le Couteur, A. (1994): Autism Diagnostic Interview-Revised: A revised version of a diagnostic interview for caregivers of individuals with possible pervasive developmental disorders. Journal of Autism and Developmental Disorders, 24, 659–685.

Lord, C. & Schopler, E. (1988): Intellectual and developmental assessment of autistic children from preschool to school age: Clinical implications of two follow-up studies. In: E. Schopler & G. B. Mesibov (Eds.): Diagnosis and assessment in autism. New York: Plenum Press.

Lotter, V. (1967): Epidemiology of autistic conditions in young children: II. Some characteristics of the parents and children. Social Psychiatry, 1, 163–173.

Lotter, V. (1974): Social adjustment and placement of autistic children in Middlesex: A follow-up study. Journal of Autism and Childhood Schizophrenia, 4, 11–32.

Lotter, V. (1974a): Social adjustment and placement of autistic children in Middlesex: A follow-up study. Journal of Autism and Childhood Schizpophrenia, 4, 11632.

Lotter, V. (1974b):Factors related to outcome in autistic children. Journal of Autism and Childhood Schizpophrenia, 4, 263–277.
Lotter, V. (1978): Follow-up studies. In: M. Rutter & E. Schopler (Eds.) Autism. New York: Plenum Press.
Lovaas, O. I. (1977): The autistic child. New York: Irvington.
Lovaas, O. I. (1987): Behavioral treatment and normal educational and intellectual functioning in young autistic children. Journal of Consulting and Clinical Psychology, 55, 3–9.
Lovaas, O. I. (1993): The development of a treatment-research project for developmentally disabled and autistic children. Journal of Applied Behavior Analysis, 26, 617–630.
Lovaas, O. I., Koegel, R. L. & Schreibman, L. (1979): Stimulus overselectivity in autism: A review of research. Psychological Bulletin, 36, 1236–1254.
Lovaas, O. I., Litrownik, A. & Mann, R. (1971): Response latencies to auditory stimuli in autistic children engaged in self-stimulatory behaviour. Behaviour Research and Therapy, 9, 39–49.
Loveland, K., Landry, S., Hughes, S. O., Hall, S. K. & McEvoy, R. E. (1988): Speech acts and the pragmatic deficits of autism. Journal of Speech and Hearing Research, 31, 593–604.
Loveland, K. & Tunali, B. (1991): Social scripts for conversational interactions in autism and Down syndrome. Journal of Autism and Developmental Disorders, 21, 177–186.
Loveland, K. & Tunali, B. (1993): Narrative language in autism and the theory of mind hypothesis: a wider perspective. In: S. Baron-Cohen, H. Tager-Flusberg & D. J. Cohen (Eds.): Understanding other minds: Perspectives from autism. Oxford: Oxford University Press.
Loveland, K. A., Tunali-Kotoski, B., Pearson, D. A., Brelsford, K. A., Ortegon, J. & Chen, R. (1994): Imitation and expression of facial affect in autism. Development and Psychopathology, 6, 433–444.
Lucangeli, D. (1997): Connecting a fragmented world: Cognitive and metacognitive competences in high-functioning autistic children. Dissertation an der Universität Leiden.

Macdonald, H., Rutter, M., Howlin, P., Rios, P., LeConteur, A., Evered, C. & Folstein, S. (1989): Recognition and expression of emotional cues by autistic and normal adults. Journal of Child Psychology and Psychiatry, 30, 865–877.
Maltz, A. (1981): Comparison of cognitive deficits among autistic and retarded children on the Arthur adaptation of the Leiter International Performance Scales. Journal of Autism and Developmental Disorders, 11, 413–26.
Mansheim, P. (1979): Tuberous sclerosis and autistic behavour. Journal of Clinical Psychiatry, 40, 97–98.
Margolin, K. N. (1994): How shall facilitated communication be judged? Facilitated communication and the legal system. In: H. C. Shane (Ed.): Facilitated communication: The clinical and social phenomenon. San Diego, CA: Singular Press.
Massie, H. N. & Rosenthal, J. (1984): Childhood psychosis in the first four years of life. New York: McGraw-Hill.
Maurer, R. G. & Damasio, A. R. (1982): Childhood autism from the point of view of behavioral neurology. Journal of Autism and Developmental Disorders, 12, 195–205.
McBride, J. A. & Panksepp, J. (1995): An examination of the phenomenology and the reliability of ratings of compulsive behavior in autism. Journal of Autism and Developmental Disorders, 25, 381–396.
McCaleb, P. & Prizant, B. M. (1985): Encoding of new versus old information by autistic children. Journal of Speech and Hearing Disorders, 50, 230–240.
McConnell, O. L. (1967): Control of eye contact in an autistic child. Journal of Child Psychology and Psychiatry, 8, 249–255.
McDougle, C. J. (1997): Psychopharmacology. In: D. J. Cohen & F. R. Volkmar (Eds.): Handbook of autism and pervasive developmental disorders. 2nd Edit. New York: J. Wiley.

McDougle, C. J. (1998): Repetitive thoughts and behavior in pervasive developmental disorders: Phenomenology and pharmacotherapy. In: E. Schopler, G. B. Mesibov & L. J. Kunce (Eds.): Asperger syndrome or high functioning autism? New York: Plenum Press.

McEachin,J.J., Smith,T. & Lovaas,O.I. (1993): Long-term outcome for children with autism who received early intensive behavioral treatment. American Journal of Mental Retardation, 97, 359–372.

McEvoy, R. E., Loveland, K. A. & Landry, S. H. (1988): The functions of immediate echolalia in autistic children: A developmental perspective. Journal of Autism and Developmental Disorders, 18, 657–668.

McEvoy, R. E., Rogers, S. J. & Pennington, B. F. (1993): Executive function and social communication deficits in young autistic children. Journal of Child Psychology and Psychiatry, 34, 563–578.

McHale, S. M. (1983): Social interactions of autistic and nonhandicapped children during free play. American Journal of Orthopsychiatry, 53, 81–91.

Meltzoff, A. & Gopnik, A. (1993): The role of imitation in understanding persons and developing a theory of mind. In: S. Baron-Cohen, H. Tager-Flusberg & D. J. Cohen (Eds.): Understanding other minds: Perspectives from autism. Oxford: Oxford University Press.

Meryash, D. L., Szymanski, L. S. & Gerald, P. S. (1982): Infantile autism associated with the fragile-X syndrome. Journal of Autism and Developmental Disorders, 12, 295–301.

Mesaros, R. A. & Donnellan, A. M. (1987): Issues in individualized placement for students with autism. In: D. J. Cohen, A. M. Donnellan & R. Paul (Eds.): Handbook of autism and pervasive developmental disorders. New York: J. Wiley.

Mesibov, G. B. (1986): A cognitive program for teaching social behaviors to verbal autistic adolescents and adults. In: E. Schopler & G. B. Mesibov (Eds.): Social behavior in autism. New York und London: Plenum Press.

Minshew, N. & Dombrowski, S. M. (1994): In vivo neuroanatomy of autism: Neuroimaging studies. In: M. L. Bauman & T. L. Kemper (Eds.) The neurobiology of autism. Baltimore: John Hopkins University Press.

Minshew, N. J., Sweeney, J. A. & Bauman, M. L. (1997): Neurological aspects of autism. In: D. J. Cohen & F. R. Volkmar (Eds.) Handbook of autism and pervasive developmental disorders. 2nd Edit. New York: J. Wiley.

Mitchell, P., Saltmarsh, R. & Russell, H. (1997): Overly literal interpretations of speech in autism: Understanding that messages arise from minds. Journal of Child Psychology and Psychiatry, 38, 685–691.

Morgan, H. (Ed.) (1996): Adults with autism. Cambridge: Cambridge University Press.

Mottron, L. & Belleville, S. (1995): Perspective production in a savant autistic draughtsman. Psychological Medicine, 25, 639–648.

Mulick, J. A. (1990): The ideology and science of punishment in mental retardation. American Journal on Mental Retardation, 95, 142–156.

Müller-Trimbusch, G. & Prekop, J. (1983): Das Festhalten als Therapie bei Kindern mit Autismus-Syndrom. Frühförderung interdisziplinär, 2, 129–139.

Mundy, P. & Hogan, A. (1994): Intersubjectivity, joint attention and autistic developmental pathology. In: D. Cicchetti & S. L. Toth (Eds.): Rochester Symposium on developmental psychopathology, Vol. 5. Disorders and dysfunctions of the self. Rochester: University of Rochester Press.

Mundy, P. & Sigman, M. D. (1989a): The theoretical implications of joint-attention deficits in autism. Development and Psychopathology, 1, 173–183.

Mundy, P. & Sigman, M. D. (1989b): Second thoughts on the nature of autism. Development and Psychopathology, 1, 213–217.

Mundy, P., Sigman, M. D. & Kasari, C. (1990): A longitudinal study of joint attention and language development in autistic children. Journal of Autism and Developmental Disorders, 20, 115–123.

Narayan, S., Moyes, B. & Wolff, S. (1990): Family characteristics of autistic children: A further report. Journal of Autism and Developmental Disorders, 20, 523–535.
National Institute of Health Consensus Development Conference Statement (1990): Treatment of destructive behaviors in persons with developmental disabilities. Journal of Autism and Developmental Disorders, 20, 403–429.
Newsom, C. & Hovanitz, C. A. (1997): Autistic disorder. In: E. J. Mash & L. G. Terdal (Eds.): Assessment of childhood disorders. Third Edition. New York: Guilford Press.
Nichols, S., Stich, S., Leslie, A. & Klein, D. (1996): Varieties of off-line simulation. In: P. Carruthers & P. K. Smith (Eds.): Theories of theory of mind. Cambridge: Cambridge University Press.

O'Connor, N. & Hermelin, B. (1978): Seeing and hearing and space and time. London: Academic Press.
O'Connor, N. & Hermelin, B. (1984): Idiot-savant calendrical calculators: Maths or memory. Psychological Medicine, 14, 801–806.
O'Connor, N. & Hermelin, B. (1991): Talents and preoccupations in idiot-savants. Psychological Medicine, 21, 959–964.
Olley, J. G. (1986): The TEACCH curriculum for teaching social behavior to children with autism. In: E. Schopler & G. B. Mesibov (Eds.) Social behavior in autism. New York und London: Plenum Press.
Olley, J. G. & Reeve, C. E. (1997): Issues of curriculum and classroom structure. In: D. J. Cohen & F. R. Volkmar (Eds.): Handbook of autism and pervasive developmental disorders. 2nd Edit. New York: J. Wiley.
Ornitz, E. M. (1974): The modulation of sensory input and motor output in autistic children. Journal of Autism and Childhood Schizophrenia, 4, 197–215.
Ornitz, E. M., Brown, M. B., Sorosky, A. D., Ritvo, E. & Dietrich, L. (1970): Environmental modification of autistic behavior. Archives of General Psychiatry, 22, 560–565.
Ornitz, E. M., Guthrie, D. & Farley, A. J. (1977): The early development of autistic children. Journal of Autism and Childhood Schizophrenia, 7, 207–229.
Osterling, J. & Dawson, G. (1994): Early recognition of children with autism: A study of first birthday home videotapes. Journal of Autism and Developmental Disorders, 24, 247–257.
Oswald, D. P. & Ollendick, T. H. (1989): Role taking and social competence in autism and mental retardation. Journal of Autism and Developmental Disorders, 19, 119–127.
Ott, H. & Gottwald, P. (1971): Verhaltenstherapie bei einem autistischen Jungen. München: Max Planck-Institut Filmabteilung.
Ousley, O. Y. & Mesibov, G. B. (1991): Sexual attitudes and knowledge of high-functioning adolescents and adults with autism. Journal of Autism and Developmental Disorders, 21, 471–481.
Ozonoff, S. (1998): Assessment and remediation of executive dysfunction in autism and Asperger syndrome. In: E. Schopler, G. B. Mesibov & L. J. Kunce (Eds.): Asperger syndrome or high functioning autism? New York: Plenum Press.
Ozonoff, S. & Miller, J. N. (1995): Teaching theory of mind: A new approach to social skills training for individuals with autism. Journal of Autism and Developmental Disorders, 25, 415–433.
Ozonoff, S. & Miller, J. N. (1996): An exploration of right-hemisphere contributions to the pragmatic impairments of autism. Brain and Language, 52, 411–434.
Ozonoff, S., Pennington, B. F. & Rogers, S. J. (1990): Are there emotion perception deficits in young autistic children? Journal of Child Psychology and Psychiatry, 31, 343–361.
Ozonoff, S., Pennington, B. F. & Rogers, S. J. (1991a): Executive function deficits in high-functioning autistic children: relations to theory of mind. Journal of Child Psychology and Psychiatry, 32, 1087–1106.
Ozonoff, S., Rogers, S. J. & Pennington, B. F. (1991b): Asperger's syndrome: Evidence of

an empirical disctinction from high-functioning autism. Journal of Child Psychology and Psychiatry, 32, 1107–1122.
Ozonoff, S. & Strayer, D. L. (1997): Inhibitory function in nonretarded children with autism. Journal of Autism and Developmental Disorders, 27, 59–77.

Paccia, J. M. & Curcio, F. (1982): Language processing and forms of immediate echolalia in autistic children. Journal of Speech and Hearing Research, 25, 42–47.
Park,C. C. (1972): Eine Seele lernt leben. Bern & München: Scherz Verlag.
Park, D. & Youderian, P. (1971): Light and number: Ordering principles in the world of an autistic child. Journal of Autism and Childhood Schizophrenia, 4, 313–323.
Paul, R. & Cohen, D. J. (1984): Responses to contingent queries in adults with autistic disorders and mental retardation. Applied Psycholinguistics, 5, 349–357.
Paul, R., Cohen, D. J. & Volkmar, F. R. (1983): Autistic behaviors in a boy with Noonan syndrome. Journal of Autism and Developmental Disorders, 13, 433–434.
Pennington, B. & Ozonoff, S. (1996): Executive functions and developmental psychopathology. Journal of Child Psychology and Psychiatry, 37, 51–87.
Perner, J. (1993): The theory of mind deficit in autism: rethinking the metarepresentation theory. In: S. Baron-Cohen, H. Tager-Flusberg & D. Cohen (Eds.): Understanding other minds: Perspectives from autism. Oxford: Oxford University Press.
Perner, J., Frith, U., Leslie, A. M. & Leekam, S. R. (1989): Exploration of the autistic child's theory of mind: knowledge, belief and communication. Child Development, 60, 689–700.
Peterson, C. C. & Siegal, M. (1995): Deafness, conversation and theory of mind. Journal of Child Psychology and Psychiatry, 36, 459–474.
Petty, L. K., Ornitz, E. M., Michelman, D. D. & Zimmerman, E. G. (1984): Autistic children who become schizophrenic. Archives of General Psychiatry, 41, 129–135.
Phelps, L. A. & Grabowski, J. A. (1991): Autism: A communique for the school psychologist. School Psychology International, 12, 299–314.
Philips, G. M. & Dyer, Ch. (1977): Late onset echolalia in autism and allied disorders. British Journal of Disorders of Communication, 12, 47659.
Phillips, W., Gomez, J. C., Baron-Cohen, S., Laa, V. & Riviére, A. (1995): Treating people as objects, agents or „subjects": How young children with and without autism make requests. Journal of Child Psychology and Psychiatry, 36, 1383–1398.
Pierce, S. & Bartolucci, G. (1977): A syntactic investigation of verbal autistic mentally retarded and normal children. Journal of Autism and Childhood Schizophrenia, 7, 121–134.
Piven, J., Landa, R., Gayle, J., Cloud, D., Chase, G. & Folstein, S. (1991a): Psychiatric disorders in the parents of autistic individuals. Journal of the American Academy of Child and Adolescent Psychiatry, 30, 471–478.
Piven, J. & Palmer, P. (1997): Cognitive deficits in parents from multiple-incidence autism families. Journal of Child Psychology and Psychiatry, 38, 1011–1021.
Piven, J., Tsai, G. G., Nehme, E., Coyle, J., Chase, G. & Folstein, S. (1991b): Platelet serotonin, a possible marker for familial autism. Journal of Autism and Developmental Disorders, 21, 51–59.
Piven, J., Wzorek, M., Landa, R., Lainhart, J., Bolton, P., Chase, G. A. & Folstein, S. (1994): Personality characteristics of the parents of autistic individuals. Psychological Medicine, 24, 783–795.
Plaisted, K., O'Riordan, M. & Baron-Cohen, S. (1998a): Enhanced discrimination of novel, highly similar stimuli by adults with autism during a perceptual learning task. Journal of Child Psychology and Psychiatry, 39, 765–775.
Plaisted, K., O'Riordan, M. & Baron-Cohen, S. (1998b): Enhanced visual search for a conjunctive target in autism: A research note. Journal of Child Psychology and Psychiatry, 39, 777–783.
Poustka, F. (1998): Neurobiology of autism. In: F. Volkmar (Ed.): Autism and pervasive developmental disorders. Cambridge: Cambridge University Press (im Druck).

Powers, M. D. (1997): Behavioral assessment of individuals with autism. In: D .J. Cohen & F. R. Volkmar (Eds.) Handbook of autism and pervasive developmental disorders. 2.nd Edit. New York: J. Wiley.
Prechtl, H. F. R. (1980): The optimality concept. Early Human Development, 4, 201–205.
Premack, D. & Woodruff, G. (1978): Does the chimpanzee have a „theory of mind"? Behavior and Brain Sciences, 1, 515–526.
Pring, L. & Hermelin, B. (1993): Bottle, tulip and wineglass: Semantic and structural picture processing by savant artists. Jounal of Child Psychology and Psychiatry, 34, 1365–1385.
Pring, L., Hermelin, B. & Heavey, L. (1995): Savants, segments, art and autism. Journal of Child Psychology and Psychiatry, 36, 1065–1076.
Prior, M. R., Dahlstrom, B. & Squires, T. L. (1990): Autistic children's knowledge of thinking and feeling states in other people. Journal of Child Psychology and Psychiatry, 31, 587–601.
Prior, M., Gajzago, C. C. & Knou, U. T. (1976): An epidemiological study of autistic and psychotic children in the four eastern states of Australia. Australian and New Zealand Journal of Psychiatry, 10, 173–184.
Prior, M. R. & Hall, L. C. (1979): Comprehension of transitive and intransitive phrases by autistic, retarded, and normal children. Journal of Communication Disorders, 12, 103–111.
Prior, M. & MacMillan, M. B. (1973): Maintenance of sameness in children with Kanner's syndrome. Journal of Autism and Childhood Schizophrenia, 3, 154–167.
Prizant, B. M. (1982): Speech-language clinicans and autistic children: What ist our role? Journal of the American Speech-Language-Hearing Association, 24, 463–468.
Prizant, B. & Duchan, J. (1981): The functions of immediate echolalia in autistic children. Journal of Speech and Hearing Disorders, 46, 241–249.
Prizant, R. M. & Rydell, P. (1981): A functional analysis of delayed echolalia of autistic children. Paper presented at the Annual Convention of the American Speech-Language-Hearing Association. Los Angeles, California.
Prizant, B. M. & Schuler, A. L. (1987): Facilitating communication: Theoretical foundations. In: D. J. Cohen, A. M. Donnellan & R. Paul (Eds.): Handbook of autism and pervasive developmental disorders. New York: J. Wiley.
Prizant, B. M., Schuler, A. L., Wetherby, A. M. & Rydell, P. (1997): Enhancing language and communication development: Language approaches. In: D. J. Cohen & F. R. Volkmar (Eds.): Handbook of autism and pervasive developmental disorders. 2nd Edit. New York: J. Wiley.

Quill, K. A. (Ed.) (1995): Teaching children with autism: Strategies to enhance communication and socialization. New York: Delmar.
Quill, K. A. (1997): Instructional considerations for young children with autism: The rational for visually cued instruction. Journal of Autism and Developmental Disorders, 27, 697–714.

Rett, A. (1966): Über ein eigenartiges hirnatrophisches Syndrom bei Hyperammonämie im Kindesalter. Wiener Medizinische Wochenschrift, 116, 723–738.
Richer, J. M. (1976): The social avoidance behaviour of autistic children. Animal Behaviour, 24, 898–906.
Richer, J. (1978): The partial noncommunication of culture of autistic children – An application of human ethology. In: M. Rutter & E. Schopler (Eds.): Autism. New York: Plenum Press.
Richer, J. M. & Coss, R. G. (1976): Gaze aversion in autistic and normal children. Acta Psychiatrica Scandinavica, 53, 193–210.
Ricks, D. H. & Wing, L. (1975): Language, communication and the use of symbols in normal and austistic children. Journal of Autism and Childhood Schizophrenia, 5, 191–221.

Ricks, D. H. (1975): Vocal communication in pre-verbal normal and autistic children. In: N. O'Connor (Ed.): Language, cognitive deficits and retardation. London: Butterworths.

Riguet, C. B., Taylor, N. D., Benaroya, S. & Klein, L. S. (1981): Symbolic play in autistic, Down's and normal children of equivalent mental age. Journal of Autism and Developmental Disorders, 11, 439–448.

Rimland, B. (1964): Infantile autism. New York: Appleton-Century-Crofts.

Rimland, B. (1971): The differentiation of childhood psychosis. Journal of Autism and Childhood Schizophrenia, 1, 161–174.

Rincover, A. (1978): Sensory extinction: A procedure for eliminating selfstimulatory behaviour in developmentally disabled children. Journal of Abnormal Child Psychology, 6, 299–310.

Ritvo, E. & Freeman, B. J. (1978): Current research on the syndrome of autism. Journal of the American Academy of Child Psychiatry, 17, 565–575.

Ritvo, E. R., Freeman, B. J., Pingree, C., Mason-Brothers, A., Jorde, L., Jenson, W., McMahon, W. M., Petersen, P. B., Mo, A. & Ritvo, A. (1989): The UCLA-University of Utah epidemiologic survey of autism: Prevalence. American Journal of Psychiatry, 146, 194–199.

Ritvo, E., Ornitz, E. M. & La Franchi, S. (1968): Frequency of repetitive behaviors in early infantile autism and its variants. Archives of General Psychiatry, 19, 341–347.

Ritvo, E. R., Spence, M. A., Freeman, B. J., Mason-Brothers, A., Mo, A. & Mazarita, M. L. (1985): Evidence for autosomal recessive inheritance in 46 families with multiple-incidences of autism. American Journal of Psychiatry, 142, 187–192.

Rogers, S. J., Benneto, L., McEvoy, R. & Pennington, B. F. (1996): Imitation and pantomime in high-functioning adolescents with autism spectrum disorders. Child Development, 67, 2060–2073.

Rogers, S. J., Ozonoff, S. & Maslin-Cole, C. (1991): A comparative study of attachment behavior in young children with autism or other psychiatric disorders. Journal of the American Academy of Child and Adolescent Psychiatry, 30, 483–488.

Rogers, S. J., Ozonoff, S. & Maslin-Cole, C. (1993): Developmental aspects of attachment behavior in young children with pervasive developmental disorders. Journal of the American Academy of Child and Adolescent Psychiatry, 32, 1274–1282.

Rogers, S. J. & Pennington, B. F. (1991): A theoretical approach to the deficits in infantile autism. Development and Psychopathology, 3, 137–162.

Romski, M. A., Sevcik, R. A. & Wilkinson, K. M. (1994): Peer-directed communicative interactions of augmented language learners with mental retardation. American Journal on Mental Retardation, 98, 527–538.

Roth, D. & Leslie, A. M. (1991): The recognition of attitude conveyed by utterance: A study of preschool and autistic children. British Journal of Developmental Psychology, 9, 315–330.

Rühl, D., Werner, K. & Poustka, F. (1995): Untersuchungen zur Intelligenzstruktur autistischer Personen. Zeitschrift für Kinder- und Jugendpsychiatrie, 23, 95–103.

Russell, A. T., Bott, L. & Sammons, C. (1989): The phenomenology of schizophrenia occuring in childhood. Journal of the American Academy of Child and Adolescent Psychiatry, 28, 399–407.

Russell, J., Jarrold, C. & Henry, L. (1996): Working memory in children with autism and with moderate learning difficulties. Journal of Child Psychology and Psychiatry, 37, 673–686.

Russell, J., Mauthner, N., Sharpe, S. & Tidswell, T. (1991): The Ñwindows taskì as a measure of strategic deception in preschoolers and autistic subjects. British Journal of Developmental Psychology, 9, 331–349.

Ruttenberg, B. A., Dratman, R., Frakner, T. A. & Wenar, C. (1966): An instrument for evaluating autistic children. Journal of the American Academy of Child Psychiatry, 5, 453–478.

Rutter, M. (1966): Behavioural and cognitive characteristics of a series of psychotic children. In: J. K. Wing (Ed.): Childhood Autism. London: Pergamon Press.
Rutter, M. (1978): Diagnosis and definition. In: M. Rutter & E. Schopler (Eds.) Autism. New York: Plenum Press.
Rutter, M., Bailey, A., Simonoff, E. & Pickles, A. (1997): Genetic influences and autism. In: D. J. Cohen & F. R. Volkmar (Eds.) Handbook of autism and pervasive developmental disorders. 2nd Edit. New York: J. Wiley.
Rutter, M. & Bartak, L. (1973): Special education treatment of autistic children: A comparative study. – II. Follow–up findings and implications for services. Journal of Child Psychology and Psychiatry, 14, 241–270.
Rutter, M., Greenfeld, D. & Lockyer, L. (1967): A five to fifteen year follow-up study of infantile psychosis: II. Social and behavioural outcome. British Journal of Psychiatry, 113, 1183–1199.
Rutter, M., LeCouteur, A., Lord, C., Macdonald, H., Rios, P. & Folstein, S. (1988): Diagnosis and subclassification of autism: Concepts and instrument development. In: E. Schopler & G. B. Mesibov (Eds.): Diagnosis and assessment in autism. New York: Plenum Press.
Rutter, M. & Lockyer, L. (1967): A five to fifteen year follow-up study of infantile psychosis: I. Description of the sample. British Journal of Psychiatry, 113, 1169–1182.
Rydell, P. J. & Mirenda, P. (1991): The effects of two levels of linguistic constraint on echolalia and generative language production in children with autism. Journal of Autism and Developmental Disorders, 21, 131–157.
Rydell, P. J. & Mirenda, P. (1994): Effects of high and low constraint utterances on the production of immediate and delayed echolalia in young children with autism. Journal of Autism and Developmental Disorders, 24, 719–735.

Sarimski, K. (1987): Ordinalskalen zur sensomotorischen Entwicklung. Weinheim: Beltz.
Scaife, M. & Bruner, J. (1975): The capacity for joint visual attention in the infant. Nature, 253, 265–266.
Scarborough, H. S., Rescorla, L., Tager-Flusberg, H., Fowler, E. E. & Sudhalter, V. (1991): The relation of utterance length to grammatical complexity in normal and language-disordered groups. Applied Psycholinguistics, 12, 23–45.
Schain, R. J. & Freedman, D. X. (1961): Studies on the 5-hydroxyindole metabolism in autistic and other mentally retarded children. Journal of Pediatrics, 58, 315–320.
Schmötzer, G., Rühl, D., Thies, G. & Poustka, F. (1991): Autismus Diagnostisches Interview – R. Frankfurt: Kinder- und Jugendpsychiatrische Abteilung der Universität.
Schopler, E. (Ed.) (1995): Parent survival manual: A guide to crisis resolution in autism and related developmental disorders. New York: Plenum Press.
Schopler, E. (1997): Implementation of TEACCH philosophy. In: D. J. Cohen & F. R. Volkmar (Eds.): Handbook of autism and pervasive developmental disorders. 2nd Edit. New York: J. Wiley.
Schopler, E., Andrecos, C. E. & Strupp, K. (1979): Do autistic children come from upper-middle-class parents? Journal of Autism and Developmental Disorders, 9, 139–152.
Schopler, E. & Mesibov, G. B. (Eds.) (1983): Autism in adolescents and adults. New York: Plenum Press.
Schopler, E. & Mesibov, G. B. (Eds.) (1992): High-functioning individuals with autism. New York: Plenum Press.
Schopler, E., Mesibov, G. B. & Kunce, L. J. (Eds.) (1998): Asperger syndrome or high functioning autism? New York: Plenum Press.
Schopler, E. & Reichler, R. J. (1981): Entwicklungs- und Verhaltensprofil. Dortmund: Verlag modernes lernen.
Schopler, E., Reichler, R. J., De Vellis, K. F. & Daly, K. (1980): Toward objective classification of childhood autism: Childhood autism rating scale (CARS). Journal of Autism and Developmental Disorders, 10, 91–103.

Schroeder, S. R., Mulick, J. A. & Rojahn, J. (1980): The definition, taxonomy, epidemiology and ecology of self-injurious behavior. Journal of Autism and Developmental Disorders, 10, 417–432.

Schuler, A. L., Prizant, B. M. & Wetherby, A. M. (1997): Enhancing language and communication development: Prelinguistic approaches. In: D. J. Cohen & F. R. Volkmar (Eds.): Handbook of autism and pervasive developmental disorders. 2nd Edit. New York: J. Wiley.

Seibert, J. M. & Oller, D. K. (1981): Linguistic pragmatics and language intervention strategies. Journal of Autism and Developmental Disorders, 11, 75–88.

Selfe, L. (1977): Nadia: A case of extraordinary drawing ability in an autistic child. London: Academic Press.

Serra, M., Minderaa, R. B., van Geert, P. L. C., Jackson, A. E., Althaus, M. & Til, R. (1995): Emotional role-taking abilities of children with a pervasive developmental disorder not otherwise specified. Journal of Child Psychology and Psychiatry, 36, 475–490.

Shah, A. (1988): Visual-spatial islets of abilities and intellectual functioning in autism. Dissertation an der Universität London.

Shah, A. & Frith, U. (1983): An islet of ability in autistic children. Journal of Child Psychology and Psychiatry, 24, 613–620.

Shah, A. & Frith, U. (1993): Why do autistic individuals show superior performance on the Block Design task. Journal of Child Psychology and Psychiatry, 34, 1351–1364.

Shah, A., Holmes, N. & Wing, L. (1982): Prevalence of autism and related conditions in adults in a mental handicap hospital. Applied Research in Mental Retardation. 3, 303–317.

Shapiro, T., Chiaraudini, J. & Fish, B. (1973): Thirty severely disturbed children: Evaluation of their language development for classification and prognosis. Archives of General Psychiatry, 30, 819–825.

Shapiro, T. & Lucy, P. (1978): Echoing in autistic children: A chronometric study of semantic processing. Journal of Child Psychology and Psychiatry, 18, 373–378.

Shapiro, T., Roberts, A. & Fish, B. (1970): Imitation and echoing in young schizophrenic children. Journal of the American Academy of Child Psychiatry, 9, 548–567.

Shapiro, T. D., Sherman, M., Calamari, G. & Koch, D. (1987): Attachment in autism and other developmental disorders. Journal of the American Academy of Child and Adolescent Psychiatry, 26, 480–484.

Shodell, M. J. & Reiter, H. H. (1968): Self-mutilative behaviour in verbal and nonverbal schizophrenic children. Archives of General Psychiatry, 25, 433–455.

Sigman, M. D., Kasari, C., Kwon, J. H. & Yirmiya, N. (1992): Responses to the negativ emotions of others in autistic, mentally retarded and normal children. Child Development, 63, 796–807.

Sigman, M. D. & Mundy, P. (1989): Social attachments in autistic children. Journal of the American Academy of Child and Adolescent Psychiatry, 28, 74–81.

Sigman, M. & Ungerer, J. (1981): Sensorimotor skills and language comprehension in autistic children. Journal of Abnormal Child Psychology, 9, 149–165.

Sigman, M. D. & Ungerer, J. (1984a): Cognitive and language skills in autistic, mentally retarded and normal children. Developmental Psychology, 20, 293–302.

Sigman, M. D. & Ungerer, J. (1984b): Attachment behaviors in autistic children. Journal of Autism and Developmental Disorders, 14, 231–244.

Sigman, M. D., Yirmiya, N. & Capps, L. (1995): Social and cognitive understanding in high-functioning children with autism. In: E. Schopler & G. B. Mesibov (Eds.): Learning and cognition in autism. New York: Plenum Press.

Silberg, J. L. (1978): The development of pronoun usage in the psychotic child. Journal of Autism and Childhood Schizophrenia, 8, 413–425.

Simeonsson, R. J., Olley, J. G. & Rosenthal, S. L. (1987): Early intervention for children with autism. in: M. J. Guralnick & F. C. Bennett (Eds.): The effectiveness of early intervention for at-risk and handicapped children. New York: Academic Press.

Simmons, J. R. & Baltaxe, C. (1975): Language patterns of adolescent autistics. Journal of Autism and Childhood Schizophrenia, 5, 333–361.
Sloboda, J. A., Hermelin, B. & O`Connor, N. (1985): An exceptional musical memory. Music Perception, 3, 155–170.
Sloman, L. (1991): Use of medication in pervasive developmental disorders. Psychiatric Clinics of North America, 14, 165–182.
Small, J. G. (1975): EEG and neurophysiological studies of early infantile autism. Biological Psychiatry, 10, 355–397.
Smalley, S. L. & Asarnow, R. F. (1990): Cognitive subclinical markers in autism. Journal of Autism and Developmental Disorders, 20, 271–278.
Smalley, S. L., Asarnow, R. F. & Spence, A. (1988): Autism and genetics: A decade of research. Archives of General Psychiatry, 45, 953–961.
Smith, I. M. & Bryson, S. E. (1994): Imitation and action in autism: A critical review. Psychological Bulletin, 116, 259–273.
Smith, M. D., Belcher, R. & Juhrs, P. D. (1995): A guide to successful employment for individuals with autism. Baltimore: Brookes.
Snow, M., Hertzig, M. & Shapiro, T. (1987a): Rate of development in young autistic children. Journal of the American Academy of Child and Adolescent Psychiatry, 26, 834–835.
Snow, M., Hertzig, M. & Shapiro, T. (1987b): Expression of emotion in young autistic children. Journal of the American Academy of Child and Adolescent Psychiatry, 26, 836–838.
Sodian, B. & Frith, U. (1992): Deception and sabotage in autistic, retarded and normal children. Journal of Child Psychology and Psychiatry, 33, 591–605.
Sorosky, A. D., Ornitz, E. M., Brown, M. B. & Ritvo, E. (1968): Systematic observations of autistic behavior. Archives of General Psychiatry, 18, 439–449.
Sparrevohn, R. & Howie, P. M. (1995): Theory of mind in children with autistic disorder: Evidence of developmental progression and the role of verbal ability. Journal of Child Psychology and Psychiatry, 36, 249–263.
Spitz, H. H. (1997): Nonconscious movements: From mystical messages to facilitated communication. Mahwah, N. J.: L. Erlbaum.
Stahmer, A. C. (1995): Teaching symbolic play skills to children with autism using pivotal response training. Journal of Autism and Developmental Disorders, 25, 123–141.
Stavrou, E. & French, J. L. (1992): The K-ABC and cognitive processing styles in autistic children. Journal of School Psychology, 30, 259–267.
Steffenburg, S., Gillberg, C. & Holmgren, L. (1989): A twin study of autism in Denmark, Finland, Iceland, Norway and Sweden. Journal of Child Psychology and Psychiatry, 30, 405–416.
Steinhausen, H. C. (1996): Psychische Störungen im Kindes- und Jugendalter. 3. Auflage. München: Urban & Schwarzenberg.
Stone, W. (1997): Autism in infancy and early childhood. In: D. J. Cohen & F. R. Volkmar (Eds.): Handbook of autism and pervasive developmental disorders. 2nd Edit. New York: J. Wiley.
Strain, P. S., Jamieson, B. & Hoyson, M. (1986): Learning experiences. An alternative program for preschoolers and parents: A comprehensive service system for the mainstreaming of autistic-like preschoolers. In: C. J. Meisel (Ed.): Mainstreaming handicapped children: Outcomes, controversies and new directions. Hillsdale, N. J.: L. Erlbaum.
Strain, P. S., Kohler, F. K. W., Storey, K. & Danko, C. D. (1994): Teaching preschoolers with autism to self-monitor their social interactions: An analysis of results in home and school settings. Journal of Emotional and Behavioral Disorders, 2 (2) 78–88.
Stubbs, E. G., Ash, E. & Williams, C. P. S. (1984): Autism and congenital cytomegalovirus. Journal of Autism and Developmental Disorders, 14, 183–189.
Stutte, H. (1969): Dementia infantilis (Heller) from a catamnestic point of view. Acta paedopsychiatrica, 36, 317–326.

Szatmari, P. (1998): Differential diagnosis of Asperger disorder. In: E. Schopler, G. B. Mesibov & L. J. Kunce (Eds.): Asperger syndrome or high functioning autism? New York: Plenum Press.
Szatmari, P., Archer, L., Fisman, S., Streiner, D. L., & Wilson, F. (1995): Asperger's syndrome and autism: Differences in behavior cognition, and adaptive functioning. Journal of the American Academy of Child and Adolescent Psychiatry, 34, 1662–1671.
Szatmari, P., Bremner, R. & Nagy, J. (1989): Asperger's syndrome: A review of clinical features. Canadian Journal of Psychiatry, 34, 554–560.
Szatmari, P., Jones, M. B., Tuff, L., Bartolucci, G., Fisman, S. & Mahoney, W. (1993): Lack of cognitive impairment in first-degree relatives of children with pervasive developmental disorders. Journal of the American Academy of Child and Adolescent Psychiatry, 32, 1264–1273.
Szatmari, P., Tuff, L., Finlayson, M. A. & Bartolucci, G. (1990): Asperger's syndrome and autism: neurocognitive aspects. Journal of the American Academy of Child and Adolescent Psychiatry, 29, 130-136.

Taft, L. T. & Cohen, H. J. (1971): Hypsarrythmia and infantile autism: A clinical report. Journal of Autism and Childhood Schizophrenia, 1, 327–336.
Tager-Flusberg, H. (1981): Sentence comprehension in autistic children. Applied Psycholinguistics, 2, 5–24.
Tager-Flusberg, H. (1985a): Basic level and superordinate level categorization in autistic, mentally retarded, and normal children. Journal of Experimental Child Psychology, 40, 450–469.
Tager-Flusberg, H. (1985b): The conceptual basis for referential word meaning in children with autism. Child Development, 56, 1167–1178.
Tager-Flusberg, H. (1989): A psycholinguistic perspective on language development in the autistic child. In: G. Dawson (Ed.): Autism: Nature, diagnosis and treatment. New York und London: Guilford Press.
Tager-Flusberg, H. (1991): Semantic processing in the free recall of autistic children: Further evidence for a cognitive deficit. British Journal of Developmental Psychology, 9, 417–430.
Tager-Flusberg, H. (1992): Autistic children's talk about psychological states: Deficits in the early acquisition of a theory of mind. Child Development, 63, 161–172.
Tager-Flusberg, H. & Anderson, M. (1991): The development of contingent discourse ability in autistic children. Journal of Child Psychology and Psychiatry, 32, 1123–1134.
Tager-Flusberg, H., Calkins, S., Nolin, T., Baumberger, T., Anderson, M. & Chadwick-Dias, A. (1990): A longitudinal study of language acquisition in autistic and Down syndrome children. Journal of Autism and Developmental Disorders, 20, 1–21.
Tager-Flusberg, H. & Sullivan, K. (1994a): A second look at second-order belief attribution in autism. Journal of Autism and Developmental Disorders, 24, 577–586
Tager-Flusberg, H. & Sullivan, K. (1994b): Predicting and explaining behavior: A comparison of autistic, mentally retarded and normal children. Journal of Child Psychology and Psychiatry, 35, 1059–1075.
Tantam, D. (1991): Asperger syndrome in adulthood. In: U. Frith (Ed.) Autism and Asperger syndrome. Cambridge: Cambridge University Press.
Tantam, D., Monaghan, L., Nicholson, H. & Stirling, J. (1989): Autistic children's ability to interpret faces: A research note. Journal of Child Psychology and Psychiatry, 30, 623–630.
Thorp, D. M., Stahmer, A. C. & Schreibman, L. (1995): Effects of sociodramatic play training on children with autism. Journal of Autism and Developmental Disorders, 25, 265–282.
Tinbergen, E. A. & Tinbergen, N. (1983): About Autistic Children and How They Might be Saved. London.
Torrey, E. F., Hersh, S. P. & McCabe, K. D. (1975): Early childhood psychosis and blee-

ding during pregnancy: A prospective study of gravid women and their offspring. Journal of Autism and Childhood Schizophrenia, 5, 287–297.
Tsai, L. Y. (1992): Diagnostic issues in high-functioning autism. In: E. Schopler & G. B. Mesibov (Eds.): High–functioning individuals with autism. New York: Plenum Press.
Ungerer, J. & Sigman, M. (1981): Symbolic play and language comprehension in autistic children. Journal of the American Academy of Child Psychiatry, 20, 318–337.

Van Acker, R. (1997): Rett's syndrome: A pervasive developmental disorder. In: D. J. Cohen & F. R. Volkmar (Eds.): Handbook of autism and pervasive developmental disorders. 2nd Edit. New York: J. Wiley.
Van Bourgondien, M. E. & Reichle, N. C. (1997): Residential treatment for individuals with autism. In: D. J. Cohen & F. R. Volkmar (Eds.): Handbook of autism and pervasive developmental disorders. 2nd Edit. New York: J. Wiley.
Van Bourgondien, M. E., Reichle, N. C. & Palmer, A. (1997): Sexual behavior in adults with autism. Journal of Autism and Developmental Disorders, 27, 113–125.
Van Krevelen, D. A. (1971): Early infantile autism and autistic psychopathy. Journal of Autism and Childhood Schizophrenia, 1, 82–86.
Venter, A., Lord, C. & Schopler, E. (1992): A follow-up study of high-functioning autistic children. Journal of Child Psychology and Psychiatry, 33, 489–507.
Volden, J. & Lord, C. (1991): Neologisms and abnormal functional usage of language in autistic speakers. Journal of Autism and Developmental Disorders, 21, 109–130.
Volkmar, F. R. (1992): Childhood disintegrative disorder: Issues for DSM-IV. Journal of Autism and Developmental Disorders, 22, 625–642.
Volkmar, F. R., Carter, A., Sparrow, S. S. & Cicchetti, D. V. (1993): Quantifying social development in autism. Journal of the American Academy of Child and Adolescent Psychiatry, 32, 627–632.
Volkmar, F. R. & Cohen, D. J. (1989): Disintegrative disorder or „late onset" autism. Journal of Child Psychology and Psychiatry, 30, 717–724.
Volkmar, F. R., Sparrow, S. S., Rende, R. D. & Cohen, D. J. (1989): Facial perception in autism. Journal of Child Psychology and Psychiatry, 30, 591–598.

Walker, H. A. & Coleman, M. (1976): Characteristics of adventitious movements in autistic children. In: M. Coleman (Ed.): The Autistic Syndromes. New York: Elsevier (S. 135–144).
Waterhouse, L. & Fein, D. (1982): Language skills in developmentally disabled children. Brain and Language, 15, 307-333.
Waterhouse, L. & Fein, D. (1984): Developmental trends in cognitive skills for children diagnosed as autistic and schizophrenic. Child Development, 55, 236–248.
Waterhouse, L. & Fein, D. (1997): Perspectives on social impairment. In: D. J. Cohen & F. R. Volkmar (Eds.): Handbook of autism and pervasive developmental disorders. 2nd Edit. New York: J. Wiley.
Waterhouse, L., Fein, D. & Modahl, C. (1996): Neurofunctional mechanisms in autism. Psychological Review, 103, 457–489.
Watkins, J. M., Asarnow, J. R. & Tanguay, P. E. (1988): Symptom development in childhood onset schizophrenia. Journal of Child Psychology and Psychiatry, 29, 865–878.
Weber, D. (1970): Der frühkindliche Autismus unter dem Aspekt der Entwicklung. Bern: Huber Verlag.
Weeks, S. & Hobson, R. P. (1987): The salience of facial expression for autistic children. Journal of Child Psychology and Psychiatry, 28, 137–152.
Welch, M. (1984): Heilung vom Autismus durch die Mutter-und-Kind Haltetherapie. In: N. & E. Tinbergen (Hrsg.): Autismus bei Kindern: Fortschritte im Verständnis und neue Heilbehandlungen lassen hoffen. Berlin: Paul Parey.

Werry, J. S. (1992): Child and adolescent (early onset) schizophrenia: a review in light of DSM-III-R. Journal of Autism and Developmental Disorders, 22, 601–624.
Wetherby, A. M. & Prizant, B. M. (1993): Communicative and Symbolic Behavior Scales (Normed ed.). Chicago: Riverside.
Wetherby, A. M. & Prutting, C. A. (1984): Profiles of communicative and cognitive-social abilities in autistic children. Journal of Speech and Hearing Research, 27, 364–377.
Wetherby, A. M., Schuler, A. L. & Prizant, B. M. (1997): Enhancing language and communication development: Theoretical foundations. In: D. J. Cohen & F. R. Volkmar (Eds.): Handbook of autism and pervasive developmental disorders. 2nd Edit. New York: J. Wiley.
Williams, T. I. (1989): A social skills group for autistic children. Journal of Autism and Developmental Disorders, 19, 143–155.
Williams, T. I. (1993): Vocabulary development in an autistic boy. Journal of Autism and Developmental Disorders, 23, 185–191.
Wimmer, H. & Perner, J. (1983): Beliefs about beliefs: Representations and constraining function of wrong beliefs in young children's understanding of deception. Cognition, 13, 103–128.
Windsor, J., Doyle, S. S. & Siegel, G. M. (1994): Language acquisition after mutism: A longitudinal case study of autism. Journal of Speech and Hearing Research, 37, 96–105.
Wing, L. (1980): Childhood autism and social class: A question of selection. British Journal of Psychiatry, 137, 410–417.
Wing, L. (1981a): Asperger's syndrome: A clinical account. Psychological Medicine, 11, 115–129.
Wing, L. (1981b): Sex ratios in early childhood autism and related conditions. Psychiatry Research, 5, 129–137.
Wing, L. (1991): The relationship between Asperger's syndrome and Kanner's autism. In: U. Frith (Ed.): Autism and Asperger syndrome. Cambridge: Cambridge University Press.
Wing, L. (1993): The definition and prevalence of autism: A review. European Child and Adolescent Psychiatry, 2, 61–74.
Wing, L. (1996): Wing Schedule of Handicaps, Behaviour and Skills (HBS). In: I. Rapin (Ed.): Preschool children with inadequate communication: Developmental language disorder, autism, low IQ. Cambridge: Cambridge University Press.
Wing, L. (1997): Syndromes of autism and atypical development. In: D. J. Cohen & F. R. Volkmar (Eds.): Handbook of autism and pervasive developmental disorders. 2nd Edit. New York: J. Wiley.
Wing, L. & Attwood, A. (1987): Syndromes of autism and atypical development. In: D. J. Cohen, A. M. Donnellan & R. Paul (Eds.) Handbook of autism and pervasive developmental disorders. New York: J. Wiley.
Wing, L. & Gould, J. (1979): Severe impairments of social interaction assiociated abnormalities in children: Epidemiology and classification. Journal of Autism and Developmental Disorders, 9, 11–29.
Wittgenstein, L. (1922, 1984): Tractatus logico-philosophicus. Werkausgabe, Band 1. Frankfurt: Suhrkamp.
Wolff, S. (1995): Loners: The life path of unusual children. London: Routledge & Kegan Paul.
Wolff, S. & Barlow, A. (1979): Schizoid personality in childhood: A comparative study of schizoid, autistic and normal children. Journal of Child Psychology and Psychiatry, 20, 29–46.
Wolff, S. & Chess, S. (1964): A behavioural study of schizophrenic children. Acta Psychiatrica Scandinavica, 40, 438–466.
Wolff, S. & Chess, S. (1965): An analysis of the language of fourteen schizophrenic children. Journal of Child Psychology and Psychiatry, 6, 29–41.
Wolff, S. & Chick, J. (1980): Schizoid personality in childhood: A controlled follow-up study. Psychological Medicine, 10, 85–100.

Wolff, S., Narayan, S. & Moyes, B. (1988): Personality characteristics of parents of autistic children. Journal of Child Psychology and Psychiatry, 29, 143–153.
Wooten, M. & Mesibov, G. B. (1986): Social skills training for elementary school autistic children with normal peers. In: E. Schopler & G. B. Mesibov (Eds.): Social behavior in autism. New York und London: Plenum Press.

Yirmiya, N., Kasari, C., Sigman, M. D. & Mundy, P. (1989): Facial expressions of affect in autistic, mentally retarded and normal children. Journal of Child Psychology and Psychiatry, 30, 725–735.
Yirmiya, N., Sigman, M. D., Kasari, C. & Mundy, P. (1992): Empathy and cognition in high-functioning children with autism. Child Development, 63, 150–160.
Yirmiya, N., Sigman, M. & Zacks, D. (1994): Perceptual perspective-taking and seriation abilities in high-functioning children with autism. Development and Psychopathology, 6, 263–272.
Yirmiya, N., Solomonica-Levi, D. & Shulman, C. (1996): The ability to manipulate behavior and to understand manipulations of beliefs: A comparison of individuals with autism, mental retardation and normal development. Developmental Psychology, 32, 62–69.
Yoder, D. E. & Calculator, S. (1981): Some perspectives on intervention strategies for persons with developmental disorders. Journal of Autism and Developmental Disorders, 11, 107–123.

Zajonc, R. B. (1980): Feeling and thinking: Preferences need no inferences. American Psychologist, 35, 151–175.
Zanolli, K., Daggett, J. & Adams, T. (1996): Teaching preschool age autistic children to make spontaneous initiations to peers using priming. Journal of Autism and Developmental Disorders, 26, 407–422.
Zelazo, P. D., Burack, J. A., Benedetto, E. & Frye, D. (1996): Theory of Mind and rule use in individuals with Down's syndrome: A test of the uniqueness and specificity claims. Journal of Child Psychology and Psychiatry, 37, 479–484.
Ziatas, K., Durkin, K. & Pratt, C. (1998): Belief term development in children with autism, Asperger syndrome, specific language impairment, and normal development: Links to the theory of mind development. Journal of Child Psychology and Psychiatry, 39, 755–763.
Zilbovicius, M., Garreau, B., Samson, Y., Remy, P., Barthélémy, C., Syrota, A. & Lelord, G. (1995): Delayed maturation of the frontal cortex in childhood autism. American Journal of Psychiatry, 152, 248–252.

Namenregister

Alaghband-Rad, J. 248
Albers, R. J. 69, 74
Anderson, G. 82, 184, 185, 186
Ando, H. 168
Asarnow, J. R. 199, 248
Asperger, H. 137, 197, 198, 228, 230, 231, 232, 236
Attwood, A. 100, 109
August, G. J. 175, 178
Augustinus, A. 209

Bachevalier, J. 187
Bailey, A. 174, 179, 181, 183, 184
Baker, L. 83
Baltaxe, C. 36, 71, 77, 79
Balthazar, E. E. 239
Barlow, A. 233, 234
Baron-Cohen, S. 53, 60, 79, 102, 105, 115, 122, 123, 124, 125, 127, 128, 131, 133, 135, 136, 199, 206, 207, 226
Bartak, L. 33, 34, 108, 237, 238, 242, 270, 315
Bartolucci, G. 69, 74, 67, 69
Bauman, M. 181
Baumeister, A. A. 146
Bebko, J. M 322
Beck, B. 321
Belleville, S. 36
Bemporad, J. R. 164, 169
Benda, U. v. 77, 78
Bennetto, L. 44, 57
Biklen, D. 320, 321, 322, 323
Bishop, D. V. M. 207
Blank, M. 298
Bligh, S. 323
Bloom, L. 289
Bolton, P. 173, 174, 175, 176, 179, 198
Bormann-Kischkel, C. 113, 114, 115, 117

Boucher, J. 43, 44, 45, 46, 67, 113
Bowler, D. M. 246
Brask, B. H. 197
Braverman, M. 116
Breen, C. G. 281
Bregman, J. 304, 305
Brian, J. A. 53
Brook, S. L. 246
Brothers, L. 207
Brown, W. T. 178
Bruner, J. 72, 77, 105
Bryson, S. E 40, 53, 203
Buitelaar, J. K. 105
Burack, J. A. 32

Cain, A. C. 35
Calculator, S. 288
Campbell, M. 165, 168, 309
Cantwell, D. P. 83, 198, 243, 244
Caplan, R. 247
Capps, L. 97, 98, 117, 120
Cardinal, D. N. 320, 321, 322, 323
Carr, E. G. 86, 147, 150, 151, 303, 305
Castell, R. 104, 106
Charman, T. 124
Chess, S. 104, 152, 153, 179
Chick, J. 231
Chung, S. Y. 30
Churchill, D. W. 146
Clark, P. 107
Coggins, T. E. 86
Cohen, J. L. 75, 83, 177, 250, 309
Coleman, M. 145, 178, 179, 180
Corbett, J. 250
Coss, R. G. 104
Courchesne, E. 50, 52, 181, 188, 205
Covert, A. 147
Cox, A. 198

Crossley, R. 97, 319, 320
Cunningham, M. A. 1966 78, 81
Curcio, F. 37, 39, 75, 86

Dahlgren, S. O. 95, 226, 235
Damasio, A. R. 187
D'Angiola, N. 77
Davies, S. 113
Dawson, G. 98, 103, 105, 158, 275
de Gelder, B 113
De Myer, M. K. 30, 31, 32, 33, 35, 36, 65, 95, 153, 157, 158, 159, 161, 162, 163, 166, 168, 170, 182, 190
Dewey, M. 169
Deykin, E. Y. 182
DiLavore, P. C. 225
Dissanayake, C. 97
Dixon, D. 78
Dombrowski, S. M. 180, 181
Donnellan, A. M. 312
Doyle, S. S. 165
Duchan, J. 84, 85
Dunn, M. 71
Durand, V. M. 303
Dyer, C. 84, 299
Dykens, E. M. 177, 178, 179

Eales, M. J. 83
Eaves, L. C. 31
Ehlers, S. 233
Eisenberg, L. 152, 197, 198, 221
Epstein, L. H. 146
Everard, P. 169

Feldman, C. 72, 77
Fein, D. 32, 68, 69, 71, 76, 116, 117, 165, 166, 186
Fine, J. 78
Fish, B. 32
Folstein, S. 174
Fombonne, E. 199
Frankel, F. 146
Frea, W. D. 277
Freeman, B. J. 31, 221, 237, 238
Freedman, D. X. 184
Frederickson, R. 86
French, J. L. 34

Frith, U. 1969 42, 43, 53, 54, 87, 123, 124, 125, 126, 136, 153, 205, 206

Galpert, L. 275
Garfin, D. G: 275, 276
Gasteiger-Klicpera, B. 36, 314
Gerdtz, J. 304, 305
Gerhardt, P. F. 160, 313
Gerstein, L. 82, 236
Ghaziuddin, M. 82, 236
Gillberg, C. 95, 158, 159, 160, 161, 176, 178, 179, 180, 182, 184, 185, 203, 226, 232, 233
Goldfarb, W. 77, 200
Gopnik, A, 133, 207
Gould, J. 100, 162, 240
Grandin, T. 206, 261, 318
Gray, C. A. 273, 278, 279, 297
Green, A. H. 149
Guess, D. 147, 305

Hadden, A. J. 84
Hadwin, J. 278
Hagberg, B. 251
Hall, L. C. 74
Hammer, J. 199
Hammes, J. G. W. 37, 38
Handleman, J. S. 311, 313
Happe, F. G. E. 53, 54, 103, 104, 126, 128, 133
Haracopos, D. 239
Hargrave, E. 147
Haring, T. G. 281
Harris, P. L. 61, 63, 208, 284, 311, 313
Hauck, M. 99
Hayes, R. P. 313
Heidegger, M. 210, 211, 213
Hemsley, R. 316
Hermelin, B. 36, 43, 52, 104, 121, 137, 138, 153, 172
Hertzig, M. E. 114, 119
Hill, A. E. 250
Ho, H. H. 31
Hobson, R. P. 28, 113, 114, 115, 116, 117, 121, 122, 135, 137, 206
Hogan, A. 103

Holmes, D. L.   160, 313
Holroyd, S.   128
Hoon, A. H.   187
Hoshino, Y.   157, 184, 185, 186
Hovanitz, C. A.   224, 255
Howie, P. M.   128
Howlin, P. A.   83, 86, 87, 157, 159, 160, 161, 163, 164, 167, 169, 179, 278, 286, 287, 293, 299, 300, 301, 302, 303, 316, 319
Hudson, A.   320, 321, 322
Hughes, C. H.   57, 130
Hurtig, R.   81
Hutt, C.   106, 146, 153

Innerhofer, P.   201, 210, 312, 313, 317
Iwata, B. A.   150, 151

Jacobsen, L. K.   247, 248, 322
Jaedicke, S.   119
Jarrold, C.   54, 60, 61, 62, 63
Johnson, M. H.   158
Jolliffe, T.   53
Jordan, R. R.   73

Kane, G.   272, 319
Kane, J. F.   272, 306, 319
Kanner, L.   13, 14, 32, 42, 72, 83, 137, 152, 160, 163, 164, 169, 197, 198, 220, 221, 223, 230, 232, 233
Kasari, C.   117, 118, 119
Kavanaugh, R. D.   61
Kazak, S.   129
Kelstrup, A.   239
Kemper, T. L.   181
Kern, L.   305
Kezuka, E.   320, 321
Klicpera, C.   36, 76, 312, 313, 314
Klin, A.   95, 235
Koegel, R L.   146, 147, 277, 291, 293, 307, 308, 316
Koegel, L. K.   307, 308
Kolvin, I.   197, 198, 246, 247
Krantz, P. J.   276, 285, 286, 292, 298
Kupperman, P.   323
Kurita, H.   66

Lahey, M.   289
Lainhart, J. E.   181
Landa, R.   198, 199
Langdell, T.   37, 38, 112, 113, 114, 115, 119
LaVigna, G. W.   306
LeCouteur, A.   83, 95, 225
Lee, A.   73, 116
Leekman, S. R.   124, 136
Leslie, A. M.   59, 62, 103, 104, 123, 124, 131, 132, 136, 206, 207
Leventhal, H.   139
Levine, K.   320
Lewis, V.   45, 113
Lewy, A. L.   103
Lincoln, A. J.   33
Lockhart, L. H.   178
Lockyer, L.   31, 32, 33, 106, 144, 152, 197
Lösche, G.   96
Lord, C.   30, 31, 66, 72, 96, 99, 165, 176, 178, 224, 225, 226, 275, 276, 309, 310
Lotter, V.   159, 160, 197
Lovaas, O. I.   48, 49, 147, 284, 285, 286, 287, 311
Loveland, K.   79, 80, 81, 119
Lucangeli, D.   129, 130
Lucy, P.   86, 87

Macdonald, H.   114, 119
MacMahon, B.   182
Maltz, A.   34
Mansheim, P.   177
Margolin, K. N.   323
Massie, H. N.   96
Maurer, R. G.   187
McBride, J. A.   156, 157
McCaleb, P.   80
McClannahan, L. E.   276
McConnell, O. L.   104
McDougle, C. J.   308, 309, 310
McEachin, J. J.   287
McEvoy, R. E.   56, 85, 86
McHale, S. M.   99
McMillan, M. B.   153
Meltzoff, A.   133, 207
Meryash, D. L.   178

Mesaros, R. A. 312
Mesibov, G. B. 159, 169, 239, 281, 282
Milewsky, J. 298
Miller, J. N. 75, 76, 278
Minshew, N. 180, 181, 182, 183, 188
Mirenda, P. 87
Mitchell, P. 131
Morgan, H. 314
Mottron, L. 36
Mulick, J. A. 305
Mundy, P. 97, 98, 102, 103

Narayan, S. 198
Newsom, C. 224, 255

O'Connor, N. 36, 43, 52, 104, 121, 137, 138, 153, 172
Oller, D. K. 288
Ollendick, T. H. 125
Olley, J. G. 279, 280, 311
Ornitz, E. M. 32, 47, 146
Osterling, J. 158
Oswald, D. P. 125
Ountsted, C. 106
Ousley, O. Y. 169
Ozonoff, S. 55, 56, 57, 75, 76, 116, 235, 278, 297

Paccia, J. M. 75, 86
Palmer, P. 199
Panksepp, J. 156, 157
Park, C. C. 167, 189, 190
Paul, R. 66, 75, 83, 165, 180
Pennington, B. 55, 56, 57, 103
Perner, J. 122, 123, 124, 125, 132, 134, 136
Peterson, C. C. 129
Petty, L. K. 248
Philips, G. M. 84, 108, 299
Pierce, S. 67
Piserchia, E. A. 39
Piven, J. 175, 198, 199, 200
Plaisted, K. 54
Poustka, F. 182, 183, 184, 185
Powers, M. D. 255
Prechtl, H. F. R. 176

Premack, D. 122
Pring, L. 36
Prior, M. R. 74, 116, 124, 153, 197
Prizant, B. M. 80, 84, 85, 100, 254, 290, 291, 292, 293, 299
Prutting, C. A. 79

Quill, K. A. 261, 300

Rapoport, J. L. 247, 248
Reeve, C. E. 311
Reichle, N. C. 314
Reichler, R. J. 255
Reiss, A. L. 187
Reiter, H. H. 149, 150
Rett, A. 251
Richer, J. M. 104, 106, 107
Ricks, D. H. 66, 70, 71, 77, 108, 109, 110, 117
Riguet, C. B. 60, 61
Rimland, B. 35, 153, 223
Rincover, A. 307
Ring, B. 207
Ritvo, E. 31, 145, 174, 221
Rogers, S. J. 40, 97, 103
Rosenbloom, L. 250
Rosenthal, J. 96
Roth, D. 131, 132, 206
Rühl, D. 33, 225
Russell, A. T. 54, 57, 130, 247
Ruttenberg, B. A. 224
Rutter, M. 31, 32, 33, 72, 83, 106, 107, 144, 152, 159, 162, 163, 166, 167, 168, 170, 174, 175, 176, 178, 182, 197, 221, 237, 238, 270, 309, 310, 315
Rydell, P. J. 84, 87

Sarimski, K. 254
Scaife, M. 105
Scarborough, H. S. 68
Schain, R. J. 184
Schaumann, H. 158
Schmötzer, G. 225
Schopler, E. 30, 31, 159, 197, 224, 234, 239, 255, 270, 316, 317
Schroeder, S. R. 150
Schuler, A. L. 100, 256

Seibert, J. M. 288
Selfe, L. 33
Serra, M. 120
Shah, A. 53, 241
Shapiro, T. 86, 87, 97
Shodell, M. J. 149, 150
Siegal, M. 129
Siegel, G. M. 165
Sigman, M. D. 37, 38, 60, 61, 97, 98, 103, 117, 118, 120, 121
Silberg, J. L. 72, 73
Simeonsson, R. J. 311
Simmons, J. R. 36, 71, 77
Sloboda, J. A. 36
Sloman, L. 308
Small, J. G. 182
Smalley, S. L. 173, 199
Smith, I. M. 40, 313, 314
Snow, M. 32, 117, 118
Snowling, M. 42
Sodian, B. 125
Sorosky, A. D. 145, 146
Sparrevohn, R. 128
Spitz, H. H. 320, 322, 323
Stahmer, A. C. 274
Stavrou, E. 34
Steffenburg, S. 158, 160, 174, 182
Steinhausen, H. C. 224
Stone, W. 161
Strain, P. S. 277, 280, 281, 311
Strayer, D. L. 57
Stubbs, E. G. 179
Stutte, H. 250
Sullivan, K. 124, 128
Swisher, L. 147
Szatmari, P. 199, 232, 233, 234, 242

Taft, L. T. 177
Tager-Flusberg, H. 43, 47, 68, 70, 73, 75, 82, 90, 124, 127, 128
Tantam, D. 114, 234
Thaiss, L. 124
Thorp, D. M. 274
Tinbergen, E. A. 318
Tinbergen, N. 318
Torrey, E. F. 175
Trillingsgaard, A. 235

Tsai, L. Y. 237, 238
Tunali, B. 80, 81

Ungerer, M. 37, 38, 60, 61, 97

Van Acker, R. 251, 252
Vaizey, M. J. 106
Van Bourgondien, M. E. 314
Van Krevelen, D. A. 232
Venter, A. 160, 161
Volden, J. 72
Volkmar, F. R. 32, 95, 113, 177, 178, 179, 250

Walker, H. A. 145
Warnke, A. 201, 317
Warrington, E. K. 44, 46
Waterhouse, L. 32, 68, 69, 71, 76, 165, 166, 205, 206
Watkins, J. M. 247, 248
Weber, D. 104, 144, 145, 149, 167, 168
Weeks, S. 114
Welch, M. 318
Werry, J. S. 246, 247, 249
Wetherby, A. M. 79, 254
Williams, T. I. 70, 282
Wimmer, H. 122, 134
Windsor, J. 165
Wing, L. 66, 70, 71, 77, 100, 108, 110, 117, 162, 197, 203, 224, 227, 230, 231, 232, 233, 240
Wittgenstein, L. 211
Wolff, S. 104, 152, 153, 163, 198, 199, 231, 233, 234
Woodruff, G. 122
Wooten, M. 281

Yirmiya, N. 40, 117, 120, 129
Yoder, D. E. 288
Youderian, P. 167
Yoshimura, I. 168

Zajonc, R. B. 138
Zanolli, K. 274
Zelazo, P. D. 129
Ziatas, K. 127
Zilbovicius, M. 184, 188

Sachregister

ADOS 255
- PL-ADOS 255
affektive Entwicklung 103, 168f
 (s. auch Emotionen)
- Störung 137ff
affektive Schemata 138f
aggressives Verhalten 168
akontextuale Sprache 76, 143
akustische Wahrnehmung 47
 (s. auch Wahrnehmung)
Alinguismustheorie 209ff, 217f
Ankerreaktionen, Training von 274, 276f
Artikulation 66f
Asperger'sches Syndrom 82, 203, 228ff
- Verlauf 233
auditives Kurzzeitgedächtnis 298
Auffälligkeiten im Verhalten 144ff
- s. Stereotypien
- s. selbstverletzendes Verhalten
Aufmerksamkeitsstörungen 47ff, 205 (s. auch sensorische Defizite)
Aufrechterhalten von Unveränderheit der Umgebung 152ff, 167
Autistische Psychopathie 232

Begabung, spezielle 23, 32f, 35, 36
- musikalische 35f
- Gedächtnis 42, 45 (s. auch Gedächtnis)
Beeinträchtigung basaler Funktionen 205
Beziehungsprobleme, soziale 28, 162ff
Bezug, mangelnder gemeinsamer (joint attention) 102ff, 133
Blickkontakt 101, 104ff, 108f

Chromosomenanomalien 179
- s. Down-Syndrom

- s. fragiles X-Syndrom
Computersysteme, interaktive 301
Comic-Strip-Darstellungen 279

Desintegrative Psychose 228, 249f
Diagnostik 219ff (s. auch Kernsymptome)
- diagnostische Instrumente 223ff
- diagnostische Kriterien 220ff
- Differentialdiagnose 227ff
- Frühdiagnose 226f
- Klassifikationsdiagnostik 219, 220ff
- therapiebegleitende Diagnostik 253ff, 258ff
- therapieorientierte Diagnostik 219f
- therapievorbereitende Diagnostik 253ff
- diskriminativer Reiz 284
Distanzverhalten 106ff
Disziplinprobleme 195
Down-Syndrom 173f, 179
Dysphatische Kinder 242ff
- Artikulationsstörungen 242f
- grammatikalische Kompetenz 242f
- Kurzzeitgedächtnis 243
- Lesefähigkeit 243
- Sprachverständnis 242f
- Verhalten 244f

Echolalien 39, 83ff, 243, 286, 298f
egozentrischer Sprachgebrauch 78, 93
Eltern 189ff
- Auffälligkeiten der Eltern 174
- Belastung für die Eltern 192ff
- Eltern-Kind Beziehung 24, 96ff, 191

- Eltern-Kind Interaktion 96ff, 191
- Hilfe für die Eltern 200ff
- Hilflosigkeit der Eltern 317
- Partnerbeziehung 195f
- Persönlichkeit 198
- Schizophrenie 199f
- Schuldgefühle 24
- Situation der 23f, 194ff
- Sozialkontakt 162, 198f
- Überforderung 194f, 200
- Zusammenarbeit mit den Eltern 264ff, 270, 314ff
- Zwänge, zwanghaftes Verhalten 198

Emotionalität 258
Emotionen
- Ausdruck von 110, 117ff, 168
- emotionale Erfahrungen 119ff
- Erkennen von 114ff, 206, 218

Empathie, Beeinträchtigung der 206, 207
Entwicklung
- s. affektive Entwicklung
- s. kognitive Entwicklung
- s. motorische Entwicklung
- s. sensomotorische Entwicklung
- s. soziale Entwicklung
- s. Spielverhalten
- s. sprachliche Entwicklung

Entwicklungsstadien nach Piaget 37ff
Entwicklungsstand des Kindes 275
Entwicklungsverlauf der autistischen Störung 157ff
Epidemiologie 197, 202f, 233
Epilepsie 177, 182
Erfolg, langfristiger 286
Erkenntnis
- sprachliche 210ff
- außersprachliche s. intuitives Vorverständnis

Eßverhalten 193
exekutive Funktionen 55ff, 103, 130ff, 188, 207f

Familie s. Eltern
Flexibilität, Förderung von 297
figurative Sprache 75f

Fürwörter, Gebrauch von (24), 70, 72ff, 89f

Gedächtnis 42ff, 56f
- Arbeitsgedächtnis 44
- Echogedächtnis 42f
- Gedächtnisleistungen 260
- Gedächtnisspanne 43, 45

Gegenstandsschemata 51
Gegenstandswahrnehmung 37f
geistige Behinderung 30f, 34, 49, 52, 84, 105, 129, 149, 173, 175, 177, 237ff
- Sozialverhalten 240f

Generalisation 278, 286, 288, 315
- Generalisationstest 295
- Reaktionsgeneralisation 286

genetische Faktoren 173ff, 176ff
- tuberöse Sklerose 177
- fragiles X-Syndrom 177f

Geschwister 173f, 196
Gesichter-Erkennen 112f
Gesprächsführung 82f
Gestik 105, 108ff
- ikonische 301f

Handlungskette 273
Handlungsschemata 55, 57f, 156
Heller'sche Demenz 249f
Hirnstruktur 46, 180ff, 207
Hirnschädigung 50, 57
Hormonausschüttung 185f
Hypersensibilität 47, 51

idiosynkratische Abkürzungen 298
Imitation 38ff, 45, 65f, 84f, 88, 133, 170, 207, 272, 275, 280, 298f
- natürliche 299
- nonverbale 284
- spontane 284
- verbale 284

Induktion von Regelmäßigkeiten 289
Informationsverarbeitung 28, 130, 134ff, 188
- intuitive Informationsverarbeitung 171, 204ff

Integration
- Arbeit 313f
- schulische Integration 311
- soziale Integration 267f
- Unterricht 280ff
- verschiedene Lebensphasen 310ff
- Vorbereitung 311ff
Intelligenz 30ff, 166
- Entwicklung s. kognitive Entwicklung
- Profile 30ff
- Stabilität 32f, 34
Interaktionsregeln 276
Interessen, besondere 139, 140, 155f, 167
interferierendes Verhalten 279
Interventionsmethoden 274
Intonation 65, 77f, 91, 229
intrauterine Infektionen 179
intuitive Intelligenz 216
intuitives Vorverständnis 89, 93f, 111, 141, 142, 171, 209ff
intuitive Weltordnung 215f.
inzidenteller Unterricht s. natürlicher Sprachunterricht

Kausalitätsprinzip 38, 41
Kernsymptome 221ff, 227
kognitive Entwicklung 27, 33, 34f, 37ff, 103, 104ff, 166
- kognitive Störung, 137ff
- Förderung 271
Kommunikation 64ff, 78ff, 93, 125f, 229, 283, 295
- Anreize zur Kommunikation 288ff
- kommunikative Erleichterung 291
- kommunikative Sprachverwendung 285
- kommunikatives Verhalten 256f
- fazilitierte Kommunikation 319–323
- Förderung von Kommunikation 271
- Kommunikationsbretter 300
- Kommunikationssysteme 300
- natürliche Kommunikationssituationen 290

- nonverbale 38, 102ff, 108ff
- präverbale 65f, 67
- Situationsspezifität 297
Kompensation 55, 133, 171, 260 ff
Kontaktaufnahme 274, 279
Kontextverständnis 91f, 94, 111, 217
kooperative Lernsituationen 281

Lautdifferenzierungen 295
lebenspraktische Fertigkeiten
- Förderung von 272f
Leistungsprofil 234f
Lernfortschritt 270
Lernmöglichkeiten 269f
Lügen 124f, 130f

metabolische Erkrankungen 178f
Metarepräsentationen 124, 126, 128, 131f
Mimik 110, 122
Modellernen 280
motorische Entwicklung 32
motorische Ungeschicklichkeit 230
musikalische Begabung s. Begabung, spezielle

natürliche Konsequenzen 277
natürlicher Sprachunterricht 291
Neurophysiologie 182ff
Neuropsychologie 186ff, 207f
Neurotransmitter, Störung der 184f

Objektkonstanz 289f
Objektpermanenz 37f, 41
Objektschemata 154, 155
Ordnungsschemata 154, 172
Orientierungshilfen 269

pedantischer Sprachstil 237
Perseveration 56, 68f, 71, 86
Personenschemata 134, 143
Perspektive 277
Phonologie 66f
Pragmatik 93f
pragmatisch-semantische Störung 246
Prädiktorenregeln 294
präverbale Ordnung 296

prompting 284, 298
Psychoeducational Profile (PEP) 254f

Reaktions-Schemata 261f
Regelverständnis 294
Repräsentationen 300
- innere Repräsentationen 273
Reizüberflutung (flooding) 318
Reizverarbeitung, Auffälligkeiten in der 52f, 120f
(s. auch zentrale Kohärenz, mangelnde)
Rett-Syndrom 228, 251f
Risikofaktoren
- pränatale 175f
- perinatale 175 f
Rituale 153, 155, 156, 167
Rollenspiele 274, 281f
- komplementäre Rollen 296
Routinen 275
- sprachliche 293f

Satzverständnis 74f
Sauberkeit 193
Schemata 45f, 170ff, 208
- s. affektive Schemata 139
- s. Gegenstandsschemata
- s. Handlungsschemata
- s. Objektschemata
- s. Personenschemata
- s. Sprachschemata
- s. Verhaltensschemata
- s. Zeitschemata
schizoide Persönlichkeitsstörung 231
Schizophrenie 246ff
- frühkindliche Schizophrenie 246ff
- Symptomatik 246f
Schlafstörungen 193
Segmentation der Sprache 299
Selbstkontrolle 277
Selbststimulation 305
selbstverletzendes Verhalten 149ff, 168, 237f, 303f
Semantik 69f

sensorische Defizite 47ff
sensomotorische Entwicklung 37ff, 147
Sexualität 169ff
shaping 284
Situationsverständnis 278f
Skripts 278f, 297
somatische Faktoren – als Ursache 173ff
soziale Entwicklung 95f, 161ff
- soziale Kompetenzen 274
- Sozialkontakt 95f, 99f, 106ff
- soziale Skripten 80f
- Sozialverhalten 41f, 95f, 99ff, 126f, 137ff, 141ff, 158ff, 257f, 280
- spontanes Sozialverhalten 274f
- soziales Verständnis 122ff, 206
- Förderung 271
soziale Interaktionen 296
- Initiieren von sozialen Interaktionen 279
soziale Lerngruppen 282
soziale Schicht 197
soziale Zurückgezogenheit 227
soziales Netzwerk 281
Spektrum autistischer Störungen 227f
Spielverhalten 58ff
- Entwicklung 58ff
- symbolische Spiel 58ff, 132
- Spielgruppen 281f
Sprachaufbauprogramme 283–300
- verhaltenstherapeutische 283–288
- Kritik 287
- psycholinguistische 288–296
Sprache 64ff
- s. akontextuale Sprache
- s. Artikualtion
- s. Echolalien
- s. egozentrischer Sprachgebrauch
- s. figurative Sprache
- s. Fürwörter, Gebrauch von
- s. Gesprächsführung
- s. Intonation
- s. intuitives Vorverständnis
- s. Kommunikation
- s. Kontextverständnis
- s. Perseveration

- s. Phonologie
- s. Pragmatik
- s. Satzverständnis
- s. Semantik
- s. Spracherwerb
- s. Sprachgebrauch
- s. sprachliche Entwicklung
- s. Sprachverständnis
- s. Syntax
- s. Textproduktion
- s. Textverständnis
- s. Verwendung von Fragen
- s. Verwendung von Sprache
- s. Wortverwendung

Spracherwerb 256
Sprachgebrauch
- aktiver Sprachgebrauch 285
- kommunikativer Sprachgebrauch 289
sprachliche Entwicklung 32, 39, 60, 65ff, 84, 86, 87, 88ff, 102, 128, 164ff, 230, 288ff, 295
- Förderung 283-300
sprachliche Spontaneität 298
Sprachmuster 292
Sprachrepertoire 293
Sprachschemata 45, 64, 260f
Sprachtherapie 283–300
Sprachunterricht
- natürlicher Sprachunterricht 291
- traditioneller Sprachunterricht 291
Sprachverständnis 45, 90f, 165, 217, 285
Sprechmotivation 290
- intrinsische Motivation 290ff, 295
Stereotypien 144ff, 156, 167, 170, 237ff, 303-308
- antezedente Bedingungen 305
- aversive Konsequenzen 305
- Krisenintervention 305
- Reizbedingungen 304
- Reduzierung 305ff
- Selbstkontrolle 307f
Stimulationskontrolle 284
Strukturierung von Gesprächen 279
symbolisches Spiel s. Spielverhalten
Symbolsysteme 283

Syntax 67ff,
- syntaktische Strukturen 288

taktile Wahrnehmung 48
(s. auch Wahrnehmung)
täuschen s. lügen
Textproduktion 76f
TEACCH-Programm 271, 279f, 316
Theoriebegriff 26 f
Theory of Mind 28, 104, 122ff, 138, 206f, 208, 217, 235, 278
Therapie 107f, 169, 190
- Therapieziele 263f
Textverständnis 76f
Transfer 272f

Überforderung 64, 107f
- der Eltern s. Eltern
übermäßige Selektivität (overselectivity) 48f, 51f
Übertragbarkeit von Strategien 278
Unterricht, inzidenteller s. natürlicher Sprachunterricht

Verhaltensanalyse
- funktionelle 255, 302
Verhaltensschemata 142
Verhaltensweisen, störende 302
Verstärkung
- negative 303
- soziale 303
Verwendung von Fragen 81f
Verwendung von Sprache 78ff, 93, 126
Visuelle Erinnerung 261
visuelle Wahrnehmung 48, 113, 115 (s. auch Wahrnehmung)
Vorstellungsschemata 64

Wahrnehmung, Störung der 47ff
- s. akustische Wahrnehmung
- s. taktile Wahrnehmung
- s. visuelle Wahrnehmung
Wahrnehmungsstil 54
Wortverwendung 71f

Zeichensprache 301f
Zeichensysteme 283
Zeitschemata 58, 171f
zentrale Kohärenz, mangelnde 52ff, 205f
zwanghaftes Verhalten, 152ff, 155, 156f, 167

Fallbeispiele

Donald 14f, 42, 90, 153
Elly 189, 190
Elisa 15f, 294f
Felix 16ff, 90, 97, 201
John 152
Michael 144

Toni Reinelt/Gertrude Bogyi/Bibiana Schuch (Hrsg.)
Lehrbuch der Kinderpsychotherapie
Grundlagen und Methoden

1997. 320 Seiten. 6 Abb. UTB-L (3-8252-8091-8) gb

Das Kind ist keine Miniaturausgabe des Erwachsenen, seine psychotherapeutische Behandlung bedarf daher besonderer Methoden (z.B. hat das Spiel eine vorrangige Rolle im Vergleich zur Sprache als Medium in der Erwachsenentherapie). Sämtliche in diesem Lehrbuch behandelten Themen sind relevant für die kinderpsychotherapeutische Ausbildung. Kindertherapeuten haben es mit einem weiten Feld von Auffälligkeiten zu tun: Von Eßstörungen bis Einnässen, von Sprachstörungen bis zu Störungen im Sozialverhalten, von Ängsten, Schlafstörungen und depressiven Verstimmungen bis hin zu Suizidtendenzen. Schwerpunkte dieses Buches sind tiefenpsychologische Zugänge und die therapeutische Beziehung. Fallbeispiele geben Einblick in die praktische Arbeit.

Aus dem Inhalt

Was ist Kinderpsychotherapie? Grundlagen der Methodik. Fragen der Ethik • Die Geschichte der Kinderpsychotherapie • Entwicklungspsychologie: Tiefenpsychologische, verhaltenstherapeutische, systemorientierte Konzepte. Entwicklung des Spielens. Entwicklungspsychopathologie • Grenzbereiche der Kinderpsychotherapie: Beratung, Krisenintervention, Rehabilitation • Methoden des diagnostischen Zugangs: ärztlich, psychologisch, sozialpädagogisch • Indikationsstellung, Therapieziel, Prognose • Psychotherapeutischer Umgang mit dem sozialen Umfeld • Psychopharmakatherapie im Kindesalter • Psychische Prozesse vor und in der Therapie (Erwartungen, Übertragungen, Widerstand, Copingstrategien etc.) • Variationen des therapeutischen Handelns • Vor dem Erstgespräch. Erste Stunde. Therapieende • Äußere und innere Grenzen in der Kinderpsychotherapie • Direkte Ausdrucks- und Verhaltensweisen des Kindes (Rollenspiel, Märchen, Träume, Puppen, etc.) • Zärtlichkeit, Sexualität, Aggression, Trauer • Die Persönlichkeit des Therapeuten • Lehren und Lernen in der Kinder- und Jugendpsychotherapie: Selbsterfahrung, Supervision, Praktikum, Theorie • Übersicht: Kinderpsychiatrische Krankheitsbilder

Ernst Reinhardt Verlag München Basel

Hanna Wintsch

Gelebte Kindertherapie

Kinder- und Jugendpsychotherapeuten des 20. Jahrhunderts im Gespräch

Mit einem Vorwort von Heinz S. Herzka
Beiträge zur Kinderpsychotherapie, Band 31
1998. 303 Seiten. 12 Portraitphotos. 4 Abb. (3-497-01456-7) gb

Was ist eine therapeutische Beziehung? Was ist heilsam in dieser Beziehung? Welches sind die Wirkfaktoren? Diese Fragen stellt die Autorin ins Zentrum ihrer Gespräche mit zwölf bedeutenden Persönlichkeiten der Kinder- und Jugendpsychotherapie des 20. Jahrhunderts. Die TherapeutInnen gewähren einen faszinierenden Einblick in ihre persönliche Lebensgeschichte, ihre Motivation und berufliche Entwicklung und erläutern, was sie in der therapeutischen Beziehung mit Kindern, Jugendlichen und Familien als wichtig und heilsam erachten. Die eindrucksvollen Schilderungen der TherapeutInnen vermitteln nicht nur eine Fülle von fachlichen und persönlichen Anregungen, sondern dokumentieren auch ein wichtiges Kapitel Fachgeschichte. In Anlehnung an Winnicotts Vorstellung von der „genügend guten Mutter" fordert Hanna Wintsch die „genügend gute TherapeutIn". So ist dieses Buch auch ein Plädoyer für eine realistische Gestaltung der Beziehung Therapeut/ Kind, die nicht von Perfektionismus, sondern von Menschlichkeit geprägt sein sollte.

Aus dem Inhalt

Teil I: Portraits der Kinder- und JugendpsychotherapeutInnen

Jacques Berna – Gerd Biermann – Reinhart Lempp – Jakob Lutz – Marie Meierhofer – Violet Oaklander – Thea Schönfelder – Walter Spiel – Sjef P. Teuns – Hedwig Walder – Alfons Weber – Franz Wurst

Teil II: Hintergrund, Vergleich und Fazit: Die genügend gute TherapeutIn

Theoretischer Hintergrund: Feministische Wissenschaft. Qualitative Forschung – Psychotherapieforschung bei Kindern und Jugendlichen: Methodische Grundlagen – Wirkfaktoren in der therapeutischen Beziehung mit Kindern und Jugendlichen – Berufsverständnis – Die therapeutische Beziehung – Schlußfolgerungen: Konsequenzen für unsere Generation – Plädoyer für eine genügend gute TherapeutIn

Ernst Reinhardt Verlag München Basel

Manfred Endres / Gerd Biermann (Hrsg.)
Traumatisierung in Kindheit und Jugend

Beiträge zur Kinderpsychotherapie, Band 32
2. Auflage 2002. 260 Seiten. 5 Abb. (3-497-01585-7) gb

Kinder sind besonders verletzlich: Schrecklichen Erlebnissen haben sie noch wenig entgegenzusetzen. Seelische Verletzungen können die Entwicklung des Kindes behindern, ja sogar zusammenbrechen lassen, können aber auch entwicklungsfördernde Impulse wachrufen. Heute wird zur Traumatisierung im Kindesalter vor allem sexueller Mißbrauch assoziiert. Dieses Buch greift jedoch eine Vielfalt von weiteren Aspekten auf: den Verlust von Bezugspersonen durch Tod oder Scheidung; schwere Erkrankungen im Kindesalter; Kriegsereignisse, Flucht, Vertreibung; politische Verfolgung und Fremdenfeindlichkeit.

Aus dem Inhalt

Manfred Endres, Sibylle Moisl: Entwicklung und Trauma
Klaus Räder: Gewalt gegen Kinder: ethnologische und evolutionsbiologische Perspektive
Gerd Biermann: Kinder als Zeitzeugen – Erinnerungen an meine Jugend im Berlin der 30er Jahre
Hans Keilson: Sequentielle Traumatisierung bei Kindern durch man-made disaster
Ernst Federn: Psychotherapie bei Terroropfern
Ilany Kogan: Die Suche nach der Geschichte der Nachkommen von Holocaust-Überlebenden in ihren Analysen: Rekonstruktion des „seelischen Lochs"
Peter Bründl: Seelische Nachwirkungen von Fluchttraumata in den nachfolgenden Generationen
Joachim Walter: Psychotherapeutische Arbeit mit Flüchtlingskindern und ihren Familien
Barbara Diepold: Schwere Traumatisierungen in den ersten Lebensjahren
Annette Streeck-Fischer: Kinder und Jugendliche mit komplexen Traumatisierungen in analytischer Psychotherapie
Annedore Hirblinger: Der Opfer-Täter-Komplex im Bereich sexuellen Mißbrauchs
Adam Alfred: Borderline-Erkrankungen und Adoleszenz – ein Therapiebericht
Juliane Bründl: Trauma, Adoleszenz und Kreativität

Ernst Reinhardt Verlag München Basel

John Bowlby

Frühe Bindung und kindliche Entwicklung

Aus dem Englischen von Ursula Seemann
Beiträge zur Kinderpsychotherapie; 13
4. Aufl. 2001. 201 Seiten. (3-497-01566-0) kt
Frühere Auflagen unter dem Titel: Mutterliebe und kindliche Entwicklung

Für die seelische Gesundheit eines Kindes ist es überaus wichtig, in den ersten Lebensjahren eine warme, intensive und beständige Beziehung zu seiner Mutter zu erleben – oder zu einer anderen engen Bezugsperson. Der Autor, anerkannte Autorität auf dem Gebiet der Bindungslehre, entwickelt Maßnahmen, wie den schädlichen Folgen einer Mutterentbehrung vorgebeugt werden kann. Die Grundprinzipien Bowlbys für Adoption, Pflegefamilien, Heimunterbringung, Kinderkrankenhäuser und Entbindungsstationen haben umwälzende Veränderungen ausgelöst und gelten heute noch als wegweisend.

„'Unser Hauptinteresse gilt vor allen Dingen der Familie als der wichtigsten natürlichen Gruppe, deren Glück das Kind ist oder war. Jede Verwaltung, die das nicht berücksichtigt, wird eher Schaden als Nutzen stiften', schreibt John Bowlby in seinem Buch ... Der Entwicklungspsychologe trug darin Beobachtungen an Säuglingen und Kleinkindern aus Kinderkrippen und Kinderheimen zusammen und stellt dar, wie ein Kind reagiert, das ... in einem frühen Alter längere Zeit von der Mutter getrennt ist. ... Das wertvolle Nachwort von Mary Ainsworth nimmt Stellung zu einigen Mißverständnissen, die heute bezüglich Bowlby kursieren: Die Forderung nach Kontinuität der Bindung, die Bowlby aufstellte, bedeutet ihr zufolge nicht, daß man eine ausschließliche Bindung des Kindes an seine Mutter für wichtig oder gar wünschenswert hält. Tatsächlich habe sich Bowlby dafür ausgesprochen, daß die Betreuung, die ein Kind erfährt, durch die Fürsorge anderer Personen ergänzt werden soll." *Zeit-Fragen*

Ernst Reinhardt Verlag München Basel